学前教育专业“双证融通”系列教材

依据《幼儿园教师专业标准（试行）》《中小学和幼儿园教师资格考试标准（试行）》《学前教育专业认证标准》编写

学前教育史

XUEQIAN JIAOYUSHI

第 2 版

主　编◎周小虎

北京师范大学出版集团
BEIJING NORMAL UNIVERSITY PUBLISHING GROUP
北京师范大学出版社

图书在版编目(CIP)数据

学前教育史/周小虎主编. —2版. —北京：北京师范大学出版社，2022.4(2025.1重印)

ISBN 978-7-303-26353-0

Ⅰ. ①学… Ⅱ. ①周… Ⅲ. ①学前教育—教育史—世界—幼儿师范学校—教材 Ⅳ. ①G619.1

中国版本图书馆CIP数据核字(2020)第179526号

出版发行：北京师范大学出版社 https://www.bnupg.com
北京市西城区新街口外大街12-3号
邮政编码：100088
印　　刷：三河市兴达印务有限公司
经　　销：全国新华书店
开　　本：184 mm×260 mm
印　　张：19.5
字　　数：376千字
版　　次：2022年4月第2版
印　　次：2025年1月第4次印刷
定　　价：48.80元

策划编辑：姚贵平　　　　责任编辑：马力敏　赵鑫钰
美术编辑：焦　丽　　　　装帧设计：焦　丽
责任校对：陈　荟　　　　责任印制：赵　龙

内容简介

全书分为上篇“中国学前教育史”和下篇“外国学前教育史”两个部分，共十三章。

中国学前教育史部分从学前教育的逻辑起点开始，对学前教育的产生和发展进行了介绍。这部分包含了古代学前教育活动和学前教育思想，近现代学前教育的产生、演变和学前教育思想，当代学前教育的发展三部分内容。在介绍中国学前教育活动的基础上，主要介绍了代表性教育学家的学前教育思想。外国学前教育史部分包含了古代学前教育活动和学前教育思想、近现代学前教育实践和学前教育思想、当代学前教育实践与理论三部分内容。在介绍外国学前教育活动的基础上，主要介绍了代表性教育学家的学前教育思想。

序

PREFACE

人类社会产生之前，早期意义上的“公养公育”便实行了，保护和教养后代被认为是一件极为重要的事情。随着从公有制到私有制的社会形态的变迁，早期儿童的教养也随之改变。早期教育是家庭的私事，这种观念一度占据主流，并且走过了漫长的历史时期。时光之舟行驶到现在，环顾当今世界各国，儿童是国家的财富已经成为现代国家的共识，由国家干预早期儿童的保育和教育越来越普遍。

早期的儿童是纤弱的，但同时又最富有发展的可能性。在人才越来越成为促进发展的重要因素之一的时代，我们更需要不断地提高保护和科学教养早期儿童的自觉性。

一、学习学前教育史的意义

学前教育史是目前我国高等师范院校学前教育专业的专业基础课，它涉及的内容绝大部分属于学前教育“昨天”的人或事。学习该学科的意义如下。

（一）树立学前教育教师的专业信念

在新时代背景下，《习近平：在党史学习教育动员大会上的讲话》给了我们启示。学前教育教师需要深刻领悟学前教育史。首先，学前教育史是最好的营养剂，通过学习学前教育史，我们能够感受到教育先贤们的初心使命、理想信念，我们必须铭记实践奋进的历史，传承保教专业基因。其次，学习教育家思想产生和发展的历史、排除万难进行保教活动的实践历史，能够使广大职前与职后的教师做到知史爱岗、知史敬业，在学习领悟中坚定专业理想信念，在奋发有为中践行学前教育教师的使命。

（二）具备使用历史思维分析问题的能力

《增广贤文》中指出，“观今宜鉴古，无古不成今”。革命导师列宁也指出，为了解决社会科学问题，为了真正获得正确处理这个问题的本领而不被一大堆细节或各种争执意见所迷惑，为了用科学眼光观察这个问题，最可靠、最必需、最重要的就是不要忘记基本的历史联系。这些均为我们研究学前教育问题指明了方向。在分析问题的时候，我们必须要考察该问题产生的历史背景，并在此基础上进一步观察其现状。对行为的合理性进行分析的时候，同样不能离开历史情境。

(三)获取未来专业发展的经验

如果我们不了解学前教育的“昨天”，也就不能更好地了解它的“今天”。每个社会的文化都是在以前的社会和文化的基础上，经过批判地吸收而建立起来的。我们可以把眼光投向历史，回顾历代明智之士关于学前教育问题的所想、所说、所写、所做，从历史遗产中吸取智慧、增长见识、开阔眼界、启发思维、锻炼才干，避免走弯路，用前人留下的思想资料作为开拓新的前进道路的力量。

(四)提升专业认同感和专业效能感

一方面，我们学习中外学前教育史，能够从历史上许多优秀教育家献身教育事业的感人事迹中受到启发和鼓舞，激励我们为发展中国的社会主义学前教育事业而努力奋斗，为加深文化自信和制度自信奠定坚实的基础。另一方面，拥有丰富的学前教育历史知识是一个学前教育专业从业人员必需的素质之一。掌握了厚重的专业历史知识，我们可以进一步提升专业效能感，对专业发展提出建议，为学前教育事业做出自己应有的贡献。

二、学习学前教育史的方法

学习学前教育史时，我们应以辩证唯物主义与历史唯物主义为指导，注意宏观与微观的结合。宏观方面有两层含义。第一，应对不同国家学前教育发展的来龙去脉、每个时期的主要特征、每个阶段上的重大事件及其相互的因果关系有清楚的认识，从整体上进行全方位的研究。第二，在学习某一部分具体内容时，应对该时期的政治、经济、文化等诸多影响因素有一个概略的了解，以具备广阔的视野。微观方面也有两层含义。第一，应对各个国家学前教育史上具体的人和事有一般的了解。第二，应对某些关键的人和事进行比较深入的研究。

要做到宏观与微观的结合，我们应从以下几方面入手。

首先，对某一教育问题或教育现象的考察，必须要与当时的历史条件有机地结合。只有对政治、经济、文化等影响因素进行综合的分析，找出教育现象发生的前因与后果，我们才能清楚其中的关系，进而揭示学前教育发展的趋势和规律。同样，在评价历史上的教育家时，我们也不能跳出历史，应注意的是他是否比其前辈或同时代的人提供了更有价值的东西。

其次，运用比较研究法。比较研究法分为纵向比较法和横向比较法。运用纵向比较法，我们可以追根溯源，厘清学前教育的发展过程，找出其中的规律；运用横向比较法，我们可以从不同国家、不同地区学前教育发展的异同中，找出学前教育发展的共同规律和特殊规律。

最后，在了解和掌握必要的、具体的教育史实和史料的基础上，对它们进行全面的、历史的、实事求是的分析和论证。只有努力做到史论并重、史论结合、论从史出，我们才能科学地理解学前教育史。

前言

FORWORD

学前教育史是学前教育专业的主要课程之一。本课程旨在使学生通过对中外学前教育史的学习，初步了解学前教育事业发展的历程和主要教育家的学前教育思想，为学习学前教育基本理论奠定基础。

编写本书的基本思路：一是史论结合。在叙述中外各历史阶段学前教育的发展过程时，根据唯物史观和现代学前教育理论进行实事求是的分析和评论。二是事件与人物结合，突出教育家的思想。在叙述中外学前教育发展过程中的重大事件的同时，注意突出各个时期代表人物学前教育思想的论述，以展示各种学前教育思想和主张的形成及发展。三是理论与实践结合。古今中外有许多著名教育家在理论和实践两方面都做出了卓有成效的探索与研究，为学前教育学科的创立和发展奠定了坚实的基础。

本书在编写方式上，做了如下安排。

学习目标 每章有一个学习目标，介绍本章学习要达到的目标。

导入语 编写一段激发学生学习兴趣的导语。介绍学习、实践本章的意义及涉及的主要内容。

思考与练习 每章设计一些供学生课后学习的思考题，供学生巩固知识、提高能力。

本书由周小虎主编。第一章第一节和第二节、第六章、第十三章由周小虎、周灵艳编写，第一章第三节和第四节、第十一章由石生莉编写，第二章由于文哲编写，第三章由黄建芬编写，第四章由王慧、周小虎编写，第五章、第十二章由丁婷编写，第七章由王亚红编写，第八章、第九章由车雪莲编写，第十章由安春芳编写。全书由周小虎统稿。

本书在编写的过程中参考和借鉴了相关专著和教材，谨此致谢。书中难免存在不足之处，恳请读者指正。

《学前教育史》编委会

2020 年 10 月

目 录
CONTENTS

上篇 中国学前教育史

下篇 外国学前教育史

上篇　中国学前教育史

第一章 古代学前教育活动

学习目标

1. 了解古代的儿童公育。
2. 了解古代的慈幼观念及慈幼机构。
3. 熟悉古代的胎教。
4. 掌握古代儿童家庭教育的内容和方法。

在我国古代历史文化的发展过程中，学前教育作为一种社会现象，伴随着人类社会的产生而产生、发展而发展。原始社会时期，社会对儿童实行公养公育。奴隶社会时期，家庭则成为社会的基本单元，对儿童的教育由家庭承担。进入封建社会时期，教育进一步完善，慈幼机构出现，家庭教育备受重视。在我国古代漫长的学前教育实践中，胎教、家庭教育等方面都积累了丰富的经验，值得我们学习和借鉴。

第一节 古代的儿童公育

原始社会经历了原始人群时期和氏族公社时期。其中，大约 170 万年前至 5 万年前是原始人群时期，大约 5 万年前至公元前 21 世纪是氏族公社时期。无论是原始人群时期还是氏族公社时期，教育都存在，也都需要教育。人们通过教育传授生产和生活知识，以维持人类的生活，延续社会的发展。

一、儿童公育的实施

考古研究表明，原始人已经能够把石头打制成多种石器了，并且已经懂得了用火。为抵御洪水及猛兽的袭击，他们十几个人甚至几十个人结成群体，集体进行生产劳动，也集体教育子女。他们在长期的生产劳动和生活实践中积累了经验，与此同时，语言和思维也有了发展。他们教儿童打制石器，教儿童使用火。于是，儿童也慢慢地学会了一些使用和制造简单的劳动工具的方法。此外，他们还带儿童进行集体采集，告诉儿童只有团结互助，勇敢地同猛兽以及各种自然灾害做斗争，才能保证生存。

大约5万年前，中国的原始社会发展到氏族公社时期。生产资料公有，人们共同劳动、共同消费，过着平等的生活。当时，生产有了很大进步，农业劳动出现，人们也掌握了一些种植稻、粟、蔬菜的经验。这个时期，儿童公育的主要内容有以下三方面。①

(一)生存教育

作为原始社会最重要、最普遍的活动，生产劳动要与儿童教育紧密结合。长辈将简单的劳动工具的制造，取火的技术，渔猎、采集、农作物栽培的经验，以及原始手工业如捻麻绳以制衣、调土以烧制陶器等的技术传授给后代，使他们从小就会劳动、爱劳动。这一时期，儿童教育是为生产劳动服务的。

(二)道德教育

氏族公社内没有法律，也没有统治者，一切都依照传统习俗行事。对于儿童，长辈教育他们从小就要懂得不能损人利己，不能侵犯氏族公社的利益，否则就要受到公众的谴责；教育他们要听从指挥，要照顾老人、爱护幼小，要团结互助等。

(三)宗教和艺术教育

氏族公社时期，原始宗教活动普遍存在，主要有崇拜自然、崇拜祖先等形式。举行这些活动，对儿童认识氏族的亲缘关系、学习先辈团结互助的精神起到了潜移默化的影响作用。原始的歌舞是当时宗教祭祀活动中的重要组成部分，反映了当时人们生活中的各个方面。在与成人同舞的过程中，儿童不仅学到了歌词、曲调、舞蹈动作，调节了精神，而且还学到了生产、生活知识。此外，这也是一种形象化的、儿童喜欢的体育训练。这一时期，人类已经开始形成审美意识，对儿童进行艺术教育的形式除歌舞外，还有绘画、雕刻等。

二、儿童公育的机构

到了原始社会末期，社会性质开始发生变化，无阶级的原始社会开始向阶级社会转化。社会政治、经济、文化的发展必然引起教育的变革，教育逐渐地从其他社会生活中分化出来，学校的萌芽产生了。

传说中我国最早的学校叫“庠”，它出现在原始社会末期的虞舜时期。《礼记》中说：“有虞氏养国老于上庠，养庶老于下庠。”“米廪，有虞氏之庠也。”②根据汉代经

---

① 唐淑：《学前教育史》，5页，北京，人民教育出版社，2013。

② 崔高维：《礼记》，97、109页，沈阳，辽宁教育出版社，1997。

学家郑玄的解释，米廪是氏族储存粮食的地方，也是氏族敬老、养老的场所。氏族将有经验的老人在“庠”这个地方集中起来，集体敬养，这些老人便承担了将自己丰富的生产经验和生活经验传给下一代的责任。“庠”便是学校的萌芽，是原始社会末期出现的对儿童进行公育的机构。

综上所述，处于我国学前教育发展初期的儿童公育，其特征有以下两个。

一是以生活经验为教育内容。没有专门的教育场所和专职的教育人员，教育活动是在生产和生活之中进行的，是不固定的、分散的，多以长者为师，儿童从生产、生活中学到各种规范以及宗教、艺术等多方面的知识。

二是以言传身教为教育手段。教育活动与生产劳动和社会生活融为一体，所有的教育内容都在口耳相传中给予儿童。在教育活动中，长辈有时也会用歌谣、游戏、故事、传说神话等教育儿童，如《女娲补天》《精卫填海》《后羿射日》等故事在当时颇为流行。①

第二节　古代的慈幼观念及慈幼机构

重视学前教育是中华民族的优良传统，在中国古代，慈幼观念与慈幼机构也颇具特色。

一、慈幼观念的发展

在以家庭为单位的自然经济状态下的中国，对幼小一代的抚育与教养主要通过家庭来进行。但是，由于文化传统的影响和历代统治者的提倡，社会也形成了一些共同的慈幼观念，影响着人们对下一代的态度和养育方式。尽管各个历史时期的慈幼观念有着不同的内涵，但随着人们对慈幼应追求的目的的不断深入探讨，慈幼观念的教育蕴含日显明确。

战国时期，人们开始从母爱和家庭教育的角度认识慈幼，并形成了一种较为普遍的认识，即“有教为爱”。比如，孟子的母亲“断织教子”的故事说明，只有严格教子、勤加督责，才是真正的爱子。又如，韩非子指出，社会上习见的慈母们对幼儿的情感，常常表现为对幼儿的某种期待，“务致其福”，希望他们从善、成器，日后有好的前途，但她们却不懂得如何正确地教子，因此也就不是真正的爱子。他举例说，常见的现象是“母厚爱处，子多败，推爱也；父薄爱教笞，子多善，用严也”②，所以说“父母之爱不足以教子”③。据此，他得出了一个著名的结论：“夫严家无悍虏，

① 唐淑：《学前教育史》，6～7页，北京，人民教育出版社，2013。

② [战国]韩非子：《六反》，见[清]王先慎：《韩非子集解》第十八卷，35页，北京，商务印书馆，1933。

③ [战国]韩非子：《五蠹》，见[清]王先慎：《韩非子集解》第十九卷，56页，北京，商务印书馆，1933。

而慈母有败子。吾以此知威势之可以禁暴，而德厚之不足以止乱也。”①按照韩非的逻辑，真正的爱子意味着严厉的管教：教之越严，爱之越真；教之越严，爱之越有效。只有严厉地教育孩子，甚至不惜施以棍棒，“犯其所小苦，致其所大利”②，才是真正的爱子。韩非的观点虽有些偏激，但却反映了对慈幼问题认识的深入，而这种观点事实上也成为中国历史上的一种很有影响力的爱子、教子观。

汉代以后，中国传统的慈幼观念在两方面得到发展。第一，强调合理地养育儿童。中国古代有一种比较落后的观念，认为妇女生育婴儿会带来“血光之灾”，是不吉利的“凶”事。因此，每当举行祭祀、庆典等隆重的仪式时，处于生产和哺乳期的妇女就须回避，禁止与外界交往，以避“晦气”与“邪恶”。这种观念贻误了不少妇女与儿童。对此，汉代思想家王充在《论衡》中批判了这种违背情理的观念。他认为，妇女生育婴儿，而婴儿秉承了天地间的精华，应被视为吉祥的征兆，因为像草木滋生、牲畜繁殖一类均被视为可喜之事，人的生育与繁衍也应与万物的生长具有相同的意义。王充对育儿过程中迷信观念的批判，也使传统的慈幼观念中增加了一些科学的含义。

隋唐时期，科学育儿的观念有了很大的发展。唐代的中央政府中专门设有负责医疗工作的部门——太医署，同时，它也是一所医学教育机构。医学之下分设诸个专门科，其中有少小科，即今之儿科。可见，儿童医学和保健已成为一个专门的科学研究领域，也表明慈幼观念内涵的丰富。此后各代，一批儿童医学和保健方面的医学论著逐渐涌现。例如，宋代佚名所著的《小儿卫生总微论方》，被视为我国古代最早的儿科医学保健大全，也被称为“保育之要书”；元代朱震亨所著的《格致余论·慈幼论》，对儿童的饮食消化、衣着保暖等保健问题，提出了独到的见解③。这些儿童医学和保健著作中有不少有益的意见。比如，儿童不宜穿着裘皮，穿着裘皮易使儿童过暖；儿童不宜饮食过频，饮食过频易使儿童过饱。而过暖、过饱乃“百病之源”。又如，儿童啼哭并非一概是坏事，儿童啼哭常常是正常的生理现象，有利于体热外泄。这些育儿见解，不少为今天的儿童保健科学所证实。

第二，强调合理地教育儿童。汉代以后，“爱而有教”已成为社会普遍认同的慈幼观念，历代名人学者教子持家的逸闻事迹屡见不鲜，另有越来越多的学者与教育家致力于儿童教育，在严教就是爱的传统认识的基础上，形成了系统的教子观。比如，宋代学者袁采在《袁氏世范》中指出，常见的“慈父固多败子”现象，起因于父子之间的情感关系未能妥善调适，存在强弱偏胜，未能互相制衡，以致“父严而子知所畏，则不敢为非；父宽则子玩易，而恣其所行矣”。因此，要注意摆脱这种失衡状态，做到既父子情深，又能使儿童接受教诲，形成“父慈而子愈孝，子孝而父益慈”

① [战国]韩非子：《显学》，见[清]王先慎：《韩非子集解》第十九卷，66页，北京，商务印书馆，1933。
② [战国]韩非子：《显学》，见[清]王先慎：《韩非子集解》第十九卷，68页，北京，商务印书馆，1933。
③ 乔卫平、程培杰：《中国古代幼儿教育史》，19页，合肥，安徽教育出版社，1989。

的良好关系。① 再如，宋代思想家、教育家朱熹认为，儿童尚缺乏辨别是非的能力，因此，教育不宜多讲深奥的道理，只需通过格言、故事、须知、学则等，将行为规范灌输给儿童，让他们知其当然，初步懂得循规而行，久而久之，即成自然。

综上所述，中国传统的慈幼观念已从“爱而有教”进一步深化为“爱而会教”，慈幼观念的内涵大大丰富，一定的儿童教育规律已初步显现。

二、慈幼机构的出现

古代中国始终未能产生现代意义上的社会化的学前教育机构。但是，在一定的时期、一定的场合，也曾出现过一些慈幼机构。

(一)宫廷慈幼机构

中国最早的专门的慈幼机构出现在公元前 11 世纪的西周。当时，西周王宫内和各诸侯国的宫廷内都设有婴幼儿养育机构——孺子室，这是专为周王的太子、王子、各诸侯的儿子们设立的。《礼记·内则》中说，孩子出生后，三日，“异为孺子室于宫中，择于诸母与可者，必求其宽裕、慈惠、温良、恭敬、慎而寡言者，使为子师，其次为慈母，其次为保母，皆居子室”。陈澔解释说：“诸母，众妾也。可者，谓虽非众妾之列，或傅御之属，可为子师者也。此人君养子之礼。师，教以善道者。慈母，审其欲恶者。保母，安其寝处者。”②此外，还从士人之妻或大夫之妻妾中择一奶妈。从上述材料可以看出，孺子室的保育人员分为教孩子为善的子师、了解孩子个性好恶而加以引导的慈母、管理孩子饮食起居的保姆和奶妈。保育人员分工明确、职责清楚，有一定的组织形式。尽管孺子室这种慈幼机构仅仅为贵族所独享，但从保育人员的分工组织形式可以看出当时人们对育儿内涵的理解。

中国第一个具有教育性质的慈幼机构出现在东汉。据《后汉书》记载，东汉安帝元初六年(公元 119 年)，和帝之妻邓太后在宫廷开设邸舍，将宫室子女 5 岁以上者 40 余人、邓太后近亲子弟 30 余人集中起来，教学经书，并亲加督试，对其中“尚幼者，使置师保，朝夕入宫，抚循诏导，恩爱甚渥”③。邓太后办邸舍的出发点有二。一是为了使贵胄极早受教，学会治国安邦之术；二是为了改变贵族子弟“温衣美饭”、饱食终日、无所用心、不学无术的现象，以免因此招致“祸败”。严格地说，邸舍不是专门的学前教育机构，但其中有幼儿教育的部分，而且这一部分是予以特别对待的。因此，邸舍作为慈幼机构有一定的教育历史价值。但是，邸舍的兴办还远谈不上慈幼机构的制度化、社会化，说它是中国历史上最早的幼儿园并不妥当。

(二)社会慈幼机构

从北宋起，中国出现了由中央和地方政府办的社会性质的慈幼机构。北宋学者

① 夏家善：《袁氏世范》，贺恒祯、杨柳注释，8 页，天津，天津古籍出版社，2016。

② [元]陈澔注：《礼记》，金晓东校点，329 页，上海，上海古籍出版社，2016。

③ [南朝宋]范晔：《后汉书》，王承略、任成良译注，68 页，济南，山东画报出版社，2013。

苏轼在密州任内，曾出公粮收养女婴，社会慈幼机构有了一定的雏形。宋以后各代，或由朝廷诏令设置，或由地方官员自行设置，各地慈幼机构纷纷出现。这些慈幼机构可分为两类。一类是慈幼局，元代京畿各郡都设有慈幼局。元代郑元祐在其《遂昌杂录》中记载："贫家子多，辄厌之，故不育。乃许其抱至局，书生年、月、日、时，局有乳媪鞠育之。他人家或无子女，却来取于局。岁祲，子女多入慈幼局，故道无抛弃子女，信乎其恩泽之周也。"①另一类是举子仓或予惠仓。如遇兵灾之年，民不聊生，弃婴往往有之，地方政府奏请朝廷批准，由政府拨给钱粮，设立举子仓或予惠仓，收养弃婴。南宋理学家朱熹曾因福建多有弃溺婴儿的陋俗，奏请立举子仓，由政府出资收养弃婴。

第二次大规模兴办慈幼机构是在清代。京师和各地一些大城市中设立了育婴堂，也由政府拨银资助，收养弃婴、孤儿和家庭无力抚养的幼儿。康熙年间，清政府制定了育婴堂弃儿认养条例，在经费方面也予以保证，还派官员经常稽查。清政府还提倡有心于慈善事业的私人兴办慈幼机构。需要指出的是，这些社会慈幼机构仅具有慈善性质，而不具备教育意义，机构中的保姆也多为一些无家可归的弃妇、寡妇，政府也常以之为负担，管理上也存在以慈幼经费中饱私囊的情况。处身其中的儿童不仅谈不上受到良好的养育，不少还命运多舛。

第三节　古代的胎教

胎教就是运用科学的方法，调节孕期母体的内外环境，促进胚胎发育，改善胎儿素质。我国古代并未形成一门独立的胎教学，但有关政治、文学、教育和医学等方面的书籍中均有一定的论述，其中有很多经验值得研究与借鉴。

一、胎教理论的产生和发展

(一)胎教理论的产生

中国古代十分重视儿童的早期教育，中国是世界上最早提出胎教的国家。根据史料记载，最早实施胎教的是西周文王的母亲太任。周朝统治者为了使"太子正而天下定"，维护周朝长治久安，特别重视"正礼胎教"。根据《列女传·周室三母》记载，太任自妊娠后，"太任之性端一诚庄，惟德之行。及其有娠，目不视恶色，耳不听滛(淫)声，口不出敖言，能以胎教。溲于豕牢而生文王。文王生而明圣，太任教之以一而识百，君子谓太任为能胎教"②。文王天资出众、聪慧明圣、智力超群，最终成为历史上著名的贤明之君，与其母太任在怀孕时自觉地实施胎教有关。贾谊的《新书·胎教》中

① 中国学前教育史编写组：《中国学前教育史资料选(全一册)》，34页，北京，人民教育出版社，1989。

② 中国学前教育史编写组：《中国学前教育史资料选(全一册)》，6页，北京，人民教育出版社，1989。

也记载："周后妃任成王于身，立而不跛，坐而不差，独处而不倨，虽怒而不骂，胎教之谓也。"①以上两则古籍史料说明了以下几点。第一，周文王之母太任、周成王之母周后妃都是"知肖化""能胎教"的良母。她们不仅自身品德端正，"端一诚庄，惟德之行"，而且深明"感于善则善，感于恶则恶"的"妊孕慎感"之理，带头践行胎教。第二，太任和周后妃都是按照统治阶级"正礼"的标准进行胎教的。当时，统治者要求孕妇一切言行都要符合"正礼"的要求，依他们规定的去"恶""淫"而达"善"的准则规范孕妇的行为，宣扬了统治阶级的正统观，又以中庸之道、中和理论节制孕妇的言行，做到"独处而不倨，虽怒而不骂"，这些观点和理论都打上了时代和阶级的烙印。但是，其中"立而不跛，坐而不差"，强调孕妇坐立端正、身体平衡、不偏不斜，这是符合胎儿的发育特点和正常的生理需求的。第三，两位善贤的良母都认识到"太子之善，在于早谕教与选左右。夫心未滥而先谕教，而化易成也"②的道理，抓紧对幼王实施早期教育，"文王生而明圣，太任教之以一而识百"，或"选太公为师，周公为傅"，严加训导，使之成为"朝诸侯，一天下"的周朝天子。《韩诗外传》记载，孟子的母亲怀孕时，"席不正不坐，割不正不食，胎教之也"③。以上谈到的胎教内容都是孕妇对自身的严格要求，用礼教的规范来约束母亲的一举一动，从而保持对胎儿的良好影响。

(二)胎教理论的发展

1. 胎教理论的雏形

西周是我国胎教理论与实践发展的初始阶段，这个时期的胎教主要实施于帝王之家、宫廷之内。当时的统治者对胎教十分重视，他们把胎教之道"书之玉版(即玉简)，藏之金柜，置之宗庙，以为后世戒"④，但对下层老百姓则秘而不宣。到了春秋战国时期，胎教之道走出宫廷，渐渐为民间老百姓所知。从此，有关胎教的理论开始不断发展。同时，中医学理论介入，人们对胎教的认识与实施也更加科学。

《黄帝内经》是我国古代最早的中医学著作，成书于战国时期，陆续有所补订。该书结合气一元论与阴阳五行学说，对生命的成因、疾病的起源等做了唯物主义的解释，指出人的某些疾病起因在胎儿时期，称为"胎病"，如"颠病"就是"得之在母腹中时，其母有所大惊，气上而不下，精气并居，故令子发为颠疾也"⑤。为避免"胎病"的发生，保证胎儿的健康发育，提高新生儿的天然素质，我们有必要对孕妇的日常生活进行指导，通过母教实施胎教。这是我国最早从医学角度探讨胎教问题的论述。

2. 秦汉时期的胎教理论

西汉政治家贾谊撰写的《新书》中专有《胎教》一篇，书中提到注意孕妇所处的环

---

① [北齐]颜之推撰：《颜氏家训集解》，王利器集解，26页，上海，上海古籍出版社，1980。
② [汉]贾谊：《贾谊集》，195页，上海，上海人民出版社，1976。
③ 顾明远：《中国教育大系：历代教育制度考》上卷，156页，武汉，湖北教育出版社，1994。
④ [汉]贾谊：《贾谊集》，175页，上海，上海人民出版社，1976。
⑤ 缩印浙江书局汇刻本：《二十二子》，927页，上海，上海古籍出版社，1986。

境、注意孕妇的营养和音乐对胎儿的影响以及注意居处和情绪调适等。

同时代的刘向著有《列女传》，涉及胎教方面的内容更为广泛。他认为，胎儿能够感知母体内外的刺激，孕妇的身心健康对胎儿的生长发育有着十分重要的意义。他指出实施胎教的宗旨在于“慎所感”，即重视胎儿通过母体对外界事物的感应。他说：“故妊子之时，必慎所感；感于善则善，感于恶则恶。人生而肖万物者，皆其母感于物，故形音肖之。”①这种观点是带有唯物主义倾向的，但将外界的美丑与人自身的善恶完全混为一体，这种言过其实的观点则是错误的。

东汉王充在《论衡》一书中的《气寿》《初禀》《本性》《命义》等篇中都谈及了胎教问题。他把胎教理论建立在人性论的基础上，认为人性有三种：正性、随性、遭性。正性即“禀五常之性”，随性即“随父母之性”，遭性即“遭恶物象之故也”。他认为这三性都会对胎儿产生不同的影响。王充的胎教理论主要包括以下几个方面。第一，强调胎儿在母体中禀受母气的重要性，“天地合气，万物自生，犹夫妇合气，子自生矣”②。第二，论述了“正性”与“随性”对后代的影响。他认为五常之气不受损，则随父母之性也不会受影响，胎儿就会形成并获得良好的发育。第三，认为父母的意念和情绪对后代有重要影响，“受气时，母不谨慎，心妄虑邪，则子长大，狂悖不善，形体丑恶”③。第四，认为生育的疏密对母亲身体的强弱、后代禀气的厚薄有直接影响，进而影响胎儿的生长发育。第五，认为“遭性”对胎儿的形成有重要的影响，主张受孕时要注意环境和自然界的变化，孕妇要遵守食物禁忌。

从以上的胎教理论看，秦汉时期的胎教理论是在总结先秦胎教实践经验的基础上不断获得发展的，并且理论层次也不断提高，由先秦时期的现象描述到一般的经验总结，进而将胎教理论建立在哲学的基础上，这为后世的胎教理论奠定了进一步发展的基础。

3. 魏晋南北朝时期的胎教理论

西晋学者张华撰《博物志》十篇，记载了古代各种异闻趣事等。其中追述了古代胎教之法，与前人记载的内容大致相同。他对胎教主要提出了以下几点。第一，质疑了当时流行的胎教万能论。这种反思击中了视胎教为万能的观点的要害，对先秦及秦汉时期人们对胎教作用的过高估计提出了挑战，刺激了人们更加科学地研究胎教学说。第二，强调慎其所感。他认为，妇女怀孕后一定要对所接触的事物抱有谨慎的态度，“感于善则善，感于恶则恶矣”，于是主张孕妇“听诵诗书讽咏之音，不听淫声，不视邪色”等④。第三，强调孕妇应注意饮食禁忌。张华除继承前代“慎所感”的观点外，还将所感范围无限扩大，不免失之谬误。他的胎教思想受封建谶纬思想的影响较深，表现出明显的时代特征。

---

① 中国学前教育史编写组：《中国学前教育史资料选(全一册)》，6 页，北京，人民教育出版社，1989。
② [汉]王充：《论衡》，175 页，上海，上海古籍出版社，1990。
③ [汉]王充：《论衡》，16 页，上海，上海古籍出版社，1990。
④ [西晋]张华：《博物志》，34 页，上海，上海古籍出版社，1990。

拓展阅读

张华在《博物志》中讲道："妇人妊娠未满三月，著婿衣冠，平旦左绕井三匝，映祥影而去，勿反顾，勿令人知见，必生男。"意思是孕妇怀胎不足三个月时，身着丈夫的衣帽，清晨向左绕井走三圈，并端详井中的倒影，然后离去，不要回头，也不要让别人瞧见，就可以生男孩了。这仍是"慎所感"观点的产物。对孕妇的禁忌也更多了。比如，孕妇在妊娠期间不得见一切丑恶之物、异类鸟兽，不能观看狩猎。又如，食物中要避开一切有异常之味的东西。不能吃牛心、白犬肉、鲤鱼头等，特别是不可吃兔肉，甚至连兔子都最好别看见，否则生下的婴儿就可能缺唇；也不可吃生姜，否则婴儿就可能多出一根手指来。这些禁忌当然是无稽之谈，但在民间流传甚广。

魏晋以后，妇科和儿科的独立促进了医学的发展，一些著名的医生也从事胎教研究。北齐医师徐之才在《逐月养胎方》中提出了"逐月养胎法"，阐述了自己的胎教观，对胎教理论的发展做出了贡献。第一，他提出了胎儿在母体中的生长发育情况，为胎教理论奠定了较为坚实的胚胎学和生理学基础。他说："妊娠一月始胎，二月始膏，三月始胞，四月形体成，五月能动，六月筋骨立，七月毛发生，八月脏腑具，九月谷气入胃，十月诸神备，日满即产矣。"①第二，他从脉象的角度把孕妇从一月至九月养胎的内容进行了归纳，并根据胎儿逐月发育生长的需要，提出孕妇每月所需的食物营养，为胎教学说奠定了初步的营养学基础。他依照胎儿每个月的不同发育状态，为孕妇制定了一个相应的食谱，他认为："妊娠一月名始胚，饮食精熟，酸美受御，宜食大麦。……妊娠六月，始受金精，以成其筋，……食宜鸷鸟猛兽之肉，是谓变腠理纫筋，以养其力，以坚背膂。"②此外，他还要求孕妇饮食应"饥饱适中"，因为过饥或过饱均会损伤母体和胎儿。同时，生活起居的其他方面也必须注意节制。第三，他提出了伤胎的补救措施。

北齐颜之推在其所著的《颜氏家训》中也总结了古代胎教之法："怀子三月，出居别宫，目不邪视，耳不妄听，音声滋味，以礼节之。"③当"生子咳𪇖"之际，就"孝仁礼义，导习之矣"。

4. 隋唐时期的胎教理论

隋代以前的胎教，基本上都是由一些政治家、思想家提倡的。这些人都是以礼

---

① [清]陈梦雷编纂：《古今图书集成：博物汇编艺术典》第454册，蒋廷锡校订，55页，北京，中华书局，1934。

② [清]陈梦雷编纂：《古今图书集成：博物汇编艺术典》第454册，蒋廷锡校订，55页，北京，中华书局，1934。

③ [北宋]颜之推撰：《颜氏家训集解》，王利器集解，25页，上海，上海古籍出版社，1980。

教治国的鼓吹者，提倡的胎教也都是从儒家思想出发的，由重视教育到强调早期教育，以至推崇胎教。这类胎教之说，采用简单比附、演绎推理的色彩较强，而缺乏科学的考察和论证，内容也侧重于政治和伦理道德方面。到唐代以后，研究胎教的人则由政界和学术界转移到医家范围。随着中医学科的发展，与胎教有关的儿科、妇科日渐分化出来成为独立科目。大批医学家介入对胎教的研究与提倡中，他们一方面继承了前人有关胎教实施内容的基本经验，另一方面从医学角度进行阐明和论证，同时展开对妊娠生理特点和胎儿生理特点的研究，进一步提出了养胎与服教相结合的主张，不仅丰富了古代胎教实施的内涵，而且增强了古代胎教学说的科学性。

巢元方在其《诸病源候论》中有《妊娠候》一门，专论养胎等问题。他除了重述和发展徐之才的《逐月养胎方》中谈到的胎儿生长和孕妇饮食起居方面的注意事项外，还特别注意凭脉看胎。他运用脉象诊断妇女是否有孕，诊断胎儿的性别，诊断胎儿在逐月生长发育的过程中有无疾病，并提出逐月食补及居处禁忌的养胎方法等，对后世胎教理论产生了较大的影响。

唐代医学家孙思邈在其《备急千金要方》和《千金翼方》中，在总结前人胎教理论与自己临床经验的基础上，提出了“外象内感”学说，初步提出了胎儿、母体和环境相互影响的关系。他的胎教之法主要有以下几点。第一，明确提出了古代胎教学说的基本观点“外象内感”，意思是说母亲接触的外界物象，体内胎儿也能感应得到。他说：“妊娠三月名始胞，当此之时未有定象，见物而化。”①即认为3个月的胎儿还未完全成形，很容易受到外界环境的影响而变化。为此，他提出孕妇在妊娠3个月以后，应特别注意外界环境对胎儿的影响。第二，以胎儿生理发育状态为依据，阐明了进行胎教的可能性。他说：“凡受胎三月，逐物变化，禀质未定。”②“儿在胎，日月未满，阴阳未备，腑脏骨节皆未成足。”③在这种情况下，进行胎教便有可能。在胎儿还没有形成不可改变的形象时，胎教应及时地进行。第三，基于“见物而化”“外象内感”的理论，主张应让孕妇接触美好的东西。为了生子健美，孕妇就必须常视犀象猛兽、珠玉宝物，以此接受孔武有力、容貌姣美的感应；同样，欲使子孙道德贤良、聪慧无疾，也必须多“见贤人君子、盛德大师，观礼乐、钟鼓、俎豆、军旅、陈设，焚烧名香，口诵诗书、古今箴诫，居处简静”④等。第四，提出了孕妇饮食、行为的禁忌。比如，妊娠食羊肝令子多厄，食山羊肉令子多病，食驴马肉令子延月，食骡肉产难等。第五，他在总结前人胎教理论的基础上，特别强调孕妇“调心神，和情性”，讲卫生等。孙思邈对孕妇提出的一些要求虽然还不免夹杂有臆想的成分，但从总体上说，他强调孕妇必须注意外界环境对胎儿的影响，这一基本思想是正确的。

---

① 中国学前教育史编写组：《中国学前教育史资料选(全一册)》，21页，北京，人民教育出版社，1989。
② [唐]孔思邈：《备急千金要方》，魏启亮、郭瑞华点校，35页，北京，中医古籍出版社，1999。
③ [唐]孔思邈：《备急千金要方》，魏启亮、郭瑞华点校，36页，北京，中医古籍出版社，1999。
④ 中国学前教育史编写组：《中国学前教育史资料选(全一册)》，21页，北京，人民教育出版社，1989。

5. 宋代之后的胎教理论

要求孕妇注意自我心理调节、保持心绪和顺的同时，唐宋以后的医学家们还十分重视孕妇饮食的调摄。比如，宋代妇产科医师陈自明在我国较早的妇产科专著《妇人良方》中说：“一受孕之后，切宜忌不可食之物，非惟有感动胎气之戒，然于物理亦有厌忌者。”①元代医师朱震亨亦认为：“儿之在胎，与母同体。得热则俱热，得寒则俱寒，病则俱病，安则俱安。母之饮食起居，尤当慎密。”②

重视孕妇精神状态的调节一向是古代胎教的重要内容之一。在这一方面，明代医学家万全也曾从医学角度对情绪给胎儿的影响做了较为科学的解释。他说：“受胎之后，喜怒哀乐，莫敢不慎。盖过喜则伤心而气散，怒则伤肝而气上，思则伤脾而气郁，忧则伤肺而气结，恐则伤肾而气下。母气既伤，子气应之，未有不伤者也。其母伤则胎易堕，其子伤则脏气不和，病斯多矣。盲、聋、喑哑、痴呆、癫痫，皆禀受不正之故也。”③因此，他认为孕妇加强自我心理调节，注意控制情绪的波动是非常必要的。只有孕妇心绪和顺，胎儿才能健康成长。

总之，封建社会的许多医学家在论述胎教之道时多持胎养与胎教相结合的观点。明人许相卿所说的一段话大体上可以代表他们的这种观点：“古者教导贵豫，今来教子宜自胎教始。妇妊子者，戒过饱，戒多睡，戒暴怒，戒房欲，戒跛倚，戒食辛热及野味。宜听古诗，宜闻鼓琴，宜道嘉言善行，宜阅贤孝节义图书，宜劳逸以节，动止以礼。”④在他们看来，只有重视饮食起居中的避忌，善于调节自己的情绪，并辅以知识、音乐、道德的陶冶与教育，所生的子女才能容貌俊美、气禀超群、道德良善。这种胎教的养教一体化观点，不仅发展了前人的胎教思想，丰富了古代胎教的内容，而且也揭示了胎教发展的方向，并与现代胎教理论颇相一致。

二、胎教的内容与方法

古人所说的胎教，是指在妊娠期间为有利于胎儿在母体内的生长发育而对母亲的精神、饮食、生活起居等方面采取有利的措施，以便使母子的身心都得到健康的发展。

(一)胎教的内容

1. 培养情志

妊娠是女性生理上的一个特殊过程。女性怀孕期间，不仅生理上要发生一系列的变化，而且心理上也会产生相应的反应，这种心理反应就是古人所说的情志变化。古代学者认识到孕妇的精神状态与胎儿的健康发育有着直接的关系。古人认为，凡有孕之妇，宜情志舒畅，遇事乐观，喜、怒、悲、思皆可使气血失和而影响胎儿。

---

① [清]陈梦雷等：《古今图书集成医部全录(点校本) 第九册 妇科》卷381—卷398，126页，北京，人民卫生出版社，1991。

② 中国学前教育史编写组：《中国学前教育史资料选(全一册)》，22页，北京，人民教育出版社，1989。

③ 中国学前教育史编写组：《中国学前教育史资料选(全一册)》，23页，北京，人民教育出版社，1989。

④ 中国学前教育史编写组：《中国学前教育史资料选(全一册)》，23页，北京，人民教育出版社，1989。

胎借母气以生，呼吸相通，喜怒相应，若有所逆，即致子疾。所以，女性在妊娠之时，就应重视精神状态的调适。在古人看来，健康的情绪、愉快的精神能使孩子容貌俊俏、聪明伶俐，否则就会形貌丑恶。因此，女性在妊娠期间就应该保持平和、稳定的情绪，节制喜怒哀乐及各种欲念。“独处而不倨，虽怒而不骂”，陶冶虚和平静的心情，以达到“庶事清静”的境界。

可见，孕妇的情志对胎儿具有直接的影响。故而孕妇情志舒畅、遇事乐观极为重要。为母必须品行端庄、道德高尚，处事无妒忌之心，待人无狡诈之意，宽厚诚实，则生子操行高尚。近朱者赤，近墨者黑。胎儿与母亲一体，可谓近而又近，母亲的思想行为直接影响胎儿，胎儿心感身受，在母腹中就受到高尚情操的熏陶。正如前面所谈的古代文王，他之所以能成为明君，与他母亲太任的“端一诚庄，惟德之行”的胎教熏陶，不能说没有关系。

2. 规范日常行为

古代人们对礼十分重视，要求人的行为遵行礼的规范。对孕妇的日常行为也有严格规范。古人认为，孕妇的坐、行、食、居、听、视决定胎儿的品貌智愚。故不仅要求孕妇“寝不侧，坐不边，立不跸”，而且要“席不正不坐，割不正不食”，用礼加以节制，“目不邪视，耳不妄听，音声滋味，以礼节之”。强调只有这样，“则生子形容端正，才德必过人矣”。古人用这种传统礼教的规范约束孕妇的行为，以期对胎儿产生良好的影响。

3. 注意合理的饮食和营养

食物是母体的重要营养来源。胎儿的营养来源于母体的气血，因此，母亲的饮食对胎儿的发育有着直接的影响。古人十分重视孕妇的饮食调理，因为这与胎儿的生长发育有着密切的关系。孕妇应饮食清淡，饥饱适中。饱会增加胃的负担，就会压迫到婴儿；饥则营养不足。假如饮食失节、饥饱无度、嗜食厚味，皆可使脾胃运化失常而胎失所养。明代徐春甫在《古今医统大全》中总结道，世之妇人妊子，既能如《列女传》所云矣，又要饮食清淡，饥饱适中，自然妊娠气清，身不受病，临产易生，子疾亦少。① “不食邪味”则要求孕妇忌食辛辣，用药也要谨慎。各代医书中不乏罗列孕妇饮食禁忌之论，主要是忌食肥甘厚味、生冷、辛辣、滑利之品。这些都指出，在生子之前孕妇的营养问题的重要性。良好的营养条件可促使胎儿健康成长，这也是胎教的重要意义所在。

4. 注意环境和起居

古代胎教对孕妇所处的环境十分重视，强调一个清静、舒适的环境对胎儿的发育很重要，能使胎儿在良好的环境下健康成长。“怀子三月，出居别宫”“王后有身，七月而就蒌室”，都是这方面的记载。喧闹的环境对胎儿的发育十分不利，清静的环

① [明]徐春甫:《古今医统大全(下册)》，386～387 页，安徽，安徽科学技术出版社，1995。

境有防孕妇受伤以保胎的作用。因此，要给孕妇一个安静清幽的住处，有意识地营造一种最有利于胎儿生长发育的优美而宁静的环境。

孕妇的起居要求包括慎避风寒、适度劳逸、节制性欲等。慎避风寒就是要求孕妇顺应四时气候变化，适其寒温，预防疾病。早在隋代的《诸病源候论》中就提出了多种外感性疾病能“伤胎”“损胎”，至宋代《小儿卫生总微论方》一书中，更列举了39种先天性病症与孕妇失于调养、疾病因素有关。适度劳逸，既不可过劳，也不可过逸。过劳则气血受伤，过逸则气血郁滞，均不利于养胎。万全有“勿临高，勿临险”的忠告，亦有“多卧伤气”之论。“夫何后世风俗渐偷，鲜能悟道，男妇纵欲，无往弗胜。怀孕之时殊不加意，以致临产气血乖张，不能顺应。生儿下地，惊搐无时。”这是《古今医统大全·妊妇不守禁忌生子多疾论》中的述说。其实，历代医家均把节欲、绝欲当作养胎护胎的第一要务，主张孕妇与丈夫分房寝居。

但是，古代限于科学认识水平低下，特别是对胎儿生理发育缺乏系统、科学的理论依据，所以胎教的理论和方法中也有不少不科学的东西。“外象内感”这一理论强调客观环境对胎儿的影响，是属于唯物主义范畴的，但过于绝对化，忽视了胎儿自身的遗传因素的影响，无限度地夸大了“外象”的作用，以至于认为胎儿“见物而化”“因感而变”，不仅品德、才能可因胎教而定型，甚至相貌、性别也可由胎教来决定，这些显然是错误的。还有一些忌讳，都是将所接触事物的特征与胎儿、孕妇的某些疾患生硬地混为一谈，这些主要是由于科学知识不足造成的。

（二）胎教的方法

1. 监督法

这种方法主要是在宫中使用的。贾谊在《新书·胎教》中说：“王后有身，七月而就蒌室。太师持铜而御户左，太宰持斗而御户右，太卜持蓍龟而御堂下，诸官皆以其职御于门内。比三月者，王后所求声音非礼乐，则太师抚乐而称不习；所求滋味者非正味，则太宰荷斗而不敢煎调，而曰不敢以侍王太子。”①这里，“太师持铜而御户左”是为了监督王后要听什么音乐，以达到让她“耳不听淫声”的目的；“太宰持斗而御户右”是为了监督王后要吃什么东西，以达到让她“口不食邪味”的目的。站在门左门右的太师、太宰，看起来是在御护王后，实际起了监督王后不听淫声、不食邪味的作用。

2. 小劳法

这种方法是指让孕妇参加一些轻微的体力劳动或一些户外活动，以活动筋骨、流通血脉。例如，孙思邈在《备急千金要方》中说：“妊娠六月，始受金精，以成其筋。身欲微劳，无得静处，出游于野。”“妊娠七月，始受木精，以成其骨。劳身摇肢，无使定止，动作屈伸，以运血气。”②孕妇出游于野，动作运动，都是轻微的活

① ［汉］贾谊：《贾谊集》，175页，上海，上海人民出版社，1976。

② ［唐］孔思邈：《备急千金要方》，魏启亮、郭瑞华点校，39～40页，北京，中医古籍出版社，1999。

动和劳动，可以促进血脉流通，活动筋骨，有利于健康。

3. 瘦身法

孕妇瘦身是为了使胎儿在母腹中长得不过于肥胖。这一方面要控制饮食，孕妇摄食要饥饱适中；另一方面，古代还有一些具体的做法，约束胎儿不要长得过大。例如，用约 20 厘米宽的布带横束孕妇的腰，缠两道，到临盆时解去。这种方法还可以增加孕妇的撑力，以防堕胎。

第四节　古代的家庭教育

在中国古代奴隶社会和封建社会时期，家庭教育成为儿童教育的基本形式，具有特殊的意义。但总体来说，古代家庭教育都体现了为培养统治人才服务和促进家族发展的作用。

一、家庭教育的产生和发展

在古代社会以农业和手工业为主要生产方式的背景下，最基本的生产单位是家庭。家庭是社会的基本细胞，既是子女与社会最早的接触点，也是我国古代儿童接受学前教育的场所。因此，家庭教育在中国古代教育中占有极为重要的地位。

古代早期教育中的宫廷教育是家庭教育中的一种特殊形式的教育，这种教育不具有普遍性，但在当时社会却有相当的影响。为了增强对君主和太子实施的教育的有效性，古代建立了保傅教育制度和乳保教育制度。保傅教育制度是指朝廷内设有专门辅导和教谕君主及太子的官员，即师、傅和保。乳保教育制度是指在后宫挑选女子担任乳母、保姆等，以承担保育以及教导太子和世子的任务，这些女子统称“三母”。宫廷教育实际上就是一种家庭教育，只是由于教育对象是未来的统治者，因此具有独特的性质、内容和形式。但宫廷教育中的各种措施后来成了一般家庭教育的典范而广为推之。

到战国时期，中国进入封建社会，士大夫阶层的壮大和私学的兴起扩大了教育对象，使得更多人掌握了原来为贵族所垄断的文化与道德方面的知识，这为更多家庭实施学前教育提供了可能性。封建社会的学前教育融于家庭生活中，但也有一定的目的性和计划性，特别注重培养符合封建礼教的儿童生活常规和行为规范，同时，也考虑到了受照顾儿童的年龄特点。而学前家庭教育的实施者是父母，尤其以母亲为主，这是由儿童的生活特点决定的。根据封建礼制的规定，女子有“三从”“四德”的规范。在“四德”中，“妇德”包括正母仪、肃家规、教子女的内容，“妇言”中有“训子之言”的训练。

汉魏六朝仕宦之家的家庭教育中比较普遍流行的方式是写家书。家书的特点是感情真切，字里行间洋溢着父子之间的肺腑之情，肝胆相照。它动之以情，晓之以理，富有感染力和教育效果。南北朝时期的颜之推写有《颜氏家训》20篇，被后人视为家教的典范。

拓展阅读

蜀国丞相诸葛亮的《诫子书》，可谓千古流传的佳作，世代仕宦之家多将其中的经典语句作为座右铭。“夫君子之行，静以修身，俭以养德，非淡泊无以明志，非宁静无以致远。夫学须静也，才须学也，非学无以广才，非志无以成学。淫慢则不能励精，险躁则不能治性。年与时驰，意与日去，遂成枯落，多不接世，悲守穷庐，将复何及！”诸葛亮也教给外甥做人的方法：“夫志当存高远，慕先贤，绝情欲，弃疑滞，使庶几之志，揭然有所存，恻然有所感；忍屈伸，去细碎，广咨问，除嫌吝，虽有淹留，何损于美趣，何患于不济？若志不强毅，意不慷慨，徒碌碌滞于俗，默默束于情，永窜伏于凡庸，不免于下流矣。”①

唐宋时期的家庭教育还有一个显著的特点，就是封建纲常的礼教在家庭教育中占有重要的位置，特别是宋代理学家把“礼”解释为与“人欲”对立的“天理”以后，礼教不仅有了成套的理论和实践要求，而且随着家庭教育的学校化，日渐渗透到了家庭教育的实际活动中。朱熹作为我国古代封建社会继孔子之后的又一位大思想家和大教育家，对宋、元、明、清诸朝的文化、学术、思想、教育等产生过重大影响。例如，他制定了《家礼》。《家礼》对冠礼、婚礼、丧礼、祭礼的礼仪和内容做了具体的规定，同时强调不论男女，幼童时期均必须读《孝经》《论语》，女子还要加读《列女传》之类的书。此时的家规家法越来越注重礼仪和内容，家庭俨如公府衙门。

到了元明清时期，我国封建社会开始走向衰落。为了集权的需要，封建统治者按照宋明理学家“齐家”“治国”的思想，把以“修身”为手段的“齐家”家教与国家政治秩序和社会伦理道德秩序的巩固紧密联系起来，形成了元明清时期以“存天理灭人欲”为核心的禁欲主义家庭教育特色。《二十四孝》是这一时期大为推崇的书籍。

我国古代不仅注重家庭教育，而且十分重视家教教材的编写。唐宋时期流传的书有以识字为主的《开蒙要训》《百家姓》《三字经》，以伦理道德为主的《小学》《童蒙训》《性理字训》，以社会和自然常识为主的《兔园册》《蒙求》，以提高阅读能力为目的《书言故事》，以及用于陶冶儿童性情的诗歌读本《千家诗》《百家诗》等。《朱柏庐治家格言》，世称《朱子家训》，成书于明代末期，盛行于清代。它之所以成为平民之家家庭教育教材，主要是内容贴近平民个体生活实际，具有实用性。另一本书《五种遗规》，由清代陈宏谋统编而成，汇集了《养正遗规》《教女遗规》《训俗遗规》《从政遗规》

① 余秉颐、李季林：《家训金言》，21、23页，合肥，安徽人民出版社，2009。

《在官法戒录》五部分，成为仕宦之家家庭教育的重要教材。曾国藩的《曾文正公家训》，其家庭教育的主要精神是“爱之以其道”，就是说爱子要以健康的教育来塑造他的品德，培养他的才能。其教育方法大致是：劝诫子孙专心致志，读书修身，明确家庭教育目的；力戒奢侈，刻苦谨慎，衣食当与寒士相同，着力培养子孙勤劳谦逊的道德；广博学习，严格要求，做人和做学问方面注意身教，不一味责备子女，而以自己的切身体会来与子女互相讨论，积极地诱导。

二、家庭教育的目的和作用

(一)为培养统治人才服务

家庭是缩小的社会，那么社会便是扩大的家庭，封建社会的政治统治就是建立在家庭的基础上的。“国”和“家”常常合为一词。家庭道德的基本观念——“孝”和“悌”成为整个封建伦理道德的出发点。这样，不仅家庭自身重视其内部教育，而且国家也推崇家庭教育，最终的目的都是为培养封建社会需要的统治人才服务。因此，封建社会的许多家庭在实施学前家庭教育的过程中，长辈们常以“学而优则仕”的思想教育儿童，以日后加官晋爵的思想启蒙儿童；同时，统治者也非常重视学前家庭教育，视其为封建教育的重要组成部分和造就官僚后备军的人才教育的开始，可以为封建社会培养“建国君民”的统治人才。我国古代最早的一本教育学著作《学记》中曾经说过：“君子如欲化民成俗，其必由学乎。……是故，古之王者，建国君民，教学为先。”①

(二)齐家治国的基础

建立在家庭基础上的封建社会结构及其思想意识体系是高度稳定的，因为它体现了上层建筑适应经济基础这一历史规律。搞好家庭建设为个人生存、发展所需，也是社会经济、政治发展的前提，因此，古代儒家士大夫将进取目标概括为“修身、齐家、治国、平天下”。《礼记・大学》中说：“古之欲明明德于天下者，先治其国；欲治其国者，先齐其家；欲齐其家者，先修其身……心正而后身修，身修而后家齐，家齐而后国治，国治而后天下平。”“其家不可教，而能教人者，无之。”孔子也说：“居家理，故治可移于官。”②可见，古人十分重视家庭教育，并把它作为今后出仕、治国安邦的基础与管理才能的一种检测。同时，由于“天下之事，莫不有其初。家之立教，在子生之初”③，因此，家庭对儿童的学前教育，又是家庭教育的基本内容与起点。从这个意义上讲，为日后能够齐家治国奠定基础，也是学前家庭教育的目的之一。

治国与家教的逻辑联系为宗法政治统治的纽带。皇位实行嫡长继承制，百姓以血缘关系论亲疏；国家最高统治者以君权实施“平天下”的统治，家庭内部以父权实

---

① 孟宪承：《中国古代教育文选》，45页，北京，人民教育出版社，1979。

② 中国学前教育史编写组：《中国学前教育史资料选(全一册)》，44页，北京，人民教育出版社，1989。

③ [明]丘濬：《丘濬集》，周伟民等点校，26页，海口，海南出版社，2006。

施家长制管理，君权与父权名异实同。秦以后虽实行郡县制，但仍以家庭(家族)为国家对臣民进行统治的中介。中国封建社会历代的地方行政，一般都以县为最下级的行政单位；然而县境广阔，人口众多，要实行有效统治，还必须依靠地方自治性质的乡村组织。由于中国农村社会聚族而居的特点，家族成为乡村组织的基础。乡村组织对百姓实行的是族权与政权的联合统治，因此，国家的统治归根结底要依靠家庭组织的力量。“家之不宁，国难得安。”由此，许多政治家、思想家提出国之本在家，欲治其国，须先齐家的观点，并赋予家庭人口生产、物质生产、教育三重职能，使中国传统的家庭具有特殊的意义。

(三)光耀门楣

如果说齐家治国是政治家为古代学前家庭教育制定的终极目标，那么光耀门楣则是普通家庭实施学前教育的实质动机与最贴近实际的目的。

将个体的光荣与家庭的荣耀联系起来，根源于中国社会的特点。中国古代注重血缘关系，历代统治者制定法律、惩罚罪犯，都不只限于个人，总要牵连整个家族。所谓“一人当灾，全家遭殃”，一人犯法，轻者罪及三族，重者株连九族。同样，“一人得道，鸡犬升天”，一个人出人头地，不仅是个人的荣幸，也是全家的荣耀。比如在科举时代，若家中有人高中举人、进士，则朝廷以大红喜报报喜，整个家族都沉浸于喜气洋洋之中。正是个体与家庭间这种休戚相关、荣辱与共的关系，使得学前家庭教育在封建社会显得格外重要。家中长辈都视子女为私有财产，希望通过家教早日使子孙“成龙”，以达到振兴家业、光宗耀祖的目的；同时，子孙们亦以身许家，把光耀门楣作为自己的奋斗目标和报答父母养育之恩的最好方式。

三、家庭教育的内容和方法

(一)家庭教育的内容

综观上下两千多年的封建社会时期的学前家庭教育，其教育内容主要包括思想品德教育、生活常规教育、文化知识教育、身体保健等方面。

1. 思想品德教育

中国古代一向以思想品德为教育内容的主体。孔子说：“行有余力，则以学文。”①行指品行、德行，意思是说在品行、德行修养有余力时才可以学习文化知识。以品德为先不仅是数千年封建社会学校教育、社会教育的主旨，而且也成为学前家庭教育的“纲领”。汉时王修曾教育自己的儿子“未必读书，并学作人”。南宋教育家朱熹亦说：“自小便教之以德，教之以尚德不尚力之事。”②在家庭中对儿童进行思想品德教育，主要是使儿童形成初步的道德观念，养成良好的行为习惯。

---

① 杨伯峻：《论语译注》，5页，北京，中华书局，1980。

② [宋]黎靖德：《朱子语类》第1册，128页，北京，中华书局，1986。

(1)孝悌

对儿童进行“孝”的教育，主要是要求儿童从小养成不违父母意志，服从父母绝对权威的习惯。比如，《弟子规》中曾说：“父母呼，应勿缓；父母命，行勿懒；父母教，须敬听；父母责，须顺承。”《居家杂仪》中也指出：“凡诸卑幼，事无大小，无得专行，必咨禀于家长。”①这些要求均是为了突出父母的绝对权威。

对儿童进行“孝”的教育，还要求儿童自小养成敬奉双亲的习惯。《孝经·纪孝行》中说：“孝子之事亲也，居则致其敬，养则致其乐。”②意思是说，孝子的事亲之道，主要是平时对父母态度应恭敬，不得懈怠，尽己之能侍奉父母并使其得到快乐。《礼记·曲礼》中也要求儿子对父母应做到“冬温而夏凊，昏定而晨省”，即冬天应使父母温暖而不受寒，夏天应使父母凉爽而不受热，晚上要为父母铺好床，早晨要向父母请安。东汉时的黄香可以说是实行这种孝行的典范，“香九龄，能温席”③。据说黄香9岁时，对父亲非常孝顺，寒冬时能用自己的体温为父亲暖被窝。

注意从小培养儿童孝顺双亲的品德，是我国古代尊老孝亲传统道德意识的体现；同时，以此作为儿童道德意识形成的起步内容，亦符合儿童道德形成的规律。不过，封建社会的“孝”从本质上说是借正父子之论，以严君臣之分，突出父权的“孝”，旨在强化对皇权的“忠”。它扼杀了儿童的个性与自由，这是我们应当批判的。

如果说孝是用以维系纵的家庭关系的，占主导地位，那么悌则是用以强化横的家庭关系的，居辅助地位。对儿童进行悌的教育，主要是要求儿童自幼兄弟友爱，为兄者爱护弟弟，为弟者敬爱兄长。据说东汉时大文学家孔融4岁时，就能把大的梨子让给兄长吃，而自取小的。这则“孔融让梨”的故事在封建社会曾广为流传，并在学前家庭教育中作为进行悌的教育的典型事例而屡被引用。

拓展阅读

《魏书·吐谷浑列传》中记载了一则故事。吐谷浑国的国王阿豺有20个儿子，他在病危时把儿子们叫到面前，说道：“你们每个人拿我一支箭，在地上把它折断。”他的儿子们都把箭折断了。随后他又对其母弟说：“你取19支箭来，合在一起把它折断。”他的母弟怎么折也折不断。阿豺便说：“你们明白吗？单独一支箭容易折断，把多支箭并在一起就很难折断了。只有你们同心协力，国家才能够巩固。”这则故事正蕴含着兄弟团结才有力量的道理。

(2)崇俭

崇尚俭朴是中华民族的传统美德和家庭教育的重要内容。在封建社会中，父辈

① [清]陈宏谋：《五种遗规》，159页，北京，线装书局，2015。
② [春秋]孔丘：《孝经》，52页，乌鲁木齐，新疆青少年出版社，1996。
③ 吴偲千：《中国封建蒙学文化评述》，附录22页，西安，陕西人民出版社，1989。

创下家业，小辈坐享其成，难知其中的艰辛。“由俭入奢易，由奢入俭难。”如果不使自己的子弟养成俭朴的生活习惯，那么他们就有可能成为败家之子，这也是许多家庭重视对儿童进行崇俭教育的一个重要原因。

为使儿童树立崇俭的观念，封建社会中的一些有识之士在家庭中经常教导儿童俭朴是一种美德，奢侈则是最大的罪恶。例如，宋代《放翁家训》中告诫后辈：天下之事，常成于困约，而败于奢靡。生活的清贫俭朴常促人奋进、成才，而专尚奢侈则会使人堕入深渊。明末清初的《朱子家训》中也要求子女：一粥一饭，当思来之不易；半丝半缕，恒念物力维艰。

为了培养儿童的俭朴生活习惯，对于儿童的饮食与衣着，古人主张不能过于讲究。比如，《礼记·曲礼》中曾规定：童子不衣裘裳。这不仅是因为过暖不利于儿童发育，更主要的是因为华贵不利于儿童养成崇俭的习性。

(3)立志

自幼培养正确的志向是古代学前教育的重要内容之一。古代的民俗“试儿”就反映了古代婴幼儿教育中重视志向培养的特点。婴儿满周岁时，成人将弓箭、纸笔、针线、尺规、衣冠、食物以及钱帛珍宝等各种具有象征意义的物品放在他面前，看他抓什么，这种试验名为“试儿”。这种试验虽然没有科学性，但反映了古代对儿童志向的高度重视。《论语·子罕》中指出：三军可夺帅也，匹夫不可夺志也。《墨子·修身》中也指出：志不强者智不达。古代立志的核心在于忠孝观念的树立。

(4)诚信

诚信就是诚实无欺。明人李贽说：“夫童心者真心也。”[①]儿童的天性纯洁美好，“绝假纯真”，然而由于受到不正确的影响或自夸、惧过，儿童有时也会说谎，这是日后欺诈之心生长的萌芽，长此以往，“童心”将逐渐失却，“若失却童心，便失却真心；失却真心，便失却真人。人而非真，全不复有初矣”[②]。要卫护此诚实无欺的“童心”，使之不失，长辈首先应该从正面进行教育。由于儿童年幼无知，难辨是非，长辈应以自身诚实的行为来引导儿童。《礼记·典礼上》中说：“幼子常视毋诳。”元人陈澔释为：“常示之以不可欺诳，所以习其诚。”[③]春秋时期的曾参在这一方面，曾为人们做出了榜样。据《韩非子·外储说左上》中记载，有一天，曾参的妻子要上街去买东西，孩子哭嚷着也要跟妈妈一同去，曾妻便哄孩子说：“你留在家里，妈妈回来杀猪给你吃。”等到妻子购货回家后，曾参便要捉猪杀之，他的妻子赶快制止他说：“我刚才只不过和孩子说着玩罢了，你怎么真的要杀猪?”曾参则说服妻子：“孩子是不能被欺骗的。他年幼无知，只会学父母的样子，听父母的教诲。如今你说话不算数，

---

① 中国学前教育史编写组：《中国学前教育史资料选(全一册)》，48页，北京，人民教育出版社，1989。

② 中国学前教育史编写组：《中国学前教育史资料选(全一册)》，48～49页，北京，人民教育出版社，1989。

③ [元]陈澔：《礼记集说》，见宋元人：《四书五经》中册，礼记篇目4页，北京，北京市中国书店，1984。

哄骗孩子，实际上是在教孩子说谎。为母者欺骗了孩子，孩子便会觉得母亲的话不可信，母亲以后再对他进行教育，就不会有效果了。”最后，曾参还是把猪杀了。

(5)为善

为善，在封建社会主要是指做合乎道义、合乎礼仪的事。古代学前家庭教育中非常注意使儿童养成行善去恶的观念，经常教育儿童除在家孝顺父母、敬爱兄长外，在外凡是合乎道义的利人之事告应为之。由于儿童年幼，不可能做出惊天动地的大善事，许多家长都非常重视教育儿童行小善去小恶，积小善以成大德。例如，三国时期的刘备曾发布遗诏教训后主说：“勿以恶小而为之，勿以善小而不为。”

(6)礼让

礼让，是儿童自幼就必须培养的品德。古代关于儿童各种生活常规的制定，大多是以礼让为宗旨的。我国古代的《郑氏规范》中记载：见兄长，坐必起，行必以序，应对必以名，毋以尔我。宋朝苏易简任参政知事，为官清正，皇帝召见其母薛氏，问如何教子成此大器。薛氏回答：幼则束以礼让，长则教以诗书。礼仪教育是古代家庭教育的重要内容。

2. 生活常规教育

封建社会的家庭对学前儿童实施的生活常规教育，主要包括日常生活中礼仪常规的训练和卫生习惯的养成。

(1)礼仪常规的训练

在封建社会，儿童的礼仪常规训练又称为幼仪教育，它充溢着封建“礼教”的思想和内容。总的原则是谦卑、恭谨、稳重。

幼仪教育，首先是对儿童进行合乎礼仪的姿态训练。儿童的坐、立、行、跪、拜、饮食起居等各方面的礼仪都有严格的要求。《礼记·曲礼》中说：(童子)立必正方，不倾听。即要求儿童站要有“站相”，须直身而立，两眼平视前方，而不要耸肩塌背和左右倾斜。不但“站相”要正，行走坐卧的姿态同样也要求保持端正，符合幼仪的规定。其次是对儿童进行尊老敬长的礼仪常规训练，这是幼仪教育的一项重要内容，实际上也是一种礼貌知识教育。按照幼仪的规定，儿童路遇长辈，必须快步上前正立拱手，长辈有问则答，无话则退；长辈牵着儿童走路时，儿童应以双手握着长辈的手；长辈抱着或挟着儿童，并偏着头与儿童讲话时，儿童应掩口而对，以免气触长辈；长辈召唤儿童，儿童须疾步前往；听长辈教训，须谦恭起座、低头听受，不可顶嘴抗辩；在长辈面前，不要卖弄才华。总之，儿童对长辈必须谦恭、礼让，不可恣意妄行。

封建社会学前家庭教育中的幼仪训练，实质上是“礼教”的启蒙，具有浓厚的封建色彩和束缚儿童个性发展的特征。但我们亦应看到，某些传统的礼仪要求中也还有一些可以借鉴的合理内容，如尊老敬长、礼让客人等。此外，以具体的操行指导为礼仪常规训练的主体，也是符合儿童的认识发展规律的，至今仍有参考价值。

(2)卫生习惯的养成

养成日常生活中的卫生习惯，是儿童家庭生活常规训练的一项重要内容。南宋教育家朱熹就曾要求儿童每日鸡鸣起床后，应自己完成洗脸、漱口、梳头等事务，并且规定“自冠巾衣服鞋袜，皆须收拾爱护，常令洁净整齐”①。清人李毓秀亦要求儿童“冠必正，纽必结，袜与履，俱紧切(指都要穿好)。置冠服，有定位，勿乱顿(放置)，致污秽”②。除了穿戴要整洁外，饮食卫生也必须讲究。当儿童能独立饮食的时候，许多家庭就教儿童用右手拿筷子和汤匙；大小便回来，要求儿童把手洗干净；吃饭的时候，教育儿童不能贪多，喝汤时汤不要流出嘴角，不要把吃过的鱼肉再放回菜盘中去；等等。

以上这些生活常规的要求适用于所有的晚辈子弟，但它的训练则是自幼开始的。这些要求中有着封建礼教的内容，烦琐而形式化的色彩浓厚，许多要求也是不符合儿童年龄特点的。这种教育和训练是要把儿童变成小大人。不过，古代制定的儿童生活常规训练，体现了认真、严格的教育态度和做事原则，对儿童的举止行为进行了一些必要的规范和约束，尤其是要求儿童懂得尊敬长辈、体贴他人，不要以自我为中心，不要恣情任性等方面都有着积极的意义。

3. 文化知识教育

由于中国封建社会的文官选拔是与文化考试紧密相连的，它促使人们异常重视文化知识(主要是儒家经典)的学习。于是，在“万般皆下品，唯有读书高”的思想支配下，文化知识教育便成为众多家庭学前教育的主要内容。

封建社会家庭对儿童实施的文化知识教育，主要是教他们识字、学书、听解“四书”，以及学习一些名诗、名赋、格言等。

识字教育是文化知识教育的重点与开端，封建社会对用作儿童识字启蒙教育的字书教材的编写颇为重视。秦时李斯著有《仓颉篇》，赵高作《爰历篇》；汉时司马相如撰《凡将篇》，史游作《急就篇》；宋代王应麟的《三字经》，无名氏的《百家姓》，南朝周兴嗣的《千字文》，简称“三、百、千”，则是古代蒙学字书编写的代表作，它们流传极广，甚至为朝鲜、日本所学习。这些字书虽不是专为家庭教育而编的，但实际上许多家庭已将它们作为家教识字课本，原因在于这些教材内容生动活泼，而且均采用韵语，或三言句，或四言句，句短合仄，读来朗朗上口，便于儿童记诵。可见，从严格意义上讲，它是分散与集中识字相结合的教材，这种编写方法很值得我们借鉴。

古代家庭教育中，由于人们普遍认为儿童因手骨没有发育完全，执笔有一定的困难，因此，识字教学与习字教学常常是分开进行的。一般的家庭在儿童六七岁时才开始教他用毛笔在纸上练习写字。教儿童习字的程序大致如下。首先教儿童把笔，

① 徐梓、王雪梅:《蒙学须知》，21页，太原，山西教育出版社，1991。
② 吴偲千:《中国封建蒙学文化评述》，附录52页，西安，陕西人民出版社，1989。

“盖蒙童无知，与讲笔法，懵然未解，口教不如手教，轻重转折，粗粗具体，方脱手自书”①；其次是教儿童描红；然后则是教儿童临摹名家碑帖；最后才是脱离碑帖习字。不过，古时也有家庭出于种种原因，在儿童四五岁时即以芦荻或木棒代笔在地上教其学书。例如，南朝的道教思想家、医学家陶弘景，“幼有异操，年四五岁，恒以荻为笔，画灰中学书”②。又如，北宋文学家欧阳修，他4岁时丧父，母亲郑氏督教很严，因家贫买不起纸笔，即以荻画地教子习字。后来，人们便以“画荻”为称颂母教的典故。

及早教儿童识字、习字是为了使儿童能及早阅读儒家典籍。在某些家庭中，或出于父母“望子成龙”心切，或由于儿童特别聪慧，当儿童四五岁已能识得一些字时，父母便开始教授“四书”和《孝经》等。北齐的颜之推曾说：“士大夫子弟，数岁已上，莫不被教，多者或至《礼》《传》，少者不失《诗》《论》。”③可见当时的士大夫家庭对儿童进行儒家经典教学的现象已很普遍。

由于诗赋是科举考试中的一项重要内容，在家庭中父母极为重视对儿童进行诗赋知识的启蒙。当时的家庭主要选择汉赋中的某些名篇、唐宋诗中的某些名家作品让儿童背诵。最为常用的教材有《唐诗三百首》《千家诗》和北宋汪洙的《神童诗》等。

4. 身体保健

古代学前儿童的教育是以思想教育与文化知识教育为主的，但同时许多家庭也注意到教养结合的问题，强调注重儿童的身体保健工作。游戏是学前儿童喜爱的活动，也是古代家庭中加强儿童身体锻炼的一种重要的方法。早在战国时期，《韩非子·外储说左上》中就有小孩玩“过家家”游戏的记载：夫婴儿相与戏也，以尘(土)为饭，以涂(泥)为羹，以木为胾(肉块)。古时能起到锻炼身体作用的儿童游戏主要有拔河，跳百索(跳绳)，放风筝，踢毽子，踢球(“琢石为球，以足蹴之，前后交击为胜”)等，许多游戏至今仍为儿童所喜爱。

封建社会学前家庭教育的内容是非常丰富的，它涵盖了德、智、体等诸方面，与学校教育和社会教育的内容在本质上是一致的，体现了教育的连贯性。但古代学前家庭教育的内容又是偏颇的，它过于突出德育与智育，而且许多繁杂的教育内容过于成人化与教条化，使儿童难以接受，在很大程度上扼杀了儿童的天性。

(二)家庭教育的方法

1. 及早施教，蒙以养正

《周易》中说：“蒙以养正，圣功也。”④这就是说，要用正道对幼弱蒙昧之人进行

① 中国学前教育史编写组：《中国学前教育史资料选(全一册)》，81页，北京，人民教育出版社，1989。
② [唐]李延寿：《南史》，1897页，北京，中华书局，1975。
③ [北齐]颜之推撰：《颜氏家训集解》，王利器集解，141页，上海，上海古籍出版社，1980。
④ [清]阮元校刻：《十三经注疏》上册，20页，北京，中华书局，1980。

培养，以成就至圣之功，这是学前教育最重要的原则。“未发之谓蒙，以纯一未发之蒙而养其正，乃作圣之功也。发而后禁，则扞格而难胜。养正于蒙，学之至善也。”①还未表现出善恶的即称为蒙童。对没受到任何坏的影响又未表现出善恶的蒙童进行正确的培养，便会收到异乎寻常的效果；如果不良的思想和行为表现出来之后再加以禁止，那么互相抵触，很难收到教育的效果。从幼小时起就给以良好的教育，儿童学到的都是最正确的东西。可见，在儿童“智愚未有所立”时便施以良好的教育，这样的教育功效最大。

古代特别讲究及早施教。天子或诸侯王的孩子还在襁褓之时，古人就要对其进行养护和教育。孩子刚一出生，古人就一定要举行礼仪活动，由士负着婴儿，有关的司仪等一早就斋戒沐浴、穿戴整齐，祭之于南郊，以告之于天。在来回的途中，经过陵墓之前，要下车以示哀悼；经过祠庙之前，要走快以示恭敬。如此作为的目的，是教之以“孝子之道”，“故自为赤子时，教固以行矣”。②

古人在蒙以养正方面的具体做法有以下几点。第一，慎择教师与其他人。当时孺子室的教师及保育人员都必须是道德极高的人，同时还要另选“天下之端士，孝悌博闻有道术者”，以辅助教养。这样太子“目见正事，闻正言，行正道，左视右视，前后皆正人”③。朱熹认为，习与正则正，习与邪则邪。他主张谨慎地选择幼儿身边的教师与其他人，以使其自幼就受到良好的影响。第二，慎择环境。孔子曾说，“里仁为美”，即居住的地方要有仁德的氛围才好。这强调了良好环境的重要作用。相传孟子幼时，家靠近坟墓，孟子经常做一些埋葬死人的游戏。孟母见此，认为这里不适合居住，就搬家到市场旁边。到了这里，孟子又学叫卖之道。孟母见此，认为这里也不适合居住，于是又搬家到学校旁边。从此，孟子都做一些练习礼仪的游戏。孟母认为这里才是最适合孟子居住的地方，于是在这里定居了下来。后来，孟子终于成为大儒，人们认为首要归功于孟母“善以渐化”。④

2. 循序渐进

古时人们对儿童身心发展的阶段已有了一定的认识。比如，认为人刚出生时，目不能见，口不能食，足不能行，口不能言；3 个月之后，就能看清各种东西；8 个月时长出牙齿，就能自己吃东西；1 年以后，关节发育完全，就能走路；3 年时囟门闭合，就能清楚地说话。⑤ 根据对儿童身心发展阶段的认识和了解，古人对教育的过程做了循序渐进的安排。比如，儿童能吃饭时，教他如何使用右手；能说话时，教他如何应对，如大人呼唤时，男孩答“唯”，女孩答“喻”；6 岁时，教他数数和天地四方的名称；7 岁时，教他男女有别，如男女不同席、不共食等；8 岁时，教他礼

① ［宋］程颢、程颐：《二程集　第三册》，王孝鱼点校，720 页，北京，中华书局，1981。

② ［清］王聘珍：《大戴礼记解诂》，49 页，北京，中华书局，1983。

③ ［清］王聘珍：《大戴礼记解诂》，51 页，北京，中华书局，1983。

④ 中国学前教育史编写组：《中国学前教育史资料选（全一册）》，52 页，北京，人民教育出版社，1989。

⑤ ［清］王聘珍：《大戴礼记解诂》，251 页，北京，中华书局，1983。

让，如出入门户及即席饮食时，要在长者的后面；9岁时，教他算数和朔望六甲等数学和天文知识；10岁时，让他离家出外学习基本的文化知识。[①] 可见，古代已经认识到对儿童施教应遵循儿童自身的天性，循序渐进地进行。只有这样，才能既不损害儿童的身体和求知欲，又能给儿童的发展打下坚实的基础。

由于儿童身体幼弱，对外界事物的接受能力有限，加上已有的知识较浅，因此，成人对儿童进行教育时就应考虑其接受能力和身心发展规律，做到量资循序。宋代的张载认为教的过程“虽不可缓，又不欲急迫，在人固须求之有渐”[②]，主张教育儿童应考虑其接受能力，不能在儿童还未巩固时又往前讲授，不能在儿童还未明白时又不断地教给他新的东西。

3. 启发诱导

古代教育家都主张儿童的智长与心成离不开教师的启发诱导。由于儿童具有很强的好奇心与探究欲，常提出很多问题，加上他们已有的知识经验相当有限，如果采用注入灌输的方式，儿童难以接受，同时也可能挫伤他们的学习积极性，因此，启发诱导对儿童十分重要。

孔子的《论语》中已经有关于“不愤不悱，不启不发”的论述，朱熹对此进一步解释为“愤者，心求通而未得之意。悱者，口欲言而未能之貌。启，谓开其意。发，谓达其辞”[③]。张载认为启发的方法有其独特的作用，说明性的语言虽然少，但含义明确、论述透彻，语言浅显而道理十分正确。程颢、程颐也曾对孔子的“启发式”教学进行过阐述。他们主张要等学生真心想学时才给他讲解；给他讲解，一定要等到他自我理解消化，将知识变成自己的东西之后；愤、悱和诚意都可从语言和表情方面表现出来。[④] 通过启发的方式，教师可以列举儿童经常接触的、身边的、熟悉的事物，使儿童弄懂还未接触到而又蕴含深奥道理的东西，并达到通过了解过去已经发生过的事情而推测将来会发生的事情的目的。

4. 严格要求

韩非曾说：“夫严家无悍虏，而慈母有败子。”[⑤]这句话有些绝对，但说明当时的人已经认识到了严格要求有利于儿童的成长，而娇惯放纵则不利于儿童的成长。因此，古代人们十分注重对自己的子弟严格要求。相传孟子小时候很贪玩，不用功学习。孟母为了教育孟子，就把布机上正在织的布一刀割断，训诫孟子说：你废弃学习，就像我将正在织的布割断一样。君子通过学习而立名，多问而增长知识。因此，君子居则安宁，动则远害。这与依靠纺纱织布维持生活，但中途废弃而不纺织，难

① [清]阮元校刻：《十三经注疏》下册，1471页，北京，中华书局，1980。
② [宋]张载：《张载集》，章锡琛点校，284页，北京，中华书局，1978。
③ [宋]朱熹：《论语集注》，63页，济南，齐鲁书社，1992。
④ [宋]程颢、程颐著：《二程集　第四册》，王孝鱼点校，1144页，北京，中华书局，1981。
⑤ 王先慎集解：《韩非子集解》，见《诸子集成》第5册，355页，上海，上海书店出版社，1986。

以使家里人有衣穿、有饭吃的行为没什么不同。从此，孟子“旦夕勤学不息”①。

古代家庭教育中倡导以义方训子。例如，司马光在《家范》中引曾子的话：贤明的士大夫对于子女的爱不表现在脸色及行为方面。心里即便很爱他，也不表现出来；经常严格要求他，不能在言语和脸色上使儿童感到父母喜欢他。许多教育学者认为，做母亲的不担心不慈爱孩子，而担心只知爱孩子而不知如何教育孩子。如果不知道用义方教育子女，用礼法整饬家庭，那么要想使后代获得好处是很难的。因此，以义方训子就尤为必要了。为了避免孩子长大养成不良的习惯而令父母失望，教育就应从戒小恶做起。只有这样，才能避免大恶。

思考与练习

1. 评析古代的儿童公育。
2. 简述古代的慈幼机构。
3. 简要论述古代胎教理论的重要内容。
4. 古代胎教的方法有哪些？
5. 古代胎教理论的经验和局限性是什么？
6. 简要回顾古代家庭教育的发展历程。
7. 古代家庭教育的目的和作用是什么？
8. 简要谈谈古代家庭教育的内容。
9. 古代家庭教育的方法有哪些？

① 中国学前教育史编写组：《中国学前教育史资料选（全一册）》，52～53页，北京，人民教育出版社，1989。

第二章　古代学前教育思想

学习目标

1. 了解贾谊、颜之推、王守仁的主要学前教育思想。
2. 能够科学地分析古代学者的学前教育思想，取其精华，去其糟粕。
3. 能够运用古代的学前教育思想为现代的学前教育事业服务。

本章通过对三位古代著名学者学前教育思想的介绍，从侧面展示了中国古代学前教育的核心教育观、一些理论知识及科学的方式方法。这些思想在今天看来还具有一定的指导意义，是我们学前教育领域的瑰宝。

第一节　贾谊的学前教育思想

贾谊(前 200—前 168)，河南洛阳人，是西汉初年著名的政论家、文学家、教育家。(图 2-1)他自幼聪颖，善做文章，少年得志，号称“洛阳才子”，十八岁时，就以能诵诗书、善于文笔而闻名当地，因此，当时的河南郡守吴公颇为赏识他，将他召置门下重用。后来，吴公被文帝调升为廷尉，于是吴公就举荐贾谊，文帝遂拜贾谊为博士。在当时，贾谊为诸博士中年纪最轻的。贾谊也不负吴公的期望，每当讨论皇帝下达的议题时，诸位老先生往往讲不出什么来，而贾谊对答如流，显示出非凡的才能，文帝很高兴，一年之内破格提拔他为太中大夫。朝廷一些元老重臣对贾谊少年得志很是不满，合伙诋毁他“专欲擅权”，致使贾谊失宠，被调出朝廷，放逐出任长沙王太傅，三年后转任文帝的小儿子梁怀王的太傅。后来梁怀王不幸坠马身亡，贾谊自责没有尽到太傅的责任，因此抑郁成疾，不治而亡，

图 2-1　贾谊

年仅33岁。在短短的人生中，贾谊给后人留下《新书》58篇，著作颇丰。1976年，上海人民出版社将现存的《新书》56篇、疏7篇、赋5篇和一些散见于其他书籍中的文章校点出版。

贾谊先后担任太傅长达八年之久，因此对于如何进行教育有切身的体会。虽然他主要针对太子等贵族阶级进行教育，但其以教育者的身份提出的某些教育思想具有教育的普适性，其合理内核在今天仍具有可借鉴之处。

一、早教易成

贾谊赞同孔子"性相近，习相远"的观点，认为人刚生下来的时候，其性情、品质没有多大的差别，而之后之所以会出现贤愚善恶之人，有道之君与无道之君，其根本原因在于个人所受的自然环境与人文环境的影响不同。这种影响可以说在生命诞生之初就开始了。开头"失之毫厘"，最终则可"谬以千里"，因此正本必须"慎始"，这就是《胎教》篇中所说的"素成胎教之道"。该篇记载了古代王后怀孕时要住在专门的"蒌室"中，由太师等官员各司其职侍卫于左右，保证王后听到的都是合乎礼乐的声音，吃的都是合乎正味的食品。王后须做到立而不跛、坐而不差、独处而不倨、虽怒而不骂。这就是所谓的胎教，其宗旨在于"正礼"。胎教思想是中国古代教育理论中颇具特色的内容。

如果说胎教尚属通过母体施于胎儿间接影响的话，那么儿童出生后，直接的教育当即刻开始。贾谊引孔子的话说，少成若天性，习惯如自然。在幼年"心未滥"即心地纯良、未受外界侵染之时及早进行教育，可以做到"习与智长""教化易成"，既能做到习性的培养与智力的增长同时进行，又容易施教，效果良好。他强调早期教育的重要性，这是很有价值的。

二、慎择师友

教育存在教与学两个方面的含义，现代教育强调教师的积极主导作用。贾谊在当时也看到了这一点，他十分注重太子老师的选择，尊重教师的地位，"王者官人有六等：一曰师，二曰友，三曰大臣，四曰左右，五曰侍御，六曰厮役"。贾谊把王者的左右分为六等，而教师放在首位，排在了第一等。在贾谊的心目中，教师的地位十分重要，他对被称为"太傅"的人也提出了相应的要求。他说："知足以为源泉，行足以为表仪；问焉则应，求焉则得；入人之家足以重人之家，入人之国足以重人之国者，谓之师。"在贾谊看来，能被称为"师"的人，应是知识的源泉、行为的表率，能够做到有问则答、有求则应，为国、为家都起着举足轻重的作用。他认为"与师为国者帝"，就是说要当皇帝的话，更要尊重老师。"取师之礼，黜位而朝之"，为了迎接老师，皇帝应该罢朝，以平常人的身份亲迎。既然教师的地位如此崇高，那么其职责也就十分重大了，贾谊的《新书》中有《傅职》一篇，便是专门论述教师职责的。

《保傅》篇中列举了周成王还襁褓之中时，即由召公担任太保，以保证其身体的强健；由周公担任太傅，以教导其道德道义；由太公担任太师，以告知其道理。三者统称“三公”。又立“三少”即少保、少傅、少师作为三公的副职。三公、三少总的职责就是为太子创造良好的生活和教育环境，使太子自幼见正事、闻正言、行正道，左右前后均是正人，这样也就不可能不正了。《傅职》篇中还详细论述了三公、三少的具体保傅职责。他说：“天子不谕于先圣人之德，不知君国畜民之道，不见礼义之正，不察应事之理，不博古之典传，不僩于威仪之数，《诗》《书》《礼》《乐》无经，天子学业之不法：凡此其属，太师之任也。”太师的职责就是要教谕太子懂得圣人之德、礼义之道，治国保民，威仪天下；太傅的职责是以“大行、大礼、大义、大道”，如“恩于亲戚”“惠于庶民”“哀于丧”“敬于祭”“诚于赏罚”“厚于德”之类教导太子；太保则专司太子的行为规范，如处位要端、受业要敬、言语要序、音声要中律等。他还把“少师之任”“少傅之任”“少保之任”即三少的职责做了全面的论述。三公、三少相辅相成，共同完成对太子的教育，大到治国安邦，小到日常居处，既注重开发智能，又狠抓道德修养。三公、三少分工负责，细致周到。

贾谊身体力行，履行其作为太傅的责任。在他任梁怀王太傅期间，他与太子相处得十分融洽，师生情义非同一般。后来梁怀王不幸坠马身亡，贾谊伤心哭泣，“自伤为傅无状”，即没有尽到做老师的责任。他把太子的身亡归为自己的失职，在太子逝去的一年时间里，他伤心忧郁，终日沉浸在对太子的怀念中，以致悲痛过度而死去。贾谊对自己的学生寄予了厚爱和关心，甚至献出了自己的生命，作为太傅，他是尽职尽责、名副其实的。

除了要高度重视对教师的选择，贾谊认为为太子选正直的左右对于太子的成长也十分重要。《保傅》篇中总结了夏、商、周三代之所以统治长久的原因，是其左右辅翼太子有方；而秦朝之所以二世即亡，是其左右不正，教导太子无方。胡亥并非天生性恶，只是做皇子时学的全是刑狱之事，有赵高等佞臣在其左右，故即位后草菅人命，暴虐无道。他说：“夫开于道术，知义之指，则教之功也。若其服习积贯，则左右而已矣。夫胡越之人，生而同声，嗜欲不异，及其长而成俗也，累数译而不能相通，行有虽死而不相为者，则教习然也。臣故曰‘选左右、早谕教最急’。夫教得而左右正，则太子正矣，太子正而天下定矣。《书》曰：‘一人有庆，兆民赖之。’此时务也。”贾谊首先提出太子教育的重要性，即“天下之命，县于太子”，然后指出要想让太子出色地完成自己的使命“定天下”，就得“早谕教与选左右”，为太子及早地营造一个良好的人文环境，“选天下之端士，孝悌博闻有道术者，以卫翼之”“逐去邪人，不使见恶行”。这样，太子“左右前后皆正人也”，言行皆受“正”的影响。太子一年到头、一天到晚都处在一个健康的环境中，受到“正人”潜移默化的影响，最终会成为“正”与“善良”的太子，这便是贾谊说的“习与正人居之，不能无正也”。他还从反面举出例子。胡粤之人长期以来养成的习惯到另一个环境中，甚至到临终之前都改不了，是因为人文环境对一个人的影响太深刻了。这进一步说明了教谕太子，及早地营造一个良好的人文环境有多么重要。

从古到今，也有很多人对重视太子教育提出异议，但是我们必须承认人在成长历程中都会被深深地打上环境的烙印。千百年来，人们一直都在积极地为自己或下一代寻找一个良好的学习和生活环境。贾谊在汉朝初年，便郑重其事地把环境之于教育的影响提出来，并付之于太子教育的实践中，有其积极合理的意义。

第二节　颜之推的学前教育思想

图 2-2　颜之推

颜之推(531—约 595)，字介，原籍琅琊临沂(今山东省临沂市)，生于江陵（今湖北省江陵县）。(图 2-2)他生活在南北朝分裂割据时期，一生饱尝战祸之苦。历仕梁、北齐、北周、隋四朝。生逢乱世，际遇坎坷，自称“身经三代之悲，一身而三化”。这一特定身世，铸就了他特定的思想与性格。有感于当时的世风败坏、道德沦丧，鉴于许多士大夫取祸、被诛的惨痛教训，为了能让子孙后代在战乱中得以全身免祸，他希望自己的儿孙能懂得现实社会中的利害关系，努力学习，保有既得的官宦世家的社会地位，以求在社会上立身处世而不致遭不测，所以他写下了《颜氏家训》一书。这是一部专门论述家庭教育与处事之道的专著，书中本着表述立身、治家的方法，辩正时代世俗谬误的原则，总结前人教训，结合自身经历，比较详细地阐述了立身、治家、教子的方法。因此，这部书成为后世封建社会知识分子训诫子女的教育范本。有学者将这部书进行了集解，并与颜之推流传下来的其他作品收辑在一起，经校注后出版。①

一、及早施教

在《颜氏家训》中，颜之推明确提出了“教妇初来，教儿婴孩”的早期教育思想，这种教育思想被后人视为家庭教育的经典，广为提倡和传播，至今仍产生着积极的作用和影响。

颜之推认为：“人生小幼，精神专利，长成以后，思虑散逸，固须早教，勿失机也。”意思是幼年期的儿童，精神专一，思想纤弱，心底纯净，极易受环境“侵染”，家庭教育对他的影响很容易显现，因此幼年期是教育的最佳时机。若长大后，再给以礼乐教化，则成效就微微弱弱。所谓“教儿婴孩”是指父母要想使自己子女成为人

① ［北齐］颜之推撰：《颜氏家训集解》，王利器集解，上海，上海古籍出版社，1980。

才，必须从婴孩时期的教育抓起。颜之推认为，父母对其子女的教育开始得越早越好，当然这要包括对胎儿的教育。他在《颜氏家训·教子》中指出："古者，圣王有胎教之法：怀子三月，出居别宫，目不邪视，耳不妄听，音声滋味，以礼节之。"古时王后怀胎到三月左右，不仅分居宫室，而且要注意净化环境，不邪视，不妄听，清心寡欲，静心养身。这就是说要对怀胎妇女的饮食起居、精神状态、生活环境给予特别的重视。胎儿未出世，母亲就开始从自身做起，加强品行修养，达到养胎的目的，把胎教的正确与否和胎儿的身体发育、智力发育的好坏联系起来。胎儿健康聪慧、秉性端正是"教儿婴孩"思想的首要环节，必须抓紧抓好，因此，胎教问题不容忽视。这些观点与我们今天倡导的科学的胎教优生不谋而合，充分证实了颜之推推崇胎儿教育的合理性与正确性。婴儿一出生，父母便成了他们的第一任教师，因此父母在家庭教育中扮演的角色十分重要，这比任何人都来得更直接。家庭教育是一个系统工程，胎教优生只是为这个工程奠定了必要的基础，而要使家庭教育成功，颜之推认为需要父母做大量的工作。

颜之推以自己的亲身经历来加以说明："吾七岁时，诵《灵光殿赋》，至于今日，十年一理，犹不遗忘；二十之外，所诵经书，一月废置，便至荒芜矣。"意思是：我在七岁的时候，背诵过《灵光殿赋》，直到现在，每隔十年温习一遍，还都能记得；二十岁以后背诵过的经书，如果过一个月不温习，就忘得差不多了。这从侧面说明了儿童期的记忆力问题，当然，更是对孩童时代学习情况的总结，精神专一很容易记下所读所学。学前心理学上所谓的关键期，与此不谋而合，即在儿童成长的关键期内，给予良好的早期教育，对儿童成长产生的积极影响会持续一生。关键期的教育就像为儿童准备的精神食粮，营养全面，可口美味，促使儿童更为茁壮地成长。

二、有教有爱

在儿童教育中，颜之推主张由情入手，将爱子和教子紧密结合起来。《颜氏家训》指出，爱子是人之常情，本无可厚非，但如果只爱子不教子，或将爱发展到溺爱娇惯的地步，那么则是不可取的。"当及婴稚，识人颜色，知人喜怒，便加教诲，使为则为，使止则止。比及数岁，可省笞罚。父母威严而有慈，则子女畏慎而生孝矣。"当孩子处于婴儿时期，刚刚懂得看人脸色、辨人喜怒的时候，父母就应加以教诲。让他做什么，他就得做什么；不让他做什么，他就不能做什么。这样到了五六岁，他就可以少受鞭笞的责罚。父母既威严又慈爱，子女才会畏惧谨慎，从而产生孝心。父母在子女面前，既要威严，也要慈爱，更要施予教诲，使孩子从小知道什么该做，什么不该做，长大以后，孩子就能朝着正确的方向发展；反之，父母在孩子面前没有一点威严，只有爱而无教，就会使孩子养成一种坏的品行。"吾见世间，无教而有爱，每不能然；饮食运为，恣其所欲，宜诫翻奖，应诃反笑，至有识知，谓法当尔。骄慢已习，方复制之，捶挞至死而无威，忿怒日隆而增怨，逮于成长，终为败德。”有些父母一味宠爱孩子，对孩子日益膨胀的物质欲望想尽一切办法去满足。本来孩子应受到惩戒，身为人父人母者不但不给予惩戒，反而给予奖励；本来孩子应受到批评和斥责，身为人父人母者反而认为好玩，一笑了事。等到孩子有了判断能力，也就认为自己的一切行为都是理所当然的。孩子的骄慢行为已经形成，父母才意识到他的不对，加以制止，但为时已晚。其结果，孩子的前途也就因父母早期教育的失误而毁掉了。有句俗语说：“严师出高徒。”父母对待子女何尝不是这个道理？为了强调自己推理论断的正确性，颜之推还现身说法，在《颜氏家训·序致》中说明父母对子女要从严要求。父母光有仁爱之心而无威严之举，缺乏严厉的教导，最终子女的坏习惯养成，导致难以纠正。这里再次强调“无教而有爱”的害处。

拓展阅读

“年始九岁，便丁荼蓼，家涂离散，百口索然。慈兄鞠养，苦辛备至；有仁无威，导示不切。虽读《礼》《传》，微爱属文，颇为凡人之所陶染，肆欲轻言，不修边幅。年十八九，少知砥砺，习若自然，卒难洗荡。”——《颜氏家训·序致》

译文：

我刚满九岁，就失去了双亲，从此家道衰落，一家百余口零落离散。慈爱的兄长抚养我长大，历尽千辛万苦；然而兄长仁慈但没有威严，对我监督教导不够严厉。我虽然读过《礼记》《左传》，有点喜欢做文章，但是，由于受到世俗风气的熏陶渲染，放纵自己，不修边幅。到了十八九岁，我才稍微懂得要磨炼节操德行；但习惯成自然，终究难以根治。

除此以外，他还在书中严肃地批评了一些做父母的过分亲昵孩子的做法。他说：“父子之严，不可以狎；骨肉之爱，不可以简。简则慈孝不接，狎则怠慢生焉。”意思是父子之间要严肃，不可过分亲昵，骨肉亲情之爱，不能不讲究礼节。如果不拘礼节，那么慈爱孝敬都谈不上；如果过分亲昵，那么无理放肆便会产生。严与爱都要适度。

三、切忌偏宠

颜之推认为在家庭教育中要用发展的眼光去看待每一个孩子，要公平、公正，一视同仁，不偏憎偏爱。他认为人们都疼爱自己的孩子，但很少有人能够一视同仁，从古到今，偏宠某一个子女的弊病很多。父母对待子女应该平等，不应厚此薄彼。这种观点是很有道理的，因为被父母偏爱者，往往会养成放任骄横的毛病。虽父母的本意是要厚待之，但实际却为其招来祸灾。偏爱偏憎也会人为地造成子女之间的隔阂与矛盾，最终成为影响家庭与社会安定的潜在因素。

颜之推分析了三种父母对待子女不平等的现象。第一，重男轻女。《颜氏家训·治家》中说：“世人多不举女，贼行骨肉，岂当如此，而望福于天乎？……若生女者，辄持将去；母随号泣，使人不忍闻也。”意思是，世上的人多不愿意养育女儿，生了女儿就随意杀害。怎能这么做呢？这么做还能指望上天赐福吗？……如果生下来的是女儿，就被抱走扔掉，没人敢来救援，母亲随即大声哭喊，使人不忍心听下去。第二，偏宠子女。父母的偏好有所不同，而孩子的秉性、天资也各有不同，这使父母对子女的态度也不同。颜之推在《颜氏家训·教子》中说：“贤俊者自可赏爱，顽鲁者亦当矜怜。”贤良有才学的子女，父母自当赏识疼爱；但那些顽劣鲁钝的子女，父母也应该同情怜惜。父母偏宠子女的现象是常见的，颜之推借历史上的例子来说明这种现象的后果是不堪设想的，“共叔之死，母实为之。赵王之戮，父实使之”。共叔段多行不义，自杀身亡，实在是偏爱他的母亲姜氏造成的；赵隐王刘如意被杀，实际上是父皇刘邦造成的。这些事例都可以作为灵龟明镜，为后人提供借鉴。第三，对继子女的态度不同。颜之推认为：“凡庸之性，后夫多宠前夫之孤，后妻必虐前妻之子；非唯妇人怀嫉妒之情，丈夫有沈惑之僻。”意思是一般人的秉性都是这样的，现任丈夫大多宠爱前夫的儿子，现任妻子必定虐待前妻的儿子，这并非只是妇人生性嫉妒、男人头脑糊涂的缘故，而是世道人情造成的，其原因是“前夫之孤，不敢与我子争家，提携鞠养，积习生爱，故宠之；前妻之子，每居己生之上，宦学婚嫁，莫不为防焉，故虐之。异姓宠则父母被怨，继亲虐则兄弟为仇”。前夫的儿子，不敢与自己的儿子争夺家业，尽心抚养他，天长日久，父子之情自然会产生，因此现任丈夫宠爱前夫之子。至于前妻的儿子，地位总在自己的儿子之上，在为学求官、婚姻嫁娶等方面，没有一样不须提防，因此现任妻子虐待他。前夫的儿子受宠，亲生的儿子就怨恨父亲；后母虐待前妻的儿子，兄弟之间就互为仇敌。继父母虐待子女，会造成家庭气氛紧张，使得家庭教育质量不高，甚至使孩子缺乏良好的道德修养。如果真出现这种情况，那么就是家庭的祸害了。因此，家庭教育中，哪种不公平的现象都应当避免，父母应尽量做到均爱勿偏。

四、风化陶染

父母在教育自己子女的同时，还要注意外围环境会对孩子产生什么样的影响。古有孟母择邻而居的故事，在《颜氏家训》中，颜之推再次提出了这个问题。他认为，一个人的成长与所处的环境有密切的关系，不同的环境会使人形成不同的积习。他指出，“人在年少，神情未定，所与款狎，熏渍陶染，言笑举动，无心于学，潜移暗化，自然似之……是以与善人居，如入芝兰之室，久而自芳也；与恶人居，如入鲍鱼之肆，久而自臭也”。就是说，人在年少的时候，心神还没有稳定，与关系较好的人在一起，熏陶渐染，潜移默化，其言笑举止，虽然无心学习，但却自然相像……与什么样的人交往，就会被什么样的人习染。与德行修养好的人相处，如同走入装满芝草与兰花的屋子，自身也能够沾染香气；与品行不端的人交往，如同进入卖咸鱼的店铺，久而久之自己也会臭气熏天。所以说，与品行端正的人在一起，自己耳濡目染，也会形成良好的品德，养成良好的行为习惯；反之，自己也染上恶习，甚至走上邪路。“近朱者赤，近墨者黑”，颜之推重视环境对人的熏陶习染作用。他用“芝兰之室”与“鲍鱼之肆”进行对比，说明客观环境给人带来的影响。因此，父母应审慎地为孩子选择学习和生活的环境，有意识地用好的环境陶冶孩子，避免不良环境的侵蚀。

颜之推的环境教育论于今天仍有借鉴意义。人生活在一定的环境中，无时不受到环境的影响，尤其是青少年，他们判断是非的能力差，人生观、世界观还未形成，并且本身的好奇心常导致他们对任何事情都想亲自尝试。如果与品德高尚、素质好的同辈或团体生活在一起，就会共同朝着更高的目标发展；反之，与品质恶劣的人接近，耳濡目染，必然会形成不良的习性。

五、德艺周厚

颜之推主张以孝悌仁义等道德规范为主要内容对子女进行道德教育。他认为士大夫子弟的教育应该“德艺周厚”，以德育为根本。他提到“圣人之教：箕帚匕箸，咳唾唯诺，执烛沃盥”，即认为人在幼年就应学会孝顺、勤劳，须知“稼穑之艰难”，懂得生产劳动的艰辛，还提到应以俭省节约为德，即“省约为礼”等。他指出知识教育是道德教育的基础，并为道德教育服务。由于德艺二者关系密切，因此有可能、有必要通过阅读记载前人道德范例的书籍进行道德教育。颜之推对子女的道德教育，是以孝悌等人伦道德教育为基础，以树立仁义的信念为主要任务，以实践仁义为最终目的的。他教育子女为实践仁义道德的准则，应不惜任何代价，甚至牺牲生命。他认为立志尤为重要，士大夫子弟只有树立远大的志向、理想，才经得起任何磨难，坚持不懈，成就大业。他教育子女以实行尧舜的政治思想为志向，继承世代的家业，注重气节的培养，不以依附权贵、屈节求官为生活目标。立足于今天的家庭教育与学前教育现实，颜之推“自小便教之以德”的教育观十分珍贵。一个人品德素质的发展过程是贯其一生的持续累积的过程，而早期的道德启蒙能为儿童养成良好的品质和行为习惯，乃至塑造健全的人格打下坚实的基础，使其终身受益。

颜之推还非常注重家庭教育中对子女技艺的教育。他不仅强调了儒家五经的伦理、知识以及做文章的学习，还深入论述了琴、棋、书、画等士大夫生活需要的技艺能力的学习，认为如果缺乏了这些方面的学习就会见闻狭隘、头脑闭塞。他要求子弟要有一技之长，以作为自立之本。无论从事什么职业，都要有专门的技能，只有这样，才能自立于社会。他告诫后代：“父兄不可常依，乡国不可常保。”“积财千万，不如薄技在身。”只有拥有一技之长，才能随时随地自立于社会。

概览之，颜之推的家庭教育思想产生于一千多年前的封建社会，深受中国儒家思想的影响，难免存在着一些不合时宜的糟粕，但终归瑕不掩瑜。他的学前家庭教育理论是系统而翔实的，很多观点极具有穿透性，似以穿越时空的眼光看到了我们每个时代可能遇到的各种家庭教育问题，就其现代意义来讲，他的思想以及方法无疑有着较好的指导及借鉴意义。《颜氏家训》作为中国封建社会第一本家庭教育方面的专著，无论从历史的角度看，还是从对当前家庭教育的现实指导意义看，都不失为经典之作。书中包含了许多具有先进性、科学性的观点和主张，这些观点和主张在今天仍然值得我们深入研究和探讨，为现代家庭教育提供着帮助。

第三节　王守仁的学前教育思想

图 2-3　王守仁

王守仁(1472—1528)，字伯安，明代浙江余姚人，号阳明，世称阳明先生，谥号文成，故后人又称其为王文成公，明代著名的哲学家、思想家和教育家。(图 2-3)明弘治十二年(1499 年)中进士，历任刑部、兵部主事，南京兵部尚书，左都御史等职。自 1505 年开始，他讲学授徒，直至去世，历时 23 年之久。平生所到之处，皆建学校、创书院、立社学，并亲自主讲。曾创立龙冈书院，修复濂溪书院，兴办思田学校、南宁学校和敷文书院等，并先后讲学于白鹿洞书院、稽山书院和龙泉寺中天阁等处。他一生不从事著述，其语录、文录、杂文都由弟子记录整理。王守仁的儿童教育思想带有明显的“自然主义”倾向，主要表现在尊重儿童，主张对儿童要顺其自然，实施正面教育，反对强求一律等方面。

一、性情顺导

王守仁主张教育儿童应根据儿童生理、心理特点，从积极方面入手，顺导儿童性情，促其自然发展。他说：“大抵童子之情，乐嬉游而惮拘检，如草木之始萌芽，舒畅之则条达，摧挠之则衰痿。”[①]意思是说儿童性情好动，喜欢嬉戏玩耍，而害怕受拘束和禁锢，就像草木刚刚萌芽，顺其自然就会使它长得枝叶茂盛，摧挠它则会使它很快衰败枯萎。因此，对儿童进行教育，必须注意顺导儿童性情，不宜加以束缚和限制。

王守仁认为，顺导儿童性情进行教育，最重要的就是要激发儿童学习的兴趣，兴趣在提高儿童教育质量方面起着十分重要的积极作用。他说：“今教童子必使其趋向鼓舞，中心喜悦，则其进自不能已。譬之时雨春风，沾被卉木，莫不萌动发越，自然日长月化。”意思是说儿童如果对学习兴趣盎然，那么学习时必然心情愉快，能生动活泼地学习，这样进步自然不会停止。就像时雨春风滋润草木花卉，草木花卉

① [明]王阳明：《传习录》，张怀承注译，240 页，长沙，岳麓书社，2003。

没有不生机勃发的，会自然而然地一天天长大。反之，如果忽视了儿童兴趣的培养，就会压抑儿童学习的积极性，使儿童的学习很难进步，如同遭遇冰霜的花木，“生意萧索，日就枯槁矣”。为此，王守仁对当时流行的无视儿童兴趣、摧残儿童天性的传统教育方法进行了尖锐的批评，他指出：“若近世之训蒙稚者，日惟督以句读课仿，责其检束，而不知导之以礼；求其聪明，而不知养之以善；鞭挞绳缚，若待拘囚。”意思是当时一些人教导儿童，每天就是让其读书学课，责罚检查，却不知道指导儿童，使其懂得礼仪；一味地发展儿童的智力，却不知道教儿童向善，每日像拘禁犯人一样鞭挞束缚儿童，其结果不仅会使学生厌恶学习，憎恨教师与学校，“视学舍如囹狱而不肯入”“视师长如寇仇而不欲见”，而且会使学生想尽办法蒙骗老师，品德日趋败坏。① 他认为这种教育不是教人为善，而是驱人为恶。所以，应该尽可能地以诱导、启发、讽劝的方法，在潜移默化中消除儿童的鄙吝，教化改正儿童的粗俗顽劣，使他们日渐懂得礼仪而不觉学习的痛苦，在愉悦、欢乐的气氛中，实现德、智、体、美诸方面的和谐发展。可见，王守仁提倡顺导儿童性情，培养儿童兴趣的教育方法，从根本上讲是与传统的教育方法对立的，在当时具有非常积极的意义。

二、量资循序

王守仁继承了孟子“盈科而进”和《学记》中提倡的循序渐进的教学思想，认为对儿童进行教育必须注意从本原上用力，渐渐盈科而进。在他看来，任何人的认识水平都有一个由婴儿水平到成人水平的发展过程，譬如“婴儿在母腹时，只是纯气，有何知识？出胎后方始能啼，既而后能笑，又既而后能识认其父母兄弟，又既而后能立、能行、能持、能负，卒乃天下之事无不可能”。教育者必须根据儿童这种“精气日足，则筋力日强，聪明日开”的成长过程，循序渐进地进行教育，不可躐等。② 由此，他提出“随人分限所及”的施教原则，指出，无论是教学内容的安排，还是教学方法的选择，都必须考虑儿童不断变化的生理和心理特点，考虑他们的认知发展水平和接受能力，进而量力而行，即“随人分限所及”。王守仁说，与人论学，亦须随人分限所及。就是说，教学要考虑学者的基础，从此逐渐加深，不可躐等而进。同时，王守仁还从“随人分限所及”的观点出发，提出要使儿童学有余力的教育观点。他主张“量其资禀，能二百字者，止可授以一百字”“凡授书，不在徒多，但贵精熟”，唯有如此，儿童学习起来，才能“无厌苦之患，而有自得之美”。③ 这对我们今天调整课程体系、压缩课程内容、减轻学生负担是很有启发意义的。

他把教学比作植树，说：“如树有这些萌芽，只把这些水去灌溉。萌芽再长，便

① ［明］王阳明：《传习录》，张怀承注译，240 页，长沙，岳麓书社，2003。

② ［明］王阳明：《传习录》，张怀承注译，42 页，长沙，岳麓书社，2003。

③ ［明］王阳明：《传习录》，张怀承注译，243 页，长沙，岳麓书社，2003。

又加水。自拱把以至合抱，灌溉之功皆是随其分限所及。若些小萌芽，有一桶水在，尽要倾上，便浸坏他了。”①教学如植树，也要“适度灌溉”，即由浅入深，循序渐进。他说的“随人分限所及”，就是指应根据学生的智力和能力，即“量力性”施教。教学不能不顾学生的实际，盲目传授知识，否则将会事倍功半，甚至彻底失败。这就给了为师者一个极有益的启示：要使教学获得成功，必须从学生现有的基础出发，使学生逐步将知识内化、吸收，从而获得提高。

三、各成其材

与循序渐进相联系，王守仁还强调因材施教。人是有个性的，因此要因材施教，实行个性化教育。王守仁认为：“人的资质不同，施教不可躐等。中人以下的人，便与他说性说命，他也不省得，也须慢慢琢磨他起来。”②因此，教育者对学生施教，不仅要考虑学生认知发展水平的共性特征，而且还要注意个体发展水平的差异，针对每个人的个性差异，因材施教，就像良医治病，对症下药。王守仁认为，因材施教的目的在于使受教育者“各成其材”。他认为每个人都有其长处，教育者如能就其长处加以培养，就可能使受教育者某一方面的才能得到发展。他举例说，譬如有三人习射，“一能步箭，一能马箭，一能远箭，他射得到俱谓之力，中处俱可谓之巧。但步不能马，马不能远，各有所长，便是才力分限有不同处”③。这是就才能而言的。针对儿童性格方面的不同，他也要求教师应根据儿童各自的特性，采取不同的方法，分别予以适当的陶冶，各成其长。

王守仁的因材施教、各成其材的思想，承认了发展个性的必要性，对传统教育抹杀儿童个性的存在，以一个模式培养儿童的教育方法可以说是一个有力的批判，同时也体现了他思想的进步意义。今天，“因材施教”的原则已为古今中外所公认，并被普遍采用。

四、全面诱导

王守仁认为，对儿童进行教育的内容和途径应当是多方面的。他说，教人为学，不可执一偏。他在传统的读书之外，增加了歌诗与习礼，主张对儿童进行全面诱导，并对读书、歌诗和习礼的教育意义和作用分别做了说明。他指出：“故凡诱之歌诗者，非但发其志意而已，亦所以泄其跳号呼啸于咏歌，宣其幽抑结滞于音节也。导之习礼者，非但肃其威仪而已，亦所以周旋揖让而动荡其血脉，拜起屈伸而固束其筋骸也。讽之读书者，非但开其知觉而已，亦所以沉潜反复而存其心，抑扬讽诵以宣其志也。凡此皆所以顺导其志意，调理其性情，潜消其鄙吝，默化其粗顽，日使

---

① [明]王阳明：《传习录》，张怀承注译，264～265页，长沙，岳麓书社，2003。

② [明]王阳明：《传习录》，张怀承注译，283页，长沙，岳麓书社，2003。

③ [明]王阳明：《王阳明全集(一)》，136页，北京，中国画报出版社，2016。

之渐于礼义而不苦其难，入于中和而不知其故。”①意思是说诱之歌诗，不但可以激发儿童的志向、意志，还可以用咏歌和音节宣泄儿童的情绪和忧郁积滞的情感，起到调节儿童情绪的作用；导之习礼，不但可以培养儿童庄重的仪容举止，还可以通过周旋揖让、拜起屈伸的活动震荡其血脉，坚强其筋骨，达到锻炼身体、促进发育的作用；讽之读书，不但可以开启儿童智慧，还可以通过反复体会和抑扬讽读存其心志。在他看来，如果能通过上述这几方面的内容和途径对儿童进行教育，就可以收到“顺导其志意，调理其性情，潜消其鄙吝，默化其粗顽。日使之渐于礼义而不苦其难，入于中和而不知其故”的良好效果。

为了更好地体现学与习、动与静、智与德的协调作用，取得最佳的育德功效，王守仁在《教约》中将每天的功课做了精心的安排：“每日工夫，先考德，次背书诵书，次习礼或作课仿，次复诵书讲书，次歌诗。”通过这样的安排，儿童能在“诵书”“讲书”“背书”之间“习礼”“歌诗”，从而有张有弛，使德、智、体等多方面发展。同时，王守仁还提倡带有比赛、观摩性质的“会歌”“会礼”活动。他规定“每学量童生多寡，分为四班，每日轮一班歌诗，其余皆就席敛容肃听，每五日则总四班递歌于本学，每朔望集各学会歌于书院”。② 这对于减轻儿童的学习负担，培养儿童的学习兴趣无疑是有积极意义的。

王守仁在教育过程中把“传道”与“授业”结合起来，且以“传道”为先，同时，重视科学设计教学活动，并创设了符合教育对象身心特点的生动活泼、富于情趣的活动，使儿童收到了良好的教育效果。

王守仁的儿童教育思想的核心是顺导性情，在安排功课时和教学过程中注意儿童年龄和心理特征，保持儿童“乐嬉游而惮拘检”的天性，注重儿童的个性差异，“随人分限所及”，循序渐进，因材施教，这也正是现代教育对教师的要求。另外，他在传统的教育过程中涉及对儿童身体的锻炼，注意到德、智、体、美的全面发展，在那个时代是具有先进性的。王守仁的儿童教育理论和见解，符合儿童心理的发展规律，对今天的教育实践仍有极大的借鉴意义。

思考与练习

1. 简述贾谊的学前教育思想的主要内容。
2. 简述颜之推的家庭教育思想的具体内容。
3. 王守仁的儿童教育思想对当代学前教育有何启示？
4. 试分析贾谊、颜之推、王守仁的学前教育思想的异同。
5. 贾谊的学前教育思想有哪些局限性？
6. 阅读《颜氏家训》，并谈一谈家庭教育中都有哪些好的方式方法。

---

① [明]王阳明：《传习录》，张怀承注译，240页，长沙，岳麓书社，2003。

② [明]王阳明：《传习录》，张怀承注译，243页，长沙，岳麓书社，2003。

第三章　近代学前教育的产生

学习目标

1. 熟悉近代学前教育产生的背景。
2. 了解西方传教士的学前教育活动。
3. 掌握癸卯学制中有关学前教育的内容。
4. 熟悉清末的学前教育机构。
5. 掌握蒙养园制度的确立。
6. 熟悉康有为的学前公育思想。

1840年的鸦片战争之后，我国由封建社会逐步沦为半殖民地半封建社会。社会经济的变化引发了教育领域的变革。19世纪60年代，我国产生了近代的新式学校。1904年，随着中国第一个近代学制——癸卯学制的颁布，学前教育的地位也确定了下来。学前教育开始摆脱家庭教育的基本形式，逐步向社会专门的组织形式发展。辛亥革命推翻了清王朝的统治，中华民国建立。为了对封建教育进行全面的改造，国民政府又颁布了新的教育学制——壬子癸丑学制。

第一节　近代学前教育产生的背景

一、清末社会的变革

(一)清末社会经济的变革

有组织的学前教育是生产力发展到一定阶段的产物。纵观世界学前教育的发展，欧美国家的学前教育机构在19世纪二三十年代后不断出现，到19世纪末已有相当的发展，这正是因为适应了当时资本主义大工业生产的需要。中国学前教育机构的产生也不例外。

鸦片战争以后，帝国主义为掠夺资源，在我国领土上开工厂、办工业。清政府的洋务派官僚也在“求强”“求富”的口号下开始建立军用工厂，开办民用企业。19世纪末，中国民族资本主义有了初步发展。民族资本主义的发展进一步壮大了工人阶级的队伍。一些妇女为生活所迫，走进工厂，开始参加大工业的生产劳动。在这种情况下，家庭已经不能完全承担对儿童的养育责任了，这便从经济上对建立学前教育机构提出了要求。

（二）清末社会思想的变革

帝国主义的入侵给中国带了深重的灾难，一些有识之士开始寻求救国真理、总结教训，试图找到一条救国救民的道路。一些比较开明的官僚知识分子，如龚自珍、林则徐等提出了学习西方军事技术的主张。随着民族资本主义的发展，资产阶级维新派也在不同程度上提出了要对政治、经济、文化教育等方面进行改革。19世纪90年代，阶级矛盾和民族矛盾进一步激化，以康有为、梁启超、谭嗣同等为代表的资产阶级维新派发动的维新变法运动掀开了序幕。虽然变法最终以失败告终，但是其思想影响并未消失。他们积极介绍西方儿童教育，强调儿童教育的意义，其中不乏如提倡学前教育科学化、实施女子教育等主张，这些均为近代学前教育机构的产生奠定了重要的思想基础。

（三）清末社会政治的变革

清政府为了维护已经摇摇欲坠的封建统治，一方面向帝国主义屈膝求和，另一方面为了欺骗民众不得不附和潮流宣布实行“新政”、进行改革，以缓和矛盾。“新政”的主要内容，在教育方面就是废八股、停科举、兴学校、厘定教育宗旨。1902年，张百熙起草的《钦定学堂章程》颁布，即壬寅学制，但并未实施。1904年，又颁布了由张之洞、张百熙、荣庆拟定的《奏定学堂章程》，即癸卯学制。在这种政治背景下，我国的近代学前教育开始逐步发展起来。①

二、西方传教士的学前教育活动

外国教会在我国的学前教育活动是我国学前教育发展过程中一个不得不提的特殊内容。鸦片战争后，西方列强开始利用和清政府签订的一系列不平等条约不断对中国进行文化教育渗透，而从事文化教育活动的主要是一批传教士。他们在中国开教堂、办学校、设医院，并在教会机构中附设育婴堂、孤儿院，开展慈幼事业。从19世纪80年代起，外国教会开始在中国的沿海城市福州、宁波兴办学前教育机构。根据美国传教士林乐知的《全地五大洲女俗通考》所载，传教士在中国最初创办的学前教育机构叫小孩察物学堂。其师资，多由牧师夫人或女传教士兼任；其教学内容，

① 唐淑：《学前教育史》，46～48页，北京，人民教育出版社，2013。

除重视知识的启蒙外，兼重宗教意识的灌输。因其实施免费教育，加之设备相对优良，因此具有一定的吸引力。相关数据显示，当时在中国创办的小孩察物学堂有6所，招收学生194人(男女各半)。[①]

1904年，癸卯学制颁布。该学制的日本化倾向深深地刺激了一向倡导以西方教育模式主导中国教育改革方向的传教士们，促使他们在发展教会学校、建构教会教育体系方面付出更大的努力。1905年10月，林乐知发表《论中国亟需设立幼稚园》一文，郑重强调了设立幼稚园的目的，“中国之宜设幼稚园，如此其急也……苟知劝道华人之法，惟幼稚园之收效为最大……非吾之过甚其辞也，幼稚园之设，即以道德救儿童者也”。此外，他还强调了游戏的重要性，“盖儿童之视游戏，一如其视饮食……一切事物，无不以是为中心点。是故游戏者，儿童之事业，亦犹工作者……然则游戏者，实即儿童之工作”，主张通过游戏培养儿童的宗教观念。[②] 在这期间，基督教在华的最大教育组织——中华教育会下属的诸多推行委员会中增设了幼稚园委员会。这些均反映了教会希望在中国发展学前教育的愿望。

虽然西方传教士在中国兴办的学前教育机构带有明显的宗教、文化、政治目的，但不可否认的是，其教育制度、教育理念和教育方法在一定程度上为中国自办学前教育提供了学习模式，对中国学前教育近代化的发展产生了一定的促进作用。

第二节　蒙养院制度的确立

20世纪初，随着新教育制度的产生，中国近代学前教育制度也确立起来。最早的学前教育机构——蒙养院的出现，标志着中国学前教育开始由家庭教育向有组织的社会教育过渡。

一、《奏定蒙养院章程及家庭教育法章程》

(一)《奏定学堂章程》的颁布

《奏定学堂章程》也称为癸卯学制，由18个文件合构而成，包括《学务纲要》《奏定蒙养院章程及家庭教育法章程》《奏定初等小学堂章程》《奏定高等小学堂章程》《奏定中学堂章程》《奏定高等学堂章程》《奏定大学堂章程》《奏定初级师范学堂章程》《奏定优级师范学堂章程》《奏定实业学堂通则》《奏定初等农工商实业学堂章程》《奏定中等农工商实业学堂章程》《奏定高等农工商实业学堂章程》《奏定实业教员讲习所章程》《奏定实业补习学堂章程》《奏定艺徒学堂章程》《奏定译学馆章程》《奏定进士馆章程》。

整个学制纵向分为初等教育、中等教育、高等教育三段，横向分为普通教育、

---

① 李楚材：《帝国主义侵华教育史资料　教会教育》，13页，北京，教育科学出版社，1987。

② 李楚材：《帝国主义侵华教育史资料　教会教育》，215页，北京，教育科学出版社，1987。

师范教育、实业教育三个系统。(图 3-1)学制首次确立了学前教育的地位。尽管该学制模仿日本的色彩浓重，并且未能开放女禁，属于传统和近代结合的综合产物，但它是由政府全面推行的学制，是清末“新政”时期教育改革的蓝图，因此应予以相当的重视。

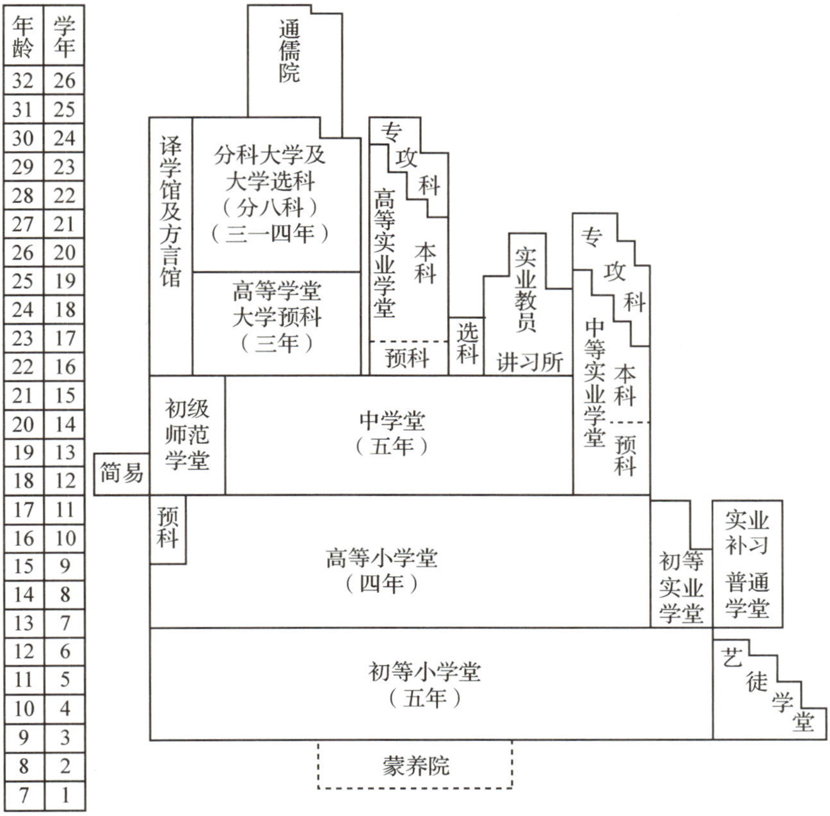

图 3-1 癸卯学制图

(二)《奏定蒙养院章程及家庭教育法章程》的实施

《奏定蒙养院章程及家庭教育法章程》是《奏定学堂章程》中的一部分，是中国近现代最早颁行的学前教育法规。它分为 4 章，共计 21 节，对学前教育的实施进行了较为明确的规定。

第一章的标题是“蒙养家教合一”。这是清末学前教育的基本宗旨，也是“中体西用”思想的具体化。“以蒙养院辅助家庭教育，以家庭教育包括女学。”蒙养院的招收对象为“三岁以上至七岁之儿童”，但“女子只可于家庭教之”；设立地址为“于育婴敬节二堂内附设蒙养院”；师资配备方面，选择育婴堂乳媪和敬节堂节妇之识字者，“令其讲习为保姆者保育教导幼儿之事”“一年以后，由各该堂员董考察其讲授之乳媪节妇，讲习认真，保育教导合法者……发给保姆教习凭单”。

第二章的标题是“保育教导要旨及条目”。保育教导的要旨为：“专在发育其身体，渐启其心知，使之远于浇薄之恶风，习于善良之轨范。”保育教导的科目有四门。①游戏，“分为随意游戏及同人游戏两种：随意游戏者使幼儿各自运动，同人游戏者合众幼儿为诸种之运动，且使合唱歌谣，以节其进退”。②歌谣，“可使歌平和浅易之小诗，如古人短歌谣及古人五言绝句皆可”。③谈话，“择幼儿易解及有益处、有兴味之事实，或比喻之寓言，以期养其性情兴致”。④手技，“授以盛长短大小各木片之匣，使儿童将此木片作房屋门户等各种形状；又授以小竹签数茎及豆若干，使儿童作各种形状，又使用纸作各种物体之形状，更进则使用粘土作碗壶等形”。

第三章的标题为“屋场图书器具”。具体规定如下。①房舍，“以平地建造为宜，断不可建造楼房，致儿童登降有危险之虞”“蒙养院当备保育室、游戏室及其他必需之诸室”。②保育室，“面积之大，当合每幼儿五人占地六平方尺”。③庭院，“面积之大，至小者当合幼儿一人占地六平方尺”。④器具，“凡手技用之器物图画、游戏物具乐器、几案椅凳、时辰表、寒暑表、暖房器及其他必需之器具，视其经费酌量置备”。

第四章的标题为“管理人事务”。具体规定如下。①管理者，“蒙养院置院董一人，管理院中一切事务；司事酌设”。②选派程序，“若系官立者，由官选派；若系乡村公立者，由绅董公议，禀请本地方官核定。若私立之蒙养院，则由创设者自主之，亦须禀报本地方官批准立案”。①

该章程的颁行标志着中国正规学前教育的起步，但其历史局限性也显而易见，主要表现在以下几个方面。第一，未能摆正蒙养院与家庭教育的关系。教育儿童的责任仍然主要依赖家庭，蒙养院只是为了辅助家庭教育而开设的。如此一来，蒙养院的价值和作用就显得微乎其微。第二，女子完全被排拒于校门之外。该章程认为，“少年女子断不宜令其结队入学，游行街市”。不过，在实际施行的过程中，也有诸多机构未真正依照此项规定执行。第三，选择乳媪、节妇来充当蒙养院的师资，这种师资显然是不可能称职的。这种既办蒙养院又不能妥善解决师资问题的矛盾，充分暴露了其中的封建性、落后性。第四，保教原则、保教方法、保教设备及保教人员管理等方面的规定基本上都是借鉴日本的，未能充分顾及本民族儿童的身心特点。

二、《奏定女子师范学堂章程》

尽管癸卯学制对女子教育有所限制，但社会上兴办女学的事实表明女禁早已被冲破。1844年，英国东方妇女教育促进会在浙江创办宁波女塾，此为外国人在中国

① 舒新城：《中国近代教育史资料 中册》，381～386页，北京，人民教育出版社，1981。

办的最早的女子教育机构。1898年，经元善在上海创办了经正女学，此为第一所由中国人自办的女子教育机构。此后，全国各地不同形式的女子学堂相继出现，兴办女学的要求已不可能为清政府所遏制。于是，出于维护封建统治的需要，1907年3月8日，清政府批准颁行学部拟定的《奏定女子小学堂章程》和《奏定女子师范学堂章程》。

《奏定女子师范学堂章程》分立学总义、学科程度、考录入学、编制设备、监督教习管理员、教职义务6章，共38节。其中规定，女子师范以单设为原则，学程为4年，目的是“教授女师范生，须副女子小学堂教科蒙养院保育科之旨趣，使适合将来充当教习保姆之用”。从课程设置来看，要求开设修身、教育、国文、历史、地理、算术、格致、图画、家事、裁缝、手艺、音乐、体操诸学科，其中多门学科均与学前教育关系密切。比如，教育学科要求“先教以教育原理，使知心理学之大要，及男性女性之别，并使明解德育智育体育之理；次教以家庭教育之法；次教以蒙养院保育之法；次教以小学堂一切教授管理训练之法”。又如，家事学科要求“授衣食居处、看病育儿、家什簿记及关于整理家政之一切事项”。

此外，章程还指出“女子师范学堂当设附属女子小学堂及蒙养院一所，以便师范生实地练习”。如此一来，蒙养院便可从育婴堂、敬节堂中脱离出来，并随着女子师范学堂的逐渐添设而变得日益普遍。

三、清末的学前教育机构

清末学前教育机构主要分为官办蒙养院和私立蒙养院两类。

(一)湖北幼稚园

1903年(清光绪二十九年)，湖北幼稚园正式开办。这所幼稚园位于武昌阅马场，园长由日本人户野美知惠担任。该园不仅是中国人开办的最早的公立幼稚园，而且师资与设备在全国也实属一流，开诱室、训话室、游戏室、陈列图书玩具室、游嬉场、游戏山等一应俱全。1904年1月13日，《奏定学堂章程》规定蒙养院须附设于育婴堂或敬节堂内。但由于湖北幼稚园开办在前，章程颁行在后，动迁实有诸多不利，于是，该园附近便增设了武昌模范初等小学堂，该园附设于其下，更名为武昌初等小学堂附设蒙养院，简称武昌蒙养院。

《湖北幼稚园开办章程》(以下简称《章程》)由户野美知惠主持拟定。《章程》指出，该园“重养不重学”，其教育任务是“一、保全身体之健旺，体育发达基此；二、培养天赋之美材，智育发达基此；三、习惯善良之言行，德育发达基此”。《章程》还指出，该园招收5～6岁儿童共80名，男女均收；保育课目包括行仪、训话、幼稚园语、日语、手技、唱歌、游嬉共7项。“此班小儿一年卒业，即升入本园初等小学堂，其后另招幼稚、则以四岁上下为率，二年卒业”，也就是说，在开办之初，湖北幼稚园实际上与学前班类似。[1]

《章程》中有“幼稚园添设保育科”一条，并认定“保育科为幼稚之先事”。保育科即女子学堂，招收15～35岁的女子，专门教授幼儿师范课程。这是中国学前师范教育的萌芽，是中国成批培养学前教育师资的创举。但由于当时尚未开放女禁，保育科前后仅存续了半年，但它在学前教育史上仍具有特殊的意义。

(二)湖南蒙养院

湖南蒙养院由端方于1905年开办，是一所公立性质的学前教育机构。端方思想先进，拥护“新政”。他在担任湖北巡抚、湖南巡抚期间，大力兴学，半年内就设立了小学83所；首派女子20名赴日学习师范教育，开启了女子官费留学之先河。

湖南蒙养院开办之初，聘春山雪子、佐藤操子为保姆，以“养成异日受教之根底”为宗旨，招收3岁以上的学龄前儿童。该院开设的课程包括谈话、行仪、读方、数方、手技、乐歌、游戏共7项。其中，谈话、行仪为德育之始基，读方、数方、手技为智育之始基，乐歌、游戏为体育之始基。相较湖北幼稚园，湖南蒙养院的课程设置显得更为合理，同时，未拘泥于癸卯学制以及《奏定蒙养院章程及家庭教育法章程》的规定，表现出了它的特异之处。

(三)上海务本女塾附设幼稚舍

上海务本女塾由南洋公学师范院的首届学生吴馨于1902年创设。务本女塾分设寻常、高等两科，后又增设特班。1904年，附设幼稚舍于乔家浜，由程颖、吴秋贤两位女士主持办理，“添租大南门民房九幢，移幼稚舍其中，并分设师范教室，即由师范生分任幼稚舍事务”。1905年，幼稚舍迁至“西门外生生里”，由吴馨之妻葛氏“专任幼稚舍”事。1906年，幼稚舍停办。[2] 1907年，务本女塾毕业生朱哲赴日学习了两年幼稚教育后回国，受吴馨委托，增设了保姆传习所，开设儿童心理学、教育学、保育法等课程，招收学员36人，半年后有21人结业。

上海务本女塾附设的幼稚舍为国人自办的第一所私立性质的学前教育机构。尽管它的存在时间较短，但其影响甚广，自此以后，东南沿海地区出现了不少由私人开办的学前教育机构。

(四)天津严氏女塾附设保姆讲习所和蒙养院

天津严氏女塾的创设者为清末翰林院编修、学部侍郎严修。1902年他寓居天津时，在家中创办了严氏女塾，并聘张伯苓等人兼任教职。1905年，严氏女塾更名为严氏女子小学，附设保姆讲习所和蒙养院，聘请大野铃子教授音乐、保育法、游戏及其他课程。学员半天上文化课，半天在蒙养院实习。蒙养院招收4～6岁儿童，男女共计30名左右。大野铃子在保姆讲习所任教三年，培养出学员20余人。全体学

---

① 舒新城：《中国近代教育史资料 中册》，386～388页，北京，人民教育出版社，1981。

② 朱有瓛：《中国近代学制史料 第二辑 下册》，589～590页，上海，华东师范大学出版社，1989。

员经过考试，每人发予文凭。

天津严氏女塾附设的保姆讲习所，是国人自办的第一所私立性质的学前教育教师培训机构，在当时中国师资缺乏的情况下，培养出来的教师在京津两地授课，对学前教育事业的开展起了一定的作用；附设的蒙养院，是华北地区开设最早、设备最好的学前教育机构，但因其学费较高，平民家庭通常难以承受。

除上述学前教育机构外，清末还出现了一些其他的机构，如京师第一蒙养院、福州幼稚园等；但据袁希涛在《五十年来中国之初等教育》中的统计，1907 年，蒙养院幼儿人数为 4893 人，1908 年为 2610 人，1909 年为 2664 人，由此也可看出清末学前教育事业发展的曲折和艰难。①

第三节　蒙养园制度的确立

1911 年的辛亥革命推翻了清王朝的统治。1912 年 1 月，新成立的中华民国对教育进行了一系列的改革，如拟定教育宗旨、颁布学制等。在学前教育方面，将蒙养院制度改为蒙养园制度。

一、南京临时政府的教育改革

1912 年 1 月 9 日，南京临时政府教育部正式成立，教育家蔡元培担任教育总长，对封建主义教育进行了全面改革。

(一)拟定教育宗旨

教育部于 1912 年 9 月公布了新的教育宗旨，其内容如下。注重道德教育，以实利教育、军国民教育辅之，更以美感教育完成其道德。道德教育是指以资产阶级自由、平等、博爱的思想教育下一代；实利教育是指根据儿童的实际能力，给其有实用价值的知识教育；军国民教育即体育。这一新的教育宗旨，否定了清政府忠君、尊孔、尚公、尚武、尚实的旧教育宗旨，其实质是一个新的资产阶级的教育方针。它要求儿童德、智、体、美和谐发展，注重美育和体育，这都为学前教育的改革奠定了思想基础。

(二)颁布学制

1912 年 9 月，教育部公布了《学校系统令》，称壬子学制。不久，教育部又陆续颁发了各种学校令，与壬子学制结合，并称壬子癸丑学制。这个学制将学堂改为学校，将学前教育机构由蒙养院改为蒙养园，如图 3-2 所示。

① 参见陈景磐：《中国近代教育史》，155 页，北京，人民教育出版社，1983。

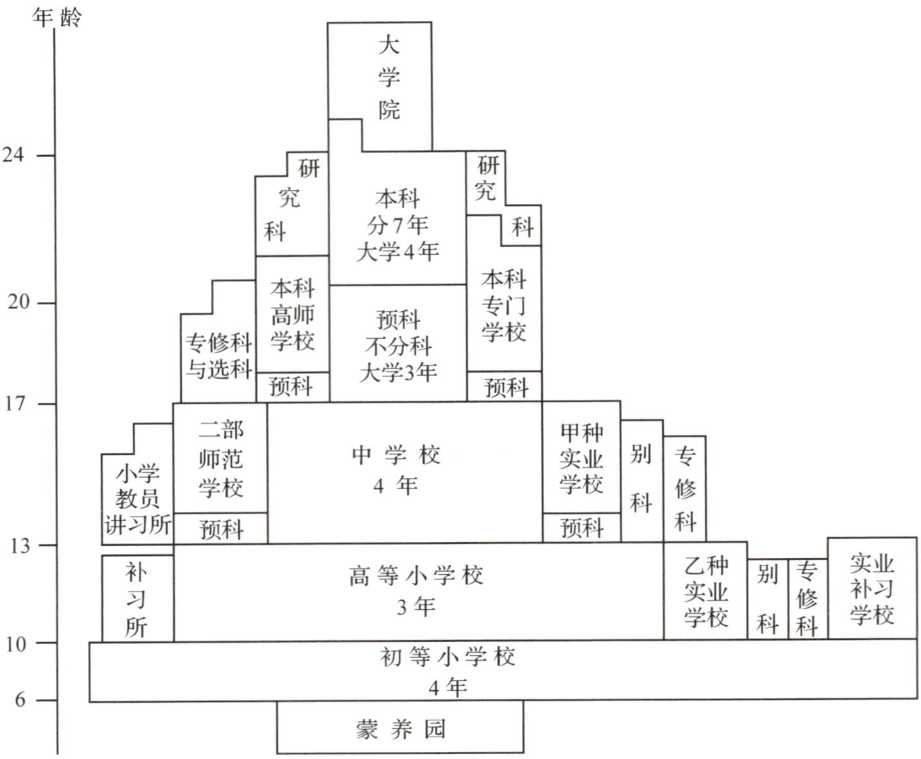

图3-2 壬子癸丑学制图

(三)课程与教学方法的改革

在课程方面，取消了读经、讲经课，将手工、家饰、园艺、缝纫等实用科目正式列入课程，提高了算数课的比例，对音乐、体育、图画也颇为重视，体现了德、智、体、美和谐发展的教育方针。在教学方法方面，强调教学要适应儿童身心发展的特点，注重教育与实际相结合，以适应生产和生活的需要。但是，课程改革也有不彻底的地方，如修身课特别要求女生孝悌，家事、缝纫等科目的设置降低了女子教育在知识上的要求。

二、蒙养园制度的基本内容

按壬子癸丑学制的规定，学前教育机构的名称为蒙养园。蒙养园是学制体系上的教育机构，但是与大学院(今研究生院)一样，不占学制年限，并未单独成为学制系统中的一级，而是附属于其他教育机构，“女子师范学校于附属小学校外应设蒙养园，女子高等师范学校于附属小学校外应设附属女子中学校，并设蒙养园”①。虽然蒙养园仍未摆脱附属地位，但已被纳入了真正的教育机构之中，而不设于育婴堂、

① 舒新城：《中国近代教育史资料 中册》，702页，北京，人民教育出版社，1981。

敬节堂内。可以说，学前教育的地位得到了提高。

1916年，教育部公布《国民学校令施行细则》。其中，“蒙养园及类于国民学校之各种学校”一章中，对蒙养园的办园宗旨、课程、设备等做了具体规定。具体内容如下。教育对象，“以保育满三周岁至入国民学校年龄之幼儿”；办园宗旨，“保育幼儿，务令其身心健全发达，得良善之习惯，以辅助家庭教育”；课程，“游戏、唱歌、谈话、手艺”；设备，“游戏园、保育室、游戏室及其他必要诸室，室以平屋为宜”“恩物、绘画、游戏用具、乐器、黑板、桌椅、钟表、寒暑表、暖房器及其他必要器具，均须齐备”。特别值得注意的是，细则中对学前教育师资的资格有了明确的规定，这确实有利于蒙养园教育质量和地位的提高。①

第四节　康有为的学前公育思想

在传入的近代学前教育思想的影响下，国人也提出了全新的学前教育理想方案，其中以康有为在《大同书》中论述的儿童公养公育体系最为完整、系统。

一、《大同书》

康有为(1858—1927)，广东南海人，清末政治家、思想家、资产阶级维新派领袖。康有为一生著作颇丰，《大同书》是他的主要代表作之一。

康有为在《大同书》②中指出，现实世界一切苦难的根源皆因有九界的存在。所谓九界，“一曰国界，分疆土、部落也；二曰级界，分贵贱、清浊也；三曰种界，分黄、白、棕、黑也；四曰形界，分男、女也；五曰家界，私父子、夫妇、兄弟之亲也；六曰业界，私农、工、商之产也；七曰乱界，有不平、不通、不同、不公之法也；八曰类界，有人与鸟、兽、虫、鱼之别也；九曰苦界，以苦生苦，传种无穷无尽，不可思议”。康有为描绘的“大同”理想社会，是一个破除了九界，即消灭了国家、阶级、种族、家庭，消除了性别、职业差别，实现了天下太平的社会。

二、学前公育思想

学前公育思想是与康有为“去家界”的理想相联系的。他认为，大同社会里不应该有家庭的存在。原因主要有以下几方面。首先，男女皆平等独立，情志相合，乃立合约，称为“交好之约”，不得有夫妇之名，分离也应完全自由自愿，不受家庭形式的约束。其次，一个家庭，特别是中国传统的大家庭中，人数众多，关系复杂，

① 璩鑫圭、唐良炎：《中国近代教育史资料汇编 学制演变》，809～810页，上海，上海教育出版社，2007。

② 康有为：《大同书》，上海，上海古籍出版社，2009。

难免会产生矛盾。若一家人意见不合而强行生活在一起，不符合平等自由的原则，儿童也不可能在这样的家庭环境中受到良好的教育。再次，有家必有私，家庭会引发私狭、奸诈、贪盗等种种罪恶，也会导致儿童教育上的不平等。没有家庭，父母便不用承担教育子女的责任，对儿童的抚养和教育可完全由社会来承担。为此，康有为设计了一套包括人本院、育婴院、慈幼院、小学院、中学院、大学院在内的公育体系。母亲怀孕后进入人本院，婴儿断乳后进育婴院、慈幼院，接下来进入小学院、中学院和大学院。

(一)人本院

康有为继承和发展了中国古代的胎教思想。他认为，“生人之本，皆在胚胎，人道之始，万物之原也”。抓好胎儿的教育，从“未成形质”之前就开始，可以从本源上保证孩子的健康成长。胎教的好坏直接关系着人一生教育的成败，“胎生既误，施教无从”。此外，胎教还关系到优生，是“人种改良之计”。

进行胎教的场所是人本院，孕妇最好一怀孕就入院。康有为在《大同书》中，对人本院的环境条件、卫生保健、人员设置等方面提出了详尽的要求。

第一，适宜的环境。康有为认为“胎孕多感地气”，甚至认为一个人的面相、性格以及一个地区的生育率等都是不同地势、气候等地理环境作用的结果。因此，人本院的内外环境必须极佳，以保证孕妇生活舒适、心情舒畅。人本院最好选择建在温带和近寒带之间，平原广野、水泉环绕、楼观高峻、花木扶疏之地，还应提供品种丰富、内容健康的书画和音乐，随时供孕妇欣赏。

第二，胎教人员的选择与职责。为了保证胎教的正确实施，孕妇入院后，一切衣食住行都应由专门的人员来安排、照顾，这些专门人员的选择要非常慎重。女医要对孕妇的健康情况和胎儿的发育情况进行每日两次的定时检查；女师每日要给孕妇“讲人道之公理，仁爱慈惠之故事，高妙精微之新理”，以增进其品德智慧；女保负责讲授孕期生理卫生、胎儿保健和分娩育子方面的常识。

第三，对孕妇自身的要求。胎教的一切措施都是通过影响母体环境波及胎儿的，“故母仪既教之学校之先，更敬慎之于既妊之后，不使物感情移而误其胎元也”。孕妇入人本院之后，就应“以高洁寡欲、学道养身为正谊”。当然，人本院内外都要给予孕妇极大的尊敬和爱护，因为“孕妇代天生人，为公产人，盖众人之母也”“公众宜为天尊之，为公敬之”。

(二)育婴院和慈幼院

婴儿断乳之后送入育婴院，3岁后送入慈幼院。也可将两院合并，这样，儿童便可在育婴院接受教育至6岁。康有为非常重视婴幼儿阶段的教育，因此，对育婴院和慈幼院的设置提出了多项具体要求。

第一，对院址的选定和院内的布置进行了规定。可与人本院设在一起，或设在相邻的位置，以便于婴儿移送。地理环境、气候条件也应大致与人本院相同。院内应“楼居少而草地多，务令爽垲而通风，日临池水以得清气，多植花木，多蓄鱼鸟，画图雏形之事物，皆用仁爱慈祥之事以养婴儿之仁心。凡争杀、偷盗、奸诈种种恶物，皆当屏除”。

第二，对二作人员的任用提出了具体要求。育婴院和慈幼院的工作人员主要分为医生、女保。医生负责诊视儿童的身体，节度儿童的饮食和作息，其中“仁质最厚、养生学最明”的医生可由公众选举出任管院事者。女保负责看护儿童，因“男子心粗性动而少有耐性，不若女子之静细慈和而有耐性也”，所以全部为女性，且只有“德性慈祥、身体强健、资禀敏慧、有恒性而无倦心、有弄性而非方品”的女性，才有资格担任。女保承担母亲之任，其责最大。因此，对女保应保持高度尊敬，社会应用“殊荣异礼以待之”。

第三，对保育目标、内容进行了明确的规定。以“养儿体，乐儿魂，开儿知识”为主，除保证儿童身体健康之外，保育内容还包括语言学习、歌曲吟唱、手工制作等。其中，尤其重视手工制作对日后谋生或从事管理工作的作用，“知识稍开时，将世界有形各物，自国家至农工商务，皆为雏形，教之制作”，以达到熟练、自然的程度。

康有为从大同世界必须消灭家庭出发，设想了比较完整的包括胎教和婴幼儿教育在内的儿童公育体系。这一公育体系虽带有明显的乌托邦色彩，但却能激发出人们对普及社会性学前教育机构的憧憬，对近代儿童公育思想的发展以及学前教育机构的产生都起了促进和奠基作用。

思考与练习

1. 简述清末学前教育产生的背景。
2. 试评传教士的学前教育活动。
3. 简述癸卯学制中有关学前教育的内容。
4. 简述清末的学前教育机构。
5. 简述蒙养园制度的确立。
6. 简述康有为的学前公育思想。

第四章　现代学前教育的演变

学习目标

1. 了解五四运动后传入中国的西方学前教育思想。
2. 熟悉对传统儿童观的批判。
3. 掌握幼稚园的基本模式。
4. 掌握《幼稚园课程标准》的内容。
5. 熟悉学前教育师资培养机构。
6. 了解老解放区的学前教育实践内容。

1919 年的五四运动，是中国人民反帝反封建的伟大革命运动，也是一次反封建的新文化运动。在民主与科学思想的推动下，学前教育领域掀起了批判封建儿童观和引进西方学前教育思想的热潮。1922 年，壬戌学制中确立了幼稚园制度，我国的学前教育进入了一个实验、改革、发展的时期。老解放区为革命战争和生产建设服务的学前教育，也为中华人民共和国的学前教育事业奠定了良好的基础。

第一节　学前教育思潮的传入与发展

在新文化运动创造的多元开放的文化背景下，当时世界上的各种新思潮，包括各种教育理论学说几乎同时被介绍到了中国，对文化教育的发展产生了深刻的影响。福禄培尔、蒙台梭利和杜威的学前教育思想开始得到广泛的传播，人们对学前教育的观念也发生了深刻的变化。

一、学前教育理论的传播

（一）福禄培尔学前教育思想的传播

在清末输入日本幼稚园模式的过程中，中国人已经知道了福禄培尔，但福禄培尔的学说基本都是从日本转手而来的，经过了日本人的改造；直接从西方系统地了解福禄培尔的学前教育思想则是在中华民国成立以后。1912年，《教育杂志》刊登了谢天恩撰写的《美国幼稚园略述》。此外，《德国柏林裴斯泰洛齐福禄培尔馆》《福禄培尔传》《赫尔伯脱、福禄培尔与朱子、王阳明教育学说之比较》等文章中也介绍了福禄培尔的教育思想。五四运动后，我国幼儿教育战线的实践改革中吸取了福禄培尔的学前教育思想，充分肯定了福禄培尔注重自然、尊重儿童的自由等思想，已有不少教育家能够在理论上予以分析评判。

（二）蒙台梭利儿童教育思想的传播

我国最早介绍蒙台梭利儿童教育思想的人是志厚，他于1913年在《教育杂志》第5卷第1期上发表了《蒙台梭利女史之新教育法》，全面介绍了蒙台梭利于1907年创办的“儿童之家”的情况，并分析了其教育方法的心理学原理。之后，还有译著对蒙台梭利教育法的特色、蒙台梭利学校的教具和新教育法的成效等进行了进一步的介绍。1914年，商务印书馆出版了日本人今西嘉藏著、但焘译的《蒙台梭利教育法》，较为详细地论述了蒙台梭利教育法的原理，充分肯定了“儿童之家”根据儿童的兴趣、从儿童出发的教育方法，并急切地希望这种教育方法能在中国推广。

在介绍和宣传蒙台梭利儿童教育思想的热潮中，江苏省教育会还设立了蒙氏教育法研究会，研究蒙台梭利的教育制度及教育方法。商务印书馆也特意仿制发行了蒙台梭利学校的教具，购买这种教具的幼稚园颇多。1923年，国立北京女子师范大学附属蒙养园招新生两班，试验蒙台梭利教育法，一时间，蒙台梭利教育法成为幼儿教育界瞩目的中心。

（三）杜威实用主义教育思想的传播

杜威的教育思想于民国初年传入中国，如蔡元培的《对于教育方针之意见》、顾树森的《实用主义生活教育设施法》中已经提及这种思想。1919年，陶行知发表《介绍杜威先生的教育学说》，介绍了杜威的生平、著作和实用主义教育思想。胡适在《新教育》杜威专号发表《杜威哲学的根本概念》《杜威的教育哲学》《实验主义》三篇文章，系统地介绍了杜威的教育思想。

1919年5月1日，杜威受北京大学等单位邀请来华讲学。他在中国停留达两年零两个月之久，足迹遍及中国11个省及北京、上海等大城市。每到一处，杜威便登台演讲，宣传实用主义哲学和教育学说。根据杜威在中国的演讲而整理出版的专集有《杜威五大讲演》《平民主义与教育》《杜威先生与中国》。杜威的学生和信奉者们也纷纷著文和演讲，推崇这种思想。中国掀起了宣传实用主义的高潮，广度、深度及持久性都超过了其他西方教育思想在中国的传播。

拓展阅读

杜威实用主义教育思想的基本命题有“教育即生活”“学校即社会”“做中学”等。这种思想在儿童教育方面与福禄培尔和蒙台梭利的思想有所不同。福禄培尔和蒙台梭利以恩物、教具等作为课程，希望通过恩物与教具来发展儿童创造和思考的能力。实用主义教育学说不认为通过形式训练获得的某种智能可以转移到万事万物，强调课程和教材的中心应是与儿童生活密切相关的自然和社会。只有从儿童实际生活中遇到的问题与困难出发，才能真正锻炼儿童创造和思考的能力。杜威认为“儿童是教育中的太阳”，提出了儿童中心论。儿童中心论反对过去教育中的成人中心、书本中心和教师中心，主张从儿童自发的兴趣和需要出发，以儿童自身的活动为教育过程的中心。

二、学前教育思潮的发展

(一)对传统儿童观的批判

我国传统的儿童观受封建思想的影响比较大，儿童被视为家庭和家族的附属品，成了家长的私有财产，家长对子女有完全支配的权力，儿童只能绝对服从，丧失了独立自主的人格。

随着西方资产阶级教育思想的传入，儿童中心主义、儿童本位主义思想得到了广泛传播。虽然这种思想属于资产阶级自由主义思想体系，但却是建立在天赋人权的基础上的，在反对封建专制主义教育上有进步意义。资产阶级维新派和资产阶级革命派都接受了这种思想的影响，对封建主义儿童教育提出了批判。

拓展阅读

鲁迅以辛辣的笔锋，批判了旧教育对儿童的摧残。他十分反对“幼者的全部，便应为长者所有”“理该做长者的牺牲”的封建专制思想。他大声呼吁“救救孩子”，要求觉醒了的人们肯于为后代牺牲，要“自己背着因袭的重担，肩住了黑暗的闸门，放他们到宽阔光明的地方去；此后幸福的度日，合理的做人”。鲁迅在揭露、批判封建专制主义儿童教育的同时，阐发了他的儿童观和儿童教育的主张。“父母对于子女，应该健全的产生，尽力的教育，完全的解放。”①为了教育好儿童，第一要理解儿童，第二要指导儿童，第三要解放儿童。

① 鲁迅：《孤独者：鲁迅作品精选集》，309、312、316页，南京，江苏凤凰文艺出版社，2019。

五四运动后，蔡元培在儿童教育上提出了发展儿童个性、崇尚儿童自然的主张，他批判了束缚儿童个性、违背儿童自然发展的封建旧教育，认为旧教育不把儿童当教育的主体，而将成人或教师自己的成见强加在儿童身上，认为必须要改变这种主客体颠倒的状况。教育应该以儿童的个性为出发点，要站在儿童的立场上去了解儿童、尊重儿童，让儿童自由、充分地发展。他主张研究儿童心理科学，了解儿童心理发展规律。

陶行知、陈鹤琴等人不但继续批判封建主义儿童观，而且进行了一系列的改革实验。陶行知提出“爱满天下”的口号，陈鹤琴抱着“一切为儿童”的信念，投入儿童教育事业中。儿童教育观念的转变为学前教育的改革实验奠定了思想基础。

(二)儿童公育思潮的发展

五四运动前后，蔡元培、恽代英等人在批判旧家庭制度的基础上，提出了儿童公育的主张，形成了一股思潮。蔡元培试图从教育本身的特点出发论述儿童公育的必要性，恽代英则从唯物史观的角度进一步阐述了儿童公育的教育价值。他们从不同角度说明了儿童公育的必要性。

第一，从教育的特殊职能看，儿童需要公育。

第二，为实现教育普及于全人生，要实行儿童公育。

拓展阅读

对于儿童公育的必要性，恽代英总结阐述说：“我们真信幼稚教育的可能，真信幼稚教育的重要，只有促进儿童公育；使每个儿童在他下地以后，便在合宜的场所中，合宜的指导人下面，受教育的训练。才是最根本的教育。亦是最经济的教育。”

第三，从家庭教育的弊端看儿童公育的必要性。儿童公育虽难以实现，但却具有十分重要的意义，它揭露了封建家庭教育的弊病，促进了儿童从封建主义的精神枷锁中解放出来，同时也有利于妇女地位的提高。儿童公育思想包含了许多儿童教育方面的理论问题和实践问题，它的提出有利于人们思考和探索学前教育科学化的发展方向。

第二节 幼稚园制度的确立

一、壬戌学制对幼稚园的规定

五四运动后，学前教育受到越来越多的教育界人士的重视。1920 年，全国教育会联合会讨论新学制系统时，便有人提议将幼稚园纳入初等教育系统之内。1922年9月，教育部召开全国学制会议，制定了《学校系统改革案》；11月，“壬戌学制”公布，由于采用的是美国的六三三制，又称“六三三学制”。(图4-1)

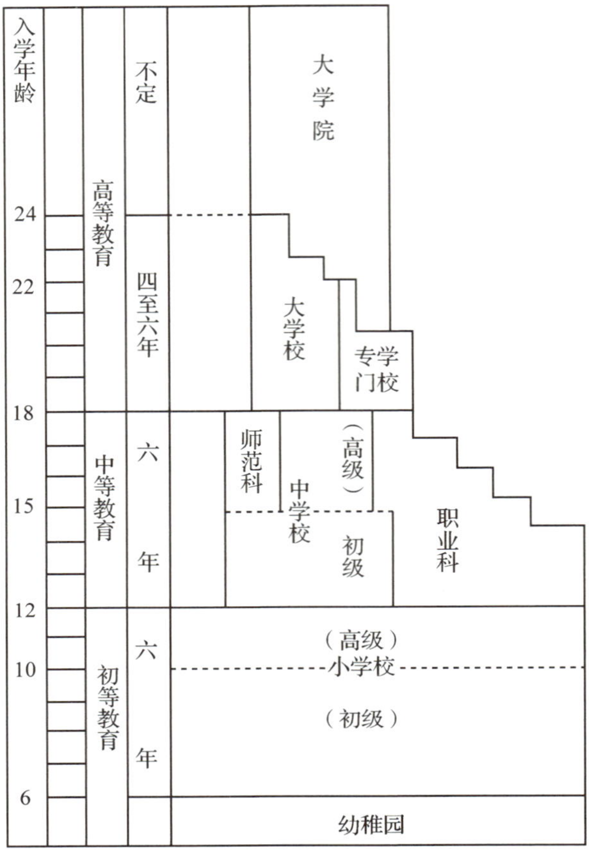

图4-1 壬戌学制图

壬戌学制规定，初等教育阶段包括幼稚园阶段、初级小学阶段、高级小学阶段。该学制关于学前教育的部分较以前学制主要有两点变动。一是将学前教育机构定名为幼稚园，二是将幼稚园教育纳入初等教育范围，学前教育的地位进一步提高。自此，学前教育机构的法定名称为幼稚园，学前教育在学制中也有了确定的合理的地位。

二、幼稚园的基本模式

五四运动前后，国内的幼稚园教育基本上被两种模式的幼稚园主导。一种是日本式幼稚园，另一种是宗教式幼稚园。由于新文化运动时期，我国教育改革的思潮由清末的受日本影响转向受欧美影响，加上第一代日本教习的退出和相关师资培养机构的停办，日本式幼稚园的数量逐渐减少，影响转弱，但仍然存在一定的基础；相反，由于传教士长期的计划和努力，加上在幼稚师范教育上占有相对优势，宗教式幼稚园已占据优势地位。据南京女师 1924 年的调查，全国幼稚园 190 所，其中教会办的达 156 所，占 82%。1918 年到 1926 年，我国现代著名的幼儿教育家张雪门曾对国内 30 所幼稚园进行过实地考察，其中，宗教式幼稚园就有 12 所，日本式幼稚园 5 所。两种模式的幼稚园通过各种途径对中国人自己办的幼稚园施加影响，导致当时中国幼稚园教育“外国化”倾向严重。

拓展阅读

1926 年，张雪门发表《参观三十所幼稚园后的感想》一文，他对于其中 12 所宗教幼儿园的印象是：“有美丽的教室、小巧的设备，在一时动作以后茶点以前，儿童们一定要闭一会儿眼睛，他们的小嘴一定还要唱一首祷告的歌曲；早晨相见，放学话别，‘上帝祝福’诗一样的调子，全从舌端跳到恬静的空中，飘荡在这边那边。”对此，张雪门深感痛心，在许多著作中都抨击了这种宗教和洋化的教育。他认为教会幼儿园的教师只是为教会尽职而不是为教育服务的，她们关心的是宗教而不是孩子；并尖锐地指出教会幼儿园作为西方列强文化侵略的工具，它所起的作用“消极的是在减弱中国民族的反抗，积极的是在制造各国的洋奴”。

显然，人们对以上两种模式的幼稚园都难以接受。于是，在强烈的改革意识的引领下，中国人开始了自主探索中国学前教育发展模式的尝试。

三、《幼稚园课程标准》的颁布

我国学前教育一直没有关于课程标准的规定，各种学前教育机构在课程设置上各行其是。1922 年，幼稚园制度确立后，学前教育有所发展，幼稚园课程的审查问题就更为突出，此外还有师资、推广乡村幼稚园的问题等。编订一个适合我国国情的幼稚园课程标准，就成为学前教育战线一项迫切的任务。同时，国内的很多幼稚园，如南京鼓楼幼稚园、晓庄乡村幼稚园、南京高等师范学校附小附属幼稚园都在幼稚园课程等方面做了改革实验，并取得了相当不错的成果。因此，制定一个全国通行的课程标准的条件已经成熟。于是，陈鹤琴等 11 人受教育部的委托，着手进行幼稚园课程标准的拟定。1929 年 9 月，《幼稚园课程暂行标准》拟定完成，并由教育部令各省市作为暂行标准试验推行。1932 年 10 月，教育部正式公布《幼稚园课程标准》(以下简称《标准》)，1936 年又进行了一次修正。该标准是我国第一个自己制定的统一的幼稚园课程标准。

《标准》分幼稚教育总目标、课程范围、教育方法要点三部分。

《标准》的第一部分是幼稚教育总目标。第一，增进幼稚儿童身心的健康。第二，力谋幼稚儿童应有的快乐和幸福。第三，培养人生基本的优良习惯(包括身体、行为等各方面的习惯)。第四，协助家庭教养幼稚儿童，并谋家庭教育的改进。

《标准》的第二部分是课程范围，规定的幼稚园的课程内容有音乐、故事和儿歌、游戏、社会和自然、工作、静息、餐点共 7 项。每一项都分别阐述，各项均列目标、内容及最低限度的要求。

《标准》的第三部分是教育方法要点，共列 17 项，说明幼稚园具体的教育方法。主要内容举例说明如下。规定幼稚园 7 项课程不可截然分开，于实际施行时，无所谓科目，而实行课程(作业)中心制的设计教学，应该以一种需要的材料，做一日或两三日内作业的中心，一切活动都不离开这个中心；各种作业，可由儿童各从所好，自由活动，但每日必有一次团体作业，如故事、游戏、音乐、社会和自然，大部分都可由教师引导，施行团体作业；教师是儿童活动中的引导者、把舵者，教师必须作充分的准备，准备引导儿童活动的材料，提出指导儿童活动的方法；教师应体察儿童的心理，为儿童准备的活动材料和指导儿童活动的方法，都要切合儿童的经验；教师是儿童活动的裁判者，但又不是替代者，儿童的问题应由儿童自己解决，儿童的确不能解决时，教师也只可从旁启发引导。

《标准》是我国第一个由国家颁布的幼稚园课程标准，它建立在幼稚园制度确定以后，幼稚园数量有较大增加和各种实验活动陆续开展的基础之上，它是由我国的专家和学者在总结自己实践经验的基础上，吸收和借鉴了西方学前教育思想与教育方法而形成的，因此它既体现了民族性，又体现了洋为中用的精神。

《标准》具有中国化、科学化的特点，它要求寓知识于娱乐之中，其教育内容和方法都比较符合儿童的接受能力，符合儿童的年龄特点和教育的要求，因此有较强的科学性。在教育内容上，对儿童进行多方面训练，不仅关注了儿童的智力、身体、德行、美感，而且注意了儿童社会化的培养。在教育方法上，灵活多样，运用团体、分组和个别的方式，组织儿童的各种活动，儿童的活动有相当高的自由度。教育目标也比较灵活，除一般要求外，还有最低限度的要求，以适应不同地区、不同幼稚园中幼儿发展不平衡的状况。

不过，与此同时，这个课程标准产生在半殖民地半封建的大社会背景下，也会带有一些封建主义的余毒，受到西方教会的影响。

第三节　学前教育机构和师资

壬戌学制颁布后，幼稚园制度确立，我国的学前教育有了一定的发展，一些有特色的学前教育机构陆续建立，从数量上看，幼稚园明显增多。抗日战争全面爆发后，全国幼稚园数虽然减少，但值得一提的是，还有专门的学前教育师资培养机构建立，这为我国学前教育的发展奠定了基础。

一、特色学前教育机构

幼稚园制度建立后，在陈鹤琴、张雪门等一大批学前教育领域的优秀教育家、教师的推动下，大批各具特色的幼稚园竞相出现，办得富有成效且具有影响力的不少。现选择其中较有特色的几所进行介绍。

(一)北京香山慈幼院

1919 年 10 月正式成立，是慈善家熊希龄所办慈善事业的一大杰作。1917 年 8 月，京畿直隶一带发生水患，熊希龄受命担任水利督办，在各县设留养所，留养无家可归的老人、儿童。后又在北京设立慈幼局，收养受灾儿童千余名。水患平息后，无人领养者的儿童尚有 200 余名，于是，熊希龄决定设立一个永久性的机构来收养这些孩子。可以说，北京香山慈幼院是一所兼有慈善与教育双重性质的机构。

有督办水灾的拨款作为其财力后盾，香山慈幼院在教学设备、生活设施和居住条件等方面都颇为讲究。比如，1 岁以内的婴儿每人住一间房，由一名保姆专门照看，由医生定量分配奶粉、水果或果汁、鱼肝油等；1 岁半到 2 岁的幼儿由保姆带他们游戏；2～4 岁的幼儿由教师领他们游戏、唱歌，在香山各处散步。此外，对孩子们卫生保健方面的要求也极为严格。①

(二)厦门集美幼稚园

集美幼稚园是爱国华侨陈嘉庚创办的教育事业的一部分，成立于 1919 年 2 月。园舍建筑中西合璧，园内场地宽敞、设备齐全，有体操场、游戏场、花圃、假山、水榭、小桥，美观且实用。

该园提出了四项目标和六条信条。四项目标是：①增进儿童身心的健康，使幼儿幸福地成长；②培养幼儿人生的基本品德和良好的行为习惯；③启发幼儿的智能，陶冶幼儿的性情；④协助家庭教育幼儿，以谋家庭教育的改进。六条信条是：①深信教育是立国的根本大计；②深信只有教养儿童成为健康的儿童，才能有健全的人民；③深信教育应以儿童为中心，教育的基础应建立在儿童的需要与生活的经验上；④深信教师是儿童的伴侣，应把全部精力贯注在儿童身上，幼稚教育是爱的教育，教师要发现儿童、领导儿童，应走到儿童的队伍里去；⑤深信幼稚园应成为“儿童的乐园”，幼稚教育是求孩子的解放与幸福；⑥深信幼稚园教育有改造家庭教育的责任。②

---

① 中国学前教育史编写组：《中国学前教育史资料选(全一册)》，274～275 页，北京，人民教育出版社，1989。

② 中国学前教育史编写组：《中国学前教育史资料选(全一册)》，260～261 页，北京，人民教育出版社，1989。

(三)南京鼓楼幼稚园

1923年，陈鹤琴提出了创办幼稚园以试验幼儿教育的设想，同年秋，他把家庭住舍的一部分作为校舍，成立了南京鼓楼幼稚园，亲任园长，并聘请东南大学幼稚教育讲师、美国人卢爱林为指导员。1925年秋，园舍建成，张宗麟担任研究员，协助陈鹤琴进行各项试验研究工作。该园成为我国第一个幼稚教育实验中心，在这里，陈鹤琴等人开始了以课程试验为主导的全面试验。

鼓楼幼稚园的试验是多方面的，包括课程试验、幼稚生应有的习惯和技能试验、设备和玩具的改进等。其中，课程试验又包括课程组织试验、科目试验、教材教法试验等。在所有的试验中，课程组织试验是核心和主线，起着统领其他试验的作用。

(四)南京燕子矶幼稚园

1927年11月，陶行知在南京郊区创办了我国第一所乡村幼稚园——燕子矶幼稚园。办园宗旨在于研究和试验办好农村幼稚园的具体方法，以便向全国农村普及。起初因陋就简地借用小学的房子，后来自力更生建造了茅屋泥墙、亭子式的园舍，门前草地上架有自制的滑梯和秋千，大门两边还挂了一副陶行知手写的对联：“谁说非学校，就算非学校。彼且为婴儿，与之为婴儿。”设备也是先借后买，逐步添置了桌椅、风琴等基本设施设备。

教育总目标是使幼儿具有健康的体魄、劳动的身手、科学的头脑、艺术的兴趣、改造社会的精神，为将来成为新时代的创造者打好基础。为此，对幼儿实施健康教育、劳动教育、科学教育、艺术教育、集体教育，将社会生活、自然现象、家乡土产、风土人情等都作为了教材。该园是陈鹤琴课程实验的农村基地，后因晓庄学校被封而停办。

(五)上海大同幼稚园

1930年3月，由中国共产党地下组织领导的中国互济会(原名中国济难会)创办，专门收容与抚育革命同志的子女，负责人为董健吾。该园离法国公园较近，保育员经常带孩子们到公园里晒太阳，呼吸新鲜空气和做游戏，使孩子们得以健康成长。后来，大同幼稚园逐渐引起了外界的注意，为避免发生意外影响革命后代，遂于1932年1月解散。

(六)上海劳工幼儿团

1934年，在陶行知领导下，由其学生孙明勋等人创办于沪西女工区。其宗旨是为女工服务，对其子女(自断乳到8岁)实施教育。教育的重点是卫生健康教育，教师经常带孩子到附近的公园散步、观察，以增长知识、开阔视野，但不久后被迫解散。(表4-1)

表 4-1　全国幼稚园发展情况统计①

年份	幼稚园数	班级数	儿童数
1929 年	829	1585	31967
1930 年	630	697	26675
1931 年	829	1318	36770
1932 年	936	1407	43072
1933 年	1097	1449	47512
1934 年	1124	1599	59498
1935 年	1225	1666	68657
1936 年	1283	1988	79827
1937 年	839	1180	46299

二、学前教育师资培养机构

1922 年，学制作了师范学校和女子师范学校可附设幼稚师范科的规定，但在相当长的时间内，幼稚师范教育还没能得到人们应有的重视。1928 年，在全国教育大会上，陶行知、陈鹤琴分别提出开设幼稚师范学校和在普通师范学校中设幼稚师范科的提案，提案经过讨论通过。1933 年，教育部颁布《师范学校规程》，对附设幼稚师范科做了若干规定，规定师范学校要附设幼稚师范科，修业年限三年或两年，招收初中毕业生。1928 年全国教育会议以后，幼稚师范教育得到了一定程度的发展，幼稚教育的师资不断增加。1929 年，全国幼稚园教职员为 1580 人，到 1936 年增长到 2607 人。在此期间，公立幼稚师范科有了一定程度的发展，私立幼稚师范学校也不断出现，还出现了省立实验幼稚师范学校和国立幼稚师范专科学校。

(一) 集美幼稚师范学校

1927 年 9 月 1 日，为解决幼稚教师紧缺的状况，开展专注于闽南地区幼稚教育的研究，陈嘉庚创办了集美幼稚师范学校。集美幼稚师范学校的学制为四年，分预科两年及本科两年。预科注重基本训练，且致力于教师习惯与态度的养成；本科注重专业训练，且致力于研究、批评等能力与精神的养成。优良学生在第四学年第一学期到幼稚园或小学实习，最后一学期侧重自学、听讲、观察、搜集、研究、试验等工作。

(二)北平幼稚师范学校

北平幼稚师范学校是香山慈幼院的一部分，创建于 1930 年，张雪门任校长。该校以培养幼稚师资为己任，以实现全民的幼稚教育为最终目标。学校重视实行教学

① 中国学前教育史编写组：《中国学前教育史资料选(全一册)》，360 页，北京，人民教育出版社，1989。

做的方法。实习的内容有幼稚园实习，实行先参观、次参与、后实习的制度；还有家政实习、自然实习、儿童文学实习、手工实习、游戏实习等。学制三年，但可分年结业。一年制为速成科，学生可任幼稚园教师或助教；两年制为幼师科，可任幼稚园主任；三年制毕业后，可兼任小学低年级及婴儿园教师。

(三)江西省立实验幼稚师范学校

这是中国第一所独立设置的公立师范学校。由陈鹤琴在1940年10月创立于江西省泰和县，附有小学、幼稚园、婴儿园。1943年2月改为国立江西实验幼稚师范学校，并添设幼稚师范专科。办学宗旨是培养幼稚园的师资。学校开展幼稚教育的理论研究和教材教法的实验研究，进行陈鹤琴的“活教育”理论的实验。课程内容分为精神训练、基本训练和专业训练三项，外加人生心理一科。教材和教学方法强调尽量与小学实际、幼稚园实际相联系，教学方法强调以“做”为中心，采用陈鹤琴提出的“做中教，做中学，做中求进步”的方法。基本目标是培养学生“做人，做中国人，做现代中国人”。学校校风优良，自由平等，实行“纯爱”教育，培养了一批批幼教战线的优秀人才。1946年并入江西省立南昌女子师范学校，改为幼稚师范科。

第四节　老解放区的学前教育

老解放区的学前教育，是指1927年大革命失败以后，至1949年中华人民共和国成立以前，在中国共产党领导下建立起来的农村革命根据地、抗日根据地、解放区的学前教育。在20余年的历程中，老解放区建立了新的学前教育体制，摸索着一条新民主主义学前教育发展的道路，锻炼了队伍，为中华人民共和国成立后学前教育的改造和发展奠定了基础。

一、土地革命时期的学前教育

(一)内务部颁发的《托儿所组织条例》

学前教育作为解放妇女的重要措施，在根据地创建初期就受到了中国共产党的高度重视。1934年2月，苏区中央人民政府内务部颁布了《托儿所组织条例》(以下简称《条例》)来推动学前教育的发展。这是红色政权颁布的第一部关于学前儿童教育的文件，具有指导性、纲领性作用。《条例》对组织托儿所的目的、儿童入托的条件、托儿所的上级领导机构、托儿所的班额、保教人员的编制及标准、托儿所的环境、托儿所的管理、保教人员的职责、托儿所的作息时间等都做了详细的规定。《条例》的颁布开创了苏区的托儿所制度。

《条例》的主要内容有如下几点。

组织托儿所的目的。改善家庭生活，代替妇女担负婴儿一部分教养的责任，使劳动妇女尽可能地参加生产及苏维埃各方面的工作，使小孩子得到更好的教育与照顾，在集体的生活中养成共产儿童的生活习惯。这一目的从解放妇女和发展儿童两个方面反映了中国共产党对学前教育的社会功能和内在功能的充分认识，尤其是“解放妇女”这一口号更是当时社会背景下的一种大胆呐喊，说明中国共产党早就认识到了妇女解放与学前教育的关系。因此，办好托儿所不光使孩子受益，广大妇女也有机会参与社会生活，为苏区的建设做贡献。

托儿所的环境。要选择在比较清洁、光线充足及空气好的地方办托儿所。托儿所的用具由群众设法购置，在特殊情形之下，苏维埃政府可提供一部分津贴。

托儿所的服务对象。凡有选举权的广大工农大众的子女，年龄在 1 个月至 5 岁，且无传染病，均可以入托儿所。

托儿所的管理。托儿所由当地政府与妇女代表领导，他们的责任是经常检查托儿所的工作。卫生机关要派人检查托儿所的卫生情况和孩子的身体健康状况。

此外，《条例》还规定了托儿所保教人员的岗位职责、保教人员编制及待遇问题。总之，《条例》对托儿所的管理做出了较全面的规定，虽不尽完善，但这是老解放区学前教育制度建设的开端，为学前教育随后的发展奠定了基础。

(二)托儿所机构的建立

老解放区学前教育机构的大量建立是在《条例》颁布之后。最早成立的托儿所是江西瑞金下州区下州村的上屋子托儿所和下屋子托儿所。每个托儿所有 4 个工作人员，由群众选举而来。《条例》颁布后，各类组织特别是妇女组织进行了广泛的宣传，一时掀起兴办托儿所之风。设立的托儿所主要有两种类型：一类是长期托儿所，大多收红军家属子女；另一类是季节性托儿所，一般在农忙时节开办，为广大妇女参加生产创造条件。总之，《条例》颁布后，苏区托儿所数量迅速增加，这对广大妇女的解放起到了积极的促进作用，也为老解放区学前教育以后的发展积累了经验。

二、抗日战争和解放战争时期的学前教育

(一)中国战时儿童保育会及其分会的成立

抗日战争的爆发使得许多儿童流离失所，甚至成为孤儿。为抢救民族后代，培育无家可归的难童健康成长，经中国共产党联合各党派与各界知名人士发起，1938 年 3 月 10 日，中国战时儿童保育会在武汉成立。该组织是抗日民族统一战线下国共两党合作的产物。宋美龄为理事长，并推选出国共两党和无党派的社会知名爱国妇女 56 人任理事。全国相继成立二十多个分会，抗战 14 年先后共建立了几十所战时儿童保育院，收容保育三万多名少年儿童。

战时儿童保育院对难童加强爱国主义教育，培养他们追求真理、反抗侵略的精神；特别重视劳作教育，以培养儿童的劳动习惯，树立劳动创造世界的观念。保育院还开展各种社会活动，让儿童在社会实践中学习，培养工作的自觉性。战时儿童

保育工作把教育与社会实践、教育与生产劳动相结合，把儿童培养成追求真理、手脑并用、自觉工作、反抗侵略的德、智、体全面发展的人才。中国战时儿童保育会在抗日战争中是个有卓越贡献和深远影响的团体。

1938年7月4日，宋庆龄、蔡畅、邓颖超、康克清等在延安成立了中国战时儿童保育会陕甘宁边区分会，其宗旨是“保育战时儿童”。该会的主要工作是：设立边区战时儿童保育院；开设保姆训练班；改善出生婴孩处置办法及母亲的生活；组织宣传团，加强边区儿童卫生教育；设立儿童保育科等。此后，江西、山东等地也相继成立了战时儿童保育会分会，竭尽全力保护儿童的生命安全，并给儿童以教育，促进了老解放区学前教育的发展。

(二)陕甘宁边区政府关于保育儿童的决定

1941年1月，陕甘宁边区政府工作报告中将儿童保育作为中心工作。同年，又颁发了《陕甘宁边区政府关于保育儿童的决定》(以下简称《决定》)。《决定》的主要内容有如下几点。

第一，建立管理(保育行政)组织，在边区民政厅设保育科，各县市政府第一科内增设保育科员一人，区乡政府内增设保育员一人(暂由区乡妇联兼任)，专司产妇、儿童的调查、登记、统计、卫生奖励、保护等工作。

第二，训练保育人员，规定边区民政厅卫生处应协同民政厅保育科于1941年3月前办保育人员训练班。抽调文化程度较高的男女60人，给予短期训练，使其明了产妇卫生、助产接生、儿童保育等基本知识。毕业后，派到各县设办短期训练班，使得1941年内边区每一个乡均有一个以上脱离生产的保育员。

第三，建所的具体条件。一个机关团体学校有婴儿5人以上者，应设立托儿所；5人以下者，可和数单位共设托儿所；不足5人又无单位合设者，设窑洞安置婴儿，并对窑洞的安全、卫生提出了要求。

此外，《决定》还对产妇的保健待遇、保姆的待遇等做出了十分具体的规定。《决定》是继《托儿所组织条例》之后革命根据地的又一重要学前教育法规文件，它对抗日战争时期和解放战争时期的学前教育发展都具有极大的推动作用。

(三)多种形式保育机构的建立与发展

抗日战争时期和解放战争时期，不仅学前教育机构的数量有所增加，规模有所扩大，而且类型也有多种。

1. 寄宿制的保育院、托儿所

一般设在环境较完备的后方，由边区政府主办并承担费用，设备较完善，也有较严格的保教制度。招生对象是前方将士子女和烈士遗孤、难童及部分后方机构干部子女，如陕甘宁边区第一保育院。

2. 单位日间托儿所

这类托儿所规模小，只收托本单位人员子女，经费由本单位自理，孩子在托时间与母亲上班时间相同，如陕甘宁边区机关托儿所。

3. 母亲变工托儿所、哺乳室

这类机构设在机关、学校、工厂、田间，其不足之处在于缺乏保教人员，每日抽调几名母亲负责管理，轮流值班。

4. 化整为零的托幼组织

这类保育机构一般分布于敌后解放区。根据形势的需要，化整为零，三三两两分散在人民群众家中。托儿所负责人和保教人员经常化装成货郎或亲戚，定期到老乡家探望孩子、送粮、送钱。待情况稍稳定才把孩子集中在一起。

5. 小学附设幼稚班(园)

招收5～6岁的儿童，实施半年或一年的学前教育，然后入小学一年级，经费主要由家长负担。

总之，老解放区的学前教育机构不仅实现了从无到有的数量上的发展，而且用灵活多样的办园形式实践着“一切为孩子，把方便留给母亲，把困难留给自己”的信念，真正做到了解除父母的后顾之忧，保护和培育革命后代。

(四)老解放区保育院的教育与教学

老解放区的学前教育始终以保育儿童身体、培养儿童良好习惯、发展儿童智力为目的，并且能根据形势的发展，使教育目的更为明确。

保育儿童身体是保育院的首要工作。受当时的环境、物质状况及医疗条件的限制，婴幼儿的生命及健康受到很大威胁。为此，有的保育院还明确提出“保育为主，教育为辅”的方针，要求从各方面保证儿童的健康。

第一，尽一切努力保证儿童的营养。

第二，制定合理的作息和管理制度。

第三，贯彻“预防为主，治疗为辅”的方针。

第四，开展形式多样的体育活动。

由于各托幼机构领导的重视和全体保教人员的共同努力，保育院的孩子大都精神饱满，体格健壮，发育良好，死亡率极低。

老解放区学前教育实行保教合一的原则，也十分注重对婴幼儿的品德教育和智育。

注重品德教育。品德教育的原则有热爱儿童；随机教育，在儿童一日生活中随机进行；坚持儿童的立场；坚持正面教育等。

注重智育。老解放区的学前教育不仅重视知识教育，也强调智力发展。在教学内容方面，从儿童的生活中选择自然、社会、卫生等方面的内容。其科目有常识、唱歌、游戏、故事、手工、自由画、跳舞、体操、自由发表意见、识字、识数等。

(五)老解放区学前教育的基本经验

老解放区的学前教育始终得到老一辈无产阶级革命家的关怀和重视。在党和边区政府的亲切关怀和正确方针的指引下，老解放区的学前教育取得了令人瞩目的成绩，其发展历程蕴藏着丰富的值得挖掘、借鉴的宝贵经验。

1. 坚持为革命战争和生产建设服务的方向

老解放区学前教育始终坚持正确的服务方向，即为革命战争和生产建设服务。这是学前教育的社会功能的最充分的体现，主要是通过解放妇女，解除父母的后顾之忧来实现的。根据地广大妇女在中国共产党的号召下热情地投入社会生产、社会生活、军事生活、党政机关和文化教育工作中，成为中国革命的组成力量。只有把妇女从家庭中解放出来，摆脱家务特别是照管幼小子女的负担，她们才能更好地参与社会生活。由学前教育机构代替广大妇女承担养育和教育子女的责任是社会发展的必然趋势。

2. 贯彻依靠群众和勤俭办园的原则

老解放区的学前教育机构取得的所有成绩与群众的热情支持是密不可分的。老解放区的群众对学前教育的支持涉及房屋、玩具设备、食物、医疗、人力、师资、掩护等不同的方面。老解放区群众拥有高度的政治觉悟和强烈的热爱儿童的情感，尤其是广大妇女，她们像爱自己的孩子一样爱托儿所、保育院的孩子，这种无私的、博大的母爱激发了老解放区学前教育工作者的工作热情。

老解放区学前教育事业的发展还得益于勤俭办园的指导思想。老解放区学前教育机构没有设备就自己制造或请人制造，没有条件就因陋就简，从不因为开办托幼机构而向财政机关多要开支，而是始终贯彻勤俭办园的原则，在各方面都注重节约。学前教育事业的发展始终离不开广大群众的关心与支持。今天，我们也要发扬勤俭节约的传统，提倡办节约型幼儿园，因地制宜地开展幼儿园建设。

3. 实施“保教结合”，促进儿童全面发展

老解放区学前教育工作者充分认识到了托儿所、保育院是对儿童实施保育和教育的机构，在日常工作中必须坚持保育和教育相结合的原则，对儿童实施全面教育。同时，他们还认识到保育员也是教员，要由幼稚教员教保育员幼稚教学法，供给保育员材料，并加以指导。至今我们开展学前教育时也强调保教合一，既要从思想观念上认识保教合一的必要性，又要从行政管理制度上加强对各自职责和相互协作行为的规范。

4. 在“一切为了孩子”的教育理念指导下培养幼儿教育师资

老解放区学前教育，最重要的经验是培养一支“一切为了孩子”的高素质的保教队伍。他们把“一切为了孩子，一切为了革命，一切为了前线”“把方便留给妈妈，把愉快留给孩子，把困难留给自己”当作自己工作的基本准则，无私地奉献着自己的青春甚至生命。老解放区不仅培养了一支有很高的思想觉悟的保教队伍，而且还特别注意提高他们的文化水平和业务素质。学习的方式灵活多样，学习的内容联系实际。老解放区保教人员一切为了孩子的自我牺牲精神，是我们当前提高幼儿教师职业道德水平的生动教材，有助于广大学前教育工作者树立正确的儿童观、教育观和高度的责任意识。

总之，老解放区的学前教育是中国共产党领导下的，为革命战争服务、为生产建设服务、为工农大众服务的学前教育。它在本质上不同于国民党统治区的学前教育。它创造的幼儿教育成绩，它对革命事业做出的贡献，它的崇高精神和它积累的宝贵经验是中国现代学前教育发展史中的辉煌乐章。

思考与练习

1. 谈谈西方学前教育思想在中国近代的引入。
2. 论述学前教育思潮的发展。
3. 简要说明《幼稚园课程标准》的主要内容。
4. 简要介绍特色的学前教育机构。
5. 简要介绍学前教育师资培养机构。
6. 抗日战争和解放战争时期的学前教育机构类型有哪些？
7. 总结老解放区学前教育的基本经验。

第五章　近现代学前教育思想(上)

学习目标

1. 了解陶行知的学前教育思想。
2. 了解张雪门的学前教育思想。

自鸦片战争爆发以后，中国由一个闭关自守的封建社会沦为半殖民地半封建社会。在帝国主义列强的压迫下，广大劳动人民特别是占中国人口 80%以上的农民过着贫穷、愚昧、落后、受欺凌的悲惨生活。一些教育家深刻认识到中国的落败与其教育的不景气息息相关。于是，他们不顾政治环境的恶劣，勇于探索和实践，反对封建的儿童观和教育观，主张解放和尊重儿童；主张理论联系实际，学以致用，并崇尚亲自实践。他们既是教育理论家，又是教育实践家和社会活动家，他们为我国学前教育的改革做出了很大的贡献，其中就包括伟大的人民教育家陶行知、著名的幼儿教育家张雪门。

第一节　陶行知的学前教育思想

陶行知(1891—1946)，安徽省歙县人，中国人民教育家、思想家，民主主义战士。(图 5-1)

图 5-1　陶行知

一、生平与教育活动

陶行知出生于一个贫寒的教师家庭，6 岁入启蒙学校，14 岁被送到当地的一所教会学校，开始接受西方新学。后因学校停办，赴杭州拟入广济医学堂学医，又因不满学堂对非基督教徒的歧视，入学仅三天即退学。1910 年，靠教会资助入南京金陵大学文科学习。受辛亥革命的影响，陶行知在校积极参加爱国活动，主编《金陵光》学报中文版，宣传民族、民主革命思想，并在研究明代哲学家王守仁的“知行合一”时，取笔名“知行”。1914 年，陶行知留学美国入伊利诺伊大学获政治硕士学位，后入哥伦比亚大学研究教育，师从杜威、孟禄等。杜威的实用主义思想对其后来教育思想的形成具有重大影响。1917 年秋，陶行知获得哥伦比亚大学师范学院“都市学务总监”文凭回国。

陶行知回国后，先后任南京高等师范学校和东南大学的教授、教务主任等职，开始了他富有创意而又充满艰辛的教育生涯。在南京高等师范学校任职期间，他讲授教育学、教育行政学、教育统计学等课程，介绍西方教育理论，力主改革中国的旧教育。1921 年年底，陶行知与蔡元培等发起成立中华教育改进社，主张反对帝国主义文化侵略，收回教育权，推动教育改进。1923 年，陶行知又与晏阳初等人发起成立中华平民教育促进会总会，陶行知辞去东南大学教育科主任职务，任促进会总干事，全心致力于开展平民教育运动。他指出，平民教育就是要用最短的时间、最少的银钱，去教一般的人民读好书、做好人。陶行知又与朱经农合编《平民千字课》，并奔走于冀、察、苏、浙等地推行平民教育，提倡用连环教学法(即我教你、你教他、他又教他的办法)教人识字。最初，平民教育是在城市进行的，后来，陶行知逐渐地认识到中国教育最棘手的问题在农村，最多的中国人集中在农村，他说：“中国以农立国，十有八九住在乡下，平民教育是到民间去的运动，就是到乡下去的运动。”于是，他号召要征集一百万个同志，创造一百万所学校，改造一百万个乡村。在他和其他教育家的推动下，20 世纪 20 年代我国曾出现了一股乡村教育思潮和乡村教育运动。为了更好地开展乡村教育，陶行知与东南大学教授赵叔愚于 1927 年 3 月在南京北郊崂山下创办了南京试验乡村师范学校，即现在的南京晓庄学校，并以晓庄学校为中心，设小学师范院、幼稚师范院，通过连环教学法大力发展群众教育。在这个时期，他的“生活教育”理论体系初步形成。1930 年 4 月，晓庄学校师生积极参加反对日本军船侵入长江和支援南京下关的示威游行，晓庄学校被封闭，陶行知被通缉，避难于日本。

1931 年，形势稍微好转，陶行知回国返沪，为商务印书馆印书，暂用笔名“时雨”撰稿，提倡“科学下嫁活动”，请陈鹤琴出面，主编“儿童科学丛书”“大众科学丛书”。直到 1932 年 2 月 22 日，国民政府宣布取消对陶行知的通缉令，他才开始公开活动，普及科学教育，创办儿童科学通讯学校并任校长，向贫苦大众介绍通俗的科学知识。同年 10 月，他又创建了山海工学团，提出“工以养生，学以明生，团以保生”，将工场、学校、社会打成一片，进行军事训练、生产训练、民权训练、生育训练等，实施边训练边学习的教学模式，并且为了促进教育普及，还开展了“小先生制”运动。“小先生制”指人人都要将自己认识的字和学到的文化随时随地教给别人，而儿童是这一传授过程的主要承担者。尤其重要的是，“小先生制”的责任不仅在于教人识字、学文化，更在于“教自己的学生做小先生”，由此将文化知识不断绵延推广，这是为了解决普及教育的过程中师资极缺、经费匮乏、谋生与教育难以兼顾、女子教育困难等问题而提出的。1936年，“一二・九”运动爆发，陶行知发起国难教育社，积极投入抗战救国运动当中，拟定《国难教育方案》，以外交使节的身份，出访28个国家和地区，向华侨和世界人民宣传中国的抗日运动。抗日战争全面爆发以后，他又成立了战地服务团，实行战地教育。

1937年，他在合川创办育才学校，收留、教育难童，在育才学校实施生活教育理论。这一时期是其生活教育理论的成熟期。他聘请各方面的名家学者到校任职或讲课；在普及科学文化知识的同时，他还根据因材施教原则，进行社会科学、自然科学、文学、美术等各方面的特殊才能教育，以培养人才的幼苗。他鼓励学生发挥创造精神，动手动脑，学校呈现一派蓬勃生动的景象。除此之外，学校还有地下党支部，培养了一大批革命战士和专业人员。

1945年，抗日战争胜利后，陶行知又投入反对内战、争取民主的斗争中，他的教育活动也从战时教育转为民主教育。1946年，他与李公朴共同创办重庆大学，并指出大学的方针：“大学之道，在明明德，在亲民，在止于人民的幸福。”同年7月，国民党特务暗杀了李公朴、闻一多，陶行知在得知自己被列入黑名单后，给育才学校师生写了最后一封信，说：“如果消息确实，我会很快结束我的生命。……平时要以‘仁者不忧，智者不惑，勇者不惧，达者不恋’的精神培养学生和我们自己。有事则以‘富贵不能淫，贫贱不能移，威武不能屈，美人不能动’相勉励。”这是他留给教师和学生最后的叮嘱。当年7月25日，陶行知因劳累过度，患脑出血，与世长辞，年仅55岁。他去世后，他的灵柩由全国53个团体护送，公葬于南京晓庄崂山之麓。宋庆龄为陶行知题词——“万世师表”，毛泽东在追悼大会上写下“痛悼伟大的人民教育家陶行知先生千古”的悼词，周恩来提“无保留追随党的党外布尔什维克”，董必武提“当今一圣人”，郭沫若也写下“两千年前的孔仲尼，两千年后的陶行知”。安徽、南京、上海建造了陶行知纪念馆。可见，陶行知做出的贡献是何等的伟大。

陶行知的教育活动是在民族危亡、国难当头的社会环境中进行的，因此，他的教育实践是与民主爱国的活动相伴而行的。早年他积极从事抗日救亡运动，参与发起上海文化界救国会，组织国难教育社等。他最早注意到乡村教育问题，先后创办晓庄学校、生活教育社、山海工学团、育才学校和社会大学。陶行知一生办过各种类型的学校，这些学校为社会培育了大批有用人才，还输送了不少革命青年到延安和大别山抗日根据地参加革命。陶行知宣传生活教育，提倡小先生制，要求教育与实际结合，为人民大众服务，提出了“生活即教育”“社会即学校”“教学做合一”三大主张。陶行知一生的著作很多，由华中师范学院教育科学研究所主编的《陶行知全集》8卷本，1985年由湖南教育出版社出版。

二、生活教育理论

生活教育理论是陶行知教育思想的主线和重要基石，主要包括生活即教育、社会即学校、教学做合一三个方面。

拓展阅读

陶行知在批判传统教育的基础上，接受了杜威的教育主张。因为杜威主张教育即生活，教育是为了让人活在现实的生活中，而不是活在未来的生活中；主张将学生的学习与实践生活相联系，这种观点在反传统教育上是有意义的，在五四运动前后产生了很大的影响。

在民族危亡、国难当头的社会环境下，陶行知认为教育最关键的任务是解放人民的思想，为人民谋幸福。他极力批判了传统教育中死读书的现象，认为这种教育，即教师只负责在前面讲，学生只负责在下面听，培养出的学生只能是书呆子、蛀书虫、会走路的“字纸篓”“书架子”，没有活力、没有创新。同时，在《生活教育之特质》中，他又说道，“少爷小姐有的是钱，大可以为读书而读书，这叫做小众教育。大众只可以在生活里找教育，为生活而教育”①。在探寻民族解放的路途中，小众教育已显得微不足道，我们需要的是大众教育，发动全国人民为民族解放、为民族幸福而努力。陶行知曾作为宣传者、倡导者，并且在杜威民主主义思想的影响下，大力开展平民教育活动，但是却得不到广大劳苦群众的支持。陶行知反思道：我们只是在盲目地宣传杜威的教育思想，把外国的教育直接搬到中国来，这是祸国殃民的事情。他在实践中认识到进步主义教育和实用主义教育也无法解决中国的教育问题，于是，他逐步酝酿出一套新的教育理论体系，这便是在办晓庄学校时期形成和确立起来的生活教育理论。

(一)生活教育的实质

陶行知的生活教育理论受杜威实用主义教育思想的影响，但并不是杜威教育思想的简单翻版，而是具有中国特色的生活教育理论体系，具有独特的性质。主要表现在以下几个方面。

1. 生活方面

生活教育的第一个特点是生活。陶行知写道：人过什么生活，就受什么教育。过好的生活，便受好的教育；过坏的生活，便受坏的教育。比如，在抗日战争时期，生活教育的每一节课都要考虑：这一课对于抗战能有多少帮助？当实际生活发生变化时，教育也应该随之改变。在抗战时期，自然要求抗战教育，如抗战演讲、宣传

① 陶行知：《生活教育之特质》，见江苏省陶行知研究会、南京晓庄师范学校：《陶行知文集(修订本)下》，663页，南京，江苏教育出版社，2008。

等是抗战教育不可缺少的内容。教育来源于生活，以生活为中心，为生活服务，教育不是为了未来的生活而进行的，而是教会人如何适应现在的生活。生活中处处都是教育的契机，如对孩子进行礼貌上的教育、坐姿上的教育、饮食上的教育等。

2. 行动方面

陶行知在批判王守仁的“知是行之始，行是知之成”的基础上提出：“行是知之始，知是行之成。”即行即知，通过行动获得知识，创新知识。对于这一点，陶行知还列举了生动的例子：“我们先从小孩子说起，他起初必定是烫了手才知道火是热的，冰了手才知道雪是冷的，吃过糖才知道糖是甜的，碰过石头才知道石头是硬的。”①可见，对事物的认识是通过行动获得的。同样，学生只有通过亲身的体验和操作，才能够获得真正的知识。这与传统教育机械、死板的教学形式完全相反。陶行知主张教育应该在做中学，要想让孩子了解某个方面的知识，必须要让他实际操作。比如，教孩子认识物体的沉浮，必须要给孩子提供各种不同的材料，让孩子亲自去操作、发现。如果直接给孩子肯定的答案，不让其进行实际操作，那么孩子很难理解，只能被动地接受知识。

3. 大众方面

陶行知指出：“中国是遇着空前的国难。这严重的国难，小众已经解决不了，大众必得起来担负救国的责任而中国才可以救……我们要一种正确的教育来引导大众去冲破命定的迷信，揭开麻醉的面具，找出灾难的线索，感觉本身力量的伟大，以粉碎敌人之侵略阴谋，把一个垂危的祖国变成一个自由平等的乐土。”②中国正处于国家兴亡的关键时刻，维护国家的统一和安定不是靠某个人或者某个集体的力量就可以办到的，而是要激发起全国人民的爱国热情，提高全国人民的素质。只有在全国大众素质提高、善恶分明的情况下，国家的自由解放才能真正实现。所谓大众教育是大众办的教育，是为大众服务的，它教大众以生活为课程，在生产劳动的基础上劳心，并培养大众的集体意识，使大众团结在一起，共同为民族解放而努力。比如，即学即传的小先生制，体现了大众之间互相传递知识的教育；山海工学团，体现了在大众劳动的基础上对其进行相应的教育，即边劳动边教育。

4. 前进方面

生活即教育。那就有人要问了，自古就有生活，就有教育，又何必专门办教育呢？对于这个问题，陶行知做了分析和解答：“他这句话，分析是对的，断语是错的。我们承认自古以来便有生活即有教育。但同在一社会里，有的人过着前进的生

---

① 陶行知：《行是知之始》，见江苏省陶行知研究会、南京晓庄师范学校：《陶行知文集(修订本) 上》，258页，南京，江苏教育出版社，2008。

② 陶行知：《中国大众教育问题》，见江苏省陶行知研究会、南京晓庄师范学校：《陶行知文集(修订本) 下》，666页，南京，江苏教育出版社，2008。

活，有的人是过着落后的生活。我们要用前进的生活来引导落后的生活，要大家一起来过前进的生活，受前进的教育。前进的意识要通过生活才算是教人真正的向前去。"[①]陶行知这番话的意思是说，虽然自古就有生活，但是生活有好坏之分。比如，有的人过着小偷的生活，有的人过着乞丐的生活，还有的人过着乐观上进、自给自足、幸福的生活。教育为好的生活服务，使人向好的生活靠拢、摒弃坏的生活。

5. 世界方面

传统教育以教科书为中心，不允许生活进去。在学校，学生就像是一只被困在笼子里的小鸟，过着枯燥、无意义的生活。陶行知主张，社会是我们唯一的学校。马路、弄堂、乡村、工厂、店铺等，凡是生活的场所，都是我们教育自己的场所。我们失掉的是鸟笼，得到的是伟大无比的森林。为了过有意义的生活，我们的生活必然要冲开校门、冲开村门、冲开城门、冲开国门、冲开任何自私自利的人所造的铁门。所以，整个中华民族和整个世界，才是我们真正的学校。

6. 历史联系方面

中国到了生死关头，争取大众解放的生活教育自有它应负的历史使命。为了争取大众的解放，它必须争取中华民族的解放，而中华民族的解放需要大众的力量。因此，进行大众教育，提高大众的生活能力和民族意识，成为每一个生活教育同志的天职。除此之外，历史联系还体现在为了使我们在现在的生活中少走弯路，我们必须要吸取人类积累下来的历史教训，这对于处在探索道路上的中国人民来说是一份宝贵的财富。

(二)生活教育的主要内容

陶行知生活教育理论主要包括生活即教育、社会即学校、教学做合一三个方面的内容。这很明显是把杜威的教育思想"教育即生活，学校即社会，教学做合一"在形式上做了一个简单的倒置，但意义完全发生了变化。

生活即教育，是陶行知生活教育思想的一个重要组成部分，是由杜威的教育即生活改造而来的。陶行知认为，杜威的教育即生活强调教育必须从个人的实际生活出发，领域太狭隘，应该翻半个筋斗，即"生活即教育"。陶行知认为，教育的根本意义是生活之变化。生活无时不变，即生活无时不含教育的意义。也就是说，生活决定教育，以生活为中心，有生活就有教育，教育的范围变得更为广泛。人过什么样的生活，便受什么样的教育。陶行知说，今天要说的，就是我们此地的教育，是生活教育，是供给人生需要的教育，不是作假的教育。人生需要什么，我们就教什么。人生需要面包，我们就得受面包教育；人生需要恋爱，我们就得受恋爱教育。

---

① 陶行知：《生活教育之特质》，见江苏省陶行知研究会、南京晓庄师范学校：《陶行知文集(修订本)下》，664页，南京，江苏教育出版社，2008。

以此类推，照加上去，过哪样的生活，就受哪样的教育。[①] 从整个观点出发，陶行知具体指出晓庄学校的学生主要过六种生活，所以受六种教育，即健康的教育、劳动的教育、科学的教育、艺术的教育、改造社会的教育、有计划的教育。陶行知还指出，生活这种教育是生活原有的，是生活自营的，与生俱来，与生同在，出世便是破蒙，进棺材才算毕业。

社会即学校，是由杜威的学校即社会改造而来的。陶行知运用一个非常生动的例子批判了杜威"学校即社会"的教育思想的含义。"这好比一个笼子里面囚着几只小鸟，养鸟者顾念鸟儿寂寞，搬一两丫树枝进笼，以便鸟儿跳得好玩，或者再捉几只生物来，给鸟儿做陪伴。小鸟是比较的舒服了。然而鸟笼毕竟还是鸟笼，决不是鸟的世界。"[②]可见杜威的教育思想是将社会生活引入了学校中，使学生在学校进行社会需要的训练，但这种仍然是鸟笼子的教育。陶行知认为应该打破社会与学校的围墙，让学生真正走入社会，在社会中接受教育，就像把鸟笼打开一样，让鸟儿回到真正属于自己的世界，自由翱翔。

教学做合一，用陶行知的话说，这是生活现象之说明，即教育现象之说明。在生活里，对事说是做，对己之长进说是学，对人之影响说是教，这只是一种生活之三方面，不是三个各不相谋的过程。陶行知认为，教学做是一件事，不是三件事。我们要在做上教，在做上学。他以种田为例，指出种田这件事是要在田里做的，便须在田里学，在田里教。在陶行知看来，"教学做合一"是生活法，也是教育法，它的含义是教的方法要根据学的方法，学的方法要根据做的方法，事怎样做就怎样学，怎样学就怎样教。教而不做，不能算是教；学而不做，不能算是学。教与学都以做为中心。[③] 由此，他特别强调要亲自在"做"的活动中获得知识。在教学做中，他强调以"做"为中心，在做上教的是先生，在做上学的是学生。他又强调行是知识的源泉，并提出在劳力上劳心。这是对传统教育只重视知识的灌输、不重视学生的"做"的犀利批判。

(三)生活教育的方法

生活教育的教学方法是灵活的，根据"教学做合一"的思想，教学方法要根据"做"的内容和特点及教的规律、学的规律来决定。

陶行知极其重视实践，他提出"行是知之始，知是行之成"的口号，还将原来的笔名"知行"变更为"行知"。生活教育强调的是在亲手操作、亲自体验的过程中获得知识。比如，成人要教孩子怎样安全地使用工具，不能只在那里一味地示范，而是要让孩子亲自进行操作，并在操作的过程中给予正确的指导。陶行知特别重视学生

---

① 陶行知：《生活即教育》，见江苏省陶行知研究会、南京晓庄师范学校：《陶行知文集(修订本) 上》，355页，南京，江苏教育出版社，2008。

② 陶行知：《普及现代生活教育之路》，见江苏省陶行知研究会、南京晓庄师范学校：《陶行知文集(修订本) 下》，587页，南京，江苏教育出版社，2008。

③ 陶行知：《教学做合一》，见江苏省陶行知研究会、南京晓庄师范学校：《陶行知文集(修订本) 上》，285页，南京，江苏教育出版社，2008。

对知识的运用，解决了长期纠缠于中国教育史上的“劳心”和“劳力”的问题。他说：“在劳力上劳心，是一切发明之母。事事在劳力上劳心，便可得事物之真理。”①他由此得出学习方法的论断，即运用知识，“用心以制力”，就是想如何可以把这件事做好，如何运用书本，如何运用别人的经验，如何改造一切用得着的工具，使这件事和别的事相互影响。陶行知把腐朽思想称为“裹头巾”，它束缚了人们的思想，使人们都愚昧无知，所以他号召“处处是创造之地，天天是创造之时，人人是创造之人”②。在具体的教学中，就是要解放孩子的头脑、双手、眼睛、嘴、空间、时间，使孩子拥有充分自由的生活，从自由的生活中得到真正的教育。

总之，生活教育理论是陶行知在教育实践及教育思维活动中形成的，是其整个教育思想体系的主体和核心部分。它扎根于生活，注重大众教育、终身教育、主体教育、全面素质教育等方面，将教育与生活实际联系起来，融教育改革与社会改革于一体，这种特征符合21世纪知识经济时代教育发展的总趋势，对建设学习型社会、构建终身教育体系、实施主体性教育、推进素质教育具有十分重要的现实意义，这也正是陶行知生活教育的理念所在。比如，“生活即教育”体现了生活处处充满教育，生活决定教育。生活变化，教育也要相应地变化。如今，随着知识经济时代的到来，知识日新月异，如果不想被社会淘汰，那么就要“活到老，学到老”，这就是终身教育的一种体现。

三、论学前教育的意义

陶行知十分重视学前教育，认为出世就是破蒙。他说，人格教育，端赖六岁以前之培养。六岁以前是人格陶冶最重要的时期。这个时期培养得好，以后只需顺势培养下去，孩子自然成为社会优良的分子；倘若培养得不好，那么，习惯成了不易改，倾向定了不易移，态度决了不易变。

陶行知继承了我国古代“教儿婴孩，教妇初来”的教育思想，并从儿童心理学的角度加以论证说明。他在《创设乡村幼稚园宣言书》中指出，从福禄培尔发明幼稚园以来，“世人渐渐的觉得幼儿教育之重要……儿童学者告诉我们，凡人生所需之重要习惯、倾向、态度，多半可以在六岁以前培养成功”③。他还指出：“教人要从小教起。幼儿比如幼苗，必须培养得宜，方能发荣滋长；否则幼年受了损伤，即不夭折，也难成材。所以小学教育是建国之根本，幼稚教育尤为根本之根本。小学教育应当普及，幼稚教育也应当普及。”④因此，不能漠视小孩子的需要、能力、兴味、情感，

---

① 陶行知：《在劳力上劳心》，见江苏省陶行知研究会、南京晓庄师范学校：《陶行知文集(修订本) 上》，288页，南京，江苏教育出版社，2008。

② 陶行知：《创造宣言》，见江苏省陶行知研究会、南京晓庄师范学校：《陶行知文集(修订本) 下》，893页，南京，江苏教育出版社，2008。

③ 陶行知：《创设乡村幼稚园宣言书》，见江苏省陶行知研究会、南京晓庄师范学校：《陶行知文集(修订本) 上》，193页，南京，江苏教育出版社，2008。

④ 陶行知：《如何使幼稚教育普及?》，见江苏省陶行知研究会、南京晓庄师范学校：《陶行知文集(修订本) 上》，296页，南京，江苏教育出版社，2008。

不能把教育看成富人家孩子的专利品，应该把注意力集中在最需要幼稚教育的农村，用省钱的方法开办幼稚园。陶行知大声疾呼：我们必须唤醒国人明白幼年的生活是最重要的生活，幼年的教育是最重要的教育。

四、论学前教育的服务方向

陶行知学前教育思想的着眼点是人民大众的需要。他从工农大众的需要出发，论述学前教育的方向问题。他在《幼稚园之新大陆——工厂与农村》一文的开头处写道："最需要幼稚园的地方是什么？最欢迎幼稚园的地方是什么？幼稚园应当到而没有到的是什么地方？幼稚园还有些什么新的大陆可以发现？"①接着，陶行知对此给出了答案。女工区域是需要幼稚园的。妇女上工厂做工，把小孩子留在家里，无人照应，最感痛苦。如果带在身边，那么，工厂里的特殊紧张之环境，便会阻碍儿童的发育。倘若工厂附近有相当之幼稚园，必能增进儿童之幸福而减少母者精神上之痛苦。② 农村也是需要幼稚园的。农忙的时候，田家妇女们忙得不得了，小孩跟前跟后，真是麻烦。哥哥姐姐也要帮忙操作，无暇陪伴弟妹玩耍，所以农忙时节一到，乡村小孩子就缺乏照料。倘若农村里有了幼稚园，就能给这些小孩子一种相当的教育，并能给农民一种最切要的帮助。可见，陶行知认为学前教育的服务对象应该是工人和农民，是劳苦大众，幼稚园的下乡运动和进工厂运动必须开始。但是，当时中国的幼稚园害了"三种病"。一是外国病，幼稚园里的孩子们弹的是外国钢琴，唱的是外国歌曲，讲的是外国故事，玩的是外国玩具，甚至吃的是外国点心。二是花钱病。国内幼稚园花费太多，有时是小学花费的好几倍。既然样样仰给于外国，自然费很多钱；费很多钱，自然不易推广。三是富贵病。幼稚园花钱多，就得多弄钱，于是学费不得不高；学费高，只有富贵弟子才可以享受它的幸福。所以，幼稚园只能是富贵人家的专用品，贫民是没有机会的。要想把幼稚园推广到农村和工厂，陶行知认为现在的幼稚园必须进行一次根本性的改革。一是打破外国的面具，办中国特色的幼稚园。二是把贵族的架子放下，让每个人都有接受幼稚园教育的机会，特别是贫苦家庭的孩子。三是省钱。为了让贫困的孩子也能上幼稚园，要办学费低、省钱的幼稚园。也就是说，要根据中国实际的情况办中国人自己的幼稚教育。将幼稚园推广到农村和工厂，减轻劳苦大众的生活压力；给孩子创造一个适宜的环境，通过学习本国的文化，从小培养孩子的民族意识和爱国热情；同时，考虑到工人和农民的经济情况，必须要办省钱的幼稚园，而不是盲目地模仿外国。

如今，幼儿大部分是家中的独生子，家长为了让自己的孩子不输在"起跑线"上，

---

① 陶行知：《幼稚园之新大陆——工厂与农村》，见江苏省陶行知研究会、南京晓庄师范学校：《陶行知文集(修订本) 上》，200页，南京，江苏教育出版社，2008。

② 陶行知：《幼稚园之新大陆——工厂与农村》，见江苏省陶行知研究会、南京晓庄师范学校：《陶行知文集(修订本) 上》，200页，南京，江苏教育出版社，2008。

对学前教育的投资越来越大，学前教育又逐步出现了“洋化”的现象，像极了陶行知时代的“三种病”。比如，一些大中城市热衷于创办“蒙台梭利幼儿园”“瑞吉欧幼儿园”等洋式幼儿园，把幼儿园“洋化”推向了高潮。由于挂着尖端学前教育的牌子，学前教育投资很高，因此收费很高，一些幼儿园只有家庭条件相当好的孩子才上得起，一般家庭的孩子则望而却步。尤其是那些农村地区的“留守幼儿”和随父母外出的“流动幼儿”，这些孩子的教育因为现实的制约出现了很多状况。因此，从学前教育现状来看，陶行知的学前教育思想对当代仍有现实意义。

五、论创造的儿童教育

创造的儿童教育不是说教育可以创造儿童。教育不能创造什么，但它能启发解放儿童的创造力，使儿童从事创造之工作。简单地说，教育可以激发儿童的创造力和想象力。陶行知在《创造的儿童教育》中指出：“儿童的创造力是千千万万祖先，至少经过五十万年与环境适应斗争所获得而传下来之才能精华，发挥或阻碍，加强或削弱，培养或摧残这创造力的是环境。教育是要在儿童自身的基础上，过滤并运用环境的影响，以培养加强发挥这创造力，使他长得更有力量，以贡献于民族与人类。”①陶行知认为儿童生来就有创造的潜能，但必须通过适当的教育才能使这种创造力得以解放和发挥。到底如何培养儿童的创造力？陶行知认为，实践是培养创造能力的根本途径。他在《思想的母亲》一文中指出：行动生困难，困难生疑问，疑问生假设，假设生试验，试验生断语，断语又生了行动，如此演进于无穷。② 他更是用简明形象的诗句说明了“行动”与“创造”的关系：行动是老子，知识是儿子，创造是孙子。可见，只有行动才会有创造。行动中产生了困难，就会想办法寻求解决困难的方法，一番努力后，获得新的价值或方法，这就是创造的过程。但是，中国当时的教育是关起门来干的，只有思想，没有行动。教员们教死书，死教书，教书死；学生们读死书，死读书，读书死。这种教育是死教育，不是行动的教育，更不会是创造的教育。

拓展阅读

手脑相长歌

人生两个宝，双手与大脑。
用脑不用手，快要被打倒。
用手不用脑，饭也吃不饱。
手脑都会用，才算是开天辟地的大好佬！

---

① 陶行知：《创造的儿童教育》，见江苏省陶行知研究会、南京晓庄师范学校：《陶行知文集(修订本) 下》，917页，南京，江苏教育出版社，2008。

② 陶行知：《思想的母亲》，见江苏省陶行知研究会、南京晓庄师范学校：《陶行知文集(修订本) 上》，428页，南京，江苏教育出版社，2008。

要想进行创造性的儿童教育，陶行知认为，首先，教师要了解儿童，要把自己摆在儿童队伍里，成为他们当中的一员，陪着儿童一起创造，同时要信任儿童，相信他们是有力量、有创造力的。其次，要解放儿童的创造力。比如，美术课上，教师完全没有必要先画一个房子当作模板，让孩子们进行模仿。这样造成的结果是孩子们画出来的房子几乎一模一样，这是对他们创造力的一种限制。教师完全可以让孩子们充分发挥他们的想象力，画出各种各样的房子。为了解放儿童的创造力，陶行知提出了著名的"六大解放"，并认为有了这六大解放，创造力才可以尽情地发挥出来。

(一)解放儿童的头脑

儿童的创造力被固有的迷信、成见、曲解、幻想层层裹头布包缠了起来。我们要发展儿童的创造力，先要把儿童的头脑从迷信、成见、曲解、幻想中解放出来，让儿童大胆地思索、大胆地想象。

(二)解放儿童的双手

传统的教育总是要求儿童静坐、静读、静写，不许儿童动手，动手要打手心，往往因此摧残了儿童的创造力。陶行知希望教育工作者向爱迪生的母亲学习，让儿童有动手的机会，让他们大胆地动手参与。

(三)解放儿童的眼睛

陶行知认为，如果不让儿童去观察，不去引导和培养儿童的观察力，那么他们就犹如睁眼瞎，大千世界在他们眼里没有任何意义，创造力就没有了源泉。因此，让儿童去看、去认识，并学会观察，这是非常重要的。

(四)解放儿童的嘴

若儿童有问题，成人要准许他们问，从问题的解答里，儿童可以增进知识。"发明千千万，起点是一问"，有了问的自由，儿童才能充分发挥他们的创造力。

(五)解放儿童的空间

让他们去接触大自然中的花草、树木、青山、绿水、日月、星辰，让他们去接触社会、了解社会、学习社会。因为"创造需要广博的基础"，只有解放了空间，儿童才能收集丰富的资料，扩大认识的眼界，以发挥其内在之创造力。

(六)解放儿童的时间

"现在一般学校把儿童的时间排得太紧……日间由先生督课，晚上由家长督课，为的都是准备赶考，拼命赶考，还有多少时间去接受大自然和大社会的宝贵知识呢?"[①]儿童丧失了学习人生的机会，等长成了成人，即使有时间，也不知道怎样发挥自己的创造力。因此，创造的儿童教育，首先要给予儿童足够的属于自己的时间。

---

① 陶行知:《创造的儿童教育》，见江苏省陶行知研究会、南京晓庄师范学校:《陶行知文集(修订本)下》，922页，南京，江苏教育出版社，2008。

儿童在获得以上解放的基础之上，为了使创造力得到充分的发挥，还需要充分的营养，需要养成良好的基础习惯，教师也需要因材施教。最后，陶行知指出，最能够激发创造力的条件是民主，只有在民主的环境下，我们才能大量开发创造力。民主应用在教育上有三个要点，即教育机会均等、宽容和了解、在民主生活中学民主。

六、论艺友制

(一)艺友制的提出

任何一个走上教育现代化道路的国家，都会面临师资短缺的问题，20 世纪初的中国也不例外。陶行知当时就认为，普及教育的最大难关是教师的训练。对于如何培养师资，陶行知殚精竭虑，设想了许多方法，力图改变当时中国师资匮乏的尴尬境况。1926 年，中华教育改进社联合南京的燕子矶小学、尧化门小学、开原小学，在学校内特设铺位，吸引远道而来的同志留校做长时间的观摩。这是“艺友制”的最早发端。1927 年，燕子矶幼稚园成立，燕子矶小学丁超校长的夫人带领两位小学女毕业生，跟从教育家张宗麟和徐世璧，在艺友制教育思想的指导下，学办乡村幼稚园，进步非常迅速。随着时间的推移，艺友制的成效得到了越来越多人的认可。人们深信，艺友制不但是培养人才最有效率的方法，而且是“解除乡村教师寂寞”与“推广普及教育师资”的重要途径。1928 年 1 月 5 日，这种方法正式定名为“艺友制”教育。1928 年 1 月 8 日，南京试验乡村师范学校、燕子矶小学、尧化门小学、晓庄小学、鼓楼幼稚园、燕子矶幼稚园便开始招收艺友，成为用“艺友制”名号招收志同道合者之起点。1 月 9 日，陶行知在《申报》和《民国日报》上发表了《艺友制师范教育答客问——关于南京六校招收艺友之解释》，向社会上介绍了艺友制教育的原理和方法，扩大了它的影响。“艺友制”是根据中国的实际情况提出来的改造中国师范教育的非常有效的办法。

陶行知反对传统师范教育的“艺徒制”，即以往的师范教育大多遵循的师徒制培养方式。具体来说，这种传统的“艺徒制”指的是幼稚师范生或资历较浅的教师跟随有经验、优秀的教师学习，听其言、观其行，然后将学到的技能、知识应用于自己的教育实践中。陶行知认为，这种传统的“艺徒制”师范教育的弊端在于它的不平等性。不平等性体现在三个方面。一是艺徒制下之工匠待艺徒几如奴仆，至不平等。二是工匠所有秘诀、心得对艺徒不愿轻传，故使艺徒自摸黑路，精神、时间皆不经济。三是一切动作，偏重劳力而少用心，太无进步。“艺友制”则相反，平等性是其最大的特征，在“艺友制”的培养模式下，教者、学者是朋友的关系，所以必须以平等相待、以至诚相见，必须共同在劳力上劳心，以谋事业之进步。因此，陶行知认为从师之法比不上访友之法，即教师之间的“艺友制”来得更自然而有效。但是，陶行知同时也指出，之所以提出艺友制，并非用它来代替师范教育，而是用它来补师范教育之不足。虽然师范学校有缺点，但我们的任务是改造。[1]

(二)艺友制的内涵

陶行知在《艺友制师范教育答客问——关于南京六校招收艺友之解释》中对艺友制的内涵进行了解释："艺是艺术，也可作手艺解。友就是朋友。凡用朋友之道教人学做艺术或手艺便是艺友制。"那么艺友制如何应用到师范教育上来？"师范教育的功用是培养教师。教师的生活是艺术生活。教师的职务也是一种手艺，应当亲自动手去干的。那些高谈阔论，妄自尊大，不屑与三百六十行为伍的都不是真教师。"[2]学做教师有两种途径：一是从师，二是访友。跟朋友操练、学习比从师来得格外自然，格外有效力。所以，要想做好教师，最好是和好教师做朋友。凡用朋友之道教人学做教师，便是艺友制师范教育。可见，艺友制教育是指利用朋友的关系来训练同志学做教师，强调教师和学生之间平等的地位，教师不是高高在上的，而是愿意和学生做朋友的。当然，"艺友制"不单单是指师生之间的朋友关系，还有教师之间的朋友关系，即学校可以招收一些志同道合的人共同实施教学和开展工作。朋友也好，同志也好，均体现了陶行知的教育平等思想。

(三)艺友制的方法

"艺友制的根本方法是教学做合一。事怎样做便怎样学，怎样学便怎样教。教的法子根据学的法子。学的法子根据做的法子。先行先知的在做上教，后行后知的在做上学。大家共教共学共做才是真正的艺友制，惟独艺友制才是彻底的教学做合一。"[3]艺友制强调的是以做为中心，在做的基础上学或教。

艺友制便是学生(艺友)与有经验的教师(导师)做朋友，在实践中学习当教师，方法是边干边学。陶行知在办晓庄学校时，在各中心幼稚园采取了艺友制的办法来培养幼儿教育师资，主要包括四个步骤。第一期，艺友实际参加幼稚园儿童的各种活动，以教他们学做一个儿童领袖为主。第二期，指示艺友一些具体方法，如怎样讲故事、怎样带小朋友玩，让他们学习一些基本技能，如唱歌、布置活动室等。第三期，一方面做各种基本技能训练，另一方面在幼稚园里实地操作。这时艺友要独立活动，导师要指导他们制订计划大纲，另外要组织艺友到其他幼稚园参观，然后讨论。第四期，要花费三个月的时间，两个艺友一组，在指导员的指导下，独立承担整个幼稚园的工作。这四个步骤共花费一年半到两年的时间，合格者颁发证书。与传统师范教育相比，艺友制最大的优点就是能够让艺友在幼稚园中实地实习，在不可能迅速建立大批师范学院的情况下，保证培养有质量的师资，并且节省时间，

---

① 陶行知：《艺友制师范教育答客问——关于南京六校招收艺友之解释》，见江苏省陶行知研究会、南京晓庄师范学校：《陶行知文集(修订本) 上》，291页，南京，江苏教育出版社，2008。

② 陶行知：《艺友制师范教育答客问——关于南京六校招收艺友之解释》，见江苏省陶行知研究会、南京晓庄师范学校：《陶行知文集(修订本) 上》，290页，南京，江苏教育出版社，2008。

③ 陶行知：《艺友制师范教育答客问——关于南京六校招收艺友之解释》，见江苏省陶行知研究会、南京晓庄师范学校：《陶行知文集(修订本) 上》，291～292页，南京，江苏教育出版社，2008。

艺友只需一年半或两年就可以毕业上岗。

陶行知以“捧着一颗心来，不带半根草去”的赤子之忱，为中国教育探寻新路。最可贵的是，他不仅在理论上进行探索，而且以“甘当骆驼”的精神努力在最基层进行实践工作，几十年如一日，矢志不渝，其精神为人所同钦、世所共仰。他提倡的生活教育理论、艺友制等教育思想至今仍有很大的参考价值。他的一些教育名言对今天的教育而言，仍然具有重要的意义。为了纪念陶行知和传扬陶行知的教育思想，1985 年 9 月 5 日，教育部在北京成立了中国陶行知研究会，它是教育部主管的国家一级社会团体，是非营利性质的民间组织机构。研究会的宗旨是开展陶行知教育理论的研究和实践，提倡陶行知的奉献和创造精神，推进和发展教育公益事业，积极探索促进教育改革与发展的新方法和新思路。中国陶行知研究会编辑出版的刊物有《生活教育》和《爱满天下》，各地的陶行知研究组织编辑的刊物有《行知研究》《福建陶研》《金陵陶研》《广东陶研》等。

第二节　张雪门的学前教育思想

张雪门(1891—1973)，浙江鄞县(今鄞州区)人，我国现代著名的幼儿教育家。(图 5-2)

图 5-2　张雪门

一、生平与教育活动

张雪门从事幼稚教育前后长达 60 年，他与另外一位学前教育专家陈鹤琴一起被称为“南陈北张”。张雪门自幼勤奋好学，毕业后就任鄞县私立星荫小学校长。青年时期的他就对幼儿教育颇感兴趣。一次沪宁参观，在目睹了日本式蒙养院以及教会幼稚园对中国幼儿的残害之后，他立志投身于幼儿教育事业。1918 年，他与几位志趣相投者创立了当地第一所中国人自办的幼稚园——星荫幼稚园，并任园长。在此期间，他认识到师资水平对幼儿发展的决定性作用，于是在 1920 年 4 月，又与人合办了两年制的幼稚师范学校，其鲜明的特点就是非常注重学生的见习与实习。1924 年，趁着在北平大学任职员的机会，张雪门继续深造。在学习期间，他致力于中外幼儿教育的比较研究工作，针对国外的幼儿教育，他主要研究福禄培尔与蒙台梭利的幼儿教育思想。不久，他的译著《福禄培尔母亲游戏辑要》和《蒙台梭利及其教育》相继问世，这对其后来的理论形成具有较大的影响。

张雪门研究我国的幼稚教育，是从研究幼稚园的课程入手的。他通过社会调查、参观访问，于 1926 年拟定了“幼稚园第一季度课程”，并在《新教育评论》上发表，引起同行的兴趣和关注。同年秋，他返回孔德学校任小学部主任，并兼任《新教育评论》的编辑。1928年秋，孔德学校开办了幼稚师范学校，请他主其事。他受“骑马者应从马背上学”的启示，采取半日授课、半日实习的措施。实习场所除孔德幼稚师范学校办的幼稚园外，还有一个蒙养园。不久，他又创办了艺文幼稚园，也用来作为学生的实习场所。

1930年秋，他应北平香山慈幼院院长熊希龄之聘，编辑了幼稚师范丛书，撰写了幼稚园研究集，探讨了如何引导新进来的孩子、如何装饰幼稚园教室、如何进行幼稚园数学教学等问题，并对这些问题进行了详细的论述。在此期间，他还在香山见心斋开办了北平幼稚师范学校，并担任校长。该校第一期毕业生一毕业就被聘为园长或教师，颇受欢迎。由于香山远离市区，参观、见习有诸多不便，张雪门遂将北平幼稚师范学校迁到中华教育改进社所在地，即帝王庙。

1931年“九一八”事变后，张雪门的教育思想有了较大的变化。他认识到中国社会的半殖民地半封建性质，同时认识到今日之幼童就是未来的主人翁。此时，他开始了幼稚园行为课程的研究。1932年，应北平民间大学、中国大学、天津女子师范学院之邀，张雪门开始讲授“幼稚教育”。

1934年，他发专函与陶行知商量，希望派北平幼稚师范学校三年级毕业生到上海山海工学团实习，后来由于各种原因未能如愿。但是，陶行知派遣了其学生戴自俺过来带领这些师范生开办了属于他们自己的“乡村教育实验区”，并创办了儿童工学团、青年工学团、妇女工学团等。同时，张雪门继续进行其行为课程的研究，“幼稚园课程”是其进行幼稚教育研究的入手处。1946年，张雪门受聘到台湾，主持台北育幼院，专心致力于幼稚园课程的研究。1966年，《增订幼稚园行为课程》出版，他的“行为课程”理论和实践体系形成。

1937年，抗日战争全面爆发，日军进驻北平，张雪门当即南下，在上海与熊希龄商定，将香山慈幼院分院，即北平幼稚师范学校迁往广西。1938年2月，学校在桂林东华门大街成立，后因桂林沦陷，学校又迁至重庆。为适应抗战的需要，幼稚教育的重点在于增强幼儿的民族意识和培养幼儿的爱国情操，使他们积极参与到抗战中来。在这种硝烟弥漫、人心惶惶的情况下，为了确保幼儿教育的不中断，张雪门组织保育员训练，积极推广儿童福利制度。在他的推动下，当时重庆附近各地均成立了作为试验机构的幼儿园，仅重庆一地即成立了四个幼儿园。

抗战胜利后，张雪门返回北平，立即筹备恢复北平幼稚师范学校，但是由于当地教育局不肯发还学校原校址，复校无望。恰逢我国台湾民政处致电邀他赴台创办儿童保育院，他便前往台湾，后来该院更名为台北育幼院，张雪门任院长。为了肃清日本帝国主义对台湾50年的奴化思想，张雪门认为应该加强对幼儿进行爱国主义教育。后来，由于过度操劳，张雪门患上眼疾，但他仍然坚持幼儿教育工作，担任多项工作的顾问，四处奔波进行讲演、做报告。1960年，他患脑病，半身不遂，眼睛几乎失明，手脚失灵，但就是在这种情况下，他仍然以非凡的毅力写下了《幼稚教育》《幼稚园课程活动中心》《幼稚园行为课程》等十几本专著。张雪门一生撰写的幼儿教育专著有200多万字，都是他实践的结晶，既有丰富的理论，又有具体的实施措施，具有重要的历史价值、学术价值和现实意义。张雪门是一位爱国教育家，晚年虽客居台湾，但却心系大陆，曾有《芙蓉》一诗曰：

未向园林添艳色，时从来客探芙蓉。

年来心似秋光淡，却忆西山一片红。

西山即香山，诗中充分表达了他对北京的怀念。只是由于当时的政治情况，他还不可能提出返回大陆的愿望。1973年，他因脑病复发，抢救无效，于4月18日下午病逝于台湾，终年83岁。

张雪门一生淡泊名利，热爱儿童，热爱幼儿教育，始终坚持在幼稚园和幼稚师范学校最基层的岗位辛勤工作。虽然他的一些论述具有时代局限性和不合理性，但是他对幼稚师范学校、幼稚园课程等的论述都是值得后人借鉴、学习的。

二、论幼稚教育的目的

1840年，帝国主义用大炮轰开了中国的大门，中国由一个完全的封建社会逐渐沦为半殖民地半封建社会，尚存的封建势力、强势的帝国主义以及随之涌进来的教会势力等使得中国处于一个极其混乱的状态。混乱复杂的现象，无论在政治、经济还是习俗等方面都有许多例子，幼稚教育也一样。由于举办者身份、意图和教育观的多样化，所设蒙养院和幼稚园的目的也不同，学习的内容以及教学方法也有很大的差异。张雪门经过仔细的研究分析，根据幼稚教育目的的不同将幼稚教育分为四个派别。

(一)以培植士大夫为目的的幼稚教育

以培养士大夫为目的的幼稚教育在清末建立的蒙养院里表现得最为突出。张雪门在《幼稚教育新论》中写道："光绪三十三年……这个时期蒙养院保育的要旨是抄袭日本的，就是师资大多数亦无不是直接间接地仰给于日本，甚至于教材也都是从日本搬来的熟料，由是内地所谓节妇乳娘出身的保姆，都起而仿效，其教法仍旧根据从前书房式背诵记述。其教材不过把《三字经》、《百家姓》变作了游戏、唱歌、谈话等罢了。这时期的幼稚教育虽带了日本的军国民主义，但和中国原来士大夫教育倒相差不远。"①可见，他认为，当时中国蒙养院制度的确立和实施严重抄袭日本，注重对儿童进行陈腐知识、忠孝道德的灌输，忽视儿童的兴趣和身心发展特点，认为"顺从"是儿童最大的美德，立身化俗是根本目的。比如，在课堂上，儿童要端正地坐着，注意听教师讲课，不准插话、不准独出心裁、不准随便乱动，并且对于各种工具和材料的使用，教师不准，儿童就不能碰。在这种氛围下，儿童处于一种压抑、

① 张雪门著、戴自俺主编：《张雪门幼儿教育文集》上卷，454页，北京，北京少年儿童出版社，1994。

胆怯的状态。甚至，儿童在穿衣、脱帽、用餐等方面都有校役来伺候，儿童根本不用亲自动手。可见，儿童的基本生活自理能力、劳动习惯的培养并不在每天的教学日程内，这种劳心而不劳力的名贵身份是成为士大夫必需的条件。

以培养士大夫为目的的幼稚教育注重的是向儿童传授礼教伦理知识，目的是从小奴役人的思想，使其维护封建统治阶级的地位，并训练出未来统治者的接班人。但是，这种幼稚教育在教材的选择、教学内容的安排、教学方法的运用等方面都是效仿日本的，教员也聘请的是日本人，表面上是帮助封建统治阶级训练接班人，实际上，这是帝国主义对中国人民进行思想奴役的手段。另外，张雪门也在其很多著作中对此类蒙养院管理上的刻板与僵化进行了具体、深刻的揭露。

(二)以培养基督教徒为目的的幼稚教育

此类幼稚园大多数由教会开办，设在教堂内或者教堂附近，建筑近乎西式，四周挂有耶稣的画像。与起初的蒙养院相比，此类幼稚园看到了儿童特殊的、不同于成人的身心特点，并给予了一定的尊重。比如，桌椅按儿童尺寸制作，小巧、精致。张雪门还对儿童在校的情形进行了生动描述。“这些幼稚园中的小孩，无论是在上课或下课的时候，总是活活泼泼的，每天早晨聚会的时候，先要作祷告，或者讲一段《圣经》，吃茶点的时候，唱一段赞美诗，到放学的时候，再唱一段感谢歌。每到圣诞节的时候，不但彼此送礼，而且有时还替穷人捐款开游艺会卖票。”教学方面，“讲圣经的故事，有《母游戏》——福禄培尔著作之一及各种恩物。教学的方法，当然不像以造成士大夫为目标的幼稚教育那么勉强，随时启发，随时指导，然而它的教育目标，在养成基督教徒。为什么这样的设备，这种教材及方法是养成基督教徒呢？基督教徒有二个最重要的条件：一个是‘爱’，一个是‘信’。信什么呢？信一个神，神是独一无二的，是永存的，是无所不知、无所不在的。宇宙间一切的一切，全是神所造的。爱什么呢？爱父母、兄弟、国家、世界，爱一切一切……基督教徒的重要条件不外这两种”。① 具体来说，在幼稚园里，儿童的玩具——恩物，是整个大自然的缩小，它从点到线、从线到面、从面到体，再从体到面、从面到线、从线到点周而复始地轮回，正是在教给儿童信奉万物生于一而复归于一，“一”则指上帝；同时，儿童每天在园祷告，代替犯错误的人忏悔，向别人要东西时说“请”“谢谢”，捐款给穷人，以及爱父母、兄弟、动物等都是他们爱的表达方式。

以培养基督教徒为目的的幼稚教育比起以培养士大夫为目的的幼稚教育显得有生气、有活力。在教学方法上，以培养基督教徒为目的的幼稚教育渗透了福禄培尔的教育思想，注意到了儿童与成人在身心发展上的不同，考虑到了教学中要尊重儿童的兴趣、爱好，鼓励儿童自己动手操作，并在做的过程中给予指导；在教学内容上，抛弃礼教知识，注重儿童的游戏，整个幼儿园氛围显得有生气。不过，这只是

① 张雪门著、戴自俺主编：《张雪门幼儿教育文集》上卷，447页，北京，北京少年儿童出版社，1994。

一种表面现象。比如，在教学内容上，教会摒弃中国的文化，让儿童学习外国的礼仪、过外国的节日，这本身就是对中国文化的一种侵略，并且还主张让儿童信奉“神”，认为神是最高统治者，一切要遵循神的旨意，带有浓厚的宗教色彩。总之，教会创办的幼稚园真正关心的并不是孩子，而是宗教。它的最终目的是想通过宗教奴化儿童的思想，从而培养新一代的基督教徒，扩充教会势力。张雪门在许多著作中都对此类幼稚园进行了深刻的抨击。

(三)以发展儿童个性为目的的幼稚教育

张雪门指出，以儿童发展为本位的幼稚教育是从意大利和美国传入中国的。当时国外正值个人价值至上，崇尚个人自由、个人尊严、个人权利的时期，在幼稚教育领域，对儿童个人价值的重视度也上升到前所未有的高度，主张实施“儿童本位”的幼稚教育。意大利儿童本位的幼稚教育是以蒙台梭利的教育为标志的，主张以教具为课程，训练儿童的感官、日常生活能力等；美国儿童本位的幼稚教育则强调让儿童通过解决实际的生活问题，锻炼其思考力和创造力，课程不是教师事先准备好的，其来源和设计出于儿童的动机和兴趣。总的来说，儿童本位的幼稚教育是以儿童为中心的：在教学内容的选择和编制上，都要以儿童的兴趣和需要为出发点，联系儿童的生活实际和生活经验来选择内容；在教学方法上，主张让儿童通过解决实际的问题来获得发展，强调自主教育，主张在做中进行学习；在教育目的上，促进儿童的全面发展。在这里，儿童的个人价值得到了前所未有的尊重，儿童在教育上有了最大的主动权，这种教育真正关心的是儿童的发展，避免了太多政治化的东西，一心一意为儿童的发展服务。

当时，张雪门十分提倡以儿童发展为本位的幼稚教育，认为：“幼稚教育的目的，应完全以儿童为本位；成就儿童在该时期内心身的发展，并培养其获得经验的根本习惯，以适应环境。”①但是 20 世纪 30 年代初，随着中国形势的发展和变化，张雪门认识到儿童本位的幼稚教育已经不能适应中国的实际情况，认为教育如果只考虑儿童自身的发展，儿童的兴趣、爱好，不考虑社会的需要，就没多大价值。因此，张雪门转变想法，主张实施以改造中华民族为目的的幼稚教育。

(四)以改造中华民族为目的的幼稚教育

20 世纪 30 年代是张雪门观点的转折时期，在这一时期，“九一八”事变导致中国陷入了严重的民族危机中，帝国主义加紧压迫，人民痛苦不堪。张雪门认为，在这种民族危机的关头，教育如果只是为了促进儿童的个性发展，使其健康、快乐地生活，那么实在是“舍本求末”。在民族处于危急时刻的时候，每一个中国人都必须认识到民族的现状，树立起坚定的民族意识，愿意为维护民族的独立而奋斗。当然，这并不意味着让年幼的儿童拿起枪奔赴杀场，或者以其他形式直接参与到抗战之中，

① 张雪门著、戴自俺主编：《张雪门幼儿教育文集》上卷，337 页，北京，北京少年儿童出版社，1994。

而主要是通过民族教育，让儿童树立民族意识，明辨是非、爱恨分明。此类幼稚园的活动主要包括以下方面。通过幼稚园中打球、掷环、浪床、秋千等活动，打下儿童军事训练的基础；借用儿童故事中的歹角，如巨人、女巫等来形容帝国主义者，唤起儿童对侵略者厌恶、憎恨的情感；教唱反对侵略儿歌等。这一系列的教育活动都与民族革命有关，让儿童从小就担负起民族解放的使命。这种立足于民族改造的幼稚教育首先在香山和艺文幼稚园试行，并逐渐扩大到天津以及河北等地。除此之外，幼稚园的教材主要是来源于本国、本地方的原材料，而不是抄袭别国的，目的就是唤醒民族的传统文化。

拓展阅读

基于对民族崛起的认识，张雪门总结出幼稚园教育目的的制定必须根据三条原则：一是中国的传统文化；二是国家民族的需要；三是儿童的心理发展。这样才能培养儿童的民族意识、科学头脑。总之，他认为幼稚园教育的目的不是一成不变的，而应根据时代、民族形势的改变而改变，要与时俱进。

三、论幼稚园的行为课程

20世纪30年代初，原南京高等师范学校的教授董任坚翻译了《行为课程》一书。当时正值行为主义学说在我国传播之际，张雪门也在此时将行为课程理论引入幼稚园，开始了其幼稚园行为课程的研究，并先后在《幼稚教育概论》《幼稚教育新论》中进行了专门的探讨。1966年《增订幼稚园行为课程》一书出版，他的“行为课程”理论和实践体系初步形成。此后，张雪门又在《中国幼稚园课程研究》一书中，进行了进一步的探讨和论述。

(一)幼稚园行为课程的含义

在讨论何为行为课程之前，首先必须弄清楚什么是课程。张雪门认为，“课程是经验；是人类的经验，用最经济的手段，按有组织的调制，用各种的方法，以引起孩子的反应和活动”①。在《幼稚园教育概论》中，张雪门又进一步指出：“课程源于人类的经验。只为这些经验对于人生(个人和社会)有极大的帮助，有特殊的价值，所以人类要想满足自己的需求、充实自己的生活，便不得不想学得这些经验，学得了一些又想学得了多些，而且想把学得的再传给了后人。”②他以农人为例，只要是合乎农人生活知识、技能、兴趣、道德、体力、风俗等的经验，他们为了适应生活，

① 张雪门著、戴自俺主编：《张雪门幼儿教育文集》上卷，24页，北京，北京少年儿童出版社，1994。
② 张雪门著、戴自俺主编：《张雪门幼儿教育文集》上卷，338页，北京，北京少年儿童出版社，1994。

都会去学习。可见，课程源于生活经验，包括技能、知识、兴趣、道德、风俗、礼节等种种经验。这些经验具有两方面的特点。一方面，通过课程获得的经验是有目的、有计划、有组织的，而不是凌乱无序、零散的；另一方面，课程来源于人类经验，但并不是所有的经验都可以成为课程，这些经验必须是适应生长、对人的发展有价值和有作用的。因此，幼儿园课程就是给三岁至六岁的儿童提供的有计划、有目的、有组织以及对其发展有促进意义的人类经验。

不过，这时他还没有明确提出"行为课程"的概念。直到1966年他出版了《增订幼稚园行为课程》一书，才明确提出了什么叫行为课程的问题。他认为，生活就是教育，五六岁的孩子们在幼稚园生活的实践，就是行为课程。可见，所谓行为课程强调的是儿童的直接经验，课程来源于儿童自身的生活和活动。张雪门十分重视儿童的"做"，并且在陶行知"教学做合一"的理论基础上进行了创新，提出了"做学教合一"的观点，将顺序完全颠倒，把儿童的"做"放在了首位，可见他对亲身体验、实际操作的重视。他认为，幼稚园课程就是给三岁到六岁的孩子所能够做而且喜欢做的经验的预备。① 他认为这种课程完全根据于生活，它从生活而来，从生活而开展，也从生活而结束，不像一般的完全限于教材的活动。他把生活和实际行为看作相互联系的整体，凡扫地、抹桌、熬糖、炒米花以及养鸡、养蚕、种玉蜀黍和各种小花，能够实在行动的，都应让儿童实际去行动。可见，行为课程强调通过儿童熟悉的生活来对儿童进行教育，并且鼓励儿童亲自参与到活动中来，通过亲自操作，扩大生活经验，培养生活能力。

(二)幼稚园行为课程的目标

课程目标是整个课程编制过程中最关键的准则。早在1930年，张雪门就在《幼稚教育概论》中指出："现在，我们研究幼稚教育，不但要认清楚教育的意义，更当辨明白教育的目的。究竟教育的目的，是为儿童心身的发展，还是为完成将来生活的准备，是注重个人的发展，还是注重社会的效率?"②他在具体分析了心身与环境、个人与社会、现在与将来的关系之后，从幼稚教育应完全以儿童为本位，成就儿童在该时期内心身的发展，并培养其获得经验的根本习惯，以适应环境入手，提出幼稚园课程的目的在于联络儿童的旧观念，以引起其新观念，最终打破旧经验，建设新经验。由此，幼稚生时期满足个体的需要实甚于满足社会的需要，幼稚园的课程目标就是要满足儿童心身发展的需要，传授给儿童"扩充经验的方法"，培养其生活的能力与意识，从而使儿童的心身得到全面的发展。"九一八"事变后，面对整个国家和民族危亡的现实，张雪门提出，要把社会的需要组织在课程里面，同时又要适应儿童的生活，容易引起他们的动作，因此在其课程目标中兼顾了社会需要和儿童身心发展的需要。1933年，张雪门把其幼稚教育定为改造民族的幼稚教育，最终拟

① 张雪门著、戴自俺主编：《张雪门幼儿教育文集》上卷，24页，北京，北京少年儿童出版社，1994。

② 张雪门著、戴自俺主编：《张雪门幼儿教育文集》上卷，333页，北京，北京少年儿童出版社，1994。

订出这样的课程目标。①铲除我民族的劣根性。②唤起我民族的自信心。③培养我民族客观的态度、团结习惯、自动能力，以及劳动生产兴趣。④锻炼我民族为争取中华之自由独立而向帝国主义斗争之决心与实力。张雪门确立了以社会需要为远景、以儿童个体发展需要为近景的幼稚教育任务，把儿童置身于其可接触的生活环境中充分发展，体现了幼稚园课程对儿童自身价值的尊重。

拓展阅读

张雪门认为，课程固然需要注意到社会生活的意义，但绝不可凭着成人主观的意见和需求决定。因为成人的需要不是儿童的需要，成人的经验不是儿童的经验。儿童反映的是他自己环境里的社会，绝不是成人的社会。因此，在兼顾社会方面的内容进行民族教育时，教育者必须要考虑儿童的身心特点，并在此基础上编制课程。

总的来说，幼稚园行为课程的目标既要考虑到儿童的需要，又要考虑到社会的需要。一方面，要满足儿童身心发展的需要，促进儿童的全面发展，培养其适应生活的能力；另一方面，要将儿童的发展置于整个社会背景之下。举一个简单的例子。在抗日战争时期，考虑到儿童发展的特点以及民族的需要，教师可以让儿童通过自己感兴趣的活动如投球、掷环、跳跃等，打下儿童军事训练的基础；另外，考虑到其喜欢模仿，可以通过熬糖、炒米花以及养鸡、养蚕，帮助儿童养成爱劳动的习惯。这些都是在整个社会的大背景下开展的儿童教育活动，这些活动的内容与当时的社会紧密相连。

(三)幼稚园行为课程的内容

在设计行为课程的内容时，张雪门使用了“教材”一词。他说：“儿童到幼稚园要学些什么？幼稚园教师须教些什么？教和学又怎样地联络起来？这三个问题就是幼稚园教材研究的中心。”[①]不过，他所指的教材与我们传统意义上的教材有所不同。他认为，教材的范围很大，并不限于一首歌曲、一件手工。儿童从家到校、从校到家，在家庭里、在道路上、在幼稚园中经历的各种各样的事情，只要能够体现儿童的兴趣、扩充儿童生活的种种经验，都可以编入教材中。在教学过程中，教师不过是利用这些儿童感兴趣的刺激，重新唤起儿童的反应，使其要求格外强烈，经验日益增加，意识逐渐增强。“教材不论是现成的，不论是创造的，其唯一的目的，实为充实儿童的生活，决非灌注儿童的熟料。因教材的目的在充实儿童的生活，所以对儿童是活动而非知识，虽然活动里面未始不含有知识，但决不是特殊地抽出来的死

① 张雪门著、戴自俺主编：《张雪门幼儿教育文集》上卷，394页，北京，北京少年儿童出版社，1994。

知识，且教材在儿童生活上的功能，是一种开始，而不是结果。”①总之，教材的内容来自儿童的生活。对儿童来说，这些内容是生动、具体、形象的，而不是死板、抽象的；儿童的知识可以通过亲身的体验来获得，而非依靠教师的硬性灌输来获得。教材的目的是充实儿童的生活。生活本来就既包含了整个社会生活，又包含了儿童自己经历的生活。因此，教材的选择要想既满足社会的需要，又适合儿童身心发展的要求，就要遵循以下几个标准。

第一，须顾及现时劳动的重要意义。张雪门批判地指出，中国几千年来的教育完全没有脱离书本教育。一个人从幼儿园到小学，到中学，再到大学都在读书，培养出的书呆子完全与社会生活脱节。为了充实儿童的生活，可以让儿童模仿其在生活中观察到的种田、做面包等活动，让他们的生活充满乐趣。

第二，须注意儿童的团体生活。这一点主要是强调所选择的教材要支持和鼓励儿童之间的合作与团结，增强儿童的团体意识，提高人际交往能力，避免自私、娇气等坏习惯的养成。在组织教学活动的时候，选择需要小组和整个班级共同努力才可以完成的游戏，如拔河比赛、大扫除活动等。

第三，须注意儿童的生理发展。儿童在前六年，其生理的发展比任何时候都要迅速，可谓“一天一个样”，生理健康对其知识、能力的获得有着直接的决定作用。比如，一个感官健全的人和一个感官不健全的人，面对同一个刺激会有不同的反应。又如，营养不良或有疾病会影响儿童的脾气，这在幼稚园中是很常见的。因此在选择教材的时候，一定要选择有利于儿童生理发展，并且能够顺应儿童生理发展特点的教材。比如，儿童最先发展的是感官，为了使其感官的发展获得最好的支持，在早期可以多给儿童听故事或者让儿童多接触大自然。

第四，须以儿童的直接经验为基础。儿童在没有进入幼稚园的时候，已经从生活中获得了一些经验，这些经验范围比较狭窄；等到了幼稚园，儿童的经验获得了各方面的扩充。比如，到了幼稚园，儿童需要学习与伙伴之间的友好相处，需要学习怎样解决问题，需要学习一些新的知识。这些在幼儿园中获得的经验与儿童以前获得的经验必须是有联系的，如果不以儿童的直接经验为基础，那么儿童对新的知识会很难理解。

第五，各科的界限混合而不分。儿童的教材都是具体的活动，不是孤立或者抽象的知识。活动本来就应该是一个整体，是不分段的，况且幼稚园的儿童本身在认识环境中的事物时也是没有明显的分界线的，儿童经常利用“拟人”的手法来推测万事万物都是有生命的。因此，在选择教材的时候，一定要注意整体性。

那么作为教材的经验其来源如何呢？张雪门认为有三个方面：一是由个体本身发展而得；二是和自然环境接触而得；三是与社会环境交际而得。

---

① 张雪门著、戴自俺主编：《张雪门幼儿教育文集》上卷，394～395页，北京，北京少年儿童出版社，1994。

根据这一认识，张雪门把行为课程的内容划分为：儿童自发的诸般活动，即儿童自身发展中进行的一些活动；儿童的自然环境，即儿童周围生活中一切有关自然界的事物与知识，如植物、动物、旅行等，以及儿童对各种自然现象的认识活动；儿童的社会环境，即与儿童现在生活与未来生活相关的社会生活知识，如家庭、临近的地方、各种职业活动等。从教材的科目来看，张雪门认为，行为课程主要包括手工、美术、言语、常识、故事、音乐、游戏和算术。但是，张雪门指出，之所以对教材进行科目的分类只是为了方便研究而已。生活是整个的东西；教材变换流转都随着生活，当然不是孤立、能够分割的。由此可以看出，行为课程的内容就是儿童周围生活的自然环境与社会环境中能为儿童所接受，并有助于其身心发展的各种经验，并且这些经验是一个整体，是紧密联系、不可分割的。

(四)幼稚园行为课程的编制原则

行为课程来源于儿童的生活，注重儿童在学习过程中的实际行为，强调让儿童通过做其力所能及的和喜欢做的事情来获得发展，因此，编制课程必须要在清楚了解儿童生活经验特点的前提下进行。只有把握了儿童认识的特点，才能了解儿童的学习能力，引起儿童的兴趣和反应。这也是编制课程必须遵循的原则。

1. 偏重整体性的原则

张雪门指出："幼稚生对于自然界和人事界没有分明的界限；他看宇宙间一切的一切，都是整个儿的。花开、鸟鸣、客人来，凡能够引起他注意的，没有一样不当作自己的生活看待。不但自然和人事辨别不开，而且研究的对象和他自己也连在一起。"① 可见，儿童在幼稚园，对一切事物的认识是没有界限的，认为一切的事物都与自己一样是有生命的，与自己是一个整体。因此，幼稚园的课程不像小学、中学那样需要把科目分得很细，有历史、地理等。由于儿童"整体性"的认识特点，幼稚园编制课程时应注意，科目之间没有明确的界限，而是整合在一起的。虽然说儿童在幼稚园的具体活动有音乐、美术、数学、手工等，但是它们并不是孤立存在的。比如，在进行某个主题活动的时候，为了使活动丰富多彩，可以将其用歌谣、绘画、手工等多种形式共同表现出来。张雪门认为孤绝的分类不过是成人研究过程中的途径，而不符合儿童的心理特点。

2. 偏重个性发展的原则

张雪门指出："因为六岁以内的儿童，所接触的社会，大概不外家庭和幼稚园，所以和社会的关系较少；而在另一面，个体的需要很切。六岁前生理的发展，比人生任何时期快速，到这一时候，各种的动作，差不多都会了；而心理上记忆、想象、模仿……等活动，又顿呈勃发的现象。我们编制课程时，原不能忽略社会的希求，但须极力注意儿童现在的需要和能力。我们只要对下一步的工作，些许不放松，充

---

① 张雪门著、戴自俺主编：《张雪门幼儿教育文集》上卷，342页，北京，北京少年儿童出版社，1994。

分满足儿童现在的需求，尽量发展现在的能力；那么现在能适应小环境的，就是将来能够适应大社会的准备。”[①]所以，在编制幼儿园课程时要注重儿童的个体发展，满足儿童现在的需求和兴趣，现在良好的发展是为将来更好的发展做准备的。但这并不意味着忽视社会的需要，张雪门认为只有把社会的需要建筑在儿童生活上的课程才是有价值的课程，“譬如劳动，正合于我国现社会的需求，但儿童的能力决不够去耕田、开矿，我的课程上只要使他们能够用自己的手做出合用的东西来，便已是有价值的劳动”[②]。

3. 偏重直接经验的原则

张雪门主张，幼稚园的课程必须以儿童的直接经验为基础。这种经验自然比传授式的经济，但又没有传授式的整齐。儿童从自己直接的生活中发现学习的动机是非自然的。“其学习也，不论尝试，不论直接参与，不论模仿，都有切实的内容。结果如果是好的，一定能引起其继续的兴味。如果是坏的，凭其自己的经验，找出自己的错误，或设法更正，或有意模仿，直等到避免了从前的错误完成了工作为止。”[③]他还强调，从行为中所得的知识，才是真实的知识；从行动中所发生的困难，才是真实的问题；从行动中所获得的胜利，才是真实的制驭环境的能力。儿童通过自身活动和实际操作获得的知识，真实、具体，比教师灌输的抽象知识记得牢固，丰富的直接经验是学好书本知识等间接经验的基础，同样也是教师设计课程首先要考虑的要素。

除了以上三个原则以外，幼稚园在编制课程时还应注意儿童兴趣和身心发展的需要，注意从儿童的生活中搜集资料以及注意教师与儿童之间的合作。

(五)幼稚园行为课程的组织

了解了幼稚园课程编制时遵循的原则和标准，现在让我们来研究其组织方法。张雪门指出：“若按照每月节气的变化，考察儿童环境事物的变迁，不论自然环境与社会环境，如动物、植物、自然现象、令节、纪念日、家庭、农作、店铺、职工、公共机关、学校、风俗、疾病、游戏等，本可以找出三四十种东西来，但把这些事物求其与儿童接触较多、范围较广，而且更求其合于国情及时代的需要，只可以选出四个或五个，作为逐月课程之中心。按照每个的中心再来收集和这些中心有关系的文学上、游戏上、音乐上、工作上的材料，编成预定的教材，而且这些教材也都要经过儿童和社会两方面所需要的标准去考核。如此定出来的课程，当然合于儿童，对社会也自然兼顾到了；既没有不订课程的幼稚园容易养成儿童的散乱倔强恶习的危险，而且教师有了准备，更可以免去临时匆促之虞。”[④]幼稚

---

① 张雪门著、戴自俺主编：《张雪门幼儿教育文集》上卷，342～343页，北京，北京少年儿童出版社，1994。

② 张雪门著、戴自俺主编：《张雪门幼儿教育文集》上卷，180页，北京，北京少年儿童出版社，1994。

③ 张雪门著、戴自俺主编：《张雪门幼儿教育文集》上卷，343页，北京，北京少年儿童出版社，1994。

④ 张雪门著、戴自俺主编：《张雪门幼儿教育文集》上卷，475页，北京，北京少年儿童出版社，1994。

园课程的组织主要以节气的变化为中心，辐射到四面八方，如动物、植物、自然现象、令节、纪念日、家庭等，任何一个领域都可能是让儿童产生好奇心与学习动机之处；但是，并不是把所有的领域都归到课程当中，而是选择一些与儿童生活比较密切的、与儿童接触比较多的领域，并且在引起儿童兴趣的同时兼顾社会的需要。

课程实施的过程中主要采取的方法是单元教学法，它一般根据儿童的学习动机决定学习目的，再根据学习目的估量行为课程的内容。行为课程的内容可以包括儿童的工作、游戏、音乐、故事、儿歌以及常识等，但在实施时，则应彻底打破各学科的界限。在活动进行前，教师要详拟计划、选择材料、布置环境；在活动进行中，教师只作为指导者，指导儿童行为的实践，重点是儿童自己的行动；在活动结束后，评量与检讨也是重要的一环，教师可以以此了解儿童的知识、思考、习惯、技能、态度、理想、兴趣等方面的成就，作为改进教学的参考。至于单元的选择，则须配合教育宗旨、教育政策、社会需要及儿童的能力。另外，张雪门还提出了教师在实施课程前的准备，包括技术的练习、知识的补充、工作次序的分析、教便物的预备。

拓展阅读

这些与《幼儿园教育指导纲要(试行)》中提出的理念“教育活动内容的选择，既贴近幼儿的生活来选择幼儿感兴趣的事物和问题，又有助于拓展幼儿的经验和视野；教育活动内容的组织应充分考虑幼儿的学习特点和认识规律，各领域的内容要有机联系，相互渗透，注重综合性、趣味性、活动性，寓教育于生活、游戏之中”不谋而合。

行为课程理论的基本思想就是“生活即教育”“行为即课程”，强调通过儿童的实际行动，使儿童获得直接经验；同时要求根据儿童的能力、兴趣和需要组织教学，主张采取单元设计的方法，打破各学科之间的界限。其实，儿童的一日生活当中处处存在着教育的契机，教师应该善于发现儿童感兴趣的事物、游戏和偶发事件中隐含的教育价值，把握时机，积极引导。例如，在一次户外活动中，儿童对雨后太阳照在塑胶地毯上产生的热气产生了兴趣，纷纷在说“地上冒烟了”，这时，教师可以抓住时机，让儿童实际操作，看看水在常温下是什么状态，水放到冰箱的冷冻箱里是什么状态，把水加热到沸腾，水又会变成什么状态，再通过《小水滴旅行记》的故事加以巩固，使经验得以丰富。开展秋天的主题活动时，教师可以带儿童到户外去看看花、草、树，在优美环境的熏陶中引导儿童用较连贯的语言或动听的歌曲表达对大自然的感受。随着儿童年龄的增长、生活自理能力的提高，教师要给儿童提供为集体服务的机会，鼓励他们参加班级、幼儿园、家庭劳动，做些力所能及的事情，使儿童从完成任务的结果中获得满足感，增强责任心。只要教师做个有心人，敏锐地察觉儿童的需要，及时以适当的方式应答，进行合作探究式的师生互动，相信孩子们就都能够在原有的基础上获得提高，体验到成功的喜悦。

拓展阅读

行为课程的内容选择以二十四节气为线索，既立足本国的特色，也非常符合当时农业是基础的社会状况。时至今日，中国的现状发生了惊天动地的变化，因此，除二十四节气外，行为课程又增加了两条线索：环境（指幼儿生活的空间，它包括幼儿生活的城市、社区、家庭、幼儿园）；一日生活环节（指幼儿在园一日生活中发生的活动，如带领某班幼儿在某阶段观看厨房中的食物，并由此而产生的系列活动）。现如今行为课程的范围更全面、更立体，可以用图 5-3 进行描述。

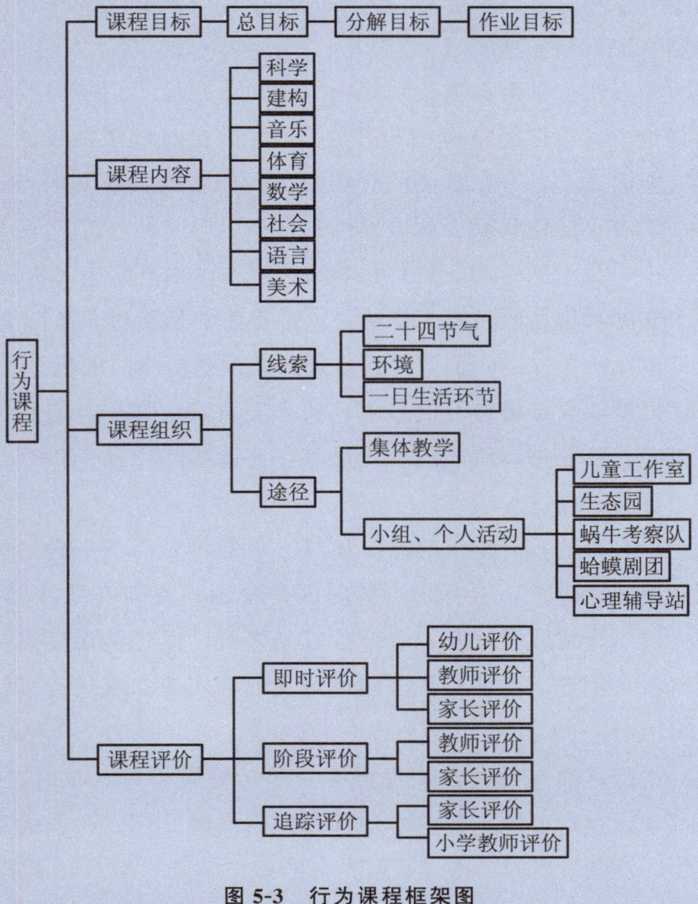

图 5-3　行为课程框架图

儿童是一个生长着的有机体，他们有着自己特有的思维方式、知识经验和行为习惯等。作为教育者，教师首先要了解不同年龄段儿童的生理和心理特点，维持和保存他们的特长，注重发展的可持续性，满足他们多方面发展的需要，为儿童一生的发展打好基础。

四、论幼稚师范教育

张雪门的幼稚师范教育思想有一个十分鲜明的特点，就是非常重视实践。从一开始起，张雪门就从“骑马者应从马背上学”这一基本指导思想出发，把幼稚师范生的见习和实习放在了重要的地位。张雪门认为，实习对幼稚师范生而言，有着十分重要的意义。在《实习三年》中，张雪门论述了实习的意义、教学做的原理、师生制和艺友制在实习上应取哪一种等，其中，把实习的意义归纳为以下几点。

第一，要想克服教学、教师业务、行政处理、社会辅导上的种种困难，没有他法，只有一条路，那就是实地实习。

第二，实习中，我们常常会体验到理论的意义，我们不但可以验证理论，有时还可以找到新理论。人类把经验移到了书本上，经验已经成了抽象的凝固体，其自身实在不能再有所演进。只有在具体的行动中，我们才能发现其弱点，才能找出更进步的途径，而实习正能使我们得到这种机会。

第三，实习中，我们能切实注意到儿童教育问题而求其解决之法。

第四，一个实际承担儿童教育工作的人，最重要的是要对儿童产生浓厚的兴趣。这种兴趣是从儿童队伍中来的，而实习正是加入儿童队伍唯一的机会。

第五，一切处世待人必需的习惯态度，如忠实负责、详于计划、坦率和平、谨慎有恒、勇敢果断，都非书本所能包办，只有在实际生活中才能锻炼出来，而实习正是培养这些习性的开端。

张雪门认为，有系统、有组织的见习和实习必须符合以下条件。第一，须有步骤；第二，须有范围；第三，须有相当的时间；第四，更须有适合的导师和方法。同时指出实习大概可分为四个阶段：第一阶段是参观，第二阶段是见习，第三阶段是试教，第四阶段是辅导。此外，张雪门还对见习和实习状况进行了很详细、具体的描述。

在三年的幼稚师范教育期间，他规定第一学年每周实习9学时，分3次进行。第一个学期是参观，参观的地点是中心幼稚园或附属幼儿园，时间为一学期。首先参观园址、园舍、设备、教具、教学设计、各种教学活动、游戏，了解教师的态度、技能、兴趣、习惯、仪表，以及教师对儿童问题的处理等，使幼稚师范生对幼稚园有个基本概念。其次参观各类型的幼稚园，使幼稚师范生开阔眼界、扩充知识，研究、比较、探讨适合我国国情的幼稚教育。在这一时期，指导幼稚师范生的教师应以担任实习指导的导师为主、以幼稚园教师为辅。第二个学期是见习，见习的地点也以中心幼稚园或附属幼稚园为宜，每周有三个上午到中心园实习教育教学活动，从材料的供备开始，一直到整个设计活动的参与，以形成幼稚师范生的基本观念和培养幼稚师范生的教学能力。这一时期的指导教师，应以幼稚园教师以及担任实习指导的导师为主。“见习是把师范生从参观中所得的经验，再经过一次行为的表演，使得他们的认识更清楚，观念更坚定，而且促醒他们对于教育的看法，不应当仅仅以为是一种知识，并应有相当的热忱和技能。”[①]见习比参观又深入了一步。因此，见习时，要让师范生看清见习的环境，做到“一一看清楚，记明白”，特别是要了解儿童的各种动作惯例，以便和原任教师的教育教学衔接起来，并且在每次见习前要有充分的练习机会。第一学年主要通过参观、见习，使学生对于幼稚园有个整体的了解，为其学习幼稚教育、从事幼稚事业、热爱幼稚事业奠定基础。

第二学年为试教阶段，在这一阶段，学生的实习时间由学生自己支配，实习基地是平民幼稚园。凡指定幼稚园中的招生、编级、选材、组织课程指导活动、编制预算决算，以及一切教学上、教师业务上、幼稚园行政上的事务处理，都由二年级的师范生来承担。他们从商借园舍开始，然后进行生源社会调查，宣传动员经济困难的家长送儿童入园来免费接受教育。儿童入园后，幼稚师范生在园内轮流替任园长、教师、会计、采购等工作。这种实习可以使幼稚师范生具有从事幼稚事业的独立能力。在这一时期，担任实习指导的导师退居于顾问地位。幼稚师范生从参观、见习中获得了若干经验，他们对幼稚园的观念有了一些根基，在教学上也有了一定的把握，对儿童、民族、社会也有了若干的认识。但为了帮助他们将学识发展到更高一层的阶段，张雪门认为还应该给他们一个较长时间独立负责的机会。试教便是最好的形式。试教的时间是整个半天，幼稚师范生上午仍照常在幼稚师范学校上课，下午各组按着幼稚园的分配安排，自己去开展工作。幼稚园教师和担任实习指导的导师不时去参观他们，也列席他们每天课后的会议，一直到整个学年试教结束。

第三学年为辅导阶段。第一个学期的一半时间在婴儿园学习，当时香山慈幼院的婴儿教保园收托初生到四周岁的儿童，规模较大、设备讲究，对婴儿的保健、营养、教育都很重视。在这里，幼稚师范生通过卫生保健、儿童营养、膳食烹饪、婴幼儿服装裁剪制作等方面的实习，可以了解婴幼儿的身心特点及婴儿保教的基本常识。另一半时间到小学实习，小学的参观和实习可以使幼稚师范生了解幼儿入小学前在知识、行为、兴趣、态度等方面应如何做好准备，为入学打好基础。第二学期则全班下乡，开办农村幼稚园，使幼稚师范生确立为城市平民及乡村农民的幼稚教育而献身的志向，忠诚于服务贫苦的劳动人民的教育事业。

---

① 张雪门著、戴自俺主编：《张雪门幼儿教育文集》下卷，1016页，北京，北京少年儿童出版社，1994。

根据以上所述，我们可以清楚地看到张雪门提出的实习计划与传统师范学校的实习有明显的不同。一是在空间上，它把幼稚师范生的实习场所从幼稚园扩大到婴儿园和小学，从校内扩大到校外，从城市扩大到农村；二是在时间上，它从只集中在三年中的最后一学期，增加到三年六个学期中均有实习；三是在内容上，它从仅有幼儿教育扩展到婴儿保育、小学教育，从只实习教育和教学扩展到实习行政管理以及缝纫、炊事等。在实习计划中，张雪门还特别强调上一阶段的工作未终了，下一阶段的工作不能开始。可见张雪门对幼稚师范生实习实效的要求非常严格。

总之，张雪门是我国现代教育史上著名的幼儿教育专家，他的幼儿教育思想和实践曾对我国，尤其是我国北方地区和台湾地区产生过很大的影响，他对幼稚教育的目的、课程和幼稚师范教育等方面的论述中，仍有不少地方到现在都值得我们研究和借鉴。同时，他一生不为名利，热爱幼儿教育事业，热爱儿童，为幼儿教育事业鞠躬尽瘁的献身精神以及他注重实践，几十年如一日地在幼稚园、幼稚师范学校最基层的岗位上辛勤工作，孜孜不倦地进行学习和研究的严谨、求实的治学态度与工作作风，也都是很值得我们学习的。

思考与练习

1. 简述陶行知的生活教育理论的实质。
2. 试述陶行知生活教育理论的主要内容。
3. 简述陶行知创造的儿童教育。
4. 简述陶行知的艺友制。
5. 简述张雪门的幼稚园行为课程。
6. 试析张雪门的行为课程思想对当前学前教育课程的启示。
7. 试述张雪门的幼稚师范教育。
8. 简述张雪门幼稚教育的目的。

第六章　近现代学前教育思想(下)

学习目标

1. 理解并掌握“活教育”的目的、课程、方法及教学原则。
2. 了解陈鹤琴、张宗麟的生平及教育实践活动。

陈鹤琴、张宗麟都是我国学前教育的先驱者，他们为中国儿童教育事业做出了卓越贡献。因此，我们要了解他们生活和工作的时代背景，学习他们执着的人生态度、务实的研究方法和崇高的革命精神。他们的事迹和思想将激励我们更加积极地投身于学前教育事业。本章你将学习“活教育”理论的主要内容，学习陈鹤琴关于学前教育的主要观点、研究方法以及张宗麟关于幼稚园的作用、服务对象、幼稚园教师的培养等内容。

第一节　陈鹤琴的学前教育思想

陈鹤琴(1892—1982)，浙江省上虞县(今绍兴市上虞区)人，我国现代教育史上著名的儿童心理学家和幼儿教育家。(图 6-1)

一、生平与教育活动

图 6-1　陈鹤琴

陈鹤琴幼年丧父，8 岁入私塾，15 岁由姐夫资助入杭州蕙兰中学，1911 年 2 月考入上海圣约翰大学，同年秋转入北京清华学堂。1914 年 8 月，陈鹤琴从清华学校毕业，同年公费留学美国，与陶行知同行，先后就读于约翰斯·霍普金斯大学和哥伦比亚大学，获哥伦比亚大学师范学院教育学硕士学位后转入心理系，但因5年留学期满，于1919年8月回国，任南京高等师范学校教授。从1920年起，他以长子陈一鸣为对象，进行了儿童发展的观察和实验，历时808天。他把研究所得比照西方儿童心理学家的研究成果，写成了《儿童心理之研究》一书。

1923年春，陈鹤琴任东南大学教授兼教务主任，同时在自己家的客厅里创办了南京鼓楼幼稚园，亲任园长。1927年，他在东南大学任教期间，兼任陶行知创办的晓庄试验乡村师范学校第二院(幼稚师范院)院长、南京特别市教育局学校教育科科长，建立了南京教育实验区制度。他与陶行知合力创办了樱花村幼稚园，开辟了乡村幼稚教育基地。他与张宗麟一起发表了《我们的主张》一文，提出了关于创办适合我国国情和儿童特点的幼稚园的15条意见。他还发起了成立中国幼稚教育研究会，创办了专门研究幼儿教育的月刊《幼稚教育》。

1928—1939年，陈鹤琴任上海公共租界工部局华人教育处处长，创办多所幼稚园、小学和中学。1934年7月至1935年3月，陈鹤琴赴英国、法国、比利时、荷兰、德国、丹麦、苏联、波兰、奥地利、意大利、瑞士11国考察教育，回国后积极介绍欧洲先进教育经验，特别是苏联推行普及教育和儿童教育的经验，并在教育实践中加以借鉴。

1937年7月，抗日战争全面爆发，陈鹤琴全力投入中国共产党领导的进步文化教育活动和抗日救亡工作中。他把主要精力投入难民救助工作中，任上海国际救济会、上海国际红十字会、上海慈善团体联合会三个救济难民组织的教育委员会主任，同时还是儿童保育会和成人义务教育促进会的发起者和负责人。他还在地下党和进步人士的支持下，创办了儿童保育院、报童学校和成人义务学校。1939年，他任中华儿童教育社主席。

1940年，陈鹤琴谢绝了去重庆做官的邀请，转赴江西临时省会泰和县，在该县的临江村创办了我国第一所公立幼稚师范学校——江西省立实验幼稚师范学校，并担任校长。其间，他还创办了《活教育》月刊，亲自担任主编。1943年，江西省立实验幼稚师范学校改名为国立实验幼稚师范学校，同时增设幼稚师范专修科。国立实验幼稚师范学校包括专科部、师范部、小学部、幼稚园、婴儿园五部分，另附设国民教育实验区，形成了一个较为完整的幼稚师范教育体系。抗日战争胜利后，国立实验幼稚师范学校改由江西省主办，专科部迁至上海成为国立幼稚师范专科学校。

1945年9月，陈鹤琴任上海市教育局督导处主任督学，负责接管外国人所办的中小学。同年，他创办了上海市立幼稚师范学校(后改名为市立女子师范学校)。1946年，他兼任国立幼稚师范专科学校校长、生活教育社上海分社理事长。在此期间，陈鹤琴先后担任中共创办的上海省吾中学、华东模范中学和报童小学的校长、校董事会董事长。1948年4月，他赴菲律宾，在马尼拉暑假小学教师讲习会讲学；8月，他赴捷克参加世界儿童教育会议。1949年8月，中央大学由中国人民解放军接管，并改名为国立南京大学，陈鹤琴任国立南京大学教育学院院长。9月，他出席在北京召开的全国政治协商会议第一届全体会议。

1949年以后，陈鹤琴先后任中央人民政府政务院文教委员会委员、华东军政委员会文教委员、文字改革委员会委员。1949—1952年，陈鹤琴任春晖中学的董事。1952年全国高校院系调整时，在原南京大学、金陵大学等有关院系的基础上，南京师范学院组建完毕，任命陈鹤琴为院长。(该校于1984年更名为南京师范大学。)

从20世纪50年代初起，在批判资产阶级个人主义运动中，陈鹤琴的教育思想遭到错误批判，他的儿童教育思想被全盘否定，陈鹤琴也于1958年被免去院长职务。1959年，陈鹤琴离开了自己长期从事而又深为热爱的幼儿教育工作岗位，但这一切并没能改变他对幼儿教育事业的热爱。他虽身离教育岗位，但心却留在了教育事业上。在担任全国政协委员、江苏省政协副主席期间，他通过大会发言、写文章对儿童教育工作提出了意见和建议。“文化大革命”后，陈鹤琴得到昭雪。1979年，陈鹤琴被推选为中国教育学会荣誉会长和全国幼儿教育研究会名誉理事长，为推动全国群众性学术活动做出了贡献。1979年后，他担任中国教育学会名誉会长、江苏省人大常委会副主任。1980年，陈鹤琴由于用脑过度导致脑血栓复发，被送进医院抢救。1981年六一儿童节，他虽然身患重病，但仍然不忘儿童，并为儿童题词：“一切为儿童，一切为教育，一切为四化。”1982年12月30日，陈鹤琴在南京病逝，终年91岁。陈鹤琴把毕生的精力全部献给了中国的幼儿教育事业，不愧为著名的幼儿教育家。

陈鹤琴一生不仅为我国教育事业，特别是学前教育事业做出了重要贡献，而且，他留下的近400万字的著作也是我国教育史，特别是学前教育史上的宝贵财富。汇集他的教育论著的《陈鹤琴教育文集》上、下卷及《陈鹤琴全集》六卷均已问世，可供人们研究学习。

二、论儿童的发展与教育

陈鹤琴曾留学美国，深受杜威、克伯屈、孟禄、桑代克等著名教育家、教育心理学家的影响。从1920年冬开始，陈鹤琴以其长子陈一鸣为研究对象，就儿童的动作、能力、情绪、言语、游戏、学习、美感等方面的发展，进行了多角度连续的观察实验，历时808天，积累了丰富的第一手资料。陈鹤琴将观察所得写成《儿童心理之研究》，成为我国学者探索中国儿童心理发展的第一人。他系统阐述了儿童的年龄特征与心理发展的一般规律，揭示了儿童形成道德品质、获得知识与技能，以及发展智力和体力的心理过程，从而提出了一系列教育教学原则和教学方法，为我国儿童教育的发展提供了理论基础。

(一)儿童的发展

1. 幼稚期(自出生至七岁)发展的重要性

陈鹤琴认为：“人生一切的活动都要在儿童期内发展的。”“儿童期是发展个人的最好的机会。什么言语，什么习惯，什么道德，什么能力，在儿童的时候学习最速，养成最易，发展最快。”他指出：“环境既然复杂，学的时期当然要长，如果要全靠先天的遗传，而不加以后天的学习，必不能适应这样复杂的环境。”因此，他得出结论：“儿童期就含这两方面意思：一方面儿童期是发展能力的时期，一方面儿童期具有可以发展的性质，此即所谓可塑性或谓可教性。”①

儿童期不仅对个体成长具有奠基意义，而且为改造家庭、改进社会和促进文化发展提供了原动力。陈鹤琴认为，“人的儿童期实在是预备适应环境的重要时期”②，因此他把儿童期的教育当作整个教育的基础。

2. 儿童的心理特点

陈鹤琴认为：儿童的心理与成人的心理不同，儿童时期不仅作为成人之预备，也具有它本身的价值。他认为儿童具有以下特点。①好游戏。儿童生来好动，以游戏为生命。②好模仿。儿童学习言语、风俗、技能等，主要依赖于模仿。③有好奇心。儿童对新异的东西会产生好奇心，儿童与新境地接触越多则知识越广。④喜欢成功。儿童不仅喜欢动作，更喜欢成就。一有成就，就有自信心。成就越多，自信心越强；自信心越强，越易成功。⑤喜欢野外生活。⑥喜欢合群。凡人都喜欢群居，两岁儿童就愿与同伴游玩，六岁儿童的乐群心更强。⑦喜欢他人称赞。儿童喜欢“听好话”，表扬、鼓励能提升儿童的兴趣和勇气，所以成人应多采用积极的鼓励措施。陈鹤琴揭示的儿童心理特点，为幼儿园教育和家庭教育提供了科学的依据。

(二)教育儿童应遵循的原则

陈鹤琴认为：“儿童对社会适应的是否健全，儿童生理方面或心理发展的程度，是否表现着常态的前进，儿童对于卫生习惯是否养成，以及儿童身体健康，是否得到健美的发展，幼儿期的教育都该负担相当的责任。”③因此，他提出了对儿童实施教育的原则。

1. 以积极代替消极

陈鹤琴认为，所谓教育，它要求的是积极地发展儿童的才能，积极地提高儿童的兴趣。他反对把教育看作消极管理，限制儿童活动，甚至批评、讥笑儿童的做法。他大力提倡以积极的暗示启发、鼓励儿童。因为每个儿童都喜欢被鼓励，他们越是得到鼓励，就越积极地学习，学习的能力也就越强，也就越有自信。

2. 不姑息，不严厉

积极的鼓励不等于姑息、纵容。姑息、纵容会让儿童变得自私，对儿童的心理健康发展极为不利。与此截然相反，有些家长和教师对儿童要求过严。他们处处用成年人的标准要求儿童，用成年人的道德规范约束儿童，结果儿童的主动性都被扼杀了。

---

① 陈鹤琴：《儿童心理之研究　上册》，51～52 页，北京，商务印书馆，1947。

② 陈鹤琴：《儿童心理之研究　上册》，52 页，北京，商务印书馆，1947。

③ 北京市教育科学研究所：《陈鹤琴全集》第一卷，680 页，南京，江苏教育出版社，1987。

3. 让儿童使用自己的手脑

儿童有自己的思想，儿童有自己的力量，不让儿童去做他能做的事情，不让儿童去想他能想的事情，等于阻止了儿童身心的发展。家长、教师应该鼓励儿童做自己力所能及的事情，让儿童自己思考，设法解决自己遇到的困难，切不可越俎代庖。当儿童犯错误时，家长、教师要以宽容的态度积极地予以提醒，引导他把事情做对。

4. 让儿童有自己的活动空间

儿童年纪虽小，但也需要自己的自由活动空间。让儿童在一定范围内自己寻找玩伴，并自由地和伙伴玩耍。这样，他们便扩展了活动范围。把儿童的活动限制在房间里，会影响其正常的发展。

5. 发展儿童的好问心

家长、教师对儿童的问题必须有问必答，若不能回答，则直接告诉他。家长、教师应用各种方式激发儿童的好问心，以保持其对客观事物的兴趣，从而丰富他们的知识与经验。切不可限制儿童的好问心。

6. 家长、教师要以身作则

儿童善于模仿，经常模仿与他最接近的人。家长、教师的一举一动、一言一行都会被他们模仿。因此，家长、教师在儿童面前要保证言行得体。

此外，陈鹤琴在《我们的主张》中强调："幼稚教育是一件很复杂的事情，不是家庭一方面可以单独胜任的；也不是幼稚园一方面可以单独胜任的；必定要两方面共同合作方能得到充分的功效。"①他认为，幼稚园与家庭合作的方法包括恳亲会、讨论会、探访家庭等。同时，他还指出了社会环境，如电影、戏剧、儿童读物、玩具、游戏场所等对儿童身心发展的影响。

三、论家庭教育

家庭教育在中国有着悠久的历史传统，其间也涌现出如《颜氏家训》等优秀的家庭教育书籍，但是要想实现家庭教育科学化、民主化、游戏化和艺术化，首推陈鹤琴所著的《家庭教育》，以及他在20世纪30年代后陆续发表的《怎样做父母》等论文。这些论著中既有理论也有实践，融合了生理学、心理学、教育学、社会学、美学等基本知识，涉及儿童家庭教育的各个方面，是具有中国特色的儿童家庭教育著作。《家庭教育》问世后经过多次再版，书中阐明的基本观点和原则，对今天我国的家庭教育仍有借鉴意义。

(一)家庭教育是国家大事

陈鹤琴认为，家庭教育关系到国家的前途、命运，家庭教育的顺利实施同社会的进步、国家的强盛密切相关。在《家庭教育》1981年重版序中，他写道："儿童是

① 北京市教育科学研究所：《陈鹤琴教育文集》下卷，9页，北京，北京出版社，1985。

振兴中华的希望。儿童教育是整个教育的基础，关系到我们伟大祖国的命运。”①他还认为：“幼稚期(自生至七岁)是人生最重要的一个时期，什么习惯，言语，技能，思想，态度、情绪都要在此时期打了一个基础，若基础打得不稳固，那健全的人格就不容易建造了。”②

(二)家庭教育要尊重科学规律

陈鹤琴谆谆告诫广大家长：“因为小孩子年龄幼稚，意志薄弱，很容易受教育的影响的。施以良好的教育，则将来成为良好的国民，倘施以恶劣的教育，那么将来成为恶劣的青年了。”③他还说，知识之丰富与否，思想之发展与否，良好习惯之养成与否，家庭教育实应负完全的责任。

因此，他认为必须把科学地了解儿童作为实施家庭教育的依据。他本人就是根据对自己的孩子及幼儿园的孩子的长期观察，归纳出了学前儿童心理的主要特征：好游戏、好模仿、有好奇心、喜欢成功、喜欢野外生活、喜欢合群、喜欢他人称赞。以此为依据，他提出了一系列家庭教育的方法和原则。他希望父母遵循规律，施以正确的家庭教育。他明确指出，若能依据儿童的心理而施以教育，那教育必有良好的效果；若不明儿童的心理而妄施以教育，那教育必定没有成效可言。

陈鹤琴说：“儿童教育是一门科学。只有了解儿童，才能教好儿童。”“要从实践中摸索教育儿童的规律。”④实践证明，做父母的越是努力学习和掌握儿童各个时期心理的变化规律，并有的放矢地进行教育，就越能取得良好的教育效果。

(三)家庭教育要贯穿儿童的全部生活

家庭是儿童的第一所学校。在这里，儿童要健康地成长，成长为一个健康的中国人，就必须养成良好的习惯，形成健全的人格，习得各项生活技能，掌握各种必要的知识，为将来的学习和生活打下牢固的基础。

1. 使儿童养成良好的生活习惯

陈鹤琴所讲的卫生习惯，其实包括了家庭生活的方方面面。从一般家庭的现实条件出发，陈鹤琴详尽地阐述了在家庭生活中培养儿童良好生活习惯的内容、意义和作用。他抓住了日常生活中一些细小但重要的环节，如饮食、睡觉、起居、穿戴、洗漱、便溺等方面，以25条原则分别说明了应该怎样做、不应该怎样做，以及为什么要这样做、为什么不能那样做。每一条都有详细且具体的要求、方法、步骤，还进行了讨论，对家长很有指导意义。

2. 使儿童学会爱他人、懂礼貌、爱劳动

陈鹤琴特别强调要从小教育孩子心中有他人，学会考虑别人的安宁和幸福，鼓

---

① 北京市教育科学研究所：《陈鹤琴教育文集》上卷，587页，北京，北京出版社，1983。
② 北京市教育科学研究所：《陈鹤琴教育文集》上卷，583页，北京，北京出版社，1983。
③ 北京市教育科学研究所：《陈鹤琴教育文集》上卷，702页，北京，北京出版社，1983。
④ 北京市教育科学研究所：《陈鹤琴教育文集》上卷，587页，北京，北京出版社，1983。

励孩子每天做件好事，使人得着快乐；尊敬长者，对人有礼貌；敬爱父母，父母回家，热情相迎；亲人有病，能表示同情；乐意帮助父母做事，养成爱劳动和爱惜物品的习惯。

3. 使儿童学会必要的知识，获得必要的经验

陈鹤琴主张让儿童自己思考，自己动手做事，让他们在做中学，在做中获得知识和经验。家长不可一切包办代替。

(四)家庭教育的原则

陈鹤琴认为儿童生来有三种基本能力：感觉(感知自身及周围事物)，联念(把一种事物与其他事物联系起来)，动作(对外界刺激做出反应)。这三种能力在儿童初生时虽很薄弱，但能渐渐地发展起来，而且越来越强大。基于儿童的这三种能力，他揭示了儿童学习的原理，即刺激、联念和反应。他认为，儿童所有的联念与反应都是受刺激支配的。“刺激来得优良，联念与反应大概也是优良的；刺激来得卑劣，联念与反应大概也是卑劣的。”[①]

在概括总结儿童心理特征的基础上，陈鹤琴提出了一系列家庭教育原则。①积极暗示，积极鼓励，而不用消极暗示或粗暴命令。②及时明确地评价周围事物。③以身作则，言传身教。④给孩子充分的自由，让他做力所能及的事。⑤既不姑息错误，又不能过分严厉。⑥父亲应陪伴孩子。⑦利用游戏教育孩子。⑧不溺爱孩子。⑨让孩子接触大自然。⑩让孩子远离危险。⑪不要恐吓孩子。⑫父母对孩子应采取一致的态度。⑬公平对待每一个孩子。⑭尊重孩子。⑮不要欺骗孩子。⑯教育孩子对长者有礼貌，关心他人、爱他人。⑰惩戒的目的是改正孩子的行为，但要重责其事，轻责其人。⑱不要拿孩子出气。⑲早上、晚间不宜打骂孩子。⑳父亲或母亲打骂孩子时，旁人不宜说情。㉑打孩子不宜过重。㉒不袒护孩子。㉓父母不宜以自己的喜怒支配孩子。

陈鹤琴提出的上述家庭教育原则，绝大多数是非常正确、有指导意义的，家长在教育孩子的过程中应认真遵循。但是，他关于“打孩子”的原则无论如何都是不可取的，因此，第 20 条、第 21 条是不正确的。

(五)家庭教育的方法

在家庭中，家长对儿童进行教育时不但要遵守一定的教育原则，按照儿童的身心发展规律施教，而且要采取适当的教育方法。陈鹤琴提出了以下几种方法供家长参考和使用。①诱导的方法。②游戏的方法。③艺术熏陶。④讲道理。⑤让孩子接触社会。⑥讲故事。⑦布置适宜的环境，以环境育人。⑧榜样示范。

---

① 北京市教育科学研究所：《陈鹤琴教育文集》上卷，605 页，北京，北京出版社，1983。

拓展阅读

陈鹤琴的家庭教育理论对我国家庭教育理论宝库有重要贡献。他的论文、著作既有实践过程，又有理论概括，融生理学、心理学、教育学的知识于一体，涉及儿童身心发展的方方面面，可以说是具有中国特色的儿童家庭教育“百科全书”。人民教育家陶行知称陈鹤琴的《家庭教育》一书“是儿童幸福的源泉，也是父母幸福的源泉”，是当时“中国出版教育专书中最有价值之著作”“中国做父母的必读之书”，因为此书的出版，“小孩子可以多发些笑声，父母可以少些烦恼”。书中阐明的许多观点和原则，对今天我国的家庭教育仍有重大的意义。

(六)家长要提高自身的素质和教育能力

家长是子女的第一任老师，儿童从父母那里学说话，认识周围的事物，模仿父母的言行，在父母的影响下养成行为习惯，形成性格。

陈鹤琴再三强调“‘做父母’是一桩不容易的事情”“实在要有一种专门的技能，专门的学识”。[①] 他认为，父母应该懂得儿童的生理与心理规律。他说：“我们现在教养儿童必须要研究儿童的身体如何发育，儿童的心理如何发展，儿童的知识如何获得，儿童的人格如何培养，这种种问题要在未做父母之前应当有初步的研究；既做父母之后，应当继续不断的注意。”[②]他在《家庭教育》一书中列举的父母以身作则的8条原则，其主旨也在于全面提高父母的素质，增强父母教育的本领。这是每一个做父母的必备条件。

为了便于父母记忆和理解，陈鹤琴把家庭教育的主要观点分列为一百多条原则，涉及家庭教育中的教育观点、教学内容、教育过程、教育原则、教育方法和提高家长素质等各个方面。

四、论幼稚园教育

20世纪20年代初的中国尚处在半殖民地半封建状态，学前教育完全被外国教会所垄断。为了夺回幼儿教育权，实现“培养现代中国人”的目标，陈鹤琴于1923年创办了我国第一个幼儿教育实验中心——南京鼓楼幼稚园(幼儿园)，并对幼稚园的课程、设备以及幼稚生应有的习惯和技能等进行了实验研究，取得了丰硕成果。

(一)幼稚园的重要性

学前教育是教育的起点，是一切教育的基础。幼儿期是人生可塑性最强的时期，

① 北京市教育科学研究所：《陈鹤琴教育文集》上卷，749页，北京，北京出版社，1983。
② 北京市教育科学研究所：《陈鹤琴教育文集》上卷，750页，北京，北京出版社，1983。

也是奠定人生健康发展基础的时期，因此该时期的儿童需要有适当的环境与优良的养育。幼稚园是对儿童进行系统教育的场所，它能为儿童提供健康发展的环境。20世纪二三十年代的中国积贫积弱，要摆脱半殖民地半封建的状况，就要充分创造进步、合理的社会条件。当时，妇女要进工厂做工或下田劳动，无法照顾孩子，因此，中国迫切需要发展幼稚教育，以集体力量来减轻养育子女对妇女的负担。中国社会中的贫困家庭更需要幼儿教育，使贫困儿童、难民儿童及特殊儿童得到社会的养护。

(二)办中国自己的幼稚园

家庭教育古已有之，而幼稚园在中国本来是没有的。但是，陈鹤琴认为要创办幼稚园，就要先确定其目标，选择适当的方法，切不可一味照搬国外的做法。因此，他提出了在中国创办幼稚园的15项主张。①幼稚园要适合国情。②幼稚园应与家庭密切合作。③凡儿童能够学的而又应当学的，我们都应当教他们。④幼稚园的课程应以自然和社会为中心。⑤课程应实行计划性和灵活性相统一的原则。⑥幼稚园首先要注意的是儿童的健康。⑦幼稚园要使儿童养成良好的习惯。⑧幼稚园应特别注重音乐。⑨幼稚园要有充分适宜的设备。⑩幼稚园应采用游戏式的教学法。⑪儿童的户外活动要多。⑫幼稚园应采用小团体的教学法。⑬幼稚园的教师应当是儿童的朋友。⑭幼稚园的教师应有充分的训练。⑮幼稚园应当有种种标准，可以随时考查儿童的成绩。

(三)中国幼稚园的特点

陈鹤琴主张幼稚教育要随时代的发展而发展，注重幼稚教育的新趋势。他要求幼稚园要注意儿童的自由工作、户外活动、厘定课程、规定标准、研究幼稚生心理、幼稚园与小学一年级的联系、蒙养园运动[①]七个新趋势。他明确提出，中国的幼稚园从设备、课程、教学方法到对幼稚园的考核都必须服务于“培养现代中国人”的目标。

1. 幼稚园的设备

陈鹤琴认为，从心理学上讲，幼稚园的设备是为了给儿童一些“刺激”，儿童在接受这些“刺激”后做出“反应”，从而具备基本的应对技能和某些特殊的适应技能。同时，幼稚园的设备也是为了增强儿童的体质，为儿童的游戏活动提供条件，也就是说，设备应为教育、教学服务。为此，他专门编制了办园设备表，作为幼稚园应有设备的标准。为了适应当时中国不同地区间经济发展的差异，他编制了两套幼稚园设备标准：“比较完备的幼稚园设备表”和“幼稚园最低程度设备表”。在这两个表中，陈鹤琴详细说明了幼稚园应有的设备及其规格。

2. 幼稚园的课程

当时幼稚园的课程非常混乱，有教会幼稚园的宗教课程，有蒙养园的日本式课

---

① “蒙养园”起源于英国，是专门为贫困家庭儿童创办的教育机构。后来，英国给予认可和资助，把蒙养园作为教育阶段的基础。此后，英国、美国各地开办了许多这样的机构。

程，也有少数幼稚园实施福禄培尔、蒙台梭利式的课程。陈鹤琴认为这些照搬外国人课程的做法对中国的幼稚教育非常不利。他要根据中国的国情，开发自己的幼稚教育课程。从1925年到1928年，在他的指导和带领下，张宗麟等在南京鼓楼幼稚园进行了幼稚园课程的开发实验。该实验历时三年多，经历了“散漫期”“论理组织期”“设计组织期”三个阶段，形成了陈鹤琴的幼稚园课程论。

(1)幼稚园课程的指导思想

“一切课程是儿童自己的”，以“当时当地儿童自发的活动”为课程内容，以“儿童身体的健康、动作的活泼”为课程目标。① 教师是儿童活动的指导者和帮助者。

(2)幼稚园课程与教师、教材的关系

他认为，儿童是教育的主体，儿童的健康发展是幼稚教育的目的，课程与方法都是达到目的的工具。他认为，儿童、教材和教师是教育的三大要素，教师应先了解儿童的个性，明确希望他们达到怎样的目的，然后选择最适宜的教材、使用最适宜的方法，以达到所希望的目的。教育目的包括四个方面：做怎样的人，应该有怎样的身体，应该怎样开发儿童的智力，怎样培养情绪。

(3)幼稚园课程的内容

陈鹤琴认为幼稚园的课程应以自然和社会为中心，他主张把幼稚园的课程打成一片，成为有系统的组织。但是这种有系统的东西，应当以什么为中心呢？这当然要根据儿童的环境。他认为儿童的环境不外乎两种：一种是自然环境——动植物和自然现象，另一种是社会环境——个人、家庭、集社、市场等类的交往。这两种环境是儿童天天接触到的，应以此作为课程的中心。儿童接触的环境越广，所得的知识越丰富，能力的发展也就越充分。

陈鹤琴的课程论思想被比喻为“五指活动”。他把幼稚园课程内容中不可分割的五个方面形象地比喻为人手的五个手指。“五指活动”是：①儿童健康，包括伙食、睡眠、早操、游戏、户外活动。②儿童社会，包括朝夕会、周会、纪念日集会、每天谈话和社会政治常识。③儿童科学，包括对植物栽培、动物饲养、自然现象的研讨和对当地自然环境的认识。④儿童艺术，包括音乐(唱歌、节奏、欣赏)，图画，手工等。⑤儿童语文，包括故事、儿歌、谜语、读法等。儿童在这五方面的活动就像人手的五个指头一样联系紧密、不可分离。

3. 幼稚园的教学方法

陈鹤琴主张一方面解放旧式幼稚园的束缚，另一方面矫正儿童院的放任，要让儿童自由工作、自由集合、自由合作。而且，儿童做什么、画什么、唱什么，教师必须预先有充分的准备，儿童的活动过程中，教师应给予适当的指导。受美国教育家杜威教育思想的影响，他认为幼稚园的课程是幼稚生在园的一切之活动。为此，

① 北京市教育科学研究所：《陈鹤琴教育文集》下卷，38页，北京，北京出版社，1985。

他不主张分科教学，提倡“整个教学法”，因为儿童生活是整个的，课程也应当是整个、互相连接、不可分割的。

陈鹤琴认为，“整个教学法就是把儿童所应该学的东西整个地、有系统地去教儿童学”①。也就是说，教师用以儿童的生活或心理特征为依据的故事、关于社会或自然的材料为内容进行教学，以儿童活动为主，不限定时间。在用“整个教学法”实施教学的过程中，游戏法和故事法是运用得最多的具体教学方法。游戏法是指在教师的指导下，儿童通过玩游戏获得经验、取得知识、明白道理。故事法是指教师把教学内容编成故事，再把故事讲给儿童听，让儿童在听故事的过程中获取知识、明白道理。

此外，陈鹤琴还提出了比较法、比赛法、替代法、观察法、暗示性、小团体式教学等，这些方法既可以提高幼稚园的教学效果，又可使儿童的兴趣格外浓厚。他提倡的各种教学法都符合儿童的身心发展规律，极具有科学性。

4. 幼稚园的绩效考核

对幼稚园的绩效考核也是陈鹤琴学前教育理论的重要组成部分。他认为要考核绩效，即幼稚园应该教什么以及幼稚生应该做什么、做到什么地步，就必须制定出相应的标准。考查品行，应当有品行标准；甄别习惯，应当有习惯标准；检验技能，应当有技能标准；测验知识，应当有知识标准。有了这些标准，就可以施行相应的教育，经过绩效考核，幼稚园便可扬长补短、改进工作，促进儿童的发展。因此，陈鹤琴等编制了《幼稚生应有的习惯和技能表》，包括卫生习惯、做人的习惯(个人的和社会性的)、生活的技能、游戏运动的技能、表达思想的技能、日用的常识，共计185项，开创了我国幼儿教育评估工作的先河。

陈鹤琴在20世纪二三十年代，主要从事幼稚园教育的研究，除躬行实践教育研究外，还组织了群众性的幼稚教育、儿童教育学术团体，创办了《幼稚教育》《儿童教育》《小学教师》《活教育》《新儿童教育》等刊物，编写了多种幼儿教育书籍、幼稚园教材和儿童读物，如《幼稚教育论文集》《儿童故事》《儿童游戏》《儿童唱歌》《儿童节奏乐》《幼稚生新谜语》等。

五、“活教育”理论

陈鹤琴的“活教育”思想主要反映在《儿童心理之研究》《儿童心理学》《家庭教育》《活教育的教学原则》等著作中，形成了完备的理论体系，对中国学前教育的发展具有深远的影响。“活教育”理论包括教育目的、教育内容、教育原则、训导原则、教学方法等方面，涉及学前教育和小学教育。

从20世纪20年代开始，陈鹤琴一直致力于改革以教师为中心、脱离实际的旧

---

① 北京市教育科学研究所：《陈鹤琴教育文集》下卷，106页，北京，北京出版社，1985。

教育，探索符合中国国情的科学化新教育。他从儿童心理、家庭教育、幼儿教育、小学教育、社会教育、师范教育等各方面进行研究，提出了自己的教育主张。1940年，陈鹤琴在江西兴办幼儿师范学校，在那里他首次提出了“活教育”的概念，并进行了数年的教育实践，最终，他的“活教育”思想形成了一个较为完备的体系①，包括“活教育”的目的、“十七条教学原则”、“学习的四个步骤”、“十条训育原则”、“五指活动”，以及“活教育”的教具、玩具、教材等。

(一)“活教育”的目的

“活教育”的目的是让受教育者学会做人，做中国人，做现代中国人。根据当时的社会情况，他提出了做现代中国人的八个条件：健全的身体、建设的能力、创造的能力、合作的态度、服务的态度、爱国家、爱人类、爱真理。其目的是培养德、智、体全面发展的新一代，从根本上改变中华民族的羸弱面貌。

(二)“活教育”的内容

陈鹤琴认为，以儿童能接触到的“大自然、大社会”为教学内容，可以使他们学到实用的知识。

教材是向学习者传授知识、技能和思想的材料，有狭义和广义之分。狭义的教材就是教科书，即课本。广义的教材指教育者和受教育者使用的所有教学和学习材料。陈鹤琴认为，儿童能接触到的一切人和事(包括玩具、教具等设备)均可能作为教材，并指出：第一，凡是儿童能够学的东西就有可能作为幼稚园的教材；第二，凡教材须以儿童的经验为依据；第三，凡能使儿童适应社会的就可取为教材。如果某种教材对儿童现在或将来的生活有不良影响，就不能被继续用作教材。针对当时幼稚园把孩子关在游戏室内的呆板教学模式，陈鹤琴提出幼稚园的课程要以自然、社会为中心的正确主张。1949年，他更加明确地指出“大自然大社会都是我们的活教材”②，使儿童的生活从书本、从室内呆板的活动扩大到大自然、大社会。神秘而丰富多彩的大自然是知识的宝库，是知识的来源。复杂多变的社会是学习历史、地理的好教材。

中华人民共和国成立初期，他根据新民主主义教育目标提出了编制课程的十大原则。教材应是民族的；是科学的；是大众的；是儿童化的；是发展、连续的，而不是孤立的；是配合目前形势和实际需要的，而不是脱离实际的；是适合儿童身心发展的；是培养“五爱”公德和民族、团结、勇敢、守纪律的优良品质的；是陶冶儿童性情、培养儿童情感的；要养成儿童说话的技能。陈鹤琴更加全面地论述了选择和编制教材的原则。

(三)“活教育”的教学原则

陈鹤琴提出的“活教育”的十七条教学原则，实质上包含了教育原则、教育内容

---

① 他借鉴了格理高来的“七个教学原则”和詹姆士“讲演录”的教学方式，即把重大的教育心理原则，用流利的言语，叙述出来，用生动的文字描写出来，使听者和读者得到很大益处。

② 北京市教育科学研究所：《陈鹤琴教育文集》下卷，663页，北京，北京出版社，1985。

和教育方法。

第一，凡是儿童自己能够做的，应当让他自己做。“‘做’这个原则，是教学的基本原则，一切的学习，不论是肌肉的，不论是感觉的，不论是神经的，都要靠‘做’的。”①

第二，凡是儿童自己能够想的，应当让他自己想。“一切教学，不仅在做上打基础，也应当在思想上做工夫。”“最危险的，就是儿童没有思想的机会。”“思想是行动之母，思想没有受过锻炼，行动就等于盲动，流于妄动。”②教师的责任是从旁指导他们如何思考，越俎代庖是教学中的大错。

第三，你要儿童怎样做，就应当教儿童怎样学。在陆地上学不会游泳，在教室里学不会做饭。要让儿童学会应有的技能，就要给他们提供适当的设备，营造适宜的环境，在具体的环境中进行实践，儿童便学会了做事，学会了做人。

第四，鼓励儿童去发现他自己的世界。伟大的自然、广博的社会急等儿童去发现、探讨。“儿童的世界，是儿童自己去探讨，去发现的。他自己所求来的知识，才是真知识，他自己所发现的世界，才是他的真世界。”③

第五，积极的鼓励胜于消极的制裁。教师不要总禁止儿童做这做那，而是要引导儿童做这做那。“一切的一切，你要用鼓励的方法来控制儿童的行为，来督促儿童的求学。”④消极的制裁不但不会收到预期效果，反而会引起儿童的反感，甚至导致儿童形成逆反心理。

第六，大自然、大社会是我们的活教材。神秘而丰富多彩的大自然是我们的知识宝库，是我们的活教材，是知识的来源。复杂多变的社会也是我们学习历史、地理的好教材。当时正值抗日战争期间，他认为：“从研究时事中我们可以得到宝贵的教训，从探讨抗日与欧战有关的史地中我们又可以得到宝贵的活知识。”“这种教学，教师教起来，多么生动，多么深刻；学生学起来，多么兴奋，多么有趣。”⑤

第七，比较教学法。在教儿童认识某种事物时，把与其类似的事物拿来做比较，儿童不但认识得正确，而且印象深刻，记忆更长久。“你若用这种方法去教小孩子，那小孩子对于所学的事物一定学得格外有兴趣，认识得格外清楚，印刻得格外深切，记忆得格外持久了。”⑥

第八，用比赛的方法来增进学习的效率。教师利用儿童喜欢比赛、喜欢竞争的心理去教育儿童，可以增强其对学习的兴趣。比赛可以增加学习兴趣，提高学习效率，尤其能让儿童学到“胜不骄，败不馁”的精神。此外，团体比赛还可以培养合作、互助、

---

① 北京市教育科学研究所：《陈鹤琴教育文集》下卷，654页，北京，北京出版社，1985。

② 北京市教育科学研究所：《陈鹤琴教育文集》下卷，654～655页，北京，北京出版社，1985。

③ 北京市教育科学研究所：《陈鹤琴教育文集》下卷，658页，北京，北京出版社，1985。

④ 北京市教育科学研究所：《陈鹤琴教育文集》下卷，660页，北京，北京出版社，1985。

⑤ 北京市教育科学研究所：《陈鹤琴教育文集》下卷，663页，北京，北京出版社，1985。

⑥ 北京市教育科学研究所：《陈鹤琴教育文集》下卷，667页，北京，北京出版社，1985。

牺牲的精神。最重要的是“同自己比赛”的活动，即定期对儿童的各方面成绩进行考核。

第九，积极的暗示胜于消极的命令。暗示是指人们为了某种目的，在无对抗的条件下，通过交往中的语言、手势、表情、行动或某种符号，用含蓄、间接的方式发出一定的信息，使他人接受所示意的观点、意见或按所示意的方式进行活动。陈鹤琴举出了四种形式的暗示：语言、文字、图画、动作。他号召教师和家长“以身作则，利用动作的暗示去教他们的儿童”①。

第十，替代教学法。当儿童在进行一种对他自己或他人可能造成伤害的活动时，教师不应强行制止，而应引导他进行另一种活动，让他获得同样的满足和经验，这就是替代教学法。替代的方式包括以物代物、建设性替代破坏性、搜集替代争夺、玩偶替代玩伴、运动游戏替代赌博、正当的组织替代不正当的活动等。“我们要用各种替代的方法来满足他的欲望，来发展他的个性，来培养他的人格。”②

第十一，注意环境，利用环境。变赌具为教具，变民间娱乐工具为教具。木屑竹头、破布碎纸，都可以用来制成各式各样的玩具。

第十二，分组学习，共同研究。以小组为单位，大家共同贡献意见，进行研究，共同讨论。“一个人的思想，需要有刺激，有了刺激，思想就越来越多，越来越进步。别人给我们的刺激，不一定是好，但因别人的刺激而引起我们其他的思想，同样可以得到好处。”③

第十三，教学游戏化。游戏是人生不可缺少的活动，儿童更是喜欢各种游戏。“教学游戏化是‘做’为中心的，也就是‘做中教，做中学，做中求进步’的教学运用。”④

第十四，教学故事化。儿童都喜欢看故事、听故事。故事是儿童的一种重要精神食粮，通过故事的形式进行教学，儿童对学习的兴趣必然大大提高。这是因为故事具有与儿童进行情感交流的作用，故事情节的神奇能满足儿童的好奇心，故事能激起儿童的想象力。“教法故事化的目的，就在于引起儿童学习的兴趣，使他们注意力集中起来，快快活活地来做自己的工作。”⑤

第十五，教师教教师。所谓教师教教师，就是举行教学演示活动或巡回教学辅导。

第十六，儿童教儿童。儿童间的相互了解甚于成人，儿童间的相互鼓励作用大于成人，儿童教儿童的过程中能实现教学相长。儿童教儿童可以采用下列四种方式：班级或年级内的儿童轮流教，不同学校的儿童轮流教，不同城市的儿童轮流教，不同国家的儿童轮流教。其形式可以是讲课、壁报交换、学术表演、时事演讲、音乐表演等。“儿童教儿童，是有效的教学原则，希望它能与‘儿童互助运动’取得配合的

---

① 北京市教育科学研究所：《陈鹤琴教育文集》下卷，678页，北京，北京出版社，1985。
② 北京市教育科学研究所：《陈鹤琴教育文集》下卷，681页，北京，北京出版社，1985。
③ 北京市教育科学研究所：《陈鹤琴教育文集》下卷，686～687页，北京，北京出版社，1985。
④ 北京市教育科学研究所：《陈鹤琴教育文集》下卷，689页，北京，北京出版社，1985。
⑤ 北京市教育科学研究所：《陈鹤琴教育文集》下卷，692页，北京，北京出版社，1985。

发展，使人类文化得一分推动之力。”①

第十七，引导儿童进行精密观察。“观察不仅能增进教学的效能，同时，还可以培养儿童学习的兴趣与求真的态度。”②要做到精密观察，就必须对事物进行全面的观察，并对观察到的事实进行比较；观察要严密计划，并按计划系统地实施。观察时还必须做到五官俱用。

(四)儿童学习的四个步骤

陈鹤琴根据儿童认识事物的规律和“做中教，做中学，做中求进步”的方法论思想，又将教学实施过程分为四个步骤。①观察实验；②阅读参考；③发表创作；④批评研讨。首先，让儿童接触事物，使他们在接触中认识事物。当发现问题时，由教师告诉他们书上是如何说的，以供他们参考，或由教师向他们讲解，使他们与间接经验相接触，找出问题的答案，从而深化直接经验。然后，在此基础上，儿童可以发表创作，也就是将自己认识的事物，用语言、图画、手工等各种形式创造性地表达出来。最后，教师引导大家来研究讨论，哪些是对的、好的，哪些是不对的、不大好的，应如何改进。这样，整个教学过程都能使儿童积极思考和操作，手脑并用，使儿童处于主动积极学习的地位。

(五)“活教育”的训育原则

陈鹤琴认为，训育工作在整个教育工作中占有非常重要的地位。因此，他提出了以下十三点训育原则。

第一，从小到大。教育一个人必须从小抓起，从小及早加以训练与教育，帮助其养成良好的行为习惯。

第二，从人治到法治。教育要以理服人，如因为教师叫所以才洗手，这是人治观念在支配。法治，即依靠制度约束，使儿童形成法治观念，则是法治观念在支配。

第三，从法治到心理。要使儿童的行为从制度约束的行为过渡到自觉行为，就要让儿童明白道理，通过他们自己的判断去做出决定，从而采取行动。例如，为了健康而必须洗手，而不是因为有洗手的规定才洗手。

第四，从对立到一体。必须消除隔在幼稚园教师和幼稚生中间的鸿沟，师生共同配合完成教学任务，使后者学习为人处世的道理。

第五，从不觉到自觉。儿童具有极大的潜在力量，训育的任务就是要激活这种潜在力量，引导他们从被动遵守规则到自觉遵守规则。

第六，从被动到自动。儿童成长须经三个阶段：完全由教师管理的阶段，由团体管理的阶段和自己管理的阶段。前两个阶段是被动的，第三个阶段则是自动的。

第七，从自我到互助。人的自私可以用崇高的道德观念来克制，因此，要教育儿童学会抑制自我，互相帮助。

---

① 北京市教育科学研究所：《陈鹤琴教育文集》下卷，697页，北京，北京出版社，1985。

② 北京市教育科学研究所：《陈鹤琴教育文集》下卷，699页，北京，北京出版社，1985。

第八，从知到行。训育工作的重要使命是让儿童“知”而且“行”，即让儿童明白道理并付诸行动。

第九，从形式到精神。训育工作不能停留于形式，而要使学生“诚于中而形于外”，用精神影响外表。

第十，从分家到合一。如果训育与教学脱节，那么结果会使两方面的工作都受影响。只有把训育与教学两种工作有机地联结起来，寓训育于教学之中，才能使儿童有效地获得知识的同时明白事理。

第十一，从隔阂到联络。幼稚园与家庭间不应有任何隔阂，而应互相配合。只有幼稚园教育与家庭教育形成合力，才能使儿童的身心得到最大程度的发展。

第十二，从消极到积极。当学生犯了错误或有失当行为时，教师不应消极地制止或制裁，而应积极消除引起他犯错误或做不正当事的动机。训育应尽可能积极引导，避免消极制裁。

第十三，从空口说教到以身作则。训育工作者必须拥有高尚的道德，处处以身作则，言传身教，切忌说一套做一套。

陈鹤琴是中国学前教育的先驱者，他毕生致力于学前教育的改造和儿童教育事业，他的教育实践为中国特色学前教育开辟了的道路，他的学前教育思想奠定了我国学前教育的理论基础。他的“活教育”理论不仅指导了当时的学前教育乃至整个基础教育，对今天的教育也具有强大的影响力。他的家庭教育思想一直以来都为家庭教育研究者和广大家长所推崇。他的幼稚园教育思想，尤其是办适合中国国情的幼稚园的思想为20世纪二三十年代兴办幼稚园指明了方向，对今天的幼儿园教育仍发挥着指导作用。

第二节　张宗麟的学前教育思想

张宗麟(1899—1976)，浙江省袍谷镇(今斗门镇)人，我国著名的幼儿教育家。(图6-2)

一、生平与教育活动

图6-2　张宗麟

张宗麟4岁即跟从姑母认字读诗，1920年毕业于宁波浙江第四师范学校。1921年年初，张宗麟在家乡袍渎敬敷小学任教，同年秋，以优异的成绩考入南京高等师范学校教育科。他“勤奋好学，勇于探索，为全校师友所器重。当时，好几位教授赏识他那严肃认真的特点，要选他做助手，他却毅然决定跟随陈鹤琴先生研究幼儿教育”[1]。

1925年夏大学毕业后，张宗麟担任南京市教育局幼稚园视导员职务，开始了他探索适合中国国情的幼稚园教育的生涯。他协助陈鹤琴开办南京鼓楼幼稚园，并进行教育试验。他沿着沪宁、沪杭铁路，对沿途的幼儿园进行了调查研究，发表了调查报告《调查江浙幼稚教育后的感想》。文章中表达了他对不顾中国国情而抄袭外国的做法的不满，其中最为不满的就是当时幼稚园的课程。于是，他决意要做幼稚园课程的研究工作。他协助陈鹤琴进行了课程、设备等的研究，探索适合中国国情的幼稚园教育，创办了《幼稚教育》月刊，发起组织了幼稚教育研究会。经过一年多的调查研究，他提出了设计幼稚园课程的原则、课程标准和教学方法，并把这些原则、标准和方法在实践中加以修正和完善。他对自己在南京鼓楼幼稚园进行的试验进行了理论概括，1926—1928年，他先后发表了论著《幼稚教育概论》及数十篇论文。他的这些研究成果得到了学界同人及政府的认可，1929年8月，当时的教育部以张宗麟的研究成果为基础，颁布了《幼稚园课程暂行标准》。张宗麟在南京鼓楼幼稚园进行研究工作的同时，还担任了杭州女子高级中学的教务主任。

1927年，张宗麟辞去了南京市教育局的工作，参加了陶行知兴办的乡村教育事业，协助陶行知创办晓庄学校，成了陶行知的得力助手，担任晓庄师范指导员及指导员主任(相当于教导主任)，后又担任晓庄第二院(幼稚师范)的指导员，并办起了乡村幼稚园。他非常重视幼儿教育，认为“幼稚教育是一切教育之本，是培养人才的基础”[2]。但是，当时中国幼稚教育的状况令人担忧。经过调查，他认为当时我国幼稚教育存在的症结为教会的垄断和国人的漠视。对此，他提出了四项解决措施：①停办外国人设立的幼稚师范学校及幼稚园；②制定严格的幼稚师范学校及幼稚园的标准；③创办幼稚师范学校培养幼稚教师；④大力宣传幼稚教育的重要性，唤起全社会对学前教育的注意。[3]

张宗麟提出幼稚教育应得到普及，应该为劳苦大众服务，应该帮助“农家妇”、“贫民区”妇女及职业妇女等最需要帮助的母亲。针对当时学前教育的状况，他指出：“孩子的世界与成人的世界是极不相同的，所以我们以为孩子时代应该学的，未必真是孩子所需要学的。……强迫孩子们学习，实在是残酷的举动，实在是罪恶。”[4]通过对南京鼓楼幼稚园和晓庄乡村幼稚园的实验研究，他撰写了大量关于幼稚园课程的论文，指出课程是指幼儿在幼稚园一切之活动，认为幼稚园的课程应是社会化的幼稚园课程。他还关注教师的培训问题，认为幼稚园教师的任务实际上重于小学教师，提出“中国急需有富于国家精神的幼稚园教师，所以急需设立完美的、富于研究试验

① 张沪：《张宗麟幼儿教育论集》，序，长沙，湖南教育出版社，1985。
② 张沪：《张宗麟幼儿教育论集》，序，长沙，湖南教育出版社，1985。
③ 张沪：《张宗麟幼儿教育论集》，12页，长沙，湖南教育出版社，1985。
④ 张沪：《张宗麟幼儿教育论集》，261页，长沙，湖南教育出版社，1985。

精神的幼稚师范”，并对幼稚师范学校的课程设置提出了许多建议。他的实验研究成果和理论论著在我国幼儿教育界产生了广泛而深远的影响。其主要著作《幼稚教育概论》《幼稚园的社会》等已收入《张宗麟幼儿教育论集》一书中。

张宗麟积极投身革命，1927年年初加入中国共产党。与党失去联系后，他始终不渝地坚持为党工作。在抗日战争期间，他先是与宋庆龄、陶行知等参加救国会的活动，后来在上海主持复社等工作，曾负责《鲁迅全集》出版的事宜。在此期间，他曾受到敌特分子的威胁，后只身投奔延安。在延安，他被评为教育战线的劳动模范。1930年4月，晓庄学校被国民党当局查封，陶行知、张宗麟、王荆璞等受到通缉，张宗麟被迫四处流浪迁徙。即便这样，他也一直未中断乡村教育工作。1931年，他携夫人王荆璞到厦门，任集美幼稚师范学校教员，主编《初等教育界》杂志。此外，还和当地的朋友集资办集美乡村师范学校，任校长。因掩护从苏州监狱越狱的晓庄学校学生，保释集美乡村师范学校学生出狱，他遭国民党中央党部通缉，被迫离开福建，去广西桂林师范专科学校任教。1934年，他又来到湖北，出任湖北教育学院教育系主任。

1935年春，张宗麟率领教育系学生去北京、青岛、上海等地考察，带领学生下乡体验生活，收到良好的效果。同年9月，他为创办山东乡村建设研究院，培养那里的乡村人才，毅然辞去薪金优厚的湖北教育学院教授职位，到山东任邹平简易乡村师范学校校长兼乡村建设研究院教师。他在邹平简易乡村师范学校实行男女同校，改革陈旧的教育方法，在校内建立实习场所，开辟阅览室，订阅进步报刊，组织课外活动，学唱革命歌曲。在1935年“一二·九”运动中，张宗麟带领全校师生上街游行示威以示声援，并组织学校抗日救亡队到工厂、农村进行抗日救亡宣传活动。1936年1月，他因爱国正义行动，遭到邹平县反动当局的迫害，被军警押上火车驱逐出境。同年2月，张宗麟又回到上海从事抗日救亡工作。他以光华大学教授的公开身份，继续兴办陶行知委托的国难(生活)教育社，负责指导新安旅行团等国难生活教育工作。5月底，他参加了全国各界抗日救国会。6月底，他护送陶行知经香港出国。1937年春，国民党反动派逮捕了救国会的沈钧儒、邹韬奋等7位领导，张宗麟以国难教育社代表的身份参加以宋庆龄为首的请愿营救运动，起到了积极的作用。

1937年“八一三”事变后，上海成立文化界救亡协会。张宗麟被选为理事并任训练委员会主任，他举办的救亡训练班、主编的抗战读本很受广大民众欢迎。上海沦陷后，在地下党的领导下他继续为党工作，筹集资金，编辑出版《西行漫记》《列宁选集》《鲁迅全集》等进步书籍，创办救亡学校。1941年9月，张宗麟经上海地下党介绍，到新四军淮南二师驻地，担任江淮大学秘书长。1942年12月底，参加新四军的一个北上小分队，历经8个多月长途跋涉，于1943年8月到达延安。在延安，他参加边区政府组织的农村调查和普及教育工作，他写的调查报告曾经毛泽东、刘少奇等同志阅后，批给边区教育厅参考解决。1946年，由徐特立、谢觉哉介绍，重新加入中国共产党。8 月，中共中央组织部分配他到北方大学(中国人民大学前身)协助范文澜校长工作，任文教学院院长。1948 年 7 月，北方大学与华北联合大学合并成立华北大学后，他又任四部(研究生部)教育研究室主任。北平和平解放后，张宗麟负责接管北平各大高等院校。中华人民共和国成立后，他调任至教育部、高等教育部工作。1976 年 10 月 14 日，他因脑中风逝世，终年 77 岁。

张宗麟致力于幼儿教育，是我国第一位男性幼儿教师。他的教育思想突出了民族性。他学习和吸收国外幼儿教育理论，并与我国当时的实际国情相结合，做到了“洋为中用”。他的教育思想具有大众化的特点。他认为幼稚园要为广大工人、农民解决孩子的教育问题，而不应只为阔太太们服务。他注重调查研究，并取得了丰硕成果，形成了自己的学前教育思想。

张宗麟有关幼儿教育的主要著作已收入《张宗麟幼儿教育论集》。该书由其女张沪选编，1985 年由湖南教育出版社出版。

二、论学前教育的地位与作用

学前教育在一个人所受的各阶段教育中占有举足轻重的地位。张宗麟认为，学前教育是“学制上一切教育之起点”。当时，国际上都非常重视学前教育，而且已经把它列入了学制范围。“吾国亦受影响，故新学制颁布时已将幼稚园列入”，可见“幼稚教育与其他各期教育有同等重要之征象”。与其关系密切的是小学低年级，“有许多工作，幼稚园皆可由自然的趋势而施以教育即受莫大之利益”。此外，“中学生大学生许多习惯、性情，亦可在幼稚园养成之，如研究的态度，对人的品性等，皆奠基于此。总之，小学教育为中学、大学教育之基础，而幼稚教育又为小学教育之基础”。[①]

学前教育对儿童本人，对国家、社会有重要的作用。张宗麟认为：“吾人壮年之过失，其根源莫不在童年。”“吾人能明了儿童在人生，在社会国家之重要，则幼稚教育之重要思过半矣。”[②]根据他的观点，成年人身上的问题，都是在童年时未接受良好教育所导致的结果；我们如果能明白儿童期对人的一生，乃至对社会和国家的重要性，那么，幼稚教育的重要性就不言自明了。

关于学前教育对儿童本人的作用。张宗麟认为，3～6 岁的儿童若接受良好教育，则对其一生都有伟大的功效。他说：“在生理上，此期儿童最易蹈危险，正如初放之芽，最易被虫蚀；在心理上则所有影响最深，几乎一生不消。”[③]这个年龄段的儿童生理上脆弱，就像植物的嫩芽一样容易受到伤害；他们心理上受到的影响将伴随终生。良好的系统教育对儿童的成长必然产生重要的促进作用，对其一生的发展

① 张沪：《张宗麟幼儿教育论集》，4～5 页，长沙，湖南教育出版社，1985。
② 张沪：《张宗麟幼儿教育论集》，3 页，长沙，湖南教育出版社，1985。
③ 张沪：《张宗麟幼儿教育论集》，3～4 页，长沙，湖南教育出版社，1985。

定会产生积极的影响。

关于学前教育对国家、社会的作用。张宗麟认为儿童身体和心理的健康发展，是国家发展和社会进步的前提和基础。当时 3～6 岁儿童死亡率高的原因是缺乏良好的保护与教育。他说："倘能有良好之保护与教育，使婴儿皆长为成人，更能各现其个性，则国家社会之进步，必速于今日。"①另外，针对当时民众表达爱国情怀的方式，张宗麟指出："吾人爱国热忱，发于理智者少，而发于情感者多。然而永久的情感，非一时所能造成，必日浸月渐，然后根深蒂固，虔心不改。吾人倘以国民为必须爱国者，必须为社会服务者，则其教育当自最初级之教育开始，此教育为何？即幼稚教育也。"②从最初级的"幼稚教育"开始接受教育，中国人必定会成为有为社会服务的思想和理智的爱国行为的人。

此外，张宗麟还认为，幼稚园教育是家庭教育的好帮手。20 世纪 20 年代，中国社会各个方面都处于极度落后的状态，人们平均受教育程度很低。三四岁的儿童所能接收到的信息主要来自与自己接触的父母及家人，而其父母及家人由于忙于生计，"不能负子女教育之责"③，另外，父母及家人对儿童的教育只限于用自己的言行自然地影响儿童。因此，幼稚园是家庭托付儿童的最佳场所，因为幼稚园有专职教师教育儿童，幼稚园教育是家庭教育的重要补充，而且幼稚园还能向家长传授教育方法，具有无可替代的重要作用。当然，幼稚园的教育效果又有赖于家庭教育予以巩固。学前儿童在家里的时间远多于在幼稚园的时间，儿童受父母的影响远大于受幼稚园教师的影响。所以，要收到最佳的教育效果，幼稚园就必须与家庭进行合作。从这个意义上讲，幼稚园教育需要家长的帮助与配合。张宗麟试验的幼稚园教育中，母亲会是幼稚园发起组织的重要活动，这一活动一个月进行一次，母亲们可以利用这一机会进行家庭教育方面的交流，也可以进行其他方面的沟通，扩大其交往的范围，这对当时的妇女来说也是十分重要的。由此我们可以看出，张宗麟具有"大教育"的思维，具有教育工作者的责任感和使命感。

总之，张宗麟认为学前教育在当时的中国有着十分重要的意义，它对儿童本人的成长、国家的发展和民族的觉醒都起着重要的作用。开展幼稚园教育是实现学前教育目标的最佳途径，它与家庭教育互相补充、互相促进，使儿童更加健康地成长。

三、论幼稚教育的服务对象和发展方向

20 世纪二三十年代，中国的幼稚园非常少，只有极少数达官显贵的子弟才能入园接受教育。最需要帮助的广大劳苦大众却不能送子女进入幼稚园，而这些孩子都应该成为幼稚教育的服务对象。

关于幼稚教育服务的对象。张宗麟认为，首先，是农民子女。张宗麟认为乡村

---

①② 张沪：《张宗麟幼儿教育论集》，4 页，长沙，湖南教育出版社，1985。

③ 张沪：《张宗麟幼儿教育论集》，5 页，长沙，湖南教育出版社，1985。

不但需要幼稚园，而且具备办幼稚园的条件，“倘能办理得当，必可成功……而义务教育亦得一助也”①。乡村幼稚园办好了，可以推动乡村义务教育的开展。他还列举了办乡村幼稚园的五个理由。第一，乡村儿童甚多，6 岁以下的儿童因父母下田劳动而无人照顾；第二，乡村环境适宜办幼稚园；第三，乡村幼稚园实用即可，不必华丽；第四，乡村人诚朴，若教师诚恳相待，则可受到更多爱戴；第五，在农民聚居的村里办幼稚园，儿童往返非常方便。但是，他也深知，由于经费和师资两大难题，义务教育尚远未实现，乡村幼稚园更是无从谈起。其次，是工厂女工的子女。工厂女工工作时间长(20 世纪 30 年代，上海女工每天工作 14 小时)，工资报酬却非常低。她们根本没有时间照顾孩子，更谈不上专心教育孩子，因此，她们的子女应该成为幼稚园教育的服务对象。再次，是城市贫民区的儿童。失业者、小商贩、车夫以及做短工的贫苦民众大都居住在城市的一个区域，即贫民区。贫民区的儿童由于父母忙于生计，得不到应有的照顾，因此经常挨饿，更不可能接受应有的教育。他们需要幼稚园的保护、照顾和教育。最后，是有较好职业的妇女的孩子。有些妇女在城市里做女招待、店员、秘书等工作，她们的工资收入比工厂女工和无固定职业者要高，但是由于工作忙，她们的子女通常交给老年妇女看管。当然，这些看管孩子的老年妇女只能照看孩子的生活，却不能施以应有的教育。

张宗麟认为，上述家庭的孩子非常需要幼稚园教育。作为中国社会的未来主人，这些孩子应该受到良好的教育，可事实上他们却不可能进幼稚园接受教育。因此，他大声呼吁，让这些孩子进入幼稚园接受教育。他说：“以上四种家庭，虽然贫富不等，做母亲的不能专心照顾孩子是一样的。这四种母亲，对于人类都有特殊贡献，照互助的原则，她的子女应该有人替她负责。更就孩子方面说，这些孩子……应当教养成人。”②

关于幼稚教育的发展方向。张宗麟说：“聚三岁以上六岁以下之儿童于一处，施以有目的之教育，用有组织之方法，此为幼稚园。”③他认为，当年德国教育家福禄培尔创建幼稚园时，“纯出于爱儿童之一念，而杂有宗教的信仰”④，而到了 20 世纪 20 年代，幼稚园的教育目的应朝以下方向发展：使儿童身体健康，使儿童保持天真活泼的天性，使儿童养成良好的习惯，使儿童具备表达能力，为儿童奠定欣赏力的基础。

为了与上述学前教育目的相适应，张宗麟又提出幼稚园的教育原则、教学方法也必须进行相应的调整：教育内容和方法要适合中国国情，教育内容和方法要适合儿童的身心特点，教育方法要自由、自然，幼稚园的活动要富有游戏性，幼稚园教学要使儿童有成就感，教师要更新知识，幼稚园不能对儿童进行宗教教育。

① 张沪：《张宗麟幼儿教育论集》，75 页，长沙，湖南教育出版社，1985。
② 张沪：《张宗麟幼儿教育论集》，783 页，长沙，湖南教育出版社，1985。
③④ 张沪：《张宗麟幼儿教育论集》，5 页，长沙，湖南教育出版社，1985。

四、论幼稚园的课程

关于幼稚园课程设置的原则。张宗麟接受了美国教育思想家杜威的教育思想，他认为，“生活便是教育，整个的社会便是学校”是厘定一切学校课程的总纲领。他设计幼稚园课程的总原则：“一切课程是儿童自己的，不是教师的，更不是父母或社会上其他的装饰品与利用的工具。”“一切课程是当地当时儿童自发的；不能抄袭任何人的课程。”“教师之责任只有回答儿童的询问及供给各种应用材料，并指导儿童所需要的事物。”“注意于儿童身体的健康、动作的活泼；不愿儿童受有许多知识和斯文如木偶之礼节。”①

自 1925 年秋天张宗麟开始研究幼稚园课程，至 1926 年年底完成课程的编制方案，其间经历了大约三个阶段。用他自己的话说，“约可分为三期，每期皆感到不适用而逐渐改变，严格言之，恐无期可分也”②。

第一阶段为“散漫期”，即完全由儿童自由活动。刚刚走出大学校门的张宗麟来到南京鼓楼幼稚园进行学前教育课程的开发。他认为，当时幼稚园通行的各种课程都值得质疑，因为这些课程都不是“儿童真正之活动，更无自由教育之可称”。针对这种情况，他采用了一种看起来较为极端的做法。在实验之初，打破一切限制，完全由儿童自由活动，教师只准备儿童活动所需的环境和器材，并在旁边指导活动。在张宗麟的理想中，他认为给儿童最大限度的自由是最好的教育方法。但是，采用这种方法教学，儿童的自由活动只在一个水平上徘徊，“虽逾数月，进步甚微”。而与此同时，“教师则辛苦万状”，因为他们为儿童布置活动环境，儿童却一点都不感兴趣，根本不愿进行教师预期的活动，反而对其他事物更感兴趣。对于儿童在具体条件下新发生的活动，教师却未做准备。若要满足儿童新发生的活动的环境需要，临时准备根本来不及，“且在指导上亦感到极大困难，盖儿童注意之不集中，忽东忽西，此为最难应付”③。于是，张宗麟感到让儿童绝对自由地在幼稚园里活动是不可行的，这样的活动必须加以改进。

第二阶段为“理论组织期”。1926 年春天，经过了“散漫期”的实验后，张宗麟意识到儿童必须加以适当的引导，“非行有组织之课程不可”，于是决定“拟每星期课程”，即设计每个星期的六天里幼稚生每天进行的活动，在“每星期二课后教师集会时讨论下星期课程，决定后于是寻觅材料……等，预备下星期开始教导”④。这种形式的教育教学试验进行了将近一学期，其间实际所上的课程与预先制定的课程屡有不合之处，有时预先制定的课程在实际教学中成了多余的内容，必须省去。

---

① 张沪：《张宗麟幼儿教育论集》，488 页，长沙，湖南教育出版社，1985。

② 张沪：《张宗麟幼儿教育论集》，35 页，长沙，湖南教育出版社，1985。

③④ 张沪：《张宗麟幼儿教育论集》，36 页，长沙，湖南教育出版社，1985。

第三阶段为“中心制”课程期①。在第二阶段的实验中，张宗麟发现了其中的不足，即预先制定的课程内容在实际教学活动中并不适用。因此，他曾试图设计出具体的活动，由教师激发儿童的动机，引导儿童参与到活动中来，但实践证明这种教学模式效果也不理想，因为幼稚生年龄太小，教师设想的一切生活的问题，都难以引起他们的注意。有时教师虽然引起了孩子们的兴趣，但他们的兴趣保持的时间非常短，即使有能够把活动坚持到最后的孩子，其数量也很少。另外，如此设计教学，教师工作量过大，而学生反倒成为被动的接受者。于是，张宗麟决定实行“中心制”课程，即以节日(如中秋、国庆、重阳、元旦、清明、端午等)，自然界的应时事物(如红叶、菊花、螃蟹、梅花、雪雨等)或社会性事件(如庆祝师寿、开恳亲会、到邻家做客等)为中心内容组织儿童开展活动。每星期或每两星期认定数项内容为中心，以某项或某几项为中心内容组织儿童进行开放式的活动。这些中心内容都是实际生活中的真实事物，涉及面宽，可操作性强，儿童在活动中可以自由发挥，不受拘束。可以把一些活动联系到一起，也可以独立进行。这样，“儿童与兴趣可以随时换新，不致厌倦。作业时亦得以集中其注意”②。经过几个月的实验，效果不错。但是，实施这种课程的最大难点是搜集素材，因为围绕每项中心内容到底应开展多少活动是不确定的，教师必须多方参考。而且，对于如何激发儿童动机，如何引起儿童兴趣，在活动进行之前教师必须做到胸有成竹。否则，在组织儿童活动的过程中，教师就难以做到应对自如。

关于课程形式。在《幼稚教育概论》一书中，张宗麟简要介绍了当时学前教育关于活动课程与分科课程的观点。他说以儿童活动为课程是一个笼统的说法。在活动应该占多大比例、活动可否分类及是否进行分科教学等问题上，当时的幼稚教育中存在两种观点。

第一种观点认为，应把儿童活动归为五大类，属综合课程的范畴。

第一类，开始的活动。幼稚生初入园时必须养成良好的习惯，这些习惯也是人生中最基本的习惯，如放手巾等。

第二类，身体上的活动。儿童必须养成强健身体的习惯，具备相关的技能，如各种卫生习惯，跑步、跳、爬车等。

第三类，家庭的活动。儿童多数时间在家庭中活动，他们对家庭活动的了解远远多于其他活动。所以，用积木搭建房屋、组织玩偶之家庭等活动很容易引起他们的兴趣。

第四类，社会的活动。这是每一个儿童必须了解和掌握的内容，如懂礼貌，了解各种纪念日、节日，了解日用品的制造与买卖过程，掌握同伴之游玩规则等。对

① 陈鹤琴称之为“设计组织期”。北京市教育科学研究所：《陈鹤琴教育文集》下卷，44页，北京，北京出版社，1985。

② 张沪：《张宗麟幼儿教育论集》，39页，长沙，湖南教育出版社，1985。

此，幼稚园应当格外重视。

第五类，技巧的活动。这类活动旨在培养儿童表达思想的能力与生活自理的能力，如手工、图画、写字、整理物件、清洁房屋等。

第二种观点认为，应把儿童活动归为各种学科，如音乐、游戏、故事、谈话、图画、手工、自然、常识、读法①、识数等。该观点在当时被美国及许多其他国家广为接受，那些国家的幼稚园也都采用分科课程。

显然，张宗麟主张在幼稚园推行活动课程。同时，他呼吁延长儿童在幼稚园的活动时间，每天在园时间至少四个半小时。

五、课程的内容

张宗麟认为任何学校的课程“皆为满足学生之需要及社会上之希望。幼稚园课程，大体亦如是”②。因此，编制幼稚园课程时，应遵循儿童身体和心理发展的规律。

(一)幼稚园课程的内容

第一，儿童自发的各种活动。

第二，儿童与自然界接触而发生的各种活动。

第三，儿童与社会接触而发生的各种活动。

第四，人类积累的经验中适合儿童需要的部分。

张宗麟认为，上述四项内容在幼稚园课程中要达到的目标应该是一致的，无论哪种活动都要为这个目标服务。

(二)厘定课程内容的注意事项

第一，多注意儿童运动的内容。幼稚生各部分肌肉、骨骼正处在发育阶段，教师必须保证儿童有充足的运动时间。在运动的过程中，儿童的各种感知能力还可以得到训练，从感官上得来的知识比从任何方面得来的知识都更真切。

第二，多让儿童接触自然界。儿童对自然界的事物都能产生浓厚的兴趣，他们乐于与自然界的事物接触。

第三，多注意个别儿童的活动。幼稚生正处在“自我表现”发挥最充分的阶段，因此要让他们有充分的机会表现自己。

第四，多注重让儿童取得直接经验。虽然人类积累了丰富的知识，向儿童传授这些知识很重要，但更重要的是让儿童亲自去体验，在做中获得直接经验。

(三)课程内容的编制方法

第一，幼稚园的课程不能用科目制来编制，否则会失去生活的意义。

第二，幼稚园教师对于本园的课程要有一个通盘计划，然后观察自然界的变化和社会上发生的事件，再决定课程中应该有些什么。

---

① “读法”即识字活动。

② 张沪：《张宗麟幼儿教育论集》，35页，长沙，湖南教育出版社，1985。

第三，每一个单元，长短不拘，但是要段落分明。

第四，教师的责任是拟订大纲、预备材料、指导进行，不是强迫儿童去做，也不是代替儿童去做。

张宗麟说："课程一项最为繁重，今兹所言不过崖略而已。""无论以儿童活动分类或以科目为课程之单位，教师决不可拘泥于某时当教何种课程。"[①]事实上，张宗麟是在陈鹤琴的领导下进行课程研究的。他负责赴各地调查，在南京鼓楼幼稚园进行教学实验，收集整理资料。关于幼稚园的课程理论，二人观点是一致的。他们合作发表了《幼稚园的课程》《幼稚园的故事》《幼稚园的读法》《幼稚园的设备》等文章。

六、论师资培训

(一)对当时学前教育师资状况的分析

到 1930 年时，中国的幼稚园数量迅速增加，因此需要大批幼稚园教师。当时，"在社会上普通小学校，凡经济稍稍宽裕的小学，师范附小，都设立幼稚班，同时独立的幼稚园也日渐增多，所以各处需要良好的幼稚教师很急。但是幼稚师范毕业生很少很少"[②]。而且，培养幼稚园教师的学校程度不一，培养标准各不相同。从幼稚师范学校入学资格来看，各地差异也很大：有的招收中等师范学校毕业生，有的招收初中毕业生，还有的招收旧制高小毕业生。有的女子师范学校的保姆班[③]甚至招收小学肄业生。幼稚师范学校培养教师的混乱状况，可见一斑。张宗麟指出："入学资格的高下，虽然不能判断将来学业的优劣，但是各种求学工具还未完全的学生，恐怕读了几年幼稚师范，希望她独立研究教育，也着实不容易的。"[④]另外，这些幼稚师范学校的课程五花八门，各自为政。张宗麟以一个国内最负盛名的幼稚师范学校的课程表为例。第一学年总共的 54 学分中，英文 20 学分(占 37%)，国文 12 学分(占 22%)，社会问题 6 学分(占 11%)，宗教学 4 学分(占 7%)，生理及卫生 3 学分，生物学 3 学分，体操 2 学分，家政学 2 学分，音乐 2 学分。第二学年总共的 53 学分中，英文 10 学分，国文 12 学分，宗教学 4 学分，体操 2 学分，实习 10 学分，心理 3 学分，音乐教法 2 学分，美艺 2 学分等。第三学年总共的 59 学分中，英文 10 学分，国文 12 学分，宗教 4 学分，实习 15 学分，幼稚教法 2 学分，近代史 3 学分，圣道教法 2 学分等。他认为，这样的课程是不可能培养出完善的幼稚园教师的。[⑤]幼稚师范学校的学生在校学习期间所学课程对提高他们的修养十分重要，因此，张宗麟认为幼稚师范学校的课程设置必须以提高幼稚园教师修养、培养他们的教育能力为目标。他考察过江苏、浙江两省的十几所幼稚园，在那些幼稚园教师中，只有

---

① 张沪：《张宗麟幼儿教育论集》，43～44 页，长沙，湖南教育出版社，1985。
② 张沪：《张宗麟幼儿教育论集》，754 页，长沙，湖南教育出版社，1985。
③ 当时的"保姆班"相当于现在的学前教育专业。
④ 张沪：《张宗麟幼儿教育论集》，755 页，长沙，湖南教育出版社，1985。
⑤ 张沪：《张宗麟幼儿教育论集》，756 页，长沙，湖南教育出版社，1985。

几位教师能根据儿童的实际情况主动改进幼稚教育教学方法，而绝大多数教师都只用在学校学到的方法进行幼稚教育活动。他们总以“从前我们所学如是”为托词重复着不适合中国儿童的教育方法。所以，几乎所有的幼稚园都把活泼的儿童“用软禁威胁的手段，围坐在圈子里，从早晨到中午，不问儿童兴趣，总是教几种规定的课程，琴声一响，大家起立，唱的歌也有赞美诗，也有英文歌，也有外国曲调，不问儿童能否了解。讲故事的时候，不问儿童愿意与否，只叫他们静坐，坐得像姿势图上的同样严肃”①。

经过调查研究，张宗麟得出了结论：无论是从幼稚园教师的人数、他们施教的现状，还是从幼稚师范生的人数、幼稚师范生在校学习期间所学的课程来看，中国必须设立独立的、富有研究试验精神的幼稚师范学校。

(二)幼稚教师的标准

1931 年 3 月，张宗麟在《幼稚教师对社会应有的态度与技能》一文中指出，“幼稚教师是劳工”“是为着大多数儿童谋幸福的”，所以，“幼稚教师要深入社会去”。②他说，幼稚园不再像从前那样关门办园了，幼稚园教师也不能只会对付孩子，幼稚园教师必须要有新的本领。

第一，有踏实的工作态度。“‘不问异日的收获，只问今日的耕耘。’这是我国幼稚教育界开国元勋应有的态度!”③肯吃苦；能动手做；待人宽大，外表温厚；事事留心；终身从事幼稚教育，为社会谋福利。

第二，有崇高的觉悟。幼稚园教师是为大多数儿童主谋幸福的正当职业，是劳工中的一员，而不是为少数富贵太太们带孩子的“干奶妈”④。幼稚园教师对所有孩子，不论贫富，一视同仁，予以关怀和教育。当时中国妇女，尤其是工厂和农村的妇女社会地位低、生活压力大，因此，幼稚园教师要深入社会了解当地的家庭问题、妇女问题。不但欢迎儿童父母们到幼稚园来，而且要到儿童家庭里去，到劳工妇女的队伍里去。

第三，有坚忍耐劳的意志。幼稚园教师不能轻易改变自己做幼稚园教师的志向。张宗麟还认为幼稚师范学校应该招收男生。

第四，有较全面的知识。他认为，幼稚园教师的普通知识要非常充足，而且知识面要宽。所以，“最低限度应收初中毕业生，倘若再提高，招收高中毕业生，那是更好了”。幼稚师范学校修业期至少三年，并应该尽量开设高等专科师范学校的课程。

第五，有专门经验。张宗麟要求幼稚师范学校的学生参观幼稚园，了解幼稚园

① 张沪：《张宗麟幼儿教育论集》，755 页，长沙，湖南教育出版社，1985。
② 张沪：《张宗麟幼儿教育论集》，781 页，长沙，湖南教育出版社，1985。
③ 张沪：《张宗麟幼儿教育论集》，778 页，长沙，湖南教育出版社，1985。
④ “干奶妈”是指旧社会在有钱人家里为他们照顾孩子的妇女。

教师的教学情况，充分与幼稚生接触，亲自参与他们的活动。

第六，有研究心。幼稚园教师要事事留心，善于观察，在教育教学的过程中研究儿童，研究如何教育儿童。

第七，幼稚园教师应有的新本领要包括以下方面。①能说话，口齿清楚，语句不文不俗，语气和蔼。②能讲演，讲故事要老练、精当。③会算账(帮别人)。④会组织合作社(帮助穷人)，发起婴儿会(组织妇女参加集体活动)。⑤会写文件书信(代笔)。⑥会看文件。⑦会做账房。⑧会医小病(为贫苦者医病)。⑨会做日用手工(裁缝纫，织毛衣)。⑩会招待。⑪会替妇女抱不平。⑫懂得本地一切风俗。⑬了解世界潮流，国家大势。这些要求显然具有鲜明的时代特征。幼稚园教师还肩负着更多的社会责任，她们要为妇女争取合法权益，要帮助穷人和文化水平低的人。虽然其中有些技能现在看来是无关紧要的，甚至是多余的，但在20世纪30年代的中国却十分重要。

此外，张宗麟还以切身的体会，要求幼稚园教师要爱儿童并向儿童学习。爱儿童是幼稚园教师基本的态度和应遵守的通则。向儿童学习，可以使教师更爱儿童。向儿童学习会提高教育效率。“一个教师当他发现确实值得向儿童学习，必须向儿童学习的时候，也就觉得儿童的可爱了。”①

(三)对当前学前教育师资培养的启示

张宗麟对幼稚园教师的要求对今天的学前教师的培养与培训仍有很多启示。

1. 理论联系实际，“做中学”

他主张幼稚师范生要走进幼稚园，参加幼稚园的活动，观摩教师上课，与教师开座谈会，在实际的场景中学习如何做幼稚园教师。他要求幼稚师范生参与儿童的活动，在与儿童的接触中了解他们，进而悟出教育方法与途径。

拓展阅读

20世纪二三十年代的中国，幼稚园是刚刚出现的新生事物，针对当时幼稚园贵族化的倾向，张宗麟非常担忧，他明确提出幼儿教育平民化的主张。针对当时幼稚园多数是由外国人兴办的这一现象，张宗麟提出了幼稚教育中国化的观点，主张从丰富的祖国文化宝库中采撷适合儿童特点的材料，充实幼稚园的设备和教学内容。他提倡收集儿歌、农谚等作为幼稚园的自然科教材，并著文介绍几十种儿童极爱玩的中国传统民间游戏。

中国是农业大国，绝大多数儿童在农村。张宗麟赞同陶行知关于在农村开办幼稚园的主张，大声疾呼在农村办幼稚园的重要性和必要性，并说明了在农村办幼稚园的可行性。

---

① 张沪：《张宗麟幼儿教育论集》，811页，长沙，湖南教育出版社，1985。

2. 培养教师的研究意识

他特别强调幼稚园教师要有“研究心”，也就是要提高研究意识。每个儿童都是独一无二的，都有各自的身心特点和丰富的内心世界。教师要在教育儿童的同时，观察他们的行为，研究他们的特点，施以有针对性的教育。因此，在学前教师培养、培训的过程中，要帮助其树立研究意识，激发其研究热情，指导其研究方法，提高其研究能力，使学前教师成为学前儿童教育的理论家和实践家。

3. 培养教师的“儿童中心”

学前教育不在于让儿童掌握多少知识，而关键在于激发其学习兴趣，并帮助其保持好奇心。学前教师应该把“以儿童活动为中心”“以儿童发展为中心”作为指导思想，开发课程，研究教学方法，组织儿童活动，努力提高自身的教育能力。

张宗麟的学前教育思想涵盖教育理念、课程、教育教学方法、师资培养等方面。他认为，学前教育是人所受一切教育的基础，对于人的一生起着奠基的作用，进而提出幼稚园不是为少数富人服务的，而应该为全体工农大众服务。尤其难能可贵的是，他一直致力于兴办农村幼稚园的研究和实验中。在研究开发幼稚园课程方面，他做了大量工作，并取得了丰硕的成果，提出了符合中国国情的幼稚园课程方案。作为幼稚园教师和学前教育研究者，他提出了幼稚园教师的职业标准，并要求教师有终身从事学前教育事业的决心。

思考与练习

1. 简述陈鹤琴教育思想和张宗麟教育思想的理论基础。
2. 简述“活教育”的实质。
3. “活教育”的教学原则有哪些?
4. 简述陈鹤琴的家庭教育观点。
5. 张宗麟认为学前教育教师应该具备哪些素质?
6. 张宗麟认为幼儿园课程设置应遵循哪些原则?
7. 试论述陈鹤琴、张宗麟的教育思想对现代学前教育的启示。
8. 写出一篇调查报告：以某一所幼儿园为对象，研究该园的课程是如何形成的，该园是如何进行教学的，教学过程是否符合儿童的身心发展规律。

第七章　当代学前教育的发展

学习目标

1. 了解我国当代学前教育的发展历程。

2. 掌握中华人民共和国成立以来学前教育的曲折发展给我们带来的经验和教训。

1949年10月1日，在中国共产党的领导下，中国人民推翻了帝国主义、封建主义和官僚资本主义三座大山，建立了中华人民共和国，从根本上改变了中国半殖民地半封建社会的性质，教育事业也迎来了划时代的变化与发展。三年经济恢复和第一个五年计划期间，我国的学前教育沿着正确的教育方针步入了正确的发展轨道；1958—1965年，由于“左”倾思想和“大跃进”的影响，刚发展起来的学前教育又陷入了困境；1966—1976年，学前教育事业在极左路线的影响下，遭到了破坏。党的十一届三中全会以来，随着政治上的拨乱反正，学前教育才得以迅速恢复和发展。

第一节　经济恢复和社会主义改造时期的学前教育(1949—1957年)

1949年10月，中华人民共和国成立，教育也随之进入了一个全新的发展阶段。从1949年10月1日中华人民共和国的成立至1956年年底社会主义改造的完成，这段时间被称为经济恢复和社会主义改造时期。就是在此阶段，中国确立了新的教育制度，学前教育得到了稳步发展。

一、幼儿园及其地位

中华人民共和国成立之初，根据中国人民政治协商会议通过的《中国人民政治协商会议共同纲领》(以下简称《共同纲领》),政府立即着手对教育制度进行改造。《共同纲领》中的"文化教育政策"明确规定了中华人民共和国教育的性质和任务,即"中华人民共和国的文化教育为新民主主义的,即民族的、科学的、大众的文化教育。人民政府的文化教育工作,应以提高人民文化水平、培养国家建设人才、肃清封建的、买办的、法西斯主义的思想、发展为人民服务的思想为主要任务",并指出要"注意保护母亲、婴儿和儿童的健康"。①

1949年11月,中央人民政府教育部成立,我国首次在初等教育司下设幼儿教育处,张逸园为第一任处长,根据《共同纲领》的规定和第一次全国教育工作会议的精神,开始了对学前教育的改造和建设工作。首先,对幼儿园长期沿袭的与向工农开门相反的制度,进行了一系列的改革。比如,废除了幼儿园招生考试制度,将半日制的幼儿园改为全日制的幼儿园,同时取消了寒暑假制度。此外,家庭经济困难的幼儿可以享受减免收费的待遇。其次,教育部门扶持并陆续接办了部分私立幼儿园,并将其改为公立,如南京鼓楼幼儿园、重庆景德幼儿园等。

1949年12月,教育部召开了第一次全国教育工作会议,确定了全国教育工作的总方针,明确了改革旧教育的方针、步骤和发展新教育的方向。教育工作的发展方向是普及与提高合理地结合,在今后相当长的时期内应以普及为主,教育应着重为工农服务。对中国人办的私立学校,采取保护措施,加强领导,逐步改造。

1951年8月,教育部召开了第一次全国初等教育会议和第一次全国师范教育会议,讨论了发展和建设初等教育、师范教育的方针和任务,提出必须以革命的精神和革命的办法办好人民教育。提出当前幼儿教育的工作方针,应该是根据各个地区的不同情况、城乡的差异,有计划、有步骤地在整顿中提高,在巩固的基础上适当地发展;积极地培养幼儿教育师资;在三五年内要着重进行短期训练和在职学习活动;根据《幼儿园教养纲要》,解决教材问题,准备将来的大发展;发展的重点,首先应该放在工业地区企业部门,其次是机关、学校及郊区农村,主要解决工农劳动妇女对孩子的教养问题;鼓励私人办幼儿园并加强领导,做到公私兼顾办园。另外,必须重视依靠群众团体来推动和开展幼儿教育,教育行政部门要加强对幼儿教育的领导。

1951年10月,政务院命令公布施行《关于改革学制的决定》,由此,中华人民共和国的第一个学制产生了。此学制共分为5个部分,依次为幼儿教育、初等教育、中等教育、高等教育、各级政治学校和政治训练班。(图7-1)新学制规定:"实施幼儿教育的组织为幼儿园,招收3足岁到7足岁的幼儿,使他们的身心在入小学前获得健全的发育。并指出幼儿园应在有条件的城市首先建立,然后逐步推广。"②1951

① 徐辰:《宪制道路与中国命运:中国近代宪法文献选编:1840—1949》下卷,460~461页,北京,中央编译出版社,2017。

② 中国学前教育研究会:《百年中国幼教(1903—2003)》,22页,北京,教育科学出版社,2003。

年年底，教会幼稚园、幼稚师范学校全部收回国有。自此，自 1922 年壬戌学制定名，沿用了 30 年的“幼稚园”正式更名为“幼儿园”。

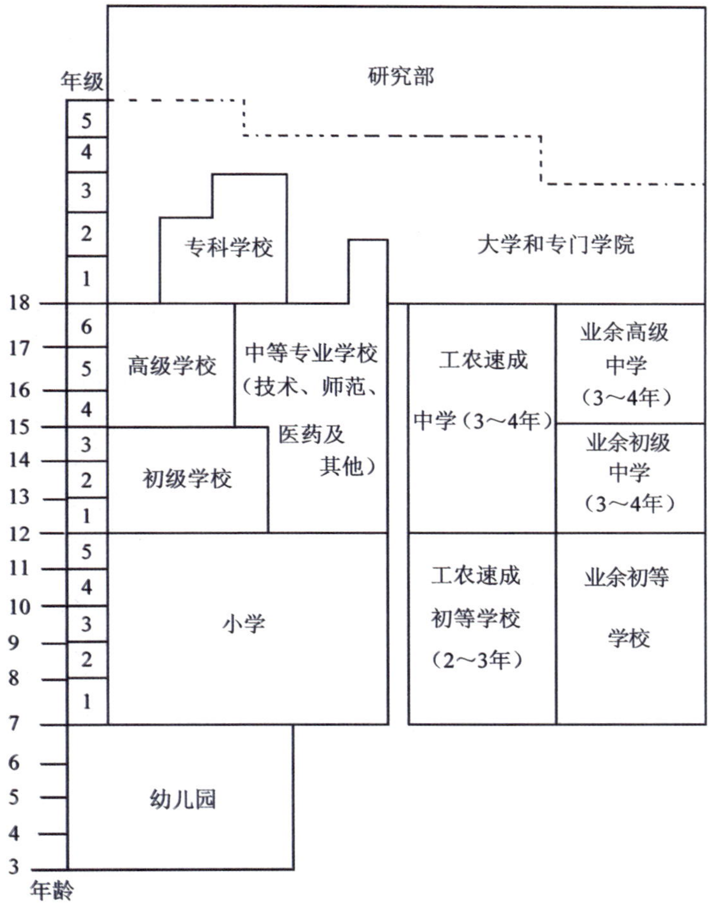

图 7-1　中华人民共和国学校系统图

新学制是根据新民主主义的教育方针政策，结合当时国家各方面的需要和长时期我国教育工作的经验，特别是老解放区教育工作的经验而制定的。新学制的颁布，标志着中国劳动人民在文化教育上的新胜利，标志着人民教育进入了有计划、有系统地发展的新阶段。

二、幼儿园的暂行规程和暂行纲要的制定

1952 年 3 月，教育部颁发了《幼儿园暂行规程(草案)》(以下简称《暂行规程》)。它是在吸取老解放区的学前教育经验，借鉴苏联学前教育理论的基础上，在苏联教育专家的指导下拟定的。《暂行规程》全文分 8 章 43 条，包括总则，学制，设置、领导，教养原则、教养活动项目，入园、结业，组织、编制、会议制度，经费、设备及附则。《暂行规定》规定幼儿园应对幼儿进行初步全面发展的教养工作，明确了幼

儿园的培养目标和教养要求。这是中华人民共和国发展幼儿教育的具体纲领，为我国幼儿教育的正规化建设提供了依据。

为了协助各地幼儿园切实做好幼儿的保育与教育工作，使幼儿在德、智、体、美几方面都获得全面良好的发展，1952年7月，教育部根据各地的需要，印发了《幼儿园暂行教学纲要(草案)》(以下简称《暂行纲要》)。《暂行纲要》的内容有：各班幼儿的年龄特点和教育要点；体育、语言、认识环境、图画手工、音乐、计算共6科的教育纲要。各科纲要均包括各科的目标、教材大纲、教学要点和设备要点4个方面。

(一)幼儿园的双重任务

幼儿园的任务是根据新民主主义的教育方针教养幼儿，使他们的身心在入小学前获得健全的发育；同时，减轻母亲的负担，以便母亲有时间参加政治生活、生产劳动、文化教育活动等。幼儿园应对幼儿进行初步的促进全面发展的教养工作。

(二)幼儿园的培养目标

主要目标如下。①培养幼儿基本的卫生习惯，注意其营养，锻炼其体格，保证幼儿身体的正常发育和健康。②培养幼儿正确运用感官和语言的基本能力，增进其对于环境的认识，以发展幼儿的智力。③培养幼儿的爱国思想和诚实、勇敢、团结、友爱、守纪律、有礼貌等优良品质与习惯。④培养幼儿爱美的观念和兴趣，提高其想象力和创造力。

(三)幼儿园的教养原则和要求

幼儿园的教养原则是使幼儿全面发展，使教养内容和幼儿生活实际相结合，使幼儿有独立活动并完成简单任务的机会，使幼儿习惯于集体生活，使必修作业、选修作业以及户外活动配合进行，使幼儿家庭教育和幼儿园教育密切配合。

幼儿园的要求如下。幼儿园以招收3周岁到未满7周岁的幼儿为标准；以整日制为原则；幼儿在园时间以8～12小时为准；根据需要开办寄宿制和季节性幼儿园；开学、放假比照小学学历，但为了便于妇女工作，幼儿园不应放寒暑假，工作人员应轮流休假；幼儿园园长应兼任教养员，教养员应对幼儿负全面教养责任；幼儿园分小班、中班和大班。此外，还有园长责任制和教养员责任制的规定。

(四)幼儿园的教养活动项目

幼儿园的教养活动项目有体育、语言、认识环境、图画手工、音乐、计算共6科。体育包括日常生活、卫生习惯、体操、游戏、舞蹈和律动等；语言包括谈话、讲述故事、歌谣、谜语；认识环境包括日常生活环境、社会环境、自然环境；图画手工包括图画、纸工、泥工、其他材料作业等；音乐包括唱歌、表情唱歌、听音乐、乐器表演；计算包括认识数目、心算、度量。

各科内容注重纵向的系统性，计划性也比较强，都按照自己的体系和儿童的年龄特点顺次提出要求，按照由浅入深、由近及远、由个别到一般、由具体到抽象的原则进行编排。教师根据各科内容制订严密的学科工作计划。强调通过必修作业与选修作业来达成教学目的。

拓展阅读

必修作业是儿童在教师领导下的集体学习，有明确统一的目标，全班儿童在同一时间内，做同样的活动，内容是丰富生动的，并且是系统的。选修作业是为发展儿童的创造性和适应各个儿童的特点，由儿童按自己的意愿选择的，但并不是儿童的自由活动。在时间分配上，第一个必修作业在早饭后进行，第二个在午睡后进行。至于作业时间，小班以15～20分钟、中班以20～25分钟为原则，大班上午以30分钟、下午以15～20分钟为原则。

《暂行规程》和《暂行纲要》的制定和试行，明确了幼儿园的双重任务和教养并重的方针，强调了幼儿园教育的目的性和计划性以及各科教学的思想性、系统性和科学性，为全面改革旧教育，逐步建立社会主义学前教育新体系奠定了良好的基础。

三、学前教育管理体制的建立与师资队伍的建设

(一)管理体制的建立

1949年11月，中央人民政府中央教育部成立，在初等教育司下设幼儿教育处，张逸园为第一任处长；同时决定省、市教育厅、局设立幼教科、组或设专人主管幼儿教育。自此，我国的幼儿教育事业便有了全国统一的领导管理体系。

1952年11月，中央人民政府委员会第十九次会议决定成立高等教育部，中央教育部机构也相应调整，幼儿教育处调整为教育部的直属单位，幼儿教育事业在中央教育部的直接领导下得到迅速发展。

1956年，教育部、卫生部、内务部颁发了《关于托儿所、幼儿园几个问题的联合通知》，对全国保教事业的发展方针、领导关系以及培养干部等问题做出了决定，明确了各类型的托儿所、幼儿园的领导职责，以统一领导、分级管理为原则。各类型托儿所、幼儿园的经费、人事、房屋设备和日常行政事宜，均由主办单位(包括教育行政部门、厂矿、机关、团体、部队、学校、群众、私人等)各自负责管理；有关方针、政策、规章、制度、法令、教育计划、教育内容、教育方法、儿童保健等业务，在托儿所方面，则统一由卫生行政部门领导，在幼儿园方面，则统一由教育行政部门领导，主办单位应向当地卫生或教育行政部门报告工作，主办单位应对所办园所进行定期检查，帮助解决存在的问题。《关于托儿所、幼儿园几个问题的联合通知》及时地解决了妨碍保教事业发展的领导管理体系上的问题。至此，我国的幼儿教育便真正形成了全国统一的领导管理体系。

各级幼儿教育行政部门通过调查研究、视察指导、组织会议、发表文章、下达

文件等多种方式指导工作。中央教育部幼儿教育处每年均组织全体干部到基层进行幼儿教育的调查与指导。

(二)师资队伍的建设

中华人民共和国成立后，各级教育行政部门十分重视幼儿教育干部与师资的培养与培训工作。一方面，建设从高等师范学校到幼儿师范学校培养专业人才的体制；另一方面，大力开展在职培训。几年中既培养了一批中级与高级的幼儿教育新的主力军，又提高了原有幼儿教育干部和教师的专业水平，幼儿教育战线出现了人人好学上进的热潮。

1951年8月，教育部召开了第一次全国师范教育会议，会议强调当前师范教育的工作方针是将正规师范教育与大量的短期训练相结合；短期训练的方式应多种多样，以应急需；对正规的师范教育要调整、整顿，发展各级师范学校。

1952年7月，教育部颁发的《关于高等师范学校的规定(草案)》中指出：高等师范学校教育系应分设学前教育组，培养中等师范学校的专业课教师。根据教育部颁发的有关高等师范学校的精神，教育部将高等学校院系进行了调整，在我国5大行政区域的高等师范学院中建立幼儿师范学校师资培养基地，通过一系列的合并整合成立了南京师范学院教育系学前教育专业、北京师范大学教育系学前教育专业、西南师范学院教育系学前教育专业、西北师范学院教育系学前教育专业，并在东北师范大学教育系增设学前教育专业。至此，便有以上几所院校的学前教育专业为全国培养幼儿师范学校专职教师和幼儿教育干部。当时学前教育专业为数虽少，但人才齐备，各校采取办本科、专修科、进修班以及代培教师等各种形式，大力发展与培养较高层次的教师与干部，他们成为中华人民共和国幼儿教育战线第一代领导骨干、业务骨干，在我国幼儿教育的起步与发展过程中起到了奠基的作用。

在建设高等师范学校学前教育专业的同时，1952年7月颁发的《师范学校暂行规程(草案)》规定：师范学校得附设幼儿师范科、师范速成班、短期师资训练班等。同时还规定，“为了便利学生观摩实习，应设附属小学或幼儿园，或由所在地教育行政机关指定附近小学、幼儿园为实习场所”，使学生在实践中提高其专业知识和技能。

幼儿教育师资培养问题被提上议事日程，使幼儿师范学校得到了较快的发展。全国各省区设立初级幼儿师范学校和中级幼儿师范学校，这些学校担负着培养幼儿园师资的任务。到1956年，幼儿师范学校已经增加到21所，这一批幼儿师范学校也成为后来全国重点幼儿师范学校和培养幼儿教师的基地。

1956年6月，教育部发布《关于大力培养小学教师和幼儿园教养员的指示》，其中指出，为了大力培养幼儿园的师资，可通过幼儿师范学校或在师范学校内附设幼儿师资班的方式培训，也可举办短期幼儿师范班。各高等师范学校学前教育专业、幼儿师范学校以及各地教育行政部门相继对在职幼儿教育干部、教师实行多种层次、多种形式的培训，如园长培训、幼儿教师培训，脱产培训、不脱产培训，短期培训、长期培训等，并通过组织教研网、专题讲座、经验交流、现场观摩等各种形式，提高在职干部、教师的业务水平。此外，还通过幼儿教育的教研网和辅导网的活动提高在职幼儿教育工作者的水平。经过几年的努力，学前教育战线上造就了一批理论工作者和实践工作者。

四、苏联学前教育理论对我国的影响

中华人民共和国成立初期，我国在政治上、经济上和外交上都受到帝国主义的威胁，帝国主义在政治上威胁、在经济上封锁、在外交上孤立中国。再加上缺乏建设社会主义的经验，中华人民共和国的发展步履维艰。为了加快建设社会主义的步伐，发展教育事业，在 1949 年年底第一次全国教育工作会议上，我国将学习苏联的经验作为建设中华人民共和国教育的指导方针。学习苏联的教育经验，对于改造旧教育、建设新教育起了积极作用，取得了较为明显的成绩。但是学习的过程中也难免会出现一些生搬硬套，没有充分考虑中国实际的情况。因此，认真总结学习苏联经验的成败得失有着极其重要的意义。

20 世纪 50 年代，凯洛夫的《教育学》在中国风行一时，其教育思想对中国的学校教育和学前教育产生了举足轻重的影响。当时国内还翻译出版了苏联的《幼儿园教养员工作指南》《我的儿童教育工作经验》等书。教育部指出把这两本书作为当时幼儿园学习参考书籍，这两本书也成为我国幼儿园改革的主要依据。

1950 年 9 月，苏联学前教育专家戈林娜在北京师范大学教育系任教，这是最早来中国的苏联学前教育专家，后来她被聘为教育部的幼儿教育顾问，在中国进行了一系列的讲学活动。同时，她还在北京的北海幼儿园等进行试验研究。中华人民共和国的《暂行规程》和《暂行纲要》都是在她的指导下制定的。中华人民共和国的学前教育有了新的借鉴，一批学前教育的教育骨干纷纷出现，学前教育的发展得到了有力的推动，我国的幼儿园工作出现了新的面貌。

之后，苏联儿童心理学专家马努依连柯于 1954 年来华任教，学前教育界掀起了学习儿童心理学的热潮。还有巴甫洛夫的两个信号系统，都作为幼儿教育理论的依据得以推广。

苏联的教育经验和理论，对我国有目的、有计划、有组织地发展学前教育，指导我国幼儿园总结经验，提高教育质量做出了重要贡献。但是其教育思想对教育的影响并不都是积极的。他们对西方当代教育制度和教育理论的片面观点，过分强调集中统一、正规化、教师的主导作用、课堂教学的作用等对我国教育事业的发展也有一些消极的影响。

20 世纪 50 年代末 60 年代初，由于中苏的分歧和矛盾，教育界“学苏”的热潮渐渐冷却，但是其教育理论思想和实践经验对我国教育事业发展的影响却是深刻和持久的。

第二节　社会主义建设时期的学前教育(1958—1965年)

从1956年开始，中国进入社会主义全面建设时期，学前教育事业得到进一步发展。随着国家工农业生产的“大跃进”，学前教育事业经历了一个比较曲折的发展过程，出现了盲目发展及教育质量大幅度下降的情况，也给学前教育理论研究带来了混乱。1961年，党中央提出经济“调整、巩固、充实、提高”的“八字方针”，学前教育事业发展逐步恢复正常。

一、学前教育事业的大起大落

(一)社会主义教育方针的提出

1957年2月，毛泽东在《关于正确处理人民内部矛盾的问题》的报告中，明确提出了社会主义的教育方针：应该使受教育者在德育、智育、体育几方面都得到发展，成为有社会主义觉悟的有文化的劳动者。1958年9月，中共中央、国务院发出《关于教育工作的指示》，明确地、系统地提出了党和国家的教育工作方针，“党的教育工作方针，是教育为无产阶级的政治服务，教育与生产劳动相结合；为了实现这个方针，教育工作必须由党来领导”①。这两条教育方针，前者与培养目标的问题相关，后者则与教育工作的方向问题相关。学前教育也必须贯彻党和国家的教育方针。在培养目标上，曾有人提出幼儿园应把体育放在首位，经过讨论，坚定了结合幼儿特点的“德、智、体、美”全面发展的方针；在工作方向上，普遍采取了为生产服务的措施，加强了对幼儿的劳动教育。

(二)学前教育的盲目发展

随着第一个五年计划的超额完成，我国进入了第二个五年计划时期。1958年5月，党确立了“鼓足干劲，力争上游，多快好省地建设社会主义”的总路线，继而发动了“大跃进”运动和农村人民公社化运动。在学前教育方面，主要表现为学前教育事业的大发展和以寄宿制为主的办园方针的实施，过早地实现学前教育的社会化和全托化。1958年9月，中共中央、国务院在《关于教育工作的指示》中提出：全国应在3～5年内，使学龄前儿童大多数都能入托儿所和幼儿园。这就使幼儿园的发展速度大大超过了国家经济发展的速度。短时间内，各地幼儿园，特别是农村幼儿园的数量急剧增加，小园合并成大园，于是，在有的城市和乡村，托儿所、幼儿园不结合实际情况，一哄而上。1959年，又受到“反右倾”斗争的影响，有的地方提出“三天托

---

① 中共中央宣传部办公厅、中央档案馆编研部：《中国共产党宣传工作文献选编1957—1992》，109页，北京，学习出版社，1996。

儿化”“实行寄宿制、消灭三大差别”等口号，造成我国学前教育混乱的局面，大多数幼儿园处于“看堆放羊”的状态。对于幼儿来说，幼儿园已经失去了吸引力，大多数盲目发展的幼儿园解散。

中华人民共和国成立以后，国家培养幼儿园师资的机构主要有中级幼儿师范学校和初级幼儿师范学校。1956 年之前，幼儿师范学校的数量不多，从幼儿师范学校毕业的毕业生的数量也有限。“三大改造”提前超额完成以后，在当时的国家大背景下，由于幼儿园数量和幼儿园幼儿的人数急剧膨胀，幼儿园教师的培养机构也随之盲目地发展，全国呈现出以发展初级幼儿师范学校为主的态势，高等师范学校和短期培训也迅速发展，只是都好景不长，因为这是一种没有认清我国当时经济发展水平和学前教育发展的实际情况而盲目制定的发展策略。因此，当国家经济发展陷入困境之后，幼儿师范学校的经济基础不复存在，它的发展也开始萎缩。

二、对学前教育事业的调整

1961 年年初，党的八届九中全会制定了对经济实行“调整、巩固、充实、提高”的“八字方针”。这是为使国家度过暂时的经济困难，促进经济形势的根本好转采取的举措。在这个方针的指导下，教育部也随之采取了一些措施调整学前教育的发展。教育部提出，幼儿园的发展宁可慢些、少些，但要好些。城市中的幼儿园以提高质量为主，有条件的就整顿保留，没条件的就撤销。经过整顿，幼儿园得到正常发展，学前教育也逐渐走上正轨。有关统计数据显示，到 1961 年，幼儿园数量降至 6 万所，比 1960 年下降了 92.3%，入园幼儿数也大幅度下降；1965 年，全国幼儿园的数量已经恢复到 1957 年的水平。经过 5 年的整顿，学前教育事业的发展逐年稳步地回升。[①]

图 7-2 形象地说明了这个阶段幼儿园的发展状况。

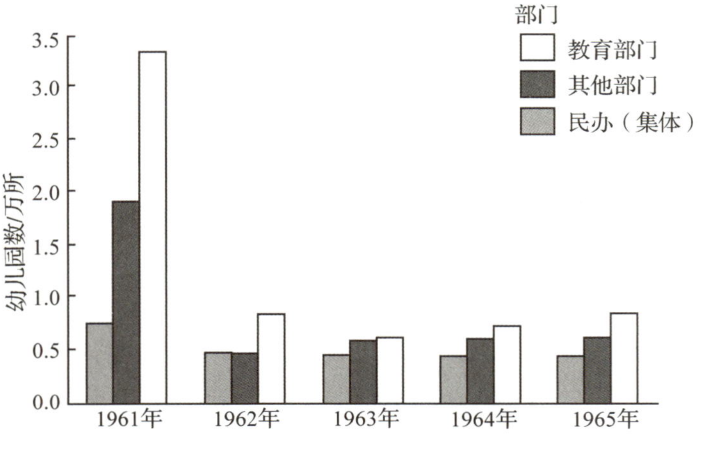

图 7-2　第三个五年计划期间幼儿园发展情况统计图

① 唐淑、何晓夏：《学前教育史》，246 页，大连，辽宁师范大学出版社，2001。

国家在对幼儿园进行调整和整顿的同时，也对师资培训进行了整顿。从1963年至1965年，中级幼儿师范学校稳定在19所，每年在校生人数也稳定在5000人左右。① 培养幼儿园教师的阵地也从“大跃进”时期的初级幼儿师范学校向中级幼儿师范学校转移，这提高了幼儿教师的水平，同时也促进了幼儿园质量的提高和学前教育事业的发展。

“左”倾错误不仅使学前教育事业盲目发展，而且导致学术领域和知识分子开展了批判资产阶级的运动。心理学被当成“伪科学”大肆批判，《幼儿园教育工作指南》(以下简称《指南》)也被上纲上线。1961—1962年，我国对《指南》进行了重新评价，还在党的八届十中全会上，提出无产阶级同资产阶级的矛盾仍然是我国社会主义的主要矛盾，强调“千万不要忘记阶级斗争”，但是“不要阶级斗争扩大化”。经过纠正，学前教育才重新整装待发。

第三节 “文化大革命”时期的学前教育(1966—1976年)

从1966年5月至1976年9月，就是今天我们所称的“文化大革命”的十年。在这十年中，中国推行极左路线，对中华人民共和国成立以来的成就进行了否定与批判。教育领域深受影响，学前教育也不例外。

一、学前教育事业遭到破坏

(一)实行极左的教育方针

在极左路线的影响下，全面发展的学前教育方针遭遇了否定与批判，“四育”的内容和任务被予以否定。

体育方面。幼儿园体育工作中的科学内容被抛弃，如幼儿园合理的生活制度、科学喂养、生活管理、卫生保健措施、安全保护以及基本动作训练、利用自然因素进行锻炼等，致使幼儿园失去了科学的生活管理。体格检查不做了，体育锻炼停止了，营养计算不算了，儿童的生活卫生习惯培养也取消了，儿童的生活无常规可循，教师不教儿童使用筷子，本该学会使用筷子的六七岁儿童仍然像两三岁儿童一样使用勺子。有的幼儿园把儿童使用的餐具简化到只有一个碗，将所有的食物都堆放到碗里，然后让儿童用手抓着吃，甚至取消餐点，饭前便后的洗手和漱口也被取消。体育锻炼中基本动作的练习停止，取而代之的是不考虑儿童身心发展的供大人欣赏的大型体操表演和大型运动会。

---

① 唐淑、何晓夏:《学前教育史》，246页，大连，辽宁师范大学出版社，2001。

智育方面。不对儿童进行智育教育，不引导儿童认识周围的环境和观察生活，更不对儿童进行智力的开发。幼儿园不但不进行自然常识的教育，还批判教具玩具的使用。在这种智育方针的影响下，儿童经验贫乏，智力发展受到阻碍。

德育方面。认为能指导儿童行为规范的德育是对儿童基本行为规范的塑造和品格的培养的不重视，故用政治教育取而代之。

美育方面。凡涉及美育的内容均被禁止。幼儿园不讲环境布置，不讲仪表装束，美术、音乐、文学的活动只能作为政治教育的工具而使用，不能发挥其美育的功能。这样的做法阻碍了儿童对美与丑的辨别能力以及美的感受力和美的创造力的发展。

（二）管理体制遭到破坏

广大教育工作者在长期的教育实践中积累并形成的有效地行之有效的管理体制遭到批判，幼儿园工作人员的合理分工被取消，幼儿园陷入混乱的境地。“据调查，南京市幼儿园被砍掉三分之一；吉林省和龙县有 90% 以上的幼儿园被解散。”①

（三）师资培训取消

培养幼儿园师资的幼儿师范学校纷纷停办，全国只剩下浙江幼儿师范学校一所。该校在经历了停课后，直到 20 世纪 70 年代初才开始举办短期培训班。全国的幼儿师范学校统统取消招生资格，致使幼儿园失去了专业师资来源。各级学前教育行政机构被撤销，幼儿园园舍、场地被挤占，玩具、教具与儿童读物也被列为禁物。幼儿园不再是儿童的乐园。

二、学前教育事业的恢复与发展

“文化大革命”使我国学前教育事业的发展受阻。但是，令人欣慰的是，在困难重重的境况下，很多热爱学前教育事业的工作者本着对教育事业的忠诚，克服重重困难，坚持正确的办园道路，局部地区还取得了较为显著的成绩，尤其是随着计划生育的实施，优生优育与学前教育事业相结合，更是促进了学前教育的发展。1975 年，卫生部妇幼局在江苏省召开了妇幼保健、优生优育、幼儿教育的座谈会。随后，全国都积极推广这三项工作一起抓的经验。江苏省委宣传部还发出南京师范学院幼教系教师赴如东县学习的指示。在江苏省这面旗帜的带领下，各个幼儿师范学校逐渐恢复，幼儿园的数量及幼儿园的入园人数都稳步增加，学前教育事业逐步恢复并缓缓发展。

---

① 唐淑、何晓夏：《学前教育史》，250 页，大连，辽宁师范大学出版社，2001。

第四节　社会主义建设新时期的学前教育(1976年以来)

1976年10月，“文化大革命”结束。1978年12月，中国共产党召开十一届三中全会，中国进入了改革开放的新时期，开始了建设有中国特色的社会主义事业，教育工作也走上了健康发展的轨道。学前教育在这样的大背景下得到了振兴和发展。

一、学前教育的领导与管理

(一)新时期学前教育方针的确立

为了扭转“文化大革命”给学前教育带来的混乱局面，1979年，经中共中央和国务院批准，全国托幼工作会议召开。会议分析研究了全国城乡的托幼工作状况，并讨论了当时应解决的迫切问题。这是一次中华人民共和国成立以来托幼工作受到空前重视的会议。会议就五个问题提出了指导性意见：关于加强托幼工作的统一领导和分工合作的问题；关于积极解决托幼工作的经费和保教人员的工资、劳动保险、福利待遇等的问题；关于坚持“两条腿走路”的方针，恢复、发展、整顿、提高各类托幼组织的问题；关于建立一支又红又专的保教队伍的问题；关于努力提高保教质量的问题。会后，中共中央国务院还批准了《全国托幼工作会议纪要》，发至全国各地贯彻执行。1981年，全国托幼工作领导小组在中南海召开了京津两地托儿所、幼儿园代表座谈会，对托幼工作的质量提出进一步的要求。

1987年10月，国务院批准召开了全国幼儿教育工作会议。会议是在幼儿教育改革的进程中进行的，它肯定了幼儿教育的发展方针依然是动员和依靠社会各方面的力量，发展幼儿教育事业。会议还讨论了师资培训、加强领导与管理等问题，明确提出了幼儿教育是社会主义教育事业的重要组成部分，是学校教育的预备阶段，同时又是一项社会公共福利事业。

(二)恢复与完善学前教育管理机构和体制

1978年，教育部在普通教育司恢复了幼儿教育处，加强对全国托幼工作的指导，为学前教育事业发展的方针、政策等重大问题提出了指导性意见。省(自治区)、市、县、乡镇或者街道的教育部门，陆续设立了幼儿教育的专门机构和专职人员负责幼儿教育工作。农村乡镇设幼儿教育辅导员，大城市设置幼儿教育教研室。上述机构的任务是：对幼儿园、幼儿班实行业务指导，负责幼儿教师与干部的培训工作，办好示范性幼儿园，加强幼儿教育科研的领导。

1982年，国务院在《关于第六个五年计划的报告》中提出“要注意发展学龄前教育”，明确提出了“六五”期间幼儿教育事业的发展指标。国家教育委员会等9部门向国务院办公厅提出《关于明确幼儿教育事业领导管理职责分工的请示》，明确了学前教育事业“必须在政府统一领导下”“依靠部门、单位和集体、个人等方面的力量”发展，“实行‘地方负责，分级管理’和有关部门分工负责的原则”，并规定“有关幼儿教育工作中的重大政策问题。由国家教委牵头，有关部门参加，共同研究”“属于各主管部门分工负责的工作又需同其他部门共同研究的重要问题，由主管部门牵头，有关部门参加”。该文件既突出了学前教育事业的属性，又显示了计划经济体制下依靠行政加强领导，多渠道发展学前教育事业的特点。

党的十一届三中全会以后，特别是 20 世纪 80 年代末，托幼工作已经成为一项关系千家万户的重要事业，而且还在继续快速地发展。

(三)学前教育法规的完善

在社会主义建设新时期，我国的学前教育工作既要修复“文化大革命”以来所受的创伤，又要结合我国当时的实际情况，创建有中国特色的学前教育体系。学前教育思想要沿着科学化、规范化的道路发展，就必须依靠一定的法律法规的监督与指导。

1. 拨乱反正时期(1976—1982 年)

针对幼儿教育机构较多集中于城市，受“四人帮”的破坏也最为严重这一现实，国家首先颁布了关于城市托幼机构的政策性文件。1979 年 11 月，教育部颁发的《城市幼儿园工作条例(试行草案)》对幼儿教育的方针、目标、内容和制度都做出了详细的规定，有助于幼儿园工作人员把握方向，较为迅速地恢复幼儿园正常的工作秩序。1980 年 1 月，卫生部颁发《城市托儿所工作条例(试行草案)》，对婴幼儿卫生保健工作、婴幼儿教养工作、组织编制即工作人员职责、房屋和设备都有详尽的要求。1981 年 10 月，教育部发出《关于试行幼儿园教育纲要(试行草案)的通知》，作为各类幼儿园进行教育工作的依据，要求各地幼儿园结合实际试行。它继承了中华人民共和国 20 世纪 50 年代《暂行纲要》的主要精神，并将教育观念提到了一个新的高度。在颁布《幼儿园教育纲要(试行草案)》的同时，教育部还组织编写了幼儿园教材，并配有挂图。

2. 开创有中国特色社会主义建设新局面时期(1982—1992 年)

根据我国农村人口占大多数的具体国情，农村地区的学前教育水平直接影响着整个国家学前教育事业的发展。1983 年 9 月，教育部发布《关于发展农村幼儿教育的几点意见》，对发展农村幼儿教育起了积极的指导作用。1986 年 6 月，《国家教育委员会关于进一步办好幼儿学前班的意见》发布。这是为了满足不同发展地区的幼儿在入学前受到良好教育的需要，为提高学前班教育质量的具体举措。后来的实践证明，在我国各地经济、文化、教育发展很不平衡，大部分地区幼儿教育发展尚不够发达的情况下，农村学前班是一种行之有效的学前教育的教育组织形式。

1985 年 5 月，《中共中央关于教育体制改革的决定》颁布，明确指出“教育体制改革的根本目的是提高民族素质”“把发展基础教育的责任交给地方”“加强领导，调动各方面积极因素，保证教育体制改革的顺利进行”。1987 年，《关于明确幼儿教育事业管理职责分工的请示》将发展托儿所、培养幼儿教师提高到了与民族素质密切相关的战略高度。据此精神，各部门根据各自的分工又制定了一系列的条款，引导托幼机构工作走向科学化、规范化，以达到为幼儿奠定良好素质基础的目的。

1989 年 6 月，国家教育委员会颁布了《幼儿园工作规程(试行)》(以下简称《规程》)，在重申 1981 年《幼儿园教育纲要(试行草案)》基本精神的基础上，突出了促使幼儿教育现代化的教育原则。《规程》于 1990 年 2 月起试行，1996 年正式实施，是幼儿园内部的工作法规，对全国各级各类幼儿园均有效，共 10 章 58 条。《规程》中贯穿了国家对幼儿教育的基本指导思想：把幼儿发展放在首位，创造和谐的环境，实施保育与教育相结合的原则，对幼儿实施体、智、德、美全面发展的教育，促进每个幼儿身心和谐发展。

3. 建设有中国特色社会主义时期(1992—1999 年)

20 世纪 90 年代初，邓小平同志提出了“科学技术是第一生产力”，号召“改革开放胆子要大一些，敢于试验”。1992 年 7 月，国家教育委员会在《关于深入学习邓小平同志重要谈话的通知》中要求“牢固树立经济建设为中心的思想，使教育更好地为加快经济发展服务”。

1990 年，时任国务院总理李鹏签署了《儿童生存、保护和发展世界宣言》和《执行 90 年代儿童生存、保护和发展世界宣言行动计划》两份国际文件。1991 年，全国人民代表大会常务委员会批准我国政府签署的联合国制定的《儿童权利公约》，从 1992 年 4 月 1 日起对我国生效。国务院颁发的《90 年代中国儿童发展计划纲要》中提出了我国儿童生存、保护和发展的主要目标，在全社会大力倡导树立爱护儿童、教育儿童、为儿童做表率、为儿童办实事的全民意识。

1991 年 9 月，国家颁布了《中华人民共和国未成年人保护法》，内容包括总则、家庭保护、学校保护、社会保护、司法保护、法律责任等。1992 年 2 月公布的国务院妇女儿童工作协调委员会编制的《九十年代中国儿童发展规划纲要》，内容包括前言，九十年代我国儿童生存、保护和发展的主要目标，策略与措施，领导与监测四个部分。1993 年 2 月，中共中央、国务院印发《中国教育改革和发展纲要》，其中明确提出，大中城市基本满足幼儿接受教育的要求，广大农村积极发展学前一年的教育。1995 年颁布的《中华人民共和国教育法》，内容包括总则、教育基本制度、学校及其他教育机构、教师和其他教育工作者、受教育者、教育与社会、法律责任等内容。

这些法律和纲领性文件，将儿童的生存、保护和发展与人类未来之间的关系，提高到关系人口素质提高和未来发展的先决条件的高度，将改善广大幼儿生活和受教育条件列入了重要的议事日程。国家还将教育事业从正常儿童教育扩展至特殊儿童教育，于1993年6月发出了《关于进一步做好学龄前智残儿童康复训练工作的通知》，以实现提高全民族素质的最终目的。

国家教育委员会、国家计划委员会、全国妇女联合会等于1995年9月联合发布的《关于企业办幼儿园的若干意见》，指出“有条件的企业应继续办好幼儿园”“加强社区对幼儿教育的扶持与管理”，不仅肯定了企业办园在我国幼儿教育事业中占有重要地位，同时还对企业办园面临的新情况和新问题进行了讨论分析，指出“在企业转换经营机制的过程中，应在政府统筹下，因地制宜地采取积极、稳妥的措施，多种形式办园，探索在新形势下发展幼教事业的有效途径”。

1996年1月，国家教育委员会颁发《全国幼儿园园长任职资格、职责和岗位要求(试行)》。1996年9月，全国妇女联合会、国家教育委员会颁布《全国家庭教育工作“九五”计划》，1997年3月又颁发了《家长教育行为规范》。1997年7月，国家教育委员会印发《全国幼儿教育事业“九五”发展目标实施意见》，为幼儿教育事业的发展奠定了坚实的基础。

4. 21世纪以来的新时期(2000年至今)

进入21世纪，为了适应学前教育事业的发展需要，我国学前教育法规进一步完善。

2001年9月，教育部颁布了《幼儿园教育指导纲要(试行)》，1981年颁发的《幼儿园教育纲要(试行草案)》同时废止。《幼儿园教育指导纲要(试行)》是在贯彻落实《国务院关于基础教育改革与发展的决定》，推进幼儿园实施素质教育，全面提高幼儿园教育质量的背景下实施的，是指导广大幼儿教师将《幼儿园工作规程》的教育思想和观念转化为教育行为的指导性文件。

由于历史、社会和经济发展等原因，我国幼儿教育总体水平还不高，地区之间、城乡之间发展不平衡，与经济、社会、教育的发展和人民群众日益增长的需求还不相适宜；幼儿教育事业投入不足；一些地方对幼儿教育的重要性认识尚不到位，简单套用企业改制的做法，将幼儿园推向市场，减少或停止投入，甚至出售；有的地方幼儿教育管理力量薄弱。为应对上述问题，2003年3月，国务院颁发了《关于幼儿教育改革与发展的指导意见》(以下简称《意见》)。《意见》着重在“幼儿教育改革与发展的目标”“进一步完善幼儿教育管理体制和机制，切实履行政府职责”“加强管理，保证幼儿教育事业健康发展”“全面实施素质教育，提高幼儿教育质量”“加强师资队伍建设，努力提高幼儿教师素质”“加强领导，保证幼儿教育改革与发展的顺利进行”方面提出了要求。《意见》是改革开放以来，第一次由国务院牵头，教育部、中央编办、国家计委、民政部、财政部、劳动保障部、建设部、卫生部、国务院妇儿工委、全国妇联多个部门联动，对学前教育进行的一次全方位改革，为学前教育的进一步发展奠定了基础。

2010年7月，中共中央、国务院颁布了《国家中长期教育改革和发展规划纲要(2010—2020年)》。其中，“发展任务”部分单列“学前教育”一章，提出“基本普及学前教育”“明确政府职责”“重点发展农村学前教育”的要求。该文件是21世纪我国第一个中长期教育改革和发展规划，是今后一个时期指导全国教育改革和发展的纲领性文件。同年，为积极发展学前教育，着力解决“入园难”的问题，满足适龄儿童的入园需求，促进学前教育事业科学发展，我国还颁布了《国务院关于当前发展学前教育的若干意见》，要求“以县为单位编制学前教育三年行动计划”。2012年10月，教育部印发了《3—6岁儿童学习与发展指南》，为防止和克服学前教育“小学化”提供了具体方法和建议。随着上述学前教育法规的实施，我国学前教育机构的数量有了大幅度的增加，办园质量和教育教学质量也有了较大的提升。

二、学前教育机构的多样化发展

由于各级政府的高度重视和一系列学前教育政策的颁布，在政府正确的学前教育方针的指导下，依靠社会各个方面的共同努力，学前教育机构有计划、有步骤、多种渠道、多种形式、多种规格、稳步地向前发展。

相关统计数据显示，幼儿园的数量和入园幼儿数一直稳步增加，幼儿入园率逐年提高，到20世纪90年代中期都处于增长趋势。20世纪90年代后期，幼儿园的数量和入园幼儿数有下降趋势，这是实行计划生育后，幼儿的出生率降低的缘故。步入21世纪，增长趋势进一步显现。从教育部网站查阅全国教育事业发展统计公报可知，2002年，全国共有幼儿园11.18万所，在园幼儿(包括学前班)2036.02万人；2010年，全国共有幼儿园15.04万所，在园幼儿(包括学前班)2976.67万人；2019年，全国共有幼儿园28.12万所，在园幼儿(包括学前班)4713.88万人。3～6岁幼儿享受学前教育的比例越来越高。

拓展阅读

全国人大常委会委员、国家督学、北京师范大学教授庞丽娟表示，学前教育对于促进个体在早期的身心全面健康发展，巩固和提高义务教育质量与效益，缩小城乡差距，促进教育和社会公平具有重要价值，因此，学前教育具有显著的公益性。考虑到我国现实财力、经济发展趋势，以及民间资本的潜力与积极性，她建议，应确立以公办为主，公办和民办共同发展的学前教育办学体制。政府主导，社会广泛参与，公共财政支撑，多渠道投入相结合。

(一)不同办园体制幼儿园的发展

教育部门办的幼儿园，由于其教育质量较其他部门办的幼儿园高，因此起着示范性的作用，家长也会竞相送孩子到此类幼儿园。从1978年至1989年，教育部办的幼儿园数量增长了1倍多，入园幼儿数增长了3倍；从1989年至1999年，教育部办的幼儿园数量增长了2倍，入园幼儿数增长了1倍多。教育部门办的幼儿园发展较快，截至2019年，教育部门办的幼儿园在全国幼儿园中占比已达32.0%。其他部门办的幼儿园，尽管其教学质量要高于民办幼儿园，但是此类幼儿园面临的问题较多，因此，幼儿园数量和入园幼儿数均有所下降。[①] 民办幼儿园包括城市、县镇和农村办的幼儿园，这类幼儿园发展最快。从1999年至2019年，民办幼儿园数量已从3.7万增至17.3万，在全国幼儿园中占比从20.4%增至61.6%。21世纪以来，由于国家对学前教育加大了投入力度，颁布了一系列的学前教育政策，并配套执行了“三年学前教育行动计划”等促进政策落地的措施，我国学前教育又有了较大发展，在较大程度上缓解老百姓了入园难、入园贵的问题。

(二)不同地区幼儿园的发展

1. 20世纪七八十年代的发展概况

根据1973年城市幼儿园、县镇幼儿园、农村幼儿园的统计数据，城乡幼儿园的发展极其不均衡。就数量而言，农村幼儿园在三种幼儿园中占大多数，相关统计数据显示，以1989年为例，农村幼儿园占全国幼儿园总数的69.5%[②]；但是就稳定性来说，城市幼儿园和县镇幼儿园发展得比较稳定，基本呈现逐年发展的趋势，而农村幼儿园则不太稳定，时增时减，时快时慢，带有很强的盲目性和滞后性。这种不稳定与农村经济发展的不稳定有很大的关系。

2. 20世纪90年代的发展概况

20世纪末，农村幼儿园仍然占多数，但较之前比例有所下降。县镇幼儿园的数量则呈现持续上升的趋势。城市幼儿园的数量虽然有所增长，但是速度不快，基本呈现先增后减的发展趋势。

3. 21世纪以来的发展概况

21世纪以来，城乡幼儿园的发展较以前有一定的改观。根据2001年城市幼儿园、县镇幼儿园、农村幼儿园的统计数据，城市幼儿园占全国幼儿园总数的24.9%，县镇幼儿园占27.6%，农村幼儿园占47.5%。根据2019年的统计数据，城市幼儿园占31.9%，县镇幼儿园占33.0%，农村幼儿园占35.1%。目前我国不同地区幼儿园的数量比例大致平分秋色。

(三)不同收托形式幼儿园的发展

随着国家整体背景的变化，为了满足群众的不同需求，幼儿园的收托形式也随之做出了调整，变得更加灵活多样。以全日制幼儿园、寄宿制幼儿园、幼儿学前班、混合班等为主。

1. 全日制幼儿园

这是我国幼儿园的主要收托形式。幼儿白天在园，晚上回家，一般在园六七个小时，多则十一二个小时。城市幼儿园一般还会供应餐点，安排午睡，但在农村只有少数幼儿园如此。据国家教育委员会1986年的统计，全日制幼儿园占幼儿园总数

---

① 中国学前教育研究会：《百年中国幼教(1903—2003)》，36页，北京，教育科学出版社，2003。

② 中国学前教育研究会：《百年中国幼教(1903—2003)》，37页，北京，教育科学出版社，2003。

的98.81%。

2. 寄宿制幼儿园

幼儿昼夜都在幼儿园，由幼儿园全面负责幼儿的食宿、医护、保教等，每周由家长接回家一两次，主要招收来自部队、机关、工厂、学校等家庭的子女。此外，有因家长出差需送幼儿寄宿几天的；也有一些工厂的幼儿园，由于家长上夜班，幼儿临时在园寄宿的。自20世纪末，随着终身教育的倡导，家长送子女入寄宿制幼儿园的情况逐渐增多。

3. 幼儿学前班

幼儿学前班主要招收学前一年的幼儿，招收年龄根据各地区幼儿入小学的年龄而定，多为全日制的，也有半日制的，并且农村学前班数量多且发展快。有单独设立的，也有附设在小学里的。

4. 混合班

混合班指在同一个班级里，混合招收3～6岁的幼儿。混合班多在居住分散、幼儿人数少的农村举办，由3个或者2个年龄段的幼儿组成，但多以学前一年幼儿为主。随着计划生育工作的展开，自然村落中的同龄孩子不会太多，混合班呈现扩大发展的势态。20世纪末，混合班逐渐被调整，但由于教育观念的更新，有的幼儿园还特设混合班，使独生子女获得与不同年龄幼儿交往的经验。

另外，还有利用社区的资源动员多方力量创建的，以适应不同地区条件和需要的非正规形式的幼儿教育机构，诸如季节性、计时性的幼儿班，家庭游戏小组，社区玩具图书馆，草原流动幼儿园，亲子活动站，家庭辅导站，巡回教学点等无固定时间、地点和师生的非正规收托形式的幼儿教育机构。

三、学前师资培养的层次化

“文化大革命”时期，学前师范教育遭到破坏，中、高级幼儿师范教育的停滞不前使我国学前教育师资的培养遭遇了紧急状况，学前教育专业人士的断层，给学前教育事业的恢复和发展带来了极大的困难。因此，必须加快发展学前师范教育，同时加紧对在职教师的在职培训。经过各级政府和师范院校的努力，我国的学前教育干部和师资培训取得了较快的发展，为我国学前教育事业的发展注入了新的生命力。

(一)学前教育师资培养体系

1. 职前培养

幼儿师范学校是培养幼儿园教师的主要阵地，党和政府要求迅速恢复原有的幼儿园教师教育，并要求做到每个省和直辖市至少有一所独立的幼儿师范学校。由于各地方教育行政部门对恢复与发展幼儿园教师教育给予了重点资助，幼儿师范学校发展迅速。各地幼儿师范学校均有较完善的设备，其中一些学校的教学设备已经达到了现代化的水平，师资经过几年的培训已经基本合格。这些幼儿师范学校承担了为地区培养学前教育骨干的任务，同时还承担了在职幼儿教师培训和幼儿教育教研的任务。此外，当时还出现了一种新颖的师资培训机构，即职业高中幼师班，这类幼师班同样招收初中毕业生，学制 2～3 年，毕业生毕业后自谋出路。

高等师范院校学前教育专业以培养幼儿师范学校教育学科教师为目标。1978 年，《教育部关于加强和发展师范教育的意见》中指出："原有学前教育专业的师范院校，应积极办好这个专业，扩大招生名额，为各地幼师培养师资。"于是，1978—1979 年，全国原设有的学前教育专业陆续招生。20 世纪 80 年代初，华东师范大学、陕西师范大学以及一些省级师范学院也增设了学前教育专业，高校学前教育专业如雨后春笋般迅速发展起来。据 1987 年统计数据显示，共有 22 所院校设置了学前教育专业。高等师范院校如北京师范大学和南京师范大学都取得了学前教育专业硕士学位授予权，开始招收学前教育研究方向的研究生，培养学前教育专业高层次人才。到 90 年代末，全国又增加了华东师范大学等 5 个硕士点，并且有南京师范大学、北京师范大学和华东师范大学 3 个博士点。1997 年 10 月，国家教育委员会颁发《关于组织实施"高等师范教育面向 21 世纪教学内容和课程体系改革计划"的通知》，指出世纪之交的高等师范教育改革计划"起点高、立意新、针对性强"，高等师范院校需"用现代文化、科技发展的新成果充实和更新教育内容"，要"采用科研立项的办法，把研究过程和改革实践紧密结合起来"。1998 年，全国有了第 1 位进博士后流动站的学前教育学者。人民教育出版社还出版了我国学前教育者编写的第 1 批学前教育专业的教材，如《学前教育学》《学前心理学参考资料》《中国学前教育史》《中国学前教育史资料选》《学前儿童发展与教育科学研究方法》《学前儿童语言教育》等。

2005 年 3 月，《教育部关于规范小学和幼儿园教师培养工作的通知》发布，为保证幼儿园教师培养质量，要求各省级教育行政部门研究制定教师教育发展规划，加强对幼儿园教师培养的统筹管理，并对培养幼儿园教师的学校的基本条件做出了规定。

21 世纪以来，随着需求量的不断增加，全国各地在幼儿园教师培养方面又掀起了一轮发展热潮，主要体现为各地根据国家政策法规的要求，因地制宜地发展各地的幼儿园教师职前教育。创新幼儿园教师培养模式，突破培养周期长、补充不及时的困境，通过中职学校和普通高校的对口贯通培养，实行初中起点五年一贯制大专、高中起点三年制本科或初中起点六年一贯制本科培养等模式。以浙江省为例，从培养范围上看，全省有 10 个地区拥有培养本科幼儿园教师的资质；从培养层次上看，有两所院校拥有学前教育硕士授予权，其中一所院校拥有博士授予权和博士后流动站。

2. 在职培训

由于幼儿园的飞速发展，新的幼儿园教师师资培养跟不上幼儿园发展的需求，致使大多数幼儿园教师未受过专业培训。同时，幼儿园的师资也需要增补，在职教师素质也需要提高。1983年1月,《关于加强小学在职教师进修工作的意见》中提出各地要制定培训学前教育师资的规划:“当前,培训的重点是没有受过专业训练的园主任和年轻的教师,培训的方式以短期为主,有条件的可以举办一年以上的培训班。”通过教育部门和民间办学,各地采取短期培训、脱产进修、夜校、函授、刊授、广播、电视、自学考试等形式,进行了授予学历文凭、专业证书和结业证书等不同层次水平的培训,并且编写出版了用于函授、培训等的教材。在职培训体现了因地制宜、长短结合、脱产与业余结合、正规与非正规相结合的特点。

1986年年底,各地教育行政部门开始对幼儿园教师进行考核。根据规定,不具备国家合格学历的幼儿园教师应参加考试,取得教材、教法考试合格证书和专业合格证书。这为幼儿园教师评定职称打下了基础,同时又促进了幼儿园教师全面提高自己的文化、业务水平。

1996年,国家教育委员会颁发的《关于开展幼儿园园长岗位培训工作的意见》中要求采取多种形式开展培训工作,争取用5年左右的时间,将全国的幼儿园园长轮训一遍,培训内容有建设中国特色社会主义理论、国内外幼儿教育改革动向等;全脱产培训的时间为12周,也可采取半脱产的形式进行;培训后经过严格的考试、考查,园长才能上岗任职。

为贯彻落实《国务院关于当前发展学前教育的若干意见》,2011年,教育部决定成立教育部学前教育三年行动计划推进工作领导小组。同年,《关于实施幼儿教师国家级培训计划的通知》发布,“幼儿园教师国家级培训计划”开始全面实施。这是加强学前教师队伍建设和推进学前教育深化改革的重要举措,也是国家级培训项目中规模最大、机制最新的教师培训项目。

2017年,《教育部等四部门关于实施第三期学前教育行动计划的意见》发布。各地纷纷有序推进第三期学前教育行动计划,中央不断加大用于促进学前教育发展的资金投入,鼓励并支持各地进行学前教育管理体制改革,逐渐健全学前教育成本分担机制,保障学前教育教师的专业发展机会及薪资待遇,学前教育教师队伍得以长足稳定发展。

2018年,《中共中央 国务院关于全面深化新时代教师队伍建设改革的意见》对教师的职前培养、在职培训、薪资待遇等进行了全面论述,在顶层规划上给予了教师队伍建设制度保障,将教师队伍建设的重要性提高到了前所未有的程度。“全面提高幼儿园教师质量,建设一支高素质善保教的教师队伍”“培养热爱学前教育事业,幼儿为本、才艺兼备、擅长保教的高水平幼儿园教师”的战略目标,充分体现了党和国家领导人对学前教育教师队伍建设的关切与支持,将培育优质学前师资作为我国学前教育发展的重中之重。“幼儿园教师国家级培训计划”迄今已进行了十年,每一年项目的重点都会随教育发展目标的革新而发生变化,十年来培训了数百万幼儿园教师及幼儿园园长。

(二)学前教育师资状况

经过多渠道、多层次、多规格、多形式的职前培养和在职培训，幼儿园教师人数明显增加，教师的学历水平得到了提高，学前教育师资素质得到了改善。

1981 年，全国仅有 41 万名幼儿园教师；2000 年，专任教师的数量增加到 85.65 万；2019 年，增加到 276.31 万。对幼儿园教师的学历要求也在不断提高。在幼儿园园长和幼儿园专任教师中，以 2000 年为例，师范专业毕业的人数占 72.99％。其中，中等师范院校毕业生最多，占 45.03％；其次是职业高中毕业生，占 16.16％；高等师范院校毕业生占 11.80％。但是，取得专业合格证书的人所占比例很小，幼儿园园长占 9.08％，专任教师占 10.19％。当前，幼儿园专任教师学历已经以专科、本科为主，研究生学历的教师在幼儿园也不鲜见。

思考与练习

1. 中华人民共和国成立初期，教育工作的总方针是什么？学前教育的发展方针是什么？学前教育的改革实施情况怎样？

2.《暂行规程》和《暂行纲要》中规定双重任务、主要目标、教养活动项目及教养原则对今天学前教育的发展有什么启示？

3. 从学前教育的盲目发展中，我们应汲取哪些经验教训？

4. 针对当前学前教育发展状况，谈谈你自己的看法。

下篇　外国学前教育史

第八章　古代学前教育活动

学习目标

1. 了解古代东方国家的学前教育活动。
2. 了解古代西方国家的学前教育活动。

本章主要介绍了最早进入奴隶制社会的古代东、西方国家的学前教育活动。被称为"世界文明古国"的古代印度、古代希伯来、古代埃及作为最早进入奴隶制社会的东方国家，为学前教育的发展提供了很多宝贵的实践经验和理论基础。在西方国家中，古代希腊和古代罗马相继进入奴隶制社会。古代罗马继承与传播了古代希腊在学前教育活动方面的宝贵经验，从而影响了整个欧洲的文化艺术的复兴乃至现代欧美教育的发展。

第一节　古代东方国家的学前教育

在世界文明史上，古代东方国家的教育是人类社会发展史上最早的教育。大约在公元前 3000 年，埃及、巴比伦、希伯来、印度和中国等东方国家的文明开始发展，我们常称这些国家为"世界文明古国"，它们是整个人类文明的摇篮和发祥地，也是世界文化教育事业最早得到发展的国家。

一、古代埃及的学前教育

古代埃及位于非洲东北部尼罗河流域，约在公元前 3500 年进入奴隶社会。当时埃及分为上埃及和下埃及两个王国。公元前 3100 年左右，上埃及提尼斯州的统治者建立起古代埃及史上的第一个王朝，又称提尼斯王朝，奴隶主专制的国家自此形成。后经过古王国、中王国和新王国三个时期，300 年后，南北统一形成一个农业、手工业和商业发达，城市繁荣的王国。古代埃及在天文学、历法学、数学、医学等方面都已取得了重大的成就。文化的繁荣和科学的发展促进了古代埃及的教育兴起，促进了埃及多种学校的产生。

(一)古代埃及的家庭教育

古代埃及以家庭为教育子女的场所，父母就是教师。家庭承担着传递知识、技能、行为模式和信仰的责任。儿童要做出能给家族带来荣誉的行为，因此，家庭有责任为儿童的行为奠定基础。

一般来讲，古代埃及的儿童在14岁以前由母亲负抚育之责，子女们以玩玩具为游戏，并从日常活动中受教育。古代埃及的婴儿将大量时间用于玩要，但一过婴儿期，他们就要被训练成成人。女童跟母亲学做家务或干农活，男童则子承父业，先学习简单的事情，然后做更复杂的事情。讲故事在古代埃及人的生活中占有重要地位，儿童就是在听故事和讲故事的过程中逐渐长大的。

父母也让儿童了解世界，以及宗教信仰、伦理道德和正确的行为等。因此，家庭不仅承担着普通生活智能和道德品质的培养任务，就连高深的专业知识和技能也由家庭传授。儿童从小就在家庭中接受父辈的教诲，一年一年地逐步了解和掌握父辈职业中的秘传手艺。所以，不少家庭担负着实施专业教育的重要职责。例如，古代埃及从事祭司、医学、建筑、军事、农务等行业的家庭里的孩子，几乎都要重走父辈的从业道路，世代相传地继承父业。其行业秘密由不同家庭长期把持。例如，有个建筑师之家，曾经22代世传为营建工程从事者；有个高僧之家，9代世传为僧侣；有个文士之家，曾7代世传为文士。历史学家狄奥都拉斯叙述古埃及的教育时说："他们从儿童期就被父亲或亲属传授各种生活需要的实际知识能力，谈到读和写，埃及人至多只对他们进行肤浅的教授。"①儿童接受这类技艺的培养，既没有专门的教材、教学方式和时间，也没有年龄的规定。男童稍能懂事就跟随父辈或长辈，在实际生活中通过耳濡目染的方式获得一些感性认识，继而动手试验。这种学徒式的训练完全带有模仿性和实践性，而且往往限于本家族之内。由此看出，古代埃及的学前教育内容首先具有多样性和等级性，儿童是按各自不同的出身接受相应等级的教育的；其次还具有实践性和职业性，一般儿童总是从事家长从事的职业，因此家长也就成为儿童学习和效仿的目标。古代埃及对男女儿童进行分工教育，并且对女童的学习相当歧视。一般由父亲承担对男童进行专业教育的职责，而女童只限于由母亲教会缝纫、烹饪等，不得参加任何技艺的学习。

从教育方法上看，实行家长制加体罚。即使是皇室后代在宫廷学校中进行学习，惩戒和鞭打也是最常用的方法。在公元前1500年左右的新王国时期，阿赫摩斯王朝一位名叫塔胡梯的皇子曾深有感触地说："我每天挨打，如同吃饭一样的习惯和规

① 曹孚等：《外国古代教育史》，17页，北京，人民教育出版社，1981。

律。"[①]一般人甚至将教育比作驯兽，把教鞭当作教育的同义词。由此可见，当时儿童的身心是受到极大摧残的。

（二）古代埃及的学校教育

在古王国时期，教育事业尚处萌芽阶段，儿童早期的教育完全出自他们的父母。到了古王国末期，由于贫富差异的加剧，幼儿教育也就表现出显著的差别。

1. 宫廷学校

皇族子弟为继承皇权和登上最高统治者的宝座，除了年幼时期专有乳母、保姆等精心喂养外，还要进入宫廷学校学习。据古代埃及文献记载，公元前 2500 年左右的埃及古王国时期就建立了宫廷学校，用来教育皇子皇孙和皇亲国戚的子弟，使他们具备作为未来统治者应有的素质和能力。[②] 宫廷学校是一种融学前教育和初等教育为一体的教育形式，是由国王（法老）在宫廷中专门开设的。学校邀请富有经验的僧侣、官吏、文人、学者任教，有时由法老亲自传授。儿童除了做游戏、听故事、习字书写、学习初步知识外，从小就被灌输敬畏日神、忠诚国君的思想，还要模仿成人试行宫廷的习俗和礼仪，以便养成未来统治者应具备的言行举止。

2. 职官学校

这种学校的创办迟于宫廷学校，是国家官办的具有职业教育性质的学校。它担负着培养、训练国家机关需要的官吏的任务，因此也被称为政府机关学校。官吏子弟的学前教育首先在家庭中进行。母亲照管饮食起居和教育女孩，父亲则负责教育男孩。除了做游戏、锻炼身体和听故事之外，男孩还要学习宗教歌曲、初步的社交礼节以及舞蹈和读写。这些内容虽然十分肤浅简单，但作为富家子弟，如果想未来在政府官邸谋职居位，就必须从小以父为师逐步学习。只有较好地完成了以上家庭教育的贵族子弟或官员子弟，才能顺利进入职官学校学习，以适应正规的基础训练和业务训练的严格要求。学校的教师大多由政府的官吏充任，学生从 5 岁开始，经过 12 年的学习，毕业后可成为文士或官员。

3. 文士学校

在古代埃及的学校教育机构中，文士学校是最主要且最重要的学校，同时也是一种相对比较低级的教育机构。文士是古代埃及社会中最普遍的职业。它是知识阶梯的第一步，也是步入官场的开始。一般大众也许不需要文士，但有许多专业领域却需要大量的文士。古代埃及公私事务注重书写，各级官吏又由文士充任，很多文士遂私人招生授课，有志的青少年前往学习。此类学校主要用以培养能从事书写和计算工作的人，它对学生的出身限制较前三类学校少一些。

埃及儿童一般在 5 岁时可进入这种学校，上半天课。其教育内容中有书写、计算、律法知识、数学、天文和地理等，其中最受重视的是识字和阅读。就书写的内

---

① 曹孚等：《外国古代教育史》，21 页，北京，人民教育出版社，1981。

② 单中惠、刘传德：《外国幼儿教育史》，13～14 页，上海，上海教育出版社，1997。

容而言，最初阶段主要是关于道德的训诫，等学生能力逐渐提高后，便书写《尼罗河的赞歌》《道福的教诲》等长文。古代埃及在书写教学中还注重指导儿童学习辞令，认为善于辞令是良好教养的标志。儿童掌握了初级水平的书写能力后，则以商业函牍、请假申请书、对长官的颂词、工作报告等为书写练习的题材。随着学生年龄的增大，教师更注重培养其写作能力，让他们想象各种具体情况并练习作文，如记述法老和高级官吏的旅行、城市和庙宇的建筑、船舰的修理过程，撰写下属向长官提出的申请书等。虽然文士学校有贫家子弟入学就读，但从总体上来看，埃及各类学校的学生多半是奴隶主子弟，而一般农民、手工业者的孩子是很难有机会入学的，这也说明了古代埃及学校教育中的等级性。

古代埃及教师为了鼓励学生学习说了很多读书的好处，但当时的古代埃及学校盛行体罚。文献记载，有一位教师这样教训他的学生："不要把时间玩掉了，否则你就要挨揍，因为男孩子的耳朵是长在背上的。"教育过程中所用的方法也较为死板，如学生靠模仿学习传统形式的书写，机械训练和记诵是经常采用的典型方法。其教育效果很有限。

总之，古代埃及的学前教育尚处于萌芽阶段，与初等教育之间没有明显的年龄界限；教育内容具有强烈的职业性和实践性；教育方法采取体罚的方式，使儿童的身心备受摧残。尽管如此，古代埃及的学前教育办学形式之多样、学习内容之广泛，在当时来说是前所未有的，为世界学前教育的发展做出了极大的贡献。

二、古代希伯来的学前教育

希伯来人原是西亚和美索不达米亚一带(幼发拉底河与底格里斯河)的游牧民族，是现今犹太人和以色列人的古称。希伯来人的国家位于亚洲西南部的迦南(今巴勒斯坦)地区，即从地中海东岸到约旦河和死海周围一带，面积不大，地形狭长。希伯来人属欧罗巴人种地中海类型，原在两河流域游牧。公元前 15 世纪至前 14 世纪时侵入迦南，征服并同化当地居民。后因气候原因，公元前 14 世纪左右转徙至北非的埃及，沦为埃及法老的奴隶。后因不堪埃及人的虐待而在首领摩西的带领下，约公元前 1220 年逃离埃及返回西亚，后定居巴勒斯坦地区。公元前 1010 年，奴隶主大卫建成统一的希伯来王国。希伯来王国在所罗门时期得到了很大发展，但由于阶级矛盾深刻，更由于居于统治地位的犹太人和以色列人彼此内讧，国家不久分裂，北部由以色列人占领，犹太人则居于南部。公元前 722 年，亚述王国消灭了以色列王国，犹太王国也于公元前 588 年为巴比伦王国所灭。直到公元前 538 年，波斯王居鲁士灭巴比伦王国，希伯来人才得以重返家园，并在波斯征服者的羽翼之下，建立了宗教公社，以犹太教为立国施政之本，以耶路撒冷为都城，继续存在若干年。此后，以色列部落定居在富裕的北部，犹太部落分布在南部。希伯来人的"黄金时代"是大卫和所罗门统治时期，耶路撒冷为当时的政治、经济、文化和宗教中心。公元 70

年，罗马吞并希伯来。

古代希伯来人在长期动荡不定的生活中，为求生存和发展，不得不既依赖于宗教，又寄希望于教育，把宗教看作维系种族的灵魂，把教育当作实现民族统一和复兴的神圣事业。因此，他们建立宗教公社，以犹太教为立国施教之本。其经典为《圣经》，包括《律法书》《先知书》《圣录》三部分(后由基督教继承而称其为《旧约圣经》)。它不仅是每个犹太教徒必须诵记的宗教信仰经典，而且也是希伯来人从小就开始学习的教育经典和核心内容。古代希伯来的学前教育发展进程，一般可分两个历史时期来概述：第一历史时期为公元前1300年至前586年，犹太亡于巴比伦；第二历史时期为公元前586年至公元70年，罗马吞并希伯来。

(一)家庭教育时期

古代希伯来在学校出现前以家庭教育为主，家庭也就成为培养教育年青一代的主要场所。他们强调教育要及早开始，即婴儿自出生之日起，实际就已进入了接受家庭教育的程序。在婴儿出生前后，为人父母者就应负起教育子女的责任。按照希伯来的习俗，婴儿一出生，父母就用盐水擦洗婴儿，还习惯于把婴儿置于襁褓之中。婴儿一般由母亲哺乳，到3岁才断奶。先知以赛亚曾说过，婴儿从断乳开始就应该接受教育。在家庭中，儿童最初接受的是母亲的基本道德教育。《圣经·箴言》列举了妇女应有的多种品德，这些品德被视为教养子女所须知的。比如，母亲应在遵守律规、勤劳持家等方面做出榜样，对女儿的教育更应由母亲来进行，这是每一位母亲应尽的职责。父亲作为一家之主，又是家庭的祭司，理所当然地担负教育儿童的责任。对其子女来说，父亲就是教师，父训就是法律，一切言行举止必须听命于他。男孩长大后，父亲便开始向他传授有关民族传说、祖先训诫等方面的知识和某种职业技能。父亲常常把自己的一技之长传授给儿子，以保证他将来成家立业，不致成为社会的累赘，犹太谚语“不授子业，纵子成贼”正是此意。为了督促子弟学习，父亲是可以采取各种手段的，包括打罚惩戒。当时的教育方法不正规，家庭教育主要以生活训练为主，通过实践达到教育目的。父亲在儿童幼时以游戏为教育手段，稍大一点儿便要求儿童积极参加劳动和使用武器。在父亲和部落中亲属们的指导下，男孩学会一切必要的本领。由于那些法律学家和权威学者们自己也往往从事某一行业，手艺和手工劳动便起到教育每个孩子的作用。一些男孩通过与其父兄一起劳动而受到训练。

家庭教育不仅是对儿童进行道德和某些职业方面的训练，更重要的是对儿童进行宗教神学的灌输，以培养宗教信仰为最重要的目的。这种培养由父母言传身教，不断深入人心。希伯来的宗教教育较注重引导、启发儿童提问和观察事物，注重父子之间的亲密感情和说服感化。例如，《创世记》中明确告诫每位家长，你们所生的年幼子女，并非属于父母私有，都归属天国的子民，他们都应有独立的人格。这就促使希伯来人的父母们在家庭教育中比较注意尊重儿童，乐意倾听他们的意见，了解儿童，从而提高他们学习的兴趣。家庭教育常以父母带领儿童诵读经典和参加宗教节日活动的方式来进行。在父母的带领下，儿童观察或参加各种宗教盛典，接受更直观、形象的教义和教规的教育，也可从中获得一些有关社会、民族、风俗习惯和生活常规方面的知识。这种耳濡目染、模仿参与的做法更能使儿童激发兴趣和加深印象。同样，犹太教的经典中也要求每个子女从小就要逐步养成遵奉教规、服从父母的习惯。比如，《圣经·箴言》中称："我儿，要听你父亲的训诲，不可离弃你母亲的法则。"所罗门训子时说："众子啊，要听父亲的教训。""我在父亲面前为孝子。""父亲教训我说，你心要存记我的言语，遵守我的命令，便得存活。"

(二)会堂教育时期

在公元前586年至前538年近半个世纪的在巴比伦流放的时期，希伯来人开始接触一种更为先进的古代巴比伦文化，这在一定程度上推动了希伯来文明的进步。在流放的过程中，希伯来文化面临着被当地文化吞并的危险。很多青年人对家乡一无所知，并且心甘情愿地让本民族的文化成为新式文明的一部分。因此，首领们的当务之急就是把人民团结在一起，使他们怀念过去和设法回到家乡，这样巴比伦国土上就出现了犹太教堂。从巴比伦回到巴勒斯坦后，犹太教堂显得更重要了，它成了进行教育和礼拜的中心。在公元前679年，当耶路撒冷陷落后，至少400个教堂在城内活跃，它们平均分布在整个巴勒斯坦的土地上。当时政权不复存在，由最高祭司受波斯政府支配组织希伯来人的活动，并以《圣经》为工具统一人们的思想、意识和行为规范。但此时的社会政治形式已有了变化，文化教育也要随之进行相应的改进。单纯依靠家庭教育和教会教育已不能满足社会实际的需求，只有在保存希伯来民族传统教育的基础上吸收外来教育因素，发展学校教育事业，才是唯一的选择。因此，教堂内设立了小学，儿童们在这里读书、写字和理解一些简单的法律知识。这种学校是应人民的要求而设立的。随着它的作用的突显，犹太教堂更加为人们所重视，最后连整个教堂都变成了文士向人们传授法律知识的场所，图书馆也成了教堂的一部分和进行普通教育的场所，从教堂独立出来的学校也开始出现。由此，希伯来人以家庭为唯一的教育场所的传统发生改变，犹太教堂逐步取而代之。

在这种融学前教育与小学教育为一体的初级学校里，教师以口授方式摘读《摩西五经》的若干语句，指导儿童朗读和背诵。有时为帮助记忆，教师还给儿童印刻字句的圣饼，让他们边吃、边读、边记，并组织他们互相竞赛，还提倡互帮互学，年长儿童要帮助学习有困难或迟钝的儿童，一个儿童也可使另一个儿童变得敏慧。正如希伯来谚语所说："恰似一块小木可以燃烧一块大木，幼儿也可使年长儿童学得聪明。恰如一块铁可以磨利另一块铁，一个儿童也可使另一儿童变得敏慧。"①教师还

① 滕大春：《外国教育通史》第1卷，102页，济南，山东教育出版社，2005。

鼓励儿童动脑筋想问题，并认为凡是善于提问题的孩子，也就是善于学习的孩子。当然，此时采用的方法仍主要是家长制加体罚。虽然摩西带领大家重返家园并进行了一系列的改革，希伯来人的儿童教育观已经越来越具有民主色彩，但是他们仍然不反对体罚。对希伯来人来讲，教育就意味着严酷的纪律，只有这种纪律才能保证家庭教育和宗教教育的成功。尽管父爱和母爱是人的一种天性，但为了履行职责，教育好子女，父母必须要严格管教他们。由此，古代希伯来人认为对儿童的打骂和体罚完全不是出于愤怒而是出于信念，是为了培养儿童敬畏神明、谦逊节制、诚实勤劳的美德。

古代希伯来的教育不同于古代东方其他各国的教育，希伯来人极不重视对自然科学知识的学习和对人文知识的传授，各种教育渠道、教育形式无不向学生灌输神学知识和律法理论，教育以宗教神学为核心。但希伯来人重视早期教育，儿童从小就在家庭或教堂中接受严格的教育。从一定程度上讲，这种教育堪称民族史上或教育史上的一个奇迹。

三、古代印度的学前教育

古代印度是世界文明古国，地处印度河和恒河流域。由于自然条件比较好，约公元前 2000 年就有了比较发达的文化，史称哈拉巴文化。历史学家一般都认为，哈拉巴文化是由印度的原始居民达罗毗荼人创造的，是古代印度青铜时代的文化，它代表了一种城市文明。这一文明延续了几百年之后逐渐衰落，于公元前 18 世纪消亡。哈拉巴文化衰落后，雅利安人在印度创立了更为持久的文明。雅利安人于公元前 2000 年左右出现在印度西北部，逐渐向南扩张，到了公元前 6 世纪初，相传在印度建成了 16 个国家。经过长时期的兼并战争，公元前 4 世纪，雅利安人在南部的恒河流域建立起以摩揭陀为中心的统一国家。由于雅利安人对达罗毗荼人的征服和奴役，以及雅利安人内部贫富分化的加剧，雅利安社会中逐渐形成了一套严格的等级制度，即种姓制度。在这些等级中，只有婆罗门、刹帝利、吠舍三个种姓享有受教育的权利。约公元前 7 世纪婆罗门教形成，奴隶主贵族阶级为巩固其统治，借助婆罗门教把种姓制度神圣化，对被统治阶级进行残酷的压迫。约公元前 5 世纪婆罗门实力削弱，佛教兴起。古代印度宗教权威至高无上，教育大权掌握在婆罗门教和佛教之手。在这一时期相继出现和形成的种姓制度和宗教信仰，对印度的政治、经济、文化、教育都曾产生过极大的影响。

古代印度的婆罗门教与佛教的形成与传播，无不渗透于古代印度的文化教育之中，包括学前教育也完全是为培养宗教意识而进行的。

拓展阅读

种姓制度是印度特有的一种阶级压迫制度，它把当时从事不同社会分工的人群，划分成四个等级，也就是构成四种种姓。第一等级是“婆罗门(僧侣)”，即掌握宗教事务的僧侣贵族；第二等级是“刹帝利(武士)”，即执掌行政与军事大权的世袭贵族；第三等级是“吠舍(平民)”，即名义上具有人身自由的，从事各种生产活动的农夫、手工业者和贫民等，他们必须向第一、第二等级交物、纳税；第四等级是“首陀罗(奴隶)”，即被征服者或奴隶，他们处于社会的最底层。前两个等级与后两个等级由于种姓差别而尊卑极为悬殊，他们之间不得通婚、不得共食，世袭相传，不得更改。种姓制度以及婆罗门权利高于一切，是古代印度社会的突出特征之一，致使意识形态、教育组织等无不打上这个烙印。公元前6世纪以反婆罗门为己任的佛教兴起，逐渐取代了婆罗门教并成为印度国教。

(一)婆罗门教的学前教育

婆罗门教源于印度公元前2000年的吠陀教，约形成于公元前700年，以《吠陀》为最古经典，信奉梵天、毗湿奴和湿婆为三大主神，把人分为四种种姓，主张吠陀天启、祭祀万能、婆罗门至上。这些宗教信条，也为婆罗门教的学前教育提供了主导思想。

吠陀时期，婆罗门对儿童的教育主要在家庭中进行。当时家族是社会和政治结构的基础。家庭里实行家长制，父亲是全家之主，一切家庭生活的安排都听命于父亲的意志。当时家庭的社会地位极其重要，它不仅是全家论事论政之所，也是父辈教育子女之地。父亲握有子女生死、买卖大权，也有教诲、培养儿童的义务。尤其婆罗门属最高一级的种姓，为保证种姓的世袭和尊严，父亲必须在家里悉心指导子女记诵《吠陀》经典。这种家庭教育从儿童幼年开始，教育内容除了身体养护、知识、行为规范和风俗习惯外，最主要的是传诵《吠陀》经典。吠陀意译为“明”，即知识，是印度上古文献的总集。广义的吠陀除《吠陀》本集外，还包括梵书、森林书、奥义书、天启经、法经、家庭经等，狭义的吠陀仅指《吠陀》本集的4部。婆罗门每个家庭中必定有这些经典文献中的部分藏书，以供长幼相传。传授时儿童不许抄写笔录，全凭口耳相传，死记硬背，牢记心间，以便在宗教节日祭祀典礼时，跟着年长者一起诵读冗长的诗文，深表敬神的诚。这种家庭教育神学色彩极浓，儿童一般要经过10年的学习，方能完成4部《吠陀》中的1部。刹帝利、吠舍种姓的子弟虽然也有学习《吠陀》等经典的任务，但由于此事过于耗时费事，实际难以做到，故不得不减少学习《吠陀》的数量，留出较多的时间跟随父辈学习有关军事、农作、手工等方面有用的知识。至于首陀罗种姓的孩子，则被完全剥夺接受教育的权利，奴隶主视他们为牲畜，可以随意打骂、处罚、转让和出售，把他们当作会说话的工具来看待。古代印度的家庭教育除了传授《吠陀》经典外，也注重向儿童传授生活、习俗的知识，帮助儿童养成规范的生活习惯，如早起的习惯、牙齿的清洁习惯等。在古代印度，很长的一段历史时期，家庭教育一直占据着重要的地位。

（二）佛教的学前教育

佛教相传是公元前6世纪由古印度的迦毗罗卫国王子悉达多·乔达摩（即释迦牟尼）创立的，是当时的反婆罗门教思潮之一。

佛教对儿童的教育一般在家庭中进行，也有一些执意要让子女将来终生为僧、尼的家长，可申请提前将子女送入寺、庵“出家”修行。普通家庭的儿童从懂事起就在信佛父母的言传身教中接受早期的教育，主要在信仰方面、公德意识的养成方面和良好行为习惯的培养方面，通过耳濡目染初步了解有关的知识和内容。具体来说，信仰方面要求儿童定期跟随父母参加宗教仪式，吟诵简易经文；公德方面要求儿童坚持慈悲行善、悲天悯人的做人准则；行为习惯方面要求儿童逐步做到勤奋、早起、打坐、洁净、生活简朴、乐于吃苦。此外，儿童还要养成一种乐意助人、慷慨施舍的心态，对化缘行乞的僧徒送以食物等。如若终生想当僧、尼，儿童到8岁时，则分别进入寺院和尼庵。也有儿童在5～6岁时就提前申请入院学习。寺、庵里的佛教教育更加重视道德品质教育和言行举止的训练，儿童则要天天背诵牢记佛教经典、教义注释等，还要经常外出化缘行乞，求得信徒们的施舍，以维持平日生计。这样经过12年的学习训练，经检验合格者，则可留寺、庵充当“比丘”（即和尚）、“比丘尼”（即尼姑）。

古代印度的学前教育是以维系种姓制度和传授宗教神学为核心任务的，始终被浓厚的神学说教所统治。

第二节　古代西方国家的学前教育

希腊半岛和地中海东北部沿岸地区是西方文明的发祥地。公元前8世纪前后，希腊原始社会解体，众多的奴隶制国家逐步建立。它们以一个“城市”为中心，管辖四周农牧地域而建成数以百计的“城邦”。其中颇为强大、重要的城邦是斯巴达和雅典。公元前5世纪至前4世纪是希腊城邦的繁荣时期，其政治、经济、科学和艺术等都有了高度的发展。希腊奴隶制文化在西方文化发展史上起了一个奠基作用，历史上称这一时期为希腊文化时期。古代希腊在经济繁荣、科学艺术昌盛的根基上也积极发展了文化和教育，它是西方奴隶制教育发展的高峰，成为西方古代教育完整而典型的代表。古代罗马是继古代希腊之后西方的又一类型的奴隶制国家。古代罗马的教育是在作为希腊教育的延续与发展的意义上显现其重要性的。包括幼儿教育在内的古代希腊教育通过古代罗马的继承与传播，影响了整个欧洲的文化艺术的复兴乃至现代欧美教育的发展。

一、古代希腊的学前教育

古代希腊是在长期的历史变化中逐渐形成和发展起来的，是欧洲最先创造文明的古国，这与其地理环境紧密相关。古代希腊位于欧洲南部，其地理范围以希腊半岛为中心，包括爱琴海、爱奥尼亚海的岛屿，今土耳其西南沿岸地区以及意大利南部和西西里岛东部沿岸地区。早在公元前 2000 年至前 1100 年，古代地中海民族就在这个地区创造了以克里特文化和麦悉尼文化为代表的爱琴文明。公元前 2000 年前后开始，原居住在多瑙河下游草原地带的希腊民族逐步向南迁徙，先后征服了当地的土著居民，并在摧毁爱琴文明的基础上创造了希腊的文化和教育。

公元前 8 世纪至前 6 世纪，希腊各地先后出现了城邦，逐步建立了城邦奴隶制的经济政治制度。所谓城邦，就是由一个中心城市加上邻近的乡村结合而成的一个国家，“小国寡民”是城邦制度的显著特征。古代希腊的城邦制度存在时间长，和其他地方相比，它发展得最典型、最充分。其政治体系采取城邦自治，每个城邦可以依据自己的需求制定法规。而不同城邦中由于地形和风俗习惯的差异，形成了不同的儿童教育方式，如斯巴达式教育和雅典式教育便是两种截然不同的儿童教育方式。

(一)斯巴达的学前教育

斯巴达地处群山环绕的拉哥尼亚平原。拉哥尼亚三面环山，中间有一块小平原。这里虽然与外界交往不便，但土壤肥沃，以农业为主，是古代希腊最大的农业城邦。斯巴达的居民由三部分组成：斯巴达人，他们是外来的征服者，但居于统治地位，是农业贵族，是公民；希洛人，他们是土著人，被征服的奴隶；庇里阿西人，他们是居住在边境地区的少数民族，属于平民，可以从事工商业劳动，但不能享受公民的政治权利。斯巴达是个少数奴隶主贵族专制的国家。在公元前 8 世纪时，斯巴达人只有 9000 户左右，却统治着 25 万以上的奴隶和平民。斯巴达人对奴隶和平民的压迫与剥削非常残酷，奴隶和平民经常组织暴动、进行反抗。因此，斯巴达人经常处于军事戒备状态。这种社会政治状况和以农业为主的经济状况，决定了斯巴达教育的性质：进行单纯的军事体育教育，忽视文化教育。因此，斯巴达教育从对幼儿的教育开始，就形成了十分重视军事体育的特点。

拓展阅读

婴儿出生后就要接受两次生命的考验。首先是父母用烈酒为他擦洗，其次还要让国家官员——长老检查他们的体质是否强健。凡是经受不住考验或被长老认为虚弱的婴儿就被抛在弃婴场。实行体格检查，是为了保证人口在体质上的“优越性”，以便日后培养出体格强壮的战士。

婴儿出生后的第五天，家庭为婴儿举行命名仪式，在场的有保姆或祖母以及家庭中的其他女性成员。她们抱着婴儿绕着点燃的祭坛转几圈，同时家庭还举行宴会，如果是女婴就在门上挂上羊毛，如果是男婴则挂上橄榄枝编的花环。第四十天，婴儿的名字就登记在了部落的名册上。

斯巴达人普遍坚持这样一种信念：儿童是国家的财富，对他们进行教育是国家的职责。因此，全部教育都由国家负责组织、管理，儿童也属国家所有。为了确保新生一代体质的强健，国家只准许身体和情绪正常的成年男女结婚和生育。经检验合格的儿童由父母代替国家抚养，至 7 岁为止。在此期间，婴幼儿就开始接受斯巴达式的家庭教养和教育，具体实施主要由母亲负责，培养儿童从小不哭不闹、听话顺从的习惯。儿童稍大一些时，他们要不计较食物的品种和好坏，不挑剔衣服的颜色和样式，经受艰难生活、吃苦耐劳和身体锻炼的种种考验，提高适应性。此外，在品德和性格方面，儿童则要始终保持知足和愉快的情绪，还要不怕孤独和黑暗，并经常到公共娱乐场所观赏和聆听关于英雄事迹的演出和讲解，学习英雄们的伟大言行。这给孩子们灌输了斯巴达人的人生理想和道德，使他们逐渐形成勇敢、坚韧、顺从和爱国的思想品德。7 岁以后，男孩被送到国家教育场所接受军事体育训练，直到 18 岁为止。进入国家教育场所后，他们就要经受心魄和筋骨的磨炼，以养成坚韧、勇猛、机警和服从的品质。斯巴达国家教育场所的生活制度严格、残酷。为了培养过艰苦生活的习惯，他们常年都打赤脚、穿单衣、吃粗食、睡硬床。为了培养顽强坚忍的性格，训练的主要形式是格斗。天刚发白，身着破烂长衬衣、骨瘦如柴的孩子们便开始在围着圆柱的竞技场上搏斗。即使一方被打倒在地，伤口流着血，另一方也不可手软。被打倒的如果能够不顾一切，顽强抵抗，坚持到底，那么也会被认为是强者；而哀叫和讨饶则被认为是莫大的耻辱。在一旁指导的队长和老人千方百计地挑动儿童把训练变成你死我活的厮杀。还有一种方法，是专门考验儿童忍耐力的。任何一个儿童每年都必须经受一次严厉的鞭笞，只有那些咬紧牙关、面无惧色的人才成为合格者。

斯巴达也非常重视对女子的教育。当男子在外接受训练时，女子在家中或附近也接受专门的训练。与男子的训练相同的是，她们的训练同样有组织、有纪律，而且很严格。女子有专设的学校，她们在学校里学习诗歌、音乐、舞蹈，进行跑步、游泳、掷标枪、摔跤等各种体育锻炼。她们训练的目的有三个：一是当男子出征时，她们在家乡承担保卫城邦的重任；二是用音乐、舞蹈奖励和慰问勇敢的战士，并嘲笑怯懦的人；三是生育健壮的婴儿。据普鲁塔克记载，斯巴达的少女为了使身体结实，必须经历竞走、格斗、掷铁饼、掷标枪的训练，以使未来的孩子在母亲怀孕时就有结实的身体，保证正常发育，做母亲的也能因为身体健康而易于分娩。

总之，斯巴达国家封闭的地理条件和其试图维护国家统治的现实需要决定了斯巴达教育的总特征表现为单纯的军事体育训练和性格教育，其教育目的是培养性格坚强、英勇善战的军人。可以说，这种教育特征贯穿于斯巴达儿童的整个受教育阶段。

(二)雅典的学前教育

雅典是当时希腊另一个著名的奴隶制城邦国家，它的政治、经济和文化生活情况与斯巴达大不相同。雅典地处阿提卡半岛，全境多山，大量种植橄榄、葡萄，手工艺相当发达。雅典临近海湾，又有优良的海港，雅典人长期定居于此。公元前492年至前449年，希腊和波斯国进行了长达43年的希波战争，雅典取胜，从此获得了海上霸权的地位。雅典有优良的港湾和丰富的矿藏，宜于工商业的发展，所以它的手工业和商业很发达。雅典由于与周围其他国家有频繁的贸易来往，成为当时的国际商业中心，同时受到古代东方文化的影响，因此，它的文化、科学和艺术也很发达。由于雅典的工商业发达，工商业奴隶主出现了。工商业奴隶主不满农业奴隶主的夺制，展开了与农业奴隶主争夺政权的斗争，雅典逐渐形成了奴隶主的民主共和政体。

在教育目的上，雅典的教育不仅要把奴隶主的子弟训练成身强力壮的武士，而且要使他们成为具有一定的知识与文化教养的商人、能言善辩的政治家和社会活动家。因此，雅典的教育不仅注意到体育、军事训练和道德教育，同时也注意到智育和美育，最早的智育、德育、体育、美育和谐发展的教育体系随之形成。

雅典的儿童出生后也要接受挑选。新生儿同样要接受严格的体检，不健壮的或者残疾的婴儿被弃之野外，或者由奴隶抚养，只有体格健壮者才有资格活下来。雅典的家长注重对婴儿的合理喂养，注重婴儿的饮食卫生和安排适宜的生活环境。上层社会的母亲不亲自哺育孩子，而是聘用身体健壮的斯巴达保姆来负责。父母也不对幼儿的教育负责，而是雇用年长的女奴隶担任家庭教师，负责幼儿的饮食起居、健康及教育等。雅典的学前教育中，较为看重玩具的教育作用，幼儿有各式各样的彩陶娃娃和泥制动物的玩具，还有铁环、陀螺、玩具车等。雅典和其他希腊城市流行的儿童游戏有50余种，最常见的是掷骰子、猜单双。幼儿也喜爱与小动物玩耍。幼儿还可以玩木偶、皮球等玩具。童话故事和伊索寓言在他们的教育中占主导地位，幼儿可以从中得到粗浅的有关道德行为观念和日常生活的小常识。幼儿在家中还常常听到母亲和女仆唱悦耳的歌曲。7岁前的男孩在妇女们的房间里享受和女孩同样的教育。7 岁以后，女孩留在家中由母亲负责教育，学习纺织、缝纫等技能，男孩则开始同时进入文法学校和音乐学校学习。这些学校都是私立且收费的，主要学习《荷马史诗》和《伊索寓言》。平民的子弟如果能交得起学费也可以上学。

古代希腊学前教育的特点是：国家对儿童的体质都十分重视，并采取“优选法”等具体措施；教育都是在家庭中进行的，母亲是天然的教师；对儿童从小就开始进行道德行为的熏陶，灌输奴隶主阶级思想意识；整个学前教育还处在自发的萌芽状态。

二、古代罗马的学前教育

古代罗马位于亚平宁半岛上，是继古代希腊之后又一个奴隶制国家，后来扩张成地跨欧、亚、非三洲的帝国。古代罗马的历史一般可以分为三个时期：公元前 753 年至前 509 年称为王政时期；公元前 509 年至前 27 年称为共和时期，这一时期的教育一般又分为共和早期（公元前 3 世纪以前）和共和后期（公元前 3 世纪以后）两个阶段；公元前 27 年至公元 476 年称为帝国时期。王政时期古代罗马正处于从农村公社向奴隶制社会过渡的时期，流传下来的可靠史料很少，因此在考察古代罗马的学前教育情况时，一般从有史料记载的共和时期开始。（图 8-1）

图 8-1　古代罗马的学前教育

（一）共和早期的学前教育

公元前 3 世纪以前，古代罗马的经济以农业为主。公民除务农外，还需参战。罗马实施一种“农夫—军人”的家庭教育。当时的家庭既是经济单位，也是教育单位。父亲在家庭中处于绝对的支配地位，子女乃父母的私有财产，父亲有生杀大权，母亲也应顺从父亲。儿童最初由母亲抚育，7 岁以后的女孩仍由母亲负责，母亲教以纺织和操持家务，以期其日后嫁人成为贤妻良母。男孩从 7 岁起，由父亲教以各种生活、生产知识和技能。教育的方法主要是观察和实践。父亲带领男孩去田间劳动，也带他们去参加各种社会活动。通过这些实践活动，男孩学会干各种农活，也学到参加各种社会活动的本领。贵族子弟则跟随其父亲学习处理农庄上的管理事务和有关司法方面的问题。男孩从幼年开始学习农事耕作和军事本领，同时接受精神方面的教诲。狭隘闭塞的小农经济、古老的家长制以及宗教信念，使罗马人非常讲究孝敬长辈。崇拜祖先、尊重传统、遵守法纪和效忠国家是每个公民的天职。此外，家庭还培养儿童具有勇敢、果断、严肃、诚实、谨慎和节俭等品德，因此，道德教育在家庭教育中也占重要的地位。有的家庭也由父亲教给儿童一些读、写、算的知识。

儿童也学习角力、骑马、投枪、游泳，并训练忍耐酷暑严冬的能力。古代罗马早期的学前教育是比较简单的。

(二)共和后期的学前教育

公元前3世纪，古代罗马开始大肆向外扩张，古代罗马社会发生了巨大变化，奴隶制大大地发展了，经济空前繁荣。数以千计的希腊教师投奔罗马，一种希腊方式的教育体系便应运而生。为适应共和制政治和文化生活需要，培养雄辩家成为这一时期教育的根本目的。尤其是到了公元前146年，整个希腊被征服以后，大量的奴隶和财富流入罗马，使古代罗马变成了一个蓄奴制的强国。奴隶主贵族阶级逐渐向往东方的奢华，养成了崇尚文明和鄙视体力劳动的习惯，过去精神上的单调和严酷都消失了。随着以上这些变化，家庭幼儿教育的性质、内容和方法也发生了变化。以前由父母自己教育子女，而此时，家庭中出现了乳母和希腊保姆及希腊教仆，大家共同照管儿童，帮助儿童学习希腊文、拉丁文。儿童在家庭中有时也学习书写、计算以及骑马、游泳、作战和使用武器，直至成才。这也就是古代罗马最早的家庭生活方式和学前教育的内容与要求。儿童还从故事中了解勇敢的祖先和有名的战役及英雄的事迹。许多奴隶主贵族为了避免自己的孩子与平民的孩子接触，即使孩子到了上学的年龄，也不把他们送到初等学校去求学而在家庭里施以初等教育。在思想意识上，奴隶主贵族则要求培养儿童对共和国负责与为共和国效忠的感情，锻炼其勇敢和坚强的意志，养成其整洁、谦逊和严谨的习惯，增强其自尊心。有时还组织儿童访问裁判所、军营，使他们从小就懂得有关宗教信仰、军人品质和政治制度等方面的初步知识。

(三)帝国时期的学前教育

在帝国时期，罗马统治者为了有效而牢固地占有广大的领土和控制被征服的民族，对以前仅满足于培养有教养的雄辩家的教育做了改变，教育目的改为培养忠于帝国的官吏和进行文化思想灌输的教师，教育成为巩固其政权的重要手段。为此，统治者建立起了一套国家教育管理体系，采取用国库资助教育的措施，把一切教育置于国家的监督之下。国家规定教师享有一定的特权。在这种情况下，帝国时期的学前教育也变成了一种忠实执行皇帝意志的工具。罗马帝国建立后，帝国处于鼎盛时期，一些母亲贪图享乐不去照管孩子，由侍女和奴隶负责照看，导致幼儿从小心理上遭受毒害，如奴隶主贵族的子弟从小就被培养成自命不凡、好逸恶劳、贪图享受、道德堕落的未来统治者，而劳动群众的子女则逐渐被训练成麻木不仁、顺从的帝国顺民。

(四)基督教的兴起对罗马学前教育的影响

在公元1世纪，由罗马帝国统治的西亚巴勒斯坦地区产生了基督教。公元313年，基督教在罗马帝国境内取得了合法地位，公元325年又被宣布为国教，从而在罗马全境得到了广泛传播。基督教宣扬上帝创造世界、创造人类，但其中也有不少涉及儿童养育与教诲的问题，应该说其既有积极的影响，又有消极的作用。

《圣经》中声称新生儿是具有灵魂的人，应该受到必要的保护，为此强烈谴责杀婴的做法或异教徒的邪恶行径。此举有力地改变了以往杀婴或弃婴的陋习。公元400年，罗马尼森宗教会议决定由基督教会建立收养弃婴与孤儿的机构——乡村之家，这是历史上第一家收养遗弃儿童的福利机构。此后遍及全球开设的育婴堂、孤儿院等皆出于此。但从另一个方面看，基督教的某些教义，如原罪论、赎罪论、禁欲主义等，以及从小就对幼儿施以体罚教育，这些都对欧洲中世纪的学前教育产生过极为不良的影响。

第三节 中世纪西欧的学前教育

历史上通常把公元5世纪至15世纪称为“中世纪”，即封建社会时期。在中世纪初期，西欧的文化和教育几乎全部被教会垄断，教育具有了浓重的宗教性，教育、科学和文化都处于衰退状态。后期，随着封建经济的发展，僧、俗封建主对教育也表现出了一定程度的关心，但是教育仍具有明显的等级性。当时的学前教育也服务于培养教会的僧侣、封建官吏和骑士。

拓展阅读

中世纪(约476—1453年)是欧洲(主要是西欧)历史上的一个时代。自西罗马帝国灭亡(476年)起，在世界范围内，封建制度占统治地位，直到文艺复兴时期(1453年)，资本主义开始抬头。

“中世纪”是一个颇有争议的概念，因为历史上并不曾真正有过一个叫作“中世纪”的时代，“中世纪”这个概念是15世纪后期意大利人文主义历史学家比昂多在其《罗马衰亡以来的千年史》中首先提出并使用的。这个时期的欧洲没有一个强而有力的政权来统治。封建割据带来频繁的战争，导致科技和生产力的发展停滞，人民生活在毫无希望的痛苦中。所以，中世纪在欧美普遍被称作“黑暗时代”，传统上认为这是欧洲文明史上发展比较缓慢的时期。

一、中世纪的儿童观

中世纪，宗教文化统治一切，教会具有绝对的权力，教皇是最高统治者，基督教思想几乎影响到每一个人的活动。在教育领域，基督教会获得了教育的垄断权，教会用“原罪说”“禁欲主义”“蒙昧主义”“文化专制主义”控制着人们的思想，并提出了服从宗教信条、教义的儿童观，即极力倡导“性恶论”的儿童观和“预成

图 8-2 圣·奥古斯丁

论"的儿童观。

(一)儿童是带有原罪的

这是中世纪西方教育史上一种典型的儿童观。《圣经》中并没有"原罪"明确的定义，据称它是公元2世纪的古罗马神学家图尔德良最先提出的，并被圣·奥古斯丁(图8-2)加以详细阐释。宗教的原罪说在14世纪至18世纪被普遍接受。按照基督教的教义，人生来就是罪人。奥古斯丁认为，没有人是纯正无瑕的，即使是刚刚出生的婴儿也不例外。因此，教会鼓吹儿童是带着"原罪"来到人世的，人的错误行为是"原罪"的反映，是性恶的证明。人人应当听从教会的训诫，即赎罪就是人生的目的，教育就是帮助儿童尽快赎罪的手段。为此，教会要给刚出世的婴儿施洗礼，并且，教会认为要实行严格的禁欲，从幼年起就抑制儿童嬉笑欢闹、游戏娱乐的愿望，并采取严厉措施，对肉体不断地进行惩罚和摧残，通过体罚摆脱邪恶。在这种愚昧思想的指导下，西欧中世纪形成了十分落后的儿童观，而且儿童教育是完全成人化的。"原罪说"扼杀了儿童活泼的天性、灿烂的童年。在中世纪，教会兴办孤儿院、收留弃婴的原因之一就是帮助儿童赎罪。在基督教学校中，儿童与成人的差别被忽视了，学生们被要求严格地按学校内刻板的作息方法进行学习，完全没有游戏和自由活动的时间。学生们被迫重复着枯燥的读书、劳动、唱赞美诗等活动，若有违规行为，还要受到体罚。

(二)儿童是小大人

与"性恶论"的儿童观相并存的是"预成论"。预成论认为，当妇女受孕时，一个极小的、完全成形的人就被植入精子或卵子中了，人在被创造的一瞬间就形成了。儿童(或新生婴儿)是作为一个已经制造好了的小型成年人降生到世界上来的，儿童与成人的区别仅是身体大小及知识多少的不同而已。① 受预成论的影响，在中世纪的绘画中，儿童被画成和成人穿着、行为都非常相似的个体。在社会上，儿童被看成"小大人"，一旦他们能行走和说话，就可加入成人社会，玩同样的游戏，穿同样的衣服，被要求有与成人同样的举止。总之，按照预成论的观点，儿童与成人不应有重要的区别，从幼儿开始，儿童的身体和个性已经成人化了。人们无论是在社会教育还是在家庭教育中，都忽视儿童的身心特点，忽视儿童的爱好及需要，对儿童的要求整齐划一，方法简单粗暴。"预成论"否认了儿童与成人之间的生理和心理差异，也忽视了儿童成长发展的节律性和阶段性。例如，从中世纪一直到18世纪，受传统风气的影响，法国的贵族家庭中保留着这样一种习惯：要求小男孩穿骑士服，佩带宝剑，犹如成年男子的装束；要求小女孩浓妆艳抹，穿拖地长裙，打扮得像贵

① 周采、杨汉麟：《外国学前教育史》，56～57页，北京，北京师范大学出版社，1999。

妇人。有人称这样的小孩为“小大人”。近代法国著名启蒙思想家及教育家卢梭曾与这种理论及社会现象进行了坚决的斗争。①

二、教会和世俗的学前教育

（一）基督教会的学前教育

基督教自公元1世纪诞生后，逐渐采取了一系列措施建立教会的教育体系。他们对世俗教育采取敌视的态度，迫使世俗教育逐渐消亡，教会逐渐垄断了教育大权。

1. 学前教育的目的

中世纪时期，基督教会居于教育垄断地位，不允许一般的世俗学校存在。教堂是唯一珍藏知识经典之地，教士就是掌握知识之人。教育的主要目的就是使受教育者成为一个合格的基督徒。② 这种教育从幼儿开始，基督教会的学前教育就是把他们训练成为一个个服从教会的“圣童”，从而为培养一个个真正的基督徒奠定坚实的基础。

2. 学前教育的内容和方法

基督教会领域的学前教育主要通过基督徒对子女进行宗教意识的熏陶。儿童跟随家长参加众多的圣事礼仪和节日活动。例如，当儿童稍微懂事时，基督教会就向他们灌输诸如儿童生下来就是个犯有“原罪”的人，人生就要准备经受无穷的苦难，学会忍耐服从、逆来顺受的思想；人人必须履行参加教会规定的宗教仪式和圣事活动的职责。婴儿出生后第一件事就是要参加由神父主持的“洗礼”或“浸礼”。此后，儿童要跟随家长到教堂或在家里欢度各种宗教节日，如圣诞节、复活节、万圣节等，从中萌生对宗教的好感。此外，儿童还要更多地参加教会组织的圣事活动，如祈祷、读经、唱诗等。有时，教会还组织儿童欣赏教会音乐，陶冶其宗教情感。

（二）世俗封建主的学前教育

中世纪既是基督教神学垄断的时代，又是帝王贵族进行封建统治的时代。基督教会对民众的思想欺骗成为维护封建统治的精神支柱，而封建贵族对民众的政治控制、经济掠夺又成为基督教会的社会保障。它们是一对互为依存、结伴而行的“畸形儿”。

中世纪西欧封建统治的一个鲜明特征是实行等级森严的爵位制。国王为最高的世俗封建主，其下的封建贵族分公、侯、伯、子、男、爵士和骑士等许多等级。这些封建贵族享有世俗教育的特权。封建贵族的学前教育一般按等级分为两类。

1. 宫廷学校教育③

这是一类专为王室儿童实施的宫廷教育。参加宫廷学校学习的只有皇室儿童和

---

① 陈文华：《中外学前教育史》，157页，北京，科学出版社，2007。

② 单中惠、刘传德：《外国幼儿教育史》，35页，上海，上海教育出版社，1997。

③ 陈文华：《中外学前教育史》，158页，北京，科学出版社，2007。

极少数机要大臣的子弟。公元 467 年西罗马帝国灭亡之后，约经过 3 个世纪的征战兼并，西欧出现了一个强大的法兰克王国加洛林王朝。法兰克人原属游牧民族，虽英勇善战，但文化素质甚低，即使上层王室贵族中习文识字者也不甚多。随着疆域扩展、政务繁多，单凭勇猛和武力已不足取，培养人才是当务之急。这迫使最高统治者重视起教育来，并从王室儿童的教育抓起。早在查理·马德时期，为了培育王室后代，王宫内专门开设了一所教育王室儿童包括幼儿在内的学校。这是西欧进入封建制社会后的第一所世俗的宫廷学校，其教育方法多采用问答法。通过问答，儿童学到不少作为未来统治者必需的有关自然和社会的知识以及某些粗浅哲理。

拓展阅读

以下是马德的王子丕平与教师阿尔琴(中世纪英格兰神学家、教育家)的一段对话。

问：太阳是什么？

答：宇宙的光辉，天空的美丽，白昼的光荣，时间的分配人。

问：月亮是什么？

答：夜的眼，雾的施者，风暴的先驱。

问：星是什么？

答：天顶的图画，水手的导航者，夜的装饰。

问：雨是什么？

答：地球之库，果实之母。

问：雾是什么？

答：白昼的夜，视力的劳作。

问：风是什么？

答：空气的骚动，水的动乱，土的干涸。

问：霜是什么？

答：植物的迫害者，树叶的毁灭者，土的羁绊。

问：秋是什么？

答：年岁的谷仓。

2. 骑士早期教育①

骑士教育就是世俗奴隶主子弟所受的教育，它同时也是一种培养为世俗封建主服务的、保护封建制度的武夫的教育。在武器装备落后的年代，战争的胜负主要靠武士格斗的成败来决定。这种武士是封建贵族中最低等的贵族，即骑士。他们立马横枪地冲杀和战斗。这既满足了保卫和扩张封建庄园的需要，也是当时一种非常时

① 陈文华：《中外学前教育史》，159 页，北京，科学出版社，2007。

尚的竞技活动。由此，骑士的地位大为提高，培训骑士的教育也应运而生，接受骑士教育成为贵族子弟通向仕途的必由之路。

骑士教育是集封建思想意识的熏陶与军事体育训练于一体的一种特殊形式的家庭教育。一名骑士的训练和养成要经历三个阶段。0～7 岁为家庭教育阶段，儿童在家庭中接受母亲的教育，主要内容是宗教知识、道德教育和身体的保健与锻炼；7～14 岁为礼仪教育阶段，贵族之家按其等级将儿子送入高一级贵族的家中充当侍童，侍奉主人和贵妇；14～21 岁为侍从教育阶段，重点是学习“骑士七技”①。这种磨炼和考验是除了王室儿童之外，每个封建贵族子弟都必须经受的必修课。（图 8-3）

图 8-3　骑士早期教育

那么，对于骑士早期教育的特点，我们可以归纳为以下几点。首先，骑士早期教育重视宗教意识的熏陶。因此，婴儿出生后的第一件大事就是接受“洗礼”，“洗礼”标志着这个孩子已成为基督教徒。母亲从儿童懂事起就不断地给其灌输宗教神学的初步概念，并随着儿童年龄的增长带他参加一些名目繁多的宗教仪式和节日活动。其次，骑士早期教育重视道德品质的培养。贵族子弟从一生下来就见到自己的父亲对领主的效忠。父母共同教育儿童从小树立忠君爱国之心，仿效达人贵妇讲求礼节，谈吐文雅，以便成年后能坚定地效命于国王和上一级封建主。最后，骑士早期教育重视身体的养护。为了能够横枪立马、纵横厮杀、英勇顽强、克敌制胜，骑士必须具有健壮的体魄，而从小的养护则是关键所在。儿童身体的养护主要包括合理的饮食、适宜的锻炼、作息制度和生活习惯的遵守。这些通常都由母亲来指导和实施。

在中世纪，学前阶段还未被明确地划分为一个学习阶段。在当时的社会政治、经济、文化等的影响下，儿童根据所处的社会地位的不同学习不同的教育内容，但共同点是教育都具有神学性和等级性，且教育方法比较简单，教育内容比较粗浅。

① 骑士七技：骑马，游泳，投枪，击剑，打猎，弈棋，吟诗。

思考与练习

1. 古代埃及的学前教育有哪些特点？
2. 古代东方国家的学前教育内容有哪些？
3. 斯巴达和雅典的学前教育有哪些异同？
4. 共和早期、后期的学前教育各有什么特点？
5. 基督教的兴起对罗马学前教育的影响是什么？
6. 中世纪的儿童观有哪些？其主要观点是什么？
7. 中世纪的世俗教育有哪些内容？

第九章　古代学前教育思想

学习目标

1. 了解柏拉图的学前教育思想。
2. 了解苏格拉底的学前教育思想。

在人类社会文明史上，古代希腊、罗马时期占有重要的地位。在这一时期，许多哲学家、思想家和教育家，如古代希腊哲学家柏拉图、亚里士多德等根据当时社会的政治、经济和文化的需要，结合自身的教育实践和教育经验，提出了不少有价值的幼儿教育观点。虽然受到当时社会历史条件和科学技术因素的限制，他们的大多数观点都是主观经验的演绎，但仍具有宝贵的历史价值。此外，他们还有不少精辟见解和经典著作，已成为人类的文化教育财富，我们可以从中找到后世西方学前教育思想的胚胎和萌芽。

第一节　柏拉图的学前教育思想

古代希腊伟大的思想家、哲学家、教育家柏拉图(约公元前 427—前 347)出生于奴隶主贵族家庭，是西方客观唯心主义的奠基人。(图 9-1)他在青少年时期受过良好的教育。他既是苏格拉底的直接继承者，又是亚里士多德的思想的重要影响者。作为苏格拉底最得意的弟子之一，在苏格拉底被判处死刑后，他也被迫流亡国外。公元前 387 年，柏拉图回到雅典创建了阿卡德米学院，开始从事长达四十多年的教育活动和学术研究。柏拉图著作很多，其教育思想主要集中在《法律篇》和《理想国》中，他关于幼儿教育、女子教育、音乐文艺教育、体育及军事教育等思想对古代希腊及后世的教育均产生了重要的影响。

在认识论上，柏拉图由他的哲学观推理出来，主张认识不是对万物存在的现象世

图 9-1　柏拉图

界的感知，而是对理念世界的回忆。他认为人的一切知识都是由天赋而来的，它以潜在的方式存在于人的灵魂之中。因此，知识不是对物质世界的感受，而是对理念世界的回忆。教学目的是恢复人的固有知识。教学过程即“回忆”理念的过程。他特别强调早期教育和环境对儿童的作用。柏拉图认为在幼年时期儿童接触到的事物对他们有着永久的影响，教学过程要通过具体事物的感性启发，引起学生的回忆，经过反省和思考，再现灵魂中固有的理念知识。就此而言，柏拉图的教学思想体现的是一种先验论。柏拉图力图从具体、个别的事物中寻求一般、共性，有助于寻求事物的规律，这是人类认识发展史上的一个进步。但他的理念论把事物的一般概念绝对化，把它们变成脱离事物并先于事物而独立存在的精神实体，从而割裂了一般与个别、共性与个性的关系。

柏拉图的伦理学说和社会政治观在柏拉图的整个思想体系中占有极其重要的地位。《法律篇》和《理想国》等著作主要反映了其社会政治主张。《理想国》是柏拉图社会政治学说的核心，是他建立完美理想国家的蓝图。他明确指出，一个理想国家应由三个阶级的人组成，即执政者、军人和农工商业者，老天在铸造他们的时候，分别注入了黄金、白银和铜铁。这三种人应各司其职，“干他自己份内的事而不干涉别人份内的事”①。这和他维护奴隶主贵族统治的阶级立场有密切联系。《理想国》也是柏拉图教育思想的出发点。教育是被当作实现理想国的重要手段和工具来加以重视的。他强调教育是国家的重要职责，主张实施按能力而不是按出身选拔培养人才的筛选制度，构筑了一个从优生到成人教育的理论体系。学前教育是其中的有机组成部分。

拓展阅读

有一天，柏拉图问他的老师什么是爱情。他的老师叫他先到麦田里，摘一棵全麦田里最大、最金黄的麦穗。其间只能摘一次，并且只能向前走，不能回头。于是，柏拉图照着老师说的做，结果他两手空空地走出了麦田。

老师问他为什么摘不到，他说：“因为只能摘一次，又不能走回头路，其间即使见到一棵又大又金黄，因为不知道前面是否有更好的，所以没有摘；走到前面时，又发觉总不及之前见到的好，原来麦田里最大、最金黄的麦穗，早就错过了。于是，我便什么也摘不到。”老师说：“这就是爱情。”

① [古希腊]柏拉图：《理想国》，郭斌和、张竹明译，154 页，北京，商务印书馆，1986。

一、论儿童的优生优育

在西方教育史上，柏拉图最早论述了儿童的优生问题。柏拉图的教育思想与他的人性论思想是密切结合的。他认为，上帝造人分为三等，即金质、银质和铁质。而一个人属于哪一种，他生下来的子女也就属于哪一种。[①] 其遗传决定论的观点实质是论证奴隶社会阶级统治的合理性。他还提出，国家应该只允许身体健壮的男女结婚。对于优秀人物，结婚的机会应该更多。柏拉图认为应使婚姻成为高尚的事业，明确婚姻的目的是生育优秀的后代。他从实现理想国的目的出发，主张婚姻问题需要国家的统一管理，要在全国实行计划结婚和计划生育，以保持适当的人口数量。因此，任何人都要过集体的公共生活，并使婚姻成为庄严神圣的事业；任何个人无婚姻自主权，由执政者掌管婚权，为成人选择配偶。此外，结婚人数的多寡也由当政者斟酌决定，保持适当的公民人口，尽量使国家不至于过大或过小。

柏拉图还对男女的婚龄做了严格的规定，男子为25～55岁，女子为20～40岁。因为在他看来，这是男女在身心两方面精力都旺盛的时期，以便他们尽可能多生孩子，使得新的一代比老的一代更优秀，从而对国家更有益。即使合法生育的子女，从一开始也要由政府官员进行检验审查，只允许健壮的新生婴儿接受养育，不良残弱的婴儿则要被抛弃。他认为只有这样，才能确保人们的身体素质良好。凡不符合规定婚龄和健康标准的男女的结合则被看作不洁不义之举，为众人所不齿，其所生子女则不能享受国家的一切权利。

柏拉图不但倡导优生，还十分强调优育。柏拉图也是最早提出胎教的人，他在《法律篇》中强调，我们应该在孩子出生以前就着手这一工作，待产的妇女必须接受有利于未出生的孩子的那种训练。因此，女子怀孕后必须接受胎教练习，以利于胎儿的发育成长。他还认为，教育应从幼年开始，每个人最初所受教育的方向容易决定以后行为的性质。因为幼年时性格正在形成，任何事情先入为主都会为以后留下深刻的印象，幼年时期印入儿童心灵的形象，一生中都是难以磨灭和改变的。在理想国中，所生子女都属于国家所有，任何母亲都不应知道哪一个婴儿是自己所生的，孩子长大也不知道谁是自己的生身父母。为了保证儿童的健康成长，国家要统一设置育儿院，把认定为优良的婴孩送入该院由专人照管。

二、论学前教育的分期

柏拉图是西方历史上首个系统地阐述学前教育问题的人。在其代表作《理想国》一书中，他以学生的心理特点为依据，设想了一个从学前教育至高等教育的完整学校制度。

---

① 吴式颖、姜文闵：《外国教育史话》，6页，南京，江苏人民出版社，1982。

柏拉图为儿童早期的公育制度做了年龄划分，并提出国家应对这一时期的男女儿童实行无差别教育。第一阶段：0～3岁。儿童从一出生就交给国家特设的育儿院养育，由经过严格挑选的女仆照顾，由全城邦最优秀的女公民监督进行教育。婴儿由母亲喂奶，夜间的麻烦事交给奶妈和保姆。柏拉图主张应尽可能让婴儿接近于仿佛他一直在大海上那样生活；照料者应该把他上下摆动，给他唱歌，以便使他免受惊吓；要给儿童以有益的运动，尤其不许他由于过早走路而伤害自己。这一时期照料者还应用摇篮曲、儿歌对婴儿施加影响性教育。这是为发展儿童勇敢和坚定性格而进行的首要的准备工作。第二阶段：3～6岁。在学前教育阶段，由国家实行公共学前教育，由国家决定教什么内容和选择什么人充当教育者。3岁后的儿童要集中到附设在神庙里的国家儿童场里去，由性格温和、富有知识的保姆监护，并对儿童进行智、德、体、美和谐发展的教育，具体内容为故事、寓言、诗歌、音乐、艺术和体育锻炼，并强调寓教于乐，处处给儿童以道德的陶冶。这一阶段的儿童本性需要游戏，教育者应使儿童和谐发展。

三、论学前教育内容

柏拉图的学前教育是一套有内容、有宗旨的完整体系，体现为以讲故事、音乐教育和体操练习、做游戏为形式，以培养儿童正直、善良、正义等道德品质为宗旨。

1. 讲故事

柏拉图重视给儿童讲故事，通过讲故事发展儿童的想象力，而且他还提出故事材料一定要精选，尤其是童话材料。柏拉图认为，早年接受的见解总是根深蒂固、不容易更改的。这是因为“在这个年龄进入他们脑海的东西是很难转化、很难改变的。因为这个缘故，他们最先听到的应当是最适于培养品德的说法”①。因此，我们应特别注意，为了培养美德，儿童们最初听到的应该是最优美高尚的故事。为此，柏拉图强调说：“我们应该尽量使孩子们开始听到的一些故事必定是有道德影响的最好的一课。”②在柏拉图看来，在故事中，神的形象应该是神圣无比的，英雄人物的形象应该是公正无比的。因此，那种描写神与神的拼杀搏斗、相互谋害、残暴报复，让好人受害、英雄哭泣等的故事，损害了神和英雄的形象，儿童在幼年时期若耳濡目染，就会变成残暴、凶狠、自私、胆怯或狂妄的人。那些描述聪明、勇敢、友善的故事，则应列在目录上，母亲和保姆们应讲给儿童听，以陶冶他们的心灵，培养良好的道德品质。

2. 音乐教育和体操练习

柏拉图在《理想国》中指出，音乐教育和体操练习是和谐教育的开始。他认为，欢快、奋发、高昂的曲调能培养儿童坚毅、快乐、勇敢的性格，以体操、角力、骑

---

① ［古希腊］柏拉图：《柏拉图对话集》，王太庆译，423～424页，北京，商务印书馆，2004。

② ［古希腊］柏拉图：《柏拉图论教育》，郑晓沧译，3页，北京，人民教育出版社，1958。

马、射箭等练习项目为主的体育能强健儿童身体，音形结合的舞蹈则能练习美丽的举止。音乐与体育必须配合，使身心相互促进，和谐发展。而在音乐教育和体育教育的顺序上，柏拉图认为“教育要先教音乐后教体操”①。他认为儿童阶段的文艺教育至关重要。“一个儿童从小受了好的教育，节奏与和谐浸入了他的心灵深处，在那里牢牢地生了根，他就会变得温文有礼；如果受了坏的教育，结果就会相反。”②他认为，一切种类的音乐、诗歌和艺术的教育目的都在于陶冶人的道德情操，培养人的道德品格，音乐教育的最后目的在于达到对美的爱。因为音乐诗歌有潜移默化的作用，会把真、善、美同假、恶、丑的区别注入人心，使儿童从童年时就将优美、理智融合为一。正因为对儿童的音乐文艺教育非常重视，柏拉图主张对音乐文艺教育的内容应严加审定。

柏拉图认为音乐教育之后，年轻人应该接受体育锻炼，“体育方面，我们的护卫者也必须从童年起就接受严格的训练以至一生”③。柏拉图强调儿童的心灵教育与体育教育相结合。不然的话，一生只受音乐教育而忽视体育训练的人往往只会沉溺于音乐之中，终究会变成精神萎靡、难以有任何成就的懦夫；专门从事体育运动而忽视音乐文艺教育的人，不免会变成四肢发达、头脑简单、遇事迟钝、行为粗暴的人。两者不可偏废。因此，柏拉图主张儿童的体育教育要和音乐教育一样，都应是简单而朴素的。

3. 做游戏

柏拉图建议游戏场以游戏为主，游戏活动要尽量做到符合儿童的年龄特点，简单、易行、自然，要有一定的规则和秩序，符合法律的精神，不应轻易变化，以免儿童产生“喜新厌旧”的心理。柏拉图主张通过游戏逐渐培养儿童勇敢、聪慧、严肃和守法的性格。他强调说：“我们的孩子必须参加符合法律精神的正当游戏。因为，如果游戏是不符合法律的游戏，孩子们也会成为违反法律的孩子，他们就不可能成为品行端正的守法公民了。”④这里的法律精神是指游戏应有教育性、规则性，应树立正面、积极的榜样以便儿童模仿。为此，国家应该选派有经验的人去做组织管理。同时，柏拉图也提出在不违反法律的前提下，鼓励儿童玩自己发明的游戏，他认为儿童自己发明的游戏是最好的。柏拉图深刻认识到儿童具有活泼好动和喜好嬉戏的天性，游戏是促进儿童自主活动和培养创造精神的最佳教育内容，要通过游戏的内在法律精神潜移默化地使儿童初步习得品行。柏拉图是西方教育史上第一位将对游戏的兴趣和游戏作为教育的指导原则进行阐述的人。

---

① ［古希腊］柏拉图：《理想国》，郭斌和、张竹明译，70页，北京，商务印书馆，1986。
② ［古希腊］柏拉图：《理想国》，郭斌和、张竹明译，108页，北京，商务印书馆，1986。
③ ［古希腊］柏拉图：《理想国》，郭斌和、张竹明译，111页，北京，商务印书馆，1986。
④ ［古希腊］柏拉图：《理想国》，郭斌和、张竹明译，140页，北京，商务印书馆，1986。

拓展阅读

柏拉图认为，游戏是一种符合儿童身心特点的活动，因为3～6岁的儿童“其本性是喜欢做游戏的”。儿童在幼小的时候总爱动，忽而呼唤，忽而跳跃，喜欢尽情快乐。但游戏不仅是玩耍和娱乐，而且要有助于对儿童进行教育。柏拉图指出，一个人要想长大成人后擅长做某事，那么他必须在幼儿时期就通过游戏认真地进行练习。因此，如果一个男孩想要成为优秀的建筑师，他就应在3～6岁时做建造玩具房屋的游戏。他还主张将组织儿童游戏与道德教育结合起来，使儿童养成服从的美德以及守纪律的习惯。他说，应该将儿童的游戏纳入轨道；如果游戏中缺乏纪律，儿童被同化，那么，要求他们长大后成为严肃而守法的人们是不可能了。

柏拉图是西方古代最伟大的教育家，他首次提出了教育中的许多重要问题，对后世西方教育思想的发展产生了深远的影响。他重视教育的政治意义，他理解的教育基本上是一个个人和社会相互影响的过程。教育的影响并不限于受教育者个人，还不可避免地跟社会本身的性质相关。因此，他主张由国家负责年青一代的教育工作，实行儿童公育。

柏拉图是西方学前教育思想的奠基人。他最早提出优生优育的学前教育体系，提倡公共学前教育；重视女子教育，主张男女平等；提出儿童心灵与体质和谐发展的教育观点；指出游戏在学前教育中的意义；提出了慎重选择教学教材的问题。他还重视儿童道德习惯的培养。所有这些至今仍有一定的价值。但我们同时也必须看到，柏拉图作为一个奴隶主贵族思想家，受历史条件和阶级性所限，其教育主张中不乏有许多神秘、保守、落后的观点。

第二节　亚里士多德的学前教育思想

亚里士多德(公元前384—前322)是古代希腊最著名的哲学家，也是一位博学的思想家、科学家、教育家。(图9-2)公元前335年，他在雅典创办了一所名叫吕克昂的学校，由此构成的学派被称为逍遥学派。他以较为现实的态度和实证科学的方法研究人类的教育问题，将古代西方教育理论推向了新的高度。其中与教育相关的主要著作是《伦理学》和《政治学》。

图9-2　亚里士多德

亚里士多德出生于古代希腊属地色雷斯的一个御医家

庭，从小受过良好的贵族教育。公元前 367 年，亚里士多德来到雅典的阿卡德米学院，师从柏拉图学习哲学。公元前 347 年柏拉图去世，他也离开了学院，开始周游各地。42 岁时，亚里士多德应马其顿王的邀请，担任 13 岁的王子亚历山大的老师。公元前 335 年，当亚历山大继任王位时，他毅然返回雅典，创办吕克昂学院。他在各个领域都有丰富的研究成果，据说他的著述共有 400 多卷，主要是他在吕克昂的讲稿。因此，他被马克思誉为“古代最伟大的思想家”①；恩格斯说亚里士多德是古代希腊哲学家中最博学的人，具有百科全书式的科学兴趣。

作为柏拉图的学生，亚里士多德并不完全认同柏拉图的观点。他在哲学上发展了一套属于自己的观点。在他看来，理念和现实世界是不可分离的。他认为人由肉体和灵魂构成。灵魂包括非理性和理性两个部分。前者指欲望、本能、感觉，后者指思维、推理。人在婴儿时期犹如一块白板，在外界事物刺激下产生的感觉是认识的起源。但由感觉所得的经验只知其然不知其所以然。人的理性灵魂具有运用概念进行思维的能力。人的理性灵魂又包含被动的理性和能动的理性。前者在感觉记忆的基础上发展起来，并随身体的死亡而消逝；后者则不以感觉记忆的发展为基础，也不随身体的死亡而消逝，它来于神又归于神。亚里士多德的上述观点中有强烈的唯物主义倾向和辩证法因素，但最后还是陷入了唯心主义。

一、论教育的年龄分期

亚里士多德十分重视对青少年身心自然发展特点的研究，首次提出了按儿童年龄划分受教育的阶段，并根据不同的年龄阶段实施不同的教育任务。亚里士多德认为，合理的教育，就应遵循人和自然行程。首先给予身体的养育，确保其有健壮的体魄；其次给予情感的训练，培养其良好的思想意识；最后给予理智的教育，促进思维、理解能力的发展。这就是亚里士多德坚持的“效法自然”的教育原则。据此，他把一个人受教育的年龄按每 7 年为一自然阶段划分为三个时期。从出生至 7 岁为第一时期，以体育训练为主；7 至 14 岁（青春期）为第二个时期，以德育为主；14 至 21 岁为第三个时期，以理智培养为主。

亚里士多德根据奴隶主民主政治和经济发展的需要，从培养全面发展人的理想目标出发，结合希腊的教育实际经验，在《政治学》中论述了对儿童施行体、德、智、美和谐发展教育的具体内容和方法，提出了一套独立的教育思想体系。他认为，人有植物的、动物的和理性的三种灵魂，与之相应也有三方面的教育，即体育、德育和智育。教育的目的在于发展这三方面，使之达到最高程度，使体、德、智得到和谐的发展。

① 《马克思恩格斯全集》第 23 卷，447 页，北京，人民出版社，1975。

二、论学前儿童健康教育

亚里士多德认为，第一个时期的教育是十分重要的，因为很多东西从摇篮里伴随着儿童。这一时期的教育又可以分为出生前的胎教、出生至5岁的婴幼儿教育和5至7岁的儿童教育三个阶段。

(一)胎教

亚里士多德从生物学、解剖学、医学的观点出发，首先谈到胎教的问题。他说："父母具有何种体格对其子女最为有利，是我们讨论儿童教育时将充分考虑的问题。"[①]因为父母的体格会对其子女的体格产生重要的影响。经他长期考察、研究，结果显示，儿童的体格应介于运动员的体格和虚弱的体格之间。在《政治学》一书中，他明确提出："儿童的生育，而以介于二者之间的最为适当。"因为"运动家的体格不一定比虚弱的人……更适于一个公民的生活或健康"[②]。

关于结婚的年龄及最佳生育时期的选择问题。亚里士多德认为，男女生育能力衰退会影响胎儿身体的发育。因此，结合公民应在什么年龄结婚、何人宜于结婚等问题制定法规时，立法者应考虑男女双方及其寿命之长度。亚里士多德论及成婚的选择，建议婚期定在冬天是十分得当的。亚里士多德还提出："太年老的人有如太年轻的人所生的儿童身心都有缺陷。……那么，这个限度应当是智力旺盛之年。"[③]

关于孕妇的保健问题。他认为："孕妇应自己保重，他们应当从事运动，要有富于营养的食物……每日步行到一神庙礼拜生育之神。"[④]另外，孕妇在心理上应保持安定和平静。这是因为新生儿的"天性多得之于其母，有如植物得之于土壤"[⑤]。

亚里士多德的胎教思想受益于柏拉图的影响和个人的经验，对此问题能提出如优生、优育、胎儿保健和计划生育的见解是难能可贵的。当然其中也存在武断与不妥之处。例如，他认为结婚年龄女为18岁、男为37岁，而智力旺盛之年均在50岁左右，显然是不科学的。

(二)婴幼儿教育

婴幼儿阶段的教育应顺其自然，以身体发育为主。亚里士多德主张对新生儿进行严格检查，国家要制定一种法律，规定只允许抚养健壮的婴儿，而"不许养活畸形残废儿童"[⑥]。

婴幼儿的抚育方法对其体力发展有直接的影响。在他看来，唯有适度才能增进健康。在这一阶段，亚里士多德反对让婴幼儿进行强制性学习或强制性劳动。在他看来，这会阻碍其身体发育。亚里士多德要求婴幼儿应补充良好的营养和进行适当的锻炼。他强调婴儿的食物以含乳成分最多的为最好，而不能含有酒精成分。婴幼儿的体育活动也很必要，成人应该协助他们做一些婴幼儿所能掌握的动作，有时可

①②④⑤⑥　张焕庭：《西方资产阶级教育论著选》，558页，北京，人民教育出版社，1964。
③　张焕庭：《西方资产阶级教育论著选》，559页，北京，人民教育出版社，1964。

以借助器械，但应注意“保护他们的脆弱肢体免于骨骼弯曲”①。此外，他认为婴幼儿应有充足的活动，以免肢体不灵。游戏就是活动中的一种，因为婴幼儿总是好动的。但游戏不应是鄙俗的、易使人疲倦的或无丈夫气的。至于婴幼儿啼哭，对他们的身体是一种锻炼，不必禁止，因为啼哭时能扩张肺部，有助于躯体的发育。5岁前婴幼儿听故事也是件喜闻乐见的事，但故事内容应由负责教育工作的官员做出精心的选择。不管是做游戏还是听故事，最好能为将来的事业做准备，其中大部分应为对他们以后要认真从事的事业的模仿。因为人是世界上最善于模仿的动物，模仿既是学习的方式，又能使婴幼儿从中获得乐趣。

(三)儿童教育

儿童5～7岁阶段的教育，按亚里士多德的意见，应以良好习惯的养成为主要任务。为达到这一要求，成人要防止恶习对儿童的影响。他认为这一时期的家庭环境对儿童性格的形成至关重要。任何卑鄙的见闻都可能使儿童养成不良的恶习。他强调指出：“因为在七岁以前，他们必须住在家里；所以即在幼年也可能从他们所听见的所见到的而沾染到下流习气……没有一种事比取缔不洁语言更应注意，因为可耻的语言轻易出之于口，每即导致可耻的行为。”②同样，成人也不要让他们看到不好的图画或戏剧。凡能引致邪念和恶毒性情的各种表演都应加以慎防。亚里士多德认为，决定儿童道德品质的构成有三个因素：一是天性，二是习惯，三是理智。其中，习惯是最重要的。良好习惯的培养就是在日常言行活动中，让他们最先遇到美好的东西，经常接触好人好事，并让他们身体力行，反复练习。久而久之，良好的道德品质也就自然形成。“习惯成自然”这句谚语，在西方即源于亚里士多德。此外，亚里士多德指出，儿童在这一阶段可以进行适当的学习。儿童在5～7岁这三年的时间里，应当观看将来要学习的事情。

亚里士多德在幼儿教育思想方面既吸取了前人的宝贵经验，又总结了自己长期教育实践和研究的成果，提出了一些新的观点，对西方幼儿教育理论与实践的发展产生了重要的影响。但他作为一个奴隶主贵族的思想家，其中不少观点带有明显的阶级偏见和时代局限。

思考与练习

1. 柏拉图学前教育阶段的划分方式及内容是什么？
2. 论述亚里士多德的儿童保育和教育的思想。
3. 比较柏拉图和亚里士多德的儿童优生论。

---

① 张焕庭：《西方资产阶级教育论著选》，559页，北京，人民教育出版社，1964。

② 张焕庭：《西方资产阶级教育论著选》，560页，北京，人民教育出版社，1964。

第十章　近现代学前教育实践

学习目标

1. 了解近现代英国、法国、德国、俄国(含苏联)、美国和日本等国家的学前教育的产生和发展历史，包括各类学前教育机构和制度的发展过程。

2. 了解近现代各国的著名教育家的学前教育实践活动，以及这些活动对学前教育发展产生的深远影响。

你知道世界上最早的学前教育机构出现在哪个国家吗？它是由谁创办的？你知道在早期的学前教育机构中，孩子们学习的内容和我们今天幼儿园的学习内容有什么不同吗？他们的老师使用了哪些教育的方法呢？这些早期学前教育机构的教学内容和方法对我们今天的幼儿园教育产生了什么样的影响？

经历了 1640—1688 年的资产阶级革命，英国踏上了资本主义发展的道路。此后，法国、德国、俄国、美国和日本等国家也先后通过各种途径建立了资本主义制度。随着资本主义制度的确立，这些国家又分别建立了适合本国需要的教育制度，学前教育的发展也随之进入了一个新的历史阶段。

第一节　英国的学前教育

英国是世界上最早建立资本主义制度的国家，也是最早产生学前教育机构的国家。英国近代学前教育机构的建立和发展客观上受资本主义制度的发展的影响。工业革命推动了生产力的发展，但同时也带来了巨大的社会变革，企业主无止境地追求利润，使得低工资的女工和童工急剧增多。幼儿及幼儿教育问题日趋严重，引起各界人士的关注。首先是幼儿的安全和健康问题。由于父母早出晚归，没有时间照顾自己的孩子，加之生活极端贫困，劳动阶级的幼小子女普遍得不到必需的营养。

在这些社会问题下，幼儿学校产生了。

一、幼儿学校的产生

(一)欧文的幼儿学校

罗伯特·欧文是19世纪英国空想社会主义思想家和教育家。(图10-1)他从性格形成学说出发，于1816年创办了新兰纳克幼儿学校，这是英国也是世界上最早的学前教育机构。

图10-1 罗伯特·欧文

拓展阅读

恩格斯在《英国工人阶级状况》一书中曾用具体的数字揭露了一些触目惊心的事实："像曼彻斯特这个地方……工人的孩子有57%以上不到5岁就死掉。"在其他工业城市，每万名死亡者中5岁以下者，利兹占5286名，普雷斯顿占947名。"死亡数字之所以这样高，主要是由于工人阶级的幼儿的死亡率高。"

欧文在1800年接管了苏格兰的新兰纳克纺织厂，工厂环境恶劣，给幼儿的成长带来了很多负面的影响。他分析了三个方面的原因：工人阶级居住条件恶劣，狭窄的空间和简陋的设备都不利于幼儿的成长；父母们忙于赚钱养家，很少有时间、精力考虑子女的教养和教育问题；父母们缺少知识，不懂得养护和教育幼儿的方法，不利于幼儿良好性格的形成。因此，欧文希望通过幼儿学校的建立，给幼儿规范的学校教育，帮助幼儿养成良好的性格。

欧文在改造新兰纳克纺织厂的过程中，以多样化的教育形式为各个年龄段的儿童提供免费教育，同时也为家长提供育儿教育。学校接收刚会走路的儿童，聘请热爱孩子的青年女子担任保姆，帮助其发展体格和好的品德；招收2～5岁的儿童，为他们设立了游戏场，遵循"要尽力使小朋友快乐"的教育原则；为5～10岁的儿童提供免费入小学学习的条件；为10岁以上的童工、青工设立业余学习班；为成人举办实用知识讲座等。1816年，欧文将以上教育形式合并，形成一个统一的教育机构，取名为"新兰纳克性格陶冶馆"(也称"性格形成学院")，幼儿学校是其中的一个部门。

幼儿学校招收1～6岁的儿童。欧文主张把幼儿学校分为两个部分：第一部分以1～3岁儿童为对象，第二部分以3～6岁儿童为对象。但实际上，幼儿学校是以3～6岁儿童的保育和教育为中心的，1816年共招收3～6岁儿童200多名。欧文坚持全面教育的思想，认为应当通过体育、智育、美育、德育等合理地培养每个儿童，其中，尤其重视智育和德育。他提倡发展儿童的推理能力，提倡学习实际有用的知识，反对把儿童束缚于书本之上。德育是欧文全面教育思想的核心部分，他提倡在集体中培养儿童的仁慈、正义、正直、诚实、有礼貌等好的品格，要求儿童"从幼年起就受集体的道德教育"。他还提倡帮儿童养成遵守纪律的习惯，培养他们与小伙伴友好相处的能力。在体育方面，欧文十分重视儿童的保育、体操和军训，认为只有让儿童的身体变得强壮，才能有效地教育儿童。在美育方面，欧文主张设置乐器、唱歌和跳舞等娱乐性课程，他认为通过这些娱乐性课程，可以使儿童身体健康、体态优美。

欧文的幼儿学校在世界学前教育史上占有重要地位，它有自己独特的教育内容、教育方法和教育设施等要素，被公认为世界第一所学前教育机构，开启了近代学前教育的先河。但是，作为一个空想主义者，欧文将发展教育的希望寄托在统治者身上，并试图仅仅通过教育来改造社会，因此，他的思想和实践有一定的局限性。

(二)怀尔德斯平的幼儿学校

怀尔德斯平是 19 世纪上半期英国幼儿学校的著名领导人，他把毕生精力都献给了英国的贫民幼儿教育事业。1820 年，怀尔德斯平在伦敦斯平托地区开设了一所幼儿学校，并探索形成了一套独特的幼儿教育主张。同欧文一样，怀尔德斯平创办幼儿学校是为了贫民和工人阶级子女的安全和健康。在产业革命下，贫民、工人阶级的悲惨生活给幼儿身心发展带来了恶劣的影响，怀尔德斯平认为，只有通过开办幼儿学校，实施幼儿教育，才能改善这一现状。

图 10-2　怀尔德斯平发明的供幼儿学校进行集体教学的阶梯教室

怀尔德斯平的幼儿学校从知识教学、道德养成和身体锻炼三个方面进行教学法的实验，即智育、德育和体育的实践。在智育方面，怀尔德斯平认为智育是为了贫民和工人阶级子女的知识改善。他主张采用分科教学的形式。智育的内容包括语文、算术、自然、社会、音乐、宗教等。这实际上是把初等教育的内容下放到了幼儿阶段。怀尔德斯平这样做并非是主观决定的，而是因当时形势发展需要而做出的无奈之举。一方面，家长要求教师按原来的初等学校的方式教授幼儿读、写、算；另一方面，当时英国贫民和工人阶级子女的受教育年龄被限制在 8 岁以内，过了这个年龄他们就必须参加各种形式的劳动以谋生。在智育的方法上，怀尔德斯平主张“开发教育方法”，即激发好奇心，通过感知教学，从已知到未知，让孩子们独立思考，把教育和娱乐结合起来。在智育的实施上，怀尔德斯平设计了配套的教具和教材以利于智育的实施。教具主要有“阶梯教室”“旋转秋千”“教学柱”“教学架”“调换架”等。(图 10-2、图 10-3)教材则是怀尔德斯平自己研究和编写的“发展课本”。在德育方面，怀尔德斯平认为幼儿学校中的最高目标在德育，即要防止贫民和工人阶级子女的品格堕落，排除虚伪、贪欲、残酷、粗暴等不道德行为，培养爱怜人、服从父母、守秩序、正直、勤勉、节制、尊重私有财产等德行。德育的基本原则是“爱”。怀尔德斯平童年深受就学的贫民学校的教师鞭打之苦，他坚持德育教育要坚持以正面教育为主，与其惩罚不如奖赏。在体育方面，怀尔德斯

图 10-3　旋转秋千，由怀尔德斯平发明，供幼儿体育锻炼或娱乐之用

平创办幼儿学校是为了贫民和工人阶级子女的安全和健康，所以他很重视体育。他继承了欧文幼儿学校“游戏场”的理念，强调游戏场在幼儿学校中的重要性。但是，游戏和运动不是幼儿学校中的正规课程，它只是在幼儿注意力分散、学习疲倦时起松弛和缓解之用。

怀尔德斯平对幼儿学校的教师提出了很高的要求。主要体现在教师的个性养成和知识素质两个方面。在个性养成上，他认为教师应该具有“受人欢迎的风采”“生气勃勃的气质”“很大的忍耐性、温顺、坚忍、冷静、精力旺盛，具有关心人性的知识，尤其是虔诚——朴素的、诚实的而且实际的虔诚”。在知识素质上，他号召幼儿学校的教师要不断研究幼儿的心理状态，了解幼儿掌握知识的情况，同时还要求每个教师都应该拥有若干音乐知识。

怀尔德斯平的幼儿学校教育思想在学校建立之初所必备的硬件设施、师资配备，以及管理中应使用分科教学等科学的管理办法中均有所体现，同时他在学校管理中也强调了对学校环境和家长的规范。怀尔德斯平曾得到欧文的亲自教诲，与欧文的关系亦师亦友，但因为过于重视智育而忽视幼儿的身心发展规律，二人最终分道扬镳，这充分反映了他们在思想上的碰撞过程。同时，怀尔德斯平与当时两大幼儿学校协会之间的关系，以及政府对他态度的变化，反映了怀尔德斯平在幼儿学校推广过程中遇到的阻力和动力。

二、保育学校的创办和发展

(一)保育学校的前身——免费幼儿园

19 世纪末 20 世纪初，以招收城市贫民和工人阶级的幼儿为对象的教育设施——免费幼儿园诞生。免费幼儿园是由私人出资开办的，是幼儿学校和幼儿园两种制度统一的一种尝试。原因是福禄培尔幼儿园运动在英国的普及和发展，使原先只面向中产阶级子女的幼儿园开始面向贫民和工人阶级子女。

免费幼儿园的服务对象是贫民区劳苦大众的 3～6 岁的幼儿。为了这些儿童的身心健康，免费幼儿园提供了一系列的服务和创设了独特的学习活动。免费或只收若干伙食费，为幼儿提供食品、衣服以及洗澡、休息、游戏等的良好环境；由医生进行定期身体检查，一旦发现疾病，特别是当时英国贫苦儿童的常见病——佝偻病和发育不良等，幼儿便能够得到及时的治疗；按照福禄培尔幼儿园的教育方针，积极鼓励幼儿进行户外活动和自由游戏；通过福禄培尔的“恩物”和作业材料，让幼儿进行作业、唱歌、跳舞、故事讲述、木偶戏表演以及家务劳动等。

1919 年以后，免费幼儿园被改称为“保育学校”。这个时期的免费幼儿园虽然开设数量不多，但它是英国现代保育学校的前身，它对福禄培尔幼儿园在英国的普及和发展起了一定的推动作用。

(二)保育学校

1913 年，麦克米伦姐妹创办了保育学校，招收贫民和工人的孩子，并采取全日制的办学形式。此后，以麦克米伦姐妹创办的保育学校为楷模，英国相继建立了一些保育学校。到 1919 年，英国已有保育学校 13 所。1923 年，英国还成立了“保育学校联盟”。

麦克米伦姐妹创办的保育学校的办学目标是增进贫民区幼儿的身体健康和预防疾病的流行，学校提供适宜幼儿身心发展的环境，采用结合福禄培尔与蒙台梭利的思想的教育方法。玛格丽特·麦克米伦的关于保育学校教育的思想主要集中在她的《保育学校》一书中。她的教育思想的形成受到欧文、福禄培尔、蒙台梭利等人的影响。玛格丽特·麦克米伦的目标一直是使儿童的个性和智力得到自由充分的发展。她认为，只有解决了社会中贫困儿童的问题，同时教师也准备好了帮助儿童得到发展的方法，这一目标才会实现。

为此，玛格丽特·麦克米伦着手进行了包括感觉训练、运动神经的控制训练和家政活动训练等在内的有益的尝试。从蒙台梭利的环境论及她设计的教具中得到启发，麦克米伦自己动手制作了若干进行色彩感觉训练的教具；为培养幼儿独立生活的习惯，精心设计了一个符合幼儿身高特点的训练室；在考虑儿童的游戏活动时，她十分强调个性的发展，认为应努力使每个儿童的能力得到最大程度的发展。“对所有的儿童，我们必须像对待自己的一样，要像教育我们自己的孩子那样去教育他们。”这是麦克米伦进行保育学校运动的指导思想，是她人道主义精神的真实写照。

第二节　法国的学前教育

1789 年，法国爆发了资产阶级革命，推翻了封建制度，并于 1792 年建立了共和国，这标志着资本主义制度在法国的确立。此后，法国近现代学前教育机构的产生和发展也拉开了帷幕，并大致分成了两个阶段。18 世纪 70 年代至 19 世纪 30 年代中期为第一个阶段，奥柏林开办编织学校，这是法国近代学前教育的开端，此后受英国幼儿学校的影响，法国出现了数目众多的托儿所；19 世纪 30 年代中期至 19 世纪末为第二个阶段，法国政府逐步将学前教育纳入中央集权和教育行政管理体制，把托儿所作为公共教育体系中的一个部分，加强对托儿所的财政资助，有力推动了法国学前教育的发展。至 19 世纪末，主要受福禄培尔幼儿园理论的影响，法国基本确立了近代学前教育制度。

一、奥柏林的编织学校

1767 年，奥柏林开始在法国的一个名叫布鲁德堡的教区任牧师。在任牧师期间，他通过经济、社会以及教育方面的改革活动，为提高该地区居民的生活水平、教养水平贡献了自己的毕生精力，特别是对学校教育的改革成效显著。之前，全教区只有一所学校，而在奥柏林任职后的几年间，学校增加到 5 所，而且学校类型也增多了，不但有“初等学校”，还有“中间学校”和“成人学校”。同时，他还建立了7～16 岁儿童一贯制的学校体系。

“编织学校”于 1770 年创办，被看作近代学前教育设施的萌芽。它在法国存在了相当长的时间。这所学校有两名指导教师，一名任手工技术指导，另一名任文化、游戏方面的指导；同时，学校还挑选了年龄大些的女孩做助教工作。编织学校是以 3 岁以上的幼儿为对象的保育所，专门在农忙季节收容幼儿。

编织学校的教学内容包括标准法语，宗教赞美歌，格言和童话故事，采集和观察植物，绘画，地理(本地区的、法国的和欧洲的地理与地图知识)等，教师还带领儿童做游戏，对儿童进行缝纫、纺织与编织方法的传授，教授历史、农村经济常识等方面的知识。奥柏林认为，这些学习或者完全是游戏式的，或者是娱乐性的。学校一周开放两次。从上述这些教学内容看，奥柏林编织学校设置的目的主要有以下几个方面。一是为儿童创造一种有秩序的生活，把儿童置于学校教师的监督之下，使他们的生活有规律，从而形成一定的纪律性；二是通过教授标准法语和宗教赞美歌等，使儿童理解宗教教义和提高语言能力；三是通过手工技巧的传授，培养儿童勤劳的品质，并使他们掌握劳动技术。可见，奥柏林的编织学校实际上把教育置于了比保育更重要的地位。

奥柏林的编织学校和当时普遍存在的教会学校有相同的性质，都是一种慈善机构。但是，奥柏林把这所学校作为发展教区社会经济以及增进地区居民福利的重要手段，使得这个编织学校处于重要的地位。在这一点上，他的学前教育思想和实践是具有创新意义的。

二、柯夏的托儿所

19 世纪上半叶，受英国幼儿学校的影响，法国学前教育的主要机构为托儿所。其中，以柯夏的托儿所最为著名。作为法国现代学前教育设施之一的托儿所，其前身是 1826 年由法国上流社会的妇女帕斯特莱夫人在巴黎创办的“托儿所”。当时，帕斯特莱夫人担任慈善组织“妇女会”的会长，她以此会为基础，开办了这个收容 80 个孩子的托儿所，这样便翻开了法国学前教育史上新的一页。

帕斯特莱夫人领导的妇女会的托儿所运动得到当时巴黎第 12 区区长柯夏的支持和协助。柯夏曾亲自到英国去，对英国的幼儿学校进行了一年时间的考察和研究，之后，他便协助妇女会于 1828 年模仿英国的幼儿学校建立了一个托儿所。同年，柯夏自己也开办了一个“模范托儿所”。不久，这个托儿所里还附带开设了培养托儿所教员的课程。这样，1828 年巴黎便有了 3 所托儿所。此后，巴黎的托儿所便逐渐发展起来。

柯夏对法国托儿所的创立还起了理论指导作用。他在所著的《托儿所纲要》里曾说明了设立托儿所的理由，分析了托儿所存在的意义。他认为，托儿所首先是最有效的公共的贫民救济设施，其次是教育设施。柯夏的这种想法，实际上和英国幼儿学校的创办者的思想是一致的，而且柯夏基本上模仿的是怀尔德斯平的幼儿学校，如设立了阶梯教室，使用教学柱和置换架等教具，特别是模仿了怀尔德斯平幼儿学校注重对幼儿进行智育训练的做法。柯夏托儿所的教育内容包括宗教、读、写、算、几何、地理、历史、博物、图画、体育等，这同当时的初等学校的教育内容是完全一样的，只是在教育内容的程度上有所差别，在方法上使用的是直观教学法，以实物教学为主。很明显，柯夏托儿所具有偏重智育的倾向。

当然，法国这时的托儿所并不完全是英国幼儿学校在法国的移植，也有对英国幼儿学校进行改进的地方。比如，柯夏领导的法国托儿所在道德教育方面和对待孩子的方法上，远比英国的怀尔德斯平幼儿学校更具有合理性和人道主义的特点。柯夏主张，托儿所的教师要避免一切暴力、压制和暴躁行为，教师要努力克制自己的情绪，也不要使用简单的惩罚手段，而应该向孩子指出其行为的恶果。柯夏认为，如果孩子经常受到惩罚，他就会变得固执、残忍。所以，柯夏对鞭打孩子的做法是非常反对的，他领导的托儿所里很少有惩罚的行为。另外，同英国的幼儿学校相比，柯夏的道德教育观点也是很具有合理性的。柯夏认为，托儿所应该培养幼儿的品德，同时还强调，为了培养幼儿的品德，幼儿教师首先要以身作则，为孩子们树立榜样。

三、母育学校的产生和发展

1881 年和 1882 年，法国政府两次颁布了法国历史上实施最长久的一个教育法令——《费里教育法》，规定初等教育中免费的原则同样适用于母育学校。这是法国的教育文献中第一次正式使用“母育学校”的名称，从那以后，这一名称一直沿用到现在。

1881 年 8 月颁布的政府文件对母育学校做出了如下规定：“是初等教育的设施，那里的男女儿童将共同接受体、德、智全面发展的教育。”①同时规定，进入母育学校的儿童为 2～6 岁，并且根据儿童的年龄和理解力的发展程度编成两个小组，2～4 岁为一组，5～6 岁为一组。母育学校根据儿童年龄发展阶段来编班，男女儿童混合编制的班级也随之形成。

① 日本世界教育史研究会、梅根悟：《世界幼儿教育史（上册）》，366 页，长春，吉林人民出版社，1986。

母育学校就如同一个大家庭，教师就像慈母一样关怀、照顾着每一个孩子，而这些男女儿童也像一家人一样聚集在母育学校中，一起游戏，一起生活，一起成长，过着和谐、整洁的生活。母育学校的名称反映了法国学前教育必须具有母亲养护与教育子女的特点，并采取温情、宽容、自由发展的教养方式。

母育学校的设施包括保育室、游艺室和带小庭院的游戏场。母育学校使用的教材也很多，主要归为两类。一类是玩具，有用木头或橡皮制作的动物，有用铁和木头制作的军事模型、积木箱、小桶、手推车、跳绳、旋转环、球等；另一类是教学用具，有碎木块、小棍、板条等，有手工作业必需的用具，有地球仪、挂图，还有连环画和日用品之类。母育学校的保育内容包括以下几个方面。初步的道德教育，如向儿童灌输对家庭、祖国应尽的义务；日常生活中的实用知识，如区分时间与季节、辨别颜色和形状等；唱歌、绘画、书法、初步阅读、语言练习、儿童故事和地理的基础概念等；手工作业的训练；按年龄阶段进行的身体锻炼。通过这些保育内容，我们可以了解到近代法国母育学校几个主要的特点。一是母育学校的教育比较偏重于智育，学习范围较广泛；二是清除了宗教教育的内容，而代之以资产阶级道德教育；三是注意让儿童学习日常生活中的实用知识；四是根据儿童的身心发展水平进行教育，如规定上课时间不超过 15 分钟或 20 分钟，教师对儿童只能善意地引导，不能打骂等；五是采取直观教学法，注意儿童的游戏活动。

母育学校在保育内容方面还存在着许多问题。比如，知识分量过重，对儿童的作业时间没有限定，致使母育学校充满了小学教育的气息；母育学校的教师大都把精力放在了多教孩子学知识方面，而忽略了母育学校应以照料和监护好儿童为主要任务。顾名思义，“母育学校”应很好地承担如同母亲一样的责任，在母亲不能照料的时间里，母育学校可以给予儿童很好的照顾，保护好儿童的安全，这才是母育学校最本质的职责。当时，法国不少有识之士对母育学校过于强调传授知识的倾向提出了尖锐的批评。

第三节　德国的学前教育

在 1871 年以普鲁士为首的统一的德意志帝国建立之前，德国的各诸侯国战乱不止、生产落后，处于长期的封建割据局面。受此影响，德国近代学前教育的发展比英国和法国晚。19 世纪初，德国出现了一些慈善性质的保育机构，目的是保障婴幼儿的安全和健康；19 世纪 20 年代以后，受到英国学前教育发展的影响，开始学习英国幼儿学校的办学经验，发展学前教育；1840 年，福禄培尔幼儿园产生，极大地推动了德国学前教育的发展，从而使德国的学前教育走在了世界前列，成为其他国家学习的榜样。

一、巴乌利勒保育所

在德国的学前教育设施中，最早被注意的是保育所，其中较有名的是巴乌利勒保育所，是由巴乌利勒夫人设立的。站在人道主义立场，出于对贫穷的母亲们的深刻理解和对穷苦孩子们的健康的关心，1802 年巴乌利勒夫人在多特蒙德设立了该保育所。这是德国最早的幼儿保育和教育设施。巴乌利勒保育所招收的对象是 1～4.5 岁的农村孩子，保育从初夏开始到晚秋结束，每天保育时间很长，从上午 6 点到晚上 8 点。保育所的工作由 12 名贵妇人来承担，此外，还有一些从孤儿院和职业介绍学校招来的 12～16 岁的女孩子做保姆。

巴乌利勒保育所的宗旨是把婴幼儿的健康摆在工作的首位，教育只处在附带和从属的地位。保育所提供干净整洁的衣服和富有营养的食物，安排有规律的生活，鼓励户外活动。教育内容有语言训练、唱歌、社会道德训练和生活规律的培养。这些有规律的生活，有利于促进儿童的健康成长。

二、弗利托娜幼儿学校

弗利托娜是近代德国幼儿教育家，促使贫民幼儿教育设施大量产生的代表人物。她于 1822 年开始担任德国阿尔萨斯州威尔特城的新派牧师，曾两次访问英国，参观了英国很多幼儿学校。1835 年，她在自己的教区设立了奥柏林式的编制学校，一年后将其改名幼儿学校，招收贫穷的工人阶级的年满 2 岁的幼儿。

拓展阅读

弗利托娜幼儿学校幼儿活动时间表如下。

8：00—9：00	野外游戏。
9：00—9：30	唱歌、祈祷、讲圣经故事、读书或做直观练习。
9：30—10：00	身体的训练活动、书写和图画。
10：00—10：45	野外游戏和间食(吃点心)。
10：45—11：15	直观练习和数数。
11：15—11：45	野外游戏。
11：45—12：00	数数、直观练习、祈祷、唱歌。

根据办学目的，幼儿学校重视知识教育、宗教教育、道德教育等，力图使幼儿养成礼貌、节制、服从命令、勤劳和卫生等习惯，把宗教、道德、读、写、算、唱歌、图画、军事训练、手工劳动等作为正规课程。在教学方法上，弗利托娜要求以“愉快的、有益于孩子身心发展的方式”来教导孩子，即采取“游戏式教学”。为此，学校设有游戏场。她要求教师不要去干涉孩子们的游戏活动。为了培养更多的幼儿

师资，弗利托娜幼儿学校还附设了幼教师资培训机构。通过3～4个月的培训，教师能承担音乐、算术、博物、德育和地理等课程的教学。这种培训不仅提高了师资素质水平，而且影响广泛，形成了弗利托娜幼儿学校运动，对德国各邦学前教育的发展起了积极的推动作用。

三、福禄培尔幼儿园的产生和发展

福禄培尔之前的学前教育设施，基本上都是贫民救济性设施，还不能算是正规的教育设施。直到福禄培尔幼儿园成立，德国才有了真正的学前教育机构。1837年，福禄培尔在勃兰根堡开办了一所学龄前儿童教育机构——儿童活动学校，并于1840年将它正式命名为“幼儿园”。福禄培尔创办的幼儿园是世界上第一所以“幼儿园”来命名的学前教育机构。

福禄培尔计划建立一个以自我教育为主的直观教学的设施，以区别于那些幼儿学校。他认为，不应当把学前教育设施办成学校，儿童在里面不应接受学校式的教育，即学前教育不应采用学校教育方式，而应采取保证儿童自由发展的教育方法，以儿童的自由活动、自我教育为主，以直观教学为主。福禄培尔的这一主张，后来成为他的幼儿园教育理论的基本思想。

福禄培尔幼儿园的教育内容主要包括以下几个方面。①福禄培尔为幼儿园编制了多种游戏活动，其中最主要的一种就是运用他设计的玩具——“恩物”进行的游戏，以此发展幼儿的认知能力和创造性，并练习手的活动技能。②为幼儿园的孩子安排了多种作业活动，通过作业对幼儿进行初步的教学。作业内容包括折纸、图画、拼图、串珠、积木等，另外还有一些如初步的自我服务、照料植物等方面的劳动作业。③重视幼儿的语言发展，通过唱歌、讲故事、朗诵和游戏等方式，培养幼儿的语言能力。

福禄培尔创立了幼儿园教育体系，使学前教育成为教育领域中一个重要分支和独立部门，标志着学前教育机构的作用开始由“看管”转向“教育”。其教育思想体系，在世界上许多国家都产生了广泛的影响。这是福禄培尔对世界学前教育发展做出的巨大贡献。

福禄培尔很注意在幼儿园里培养保育人员，实际上，福禄培尔幼儿园本身就是幼儿保育人员的实习场所。培训的对象主要是一些热爱儿童的青年妇女，培训的重点放在以下几个方面。①了解幼儿身体和心理的发展过程。②培养热爱儿童的思想。③熟练掌握正确的保育和教育方法。在推广福禄培尔幼儿园运动中，别劳夫人是最著名的一位。别劳夫人是近代德国教育活动家、德国福禄培尔运动的领袖，创办了“福禄培尔协会”，尽量多地设立幼儿园，为福禄培尔幼儿园在德国的普及做出了重要贡献。不仅如此，她还将福禄培尔幼儿园的理论和实践介绍到德国以外的其他国家，将福禄培尔幼儿园的教育内容和方法传播到世界各地，这样也就使德国成了19

世纪幼儿园教育的发源地。从此，各国纷纷效仿德国兴办幼儿园，一时形成了福禄培尔幼儿园运动。

进入20世纪后，德国学前教育的基本方针是学前教育不仅是教育制度的一部分，而且也是社会福利制度的一部分。这一基本方针一直影响着德国现代学前教育的发展模式。1922年《儿童福利法》的颁布对这个基本方针的确立影响很大。该法强调德国的所有儿童都享有受教育的权利，儿童保护局负责设立公立幼儿园，为儿童提供受教育的机会，鼓励民间慈善团体和宗教团体开办学前教育机构。

第四节　俄国(含苏联)的学前教育

十月革命以前，俄国的学前教育还处于萌芽状态；十月革命以后，苏联成立，学前教育发生了根本变化。

一、十月革命前俄国的学前教育

19世纪中期，福禄培尔幼儿园运动的影响也波及俄国。1860年，俄国建立了第一所幼儿园，之后，彼得堡、莫斯科等大城市也涌现了一批幼儿园。1866年，俄国最早的学前教育杂志《幼儿园》在彼得堡发行。此后，以介绍福禄培尔的学前教育理论体系为主的教育杂志——《家庭和学校》在彼得堡出版。

早期的福禄培尔幼儿园属于收费制幼儿园，运用福禄培尔的一些教育理论和方法对上层阶级的子女进行教育，强调与初等学校衔接的识字、计算、外语等的教育。例如，大班只有课间游戏，大班儿童主要的时间和精力用于学习，这对学前儿童的身心健康是不利的。

19世纪末，俄国还出现了一些为工人阶级和城市贫民子女开设的免费幼儿园，在园中进行福禄培尔式的游戏和作业，并在教学中渗透浓厚的宗教意识，教儿童祈祷和宗教知识。

1872年成立的“福禄培尔学院”在传播福禄培尔学前教育理论和方法的同时，还负责培训学前师资。开始学制为一年，后逐渐改为三年，主要招收初中毕业生或具有家庭教育经验的女青年。此后，俄国其他一些地方也成立了类似的机构。这类学校是当时俄国唯一的一类培养学前教育人员的机构，为俄国的幼儿园输送了一批合格的幼儿教师，推动了俄国学前教育的发展。

1908年，在基辅福禄培尔协会的领导下，俄国又开办了三年制的学前专科学校。它以培养高级幼儿教师为目的，设置了教育学、心理学等课程，并配有实验室，还有作为教育实习场所的幼儿园，这是当时俄国规模最大的一所学前教育师范学校。

二、苏联社会主义学前教育实践

1917年十月革命胜利后至20世纪末，苏联经历了社会主义时期。国家重视公共学前教育，制定了相关政策以进行教育改革，并围绕着两个方面的任务进行：一方面，改造沙俄时期旧的教育制度；另一方面，努力探索社会主义教育发展的基本规律。

革命初期至20年代末是苏联建立学前教育领导机构，确立幼儿教育的基本方针和政策的时期。1917年11月，教育人民委员部学前教育处成立，负责学前教育工作。教育人民委员部颁布的《关于学前教育的公告》(以下简称《公告》)里明确提出，学前教育是整个学校制度中的一个组成部分，学前教育的任务是使儿童的身心得到全面的发展。《公告》宣布儿童公共免费教育应从儿童出生之时就开始，即强调免费的、公共的学前教育，主张为广大工农子女开办更多、更好的免费托儿所和幼儿园。1918年10月，苏维埃中央执行委员会颁布的《统一劳动学校规程》和《统一劳动学校基本原则》中明确规定，对所有6～8岁儿童实行统一的、免费的学前义务教育，统一的劳动学校中应包括幼儿园教育。1919年3月通过的党纲中明确指出：首先，公共学前教育是学校教育事业的基础之一，必须对全体儿童实施共产主义和全面发展的教育；为了解放妇女，使她们积极参加社会生产活动和文化活动，国家应广泛设立学前教育机构。国家除了通过拨款建立学前教育设施以外，还应采取多种途径和方法扩大学前教育设施网。比如，将幼儿园附设在工会、工厂企业和各个机关内，由这些单位为幼儿园提供援助，或者将学前教育设施扩展到农村等。其次，培养学前教育的各级、各类人才。为了解决学前教育师资严重不足的问题，教育人民委员部号召全国几十万工人、农民、教师、医生等投入学前教育工作的行列，于是全国兴起了一场“学前教育运动”。

1918年9月，世界上第一所国立的学前教育专业的高等学前教育学院在彼得堡设立，其任务是培养学前教育专业的高级干部，同时承担研究学前教育理论的职责。莫斯科大学也设立了学前教育系。到1920年年初，通过学前教育专业训练班培养出来的教师达到3880人。历次学前教育会议研讨了学前教育发展的大政方针和理论问题。

从1919年至1928年，四次全俄学前教育代表大会和若干次临时代表会议在莫斯科举行，会上讨论了学前教育的任务、教育机构的设立、经费来源、教学法研究、学前师资培养和编写学前大纲等方面的问题。这些会议对推动苏联学前教育的发展起到了重要的作用。

20世纪30年代至卫国战争时期是苏联幼儿园教育管理正规化的时期。1930年至1934年，第一个五年计划的完成为公共学前教育的发展提供了有利的经济基础。1930年6月召开的第十六次代表大会规定，在具有相当规模的工厂地区设置托儿所，经费来源于国家拨款和社会资金两个方面。此后，学前教育机构的数量迅速增加，还新增了提供长日班、晚班和夜班等不同类型的机构，以满足女工的需要。1932年，教育人民委员部颁布第一部国家统一的《幼儿园教学大纲草案》，规定教学内容包括政治、劳动教育等，第一次明文规定了幼儿园的工作任务与教育内容，包括自然、体育、音乐、美术、数学和识字等活动。这一草案进一步促进了幼儿园管理正规化，提高了教育质量。1938年，教育人民委员部又制定了《幼儿园规程》(以下简称《规程》)和《幼儿园教养员工作指南》(以下简称《指南》)，进一步明确了幼儿园的工作任务、内容、方法，以及幼儿园教师的职责范围。《规程》中明确提出，幼儿园的教育目的在于以共产主义精神教育儿童，使其获得全面发展。此外，《规程》中还对幼儿园的一些具体问题进行了规定，如儿童的营养、幼儿园的房舍、实行一长负责制、用本民族语言进行教学等。《指南》将幼儿园工作任务、内容和方法进一步具体化，对体育、游戏、绘画、音乐教育、认识自然、形成初步的数学概念等方面的问题进行了具体的讨论。

卫国战争之前，苏联的学前教育体系逐渐建立起来，学前教育制度和内容逐渐确立，为下一阶段学前教育的发展打下了基础。

苏联的学前教育不同于欧美国家的学前教育，有自己独特的地方，主要有以下几点。①国家对教育事业实行集中统一的领导，学前教育也不例外，各学前教育机构一律由教育行政机构领导，由区、市、镇、村苏维埃执行委员会开办。②强调学前教育的重要意义，重视发展学前教育，认识到学前教育机构在培养儿童集体主义精神和引导妇女参加社会生活等方面起着重要作用。③各种学前教育机构都是公立的，所需经费主要来自国家的拨款和筹集的社会资金。④学前教育机构的任务与教学内容均由国家统一规定。⑤采用本国的教育理论。苏联的学前教育机构不采用蒙台梭利或福禄培尔的教育理论和教育方法，而重视研究和推广克鲁普斯卡娅、马卡连柯、乌索娃等人的学前教育理论。他们的研究成果在苏联得到了普遍的推广。

第五节　美国的学前教育

1775年，北美独立战争爆发。1776年，美国正式宣告脱离英国而独立，美利坚合众国成立。19世纪初，美国开始了产业革命，这标志着美国资本主义发展走上了正轨，特别是1861—1865年的南北战争以后，南部的奴隶制度废除，极大地促进了美国资本主义的发展。到19世纪末，美国的经济和科技的发展水平都在资本主义世界处于领先地位。美国的学前教育起步较晚，早期主要是学习欧洲的经验，到19世纪中期才有了自己真正意义上的学前教育机构。

一、福氏幼儿园的创建及发展

英国欧文兴办“幼儿学校”的运动对欧美各国的学前教育都产生了一定影响。1818 年，幼儿学校传入美国。1824 年，欧文在印第安纳州建立了“新和谐村”，1826 年，在此开办示范幼儿学校。之后多所幼儿学校在美国各州成立，一度掀起了“欧文幼儿学校运动”。幼儿学校招收对象以上流社会家庭 4～8 岁的子女为主，在教育上强调幼儿的健康保护和户外活动。这对当时美国的影响很大，有些方法甚至被初等学校所借鉴。当时的美国政府主要把投入放在初等教育上，对学前教育的重视程度不够，不愿为幼儿学校提供经费，幼儿学校只能靠一些慈善团体的资助，所以存在不久之后就很快衰败了。虽然幼儿学校在美国只存在了很短的时间，但却改变了美国人的观念，使其开始重视学前教育，在客观上对美国学前教育的发展产生了积极影响。

(一)最早的幼儿园

美国最早的幼儿园是德语幼儿园。美国早期的学前教育发展，经历了一个从德国学习福禄培尔学前教育思想并付诸实践的过程。1855 年，德国移民舒尔茨夫人在威斯康星州的瓦特镇创办了一所幼儿园，这是一所讲德语的幼儿园，专门招收移民美国的德国人子女。舒尔茨夫人曾受福禄培尔亲自指导，她采用福禄培尔的教育方法，指导孩子们游戏、唱歌和作业。她开办的幼儿园以及教育方法在当时对美国学前教育的发展产生了很大的影响。之后，这样的德语幼儿园继续发展，到 1870 年为止，在美国由德国人开设的德语幼儿园已有 10 多所，这些幼儿园实施的都是福禄培尔式的教育。

(二)第一所英语幼儿园

1860 年，美国妇女伊丽莎白·皮博迪在波士顿开办了美国第一所英语幼儿园，她使学前教育在美国得到了普及和发展，也因此作为美国学前教育运动的先驱者而被载入史册。

1859 年，伊丽莎白·皮博迪与舒尔茨夫人相识，接触了福禄培尔有关幼儿园的思想，对福禄培尔学前教育理论和实践产生了极大的兴趣。根据所理解的观点，她于 1860 年在自己的私人住宅里开办了一所私立幼儿园，这是美国的第一所讲英语的幼儿园。以后，皮博迪又和妹妹玛丽·曼一起为进一步宣传福禄培尔思想而努力工作。她们发行刊物，演讲并撰写文章，并于 1863 年出版了《幼儿园指南》一书。皮博迪在书中着重阐述了幼儿园和小学的区别，她强调应把幼儿园办成儿童的乐园，让儿童在其中自主地活动和游戏。

1867 年，虽然皮博迪的学前教育思想和她所办的幼儿园已在美国享有盛誉，但她却怀疑自己还没有充分理解福禄培尔思想的精华，于是关闭了幼儿园，去德国系统学习福禄培尔的教育方法，进一步对幼儿园的许多问题进行研究。这期间，她还到欧洲其他国家参观幼儿园和师范学校，学习各国的办学经验。从国外回来后，皮博迪一方面从事写作，发表文章，继续影响美国的幼儿园运动；另一方面又积极地进行幼儿园保育人员的培训工作。她在德国访问时就深切地体会到，幼儿园办得好坏，同幼儿园的保育人员能力高低关系很大。她看到了设置幼儿保育人员培训机构的必要性。所以，回国后，她便在自己的幼儿园中创办了美国第一所幼儿园保育人员培训所。她还从德国请来了这方面的专家担任这个培训所的第一任教师，直接向未来的幼儿园教师灌输福禄培尔思想。这个培训所后来为社会输送了一大批优秀的幼儿园教师，这些人成为美国普及幼儿园运动的强有力的骨干力量，为美国初期的学前教育运动的开展做出了很大的贡献，而伊丽莎白·皮博迪更是具有不可磨灭的功绩。

美国初期的学前教育发展的基本特点是：在直接从德国引进福禄培尔理论的基础上，美国最初的幼儿园教育和学前师资培训事业开始兴起。也就是说，美国初期的学前教育是在福禄培尔理论的指导下形成的。

(三)慈善幼儿园

工业革命之后，美国社会贫富加剧。众多的贫民子女因为无人照管而沦落街头，造成了严重的社会问题。面对这种局面，教会和慈善团体开办了慈善幼儿园，免收学费，主要招收贫穷家庭子女。

美国历史上第一所慈善幼儿园是由弗利克斯·阿德勒于1877年在纽约创办的。此后，美国教会出于人道主义精神，把兴办幼儿园当作教区的一项事业，希望通过幼儿园来扩大教会的影响。几乎所有的大中城市都举办免费幼儿园。到1912年，全美已有教会幼儿园108所。慈善幼儿园的兴起推动了美国幼儿园的发展，一些慈善幼儿园后来转变为公立幼儿园。由于慈善幼儿园与教会的传教事业和社会福利政策有密切关系，所以幼儿园教育很快被美国社会各界接受，在一定程度上为公立幼儿园的发展奠定了基础。

(四)公立幼儿园

从19世纪20年代开始，美国掀起了一场大规模的公立学校运动，建立起一大批由政府开办、公共税收维持、公共行政机关监督、向所有儿童免费开放的学校，当时政府提出了这样的口号：“受教育应是每个公民的权利。”政府大力提倡开办公立小学、公立中学和公立师范学校。这场公立学校运动也波及学前教育领域。

1873年，威廉·哈里斯在密苏里州的圣路易市创办了美国第一所公立幼儿园。哈里斯是当时的圣路易市教育局局长，是公立学校运动积极的支持者，他也受到伊丽莎白·皮博迪的影响，从很早起就推崇福禄培尔的教育思想，对幼儿教育的发展十分关心。他在1873年之前就向圣路易市的教育委员会提交了一份报告，在报告中要求把学前教育作为学校教育制度的一个组成部分，他为此还进行了积极的活动，终于在1873年实现了创办公立幼儿园的设想。在公立幼儿园的建立过程中，哈里斯还聘请了一位曾在德国视察过许多幼儿园的幼儿教育工作者苏珊·伯罗女士担任这所幼儿园的第一任教师，由她运用福禄培尔的教育思想与方法对幼儿进行实际指导。由于哈里斯与伯罗女士的密切合作，这所幼儿园在学前教育方法的运用上取得了很大的成功，因此在美国的影响也很大，波及全国各地，从而促进了公立幼儿园的迅速普及和推广。同时，把幼儿园教育作为学校教育制度的组成部分的观点和做法，也逐渐得到教育界的普遍承认。

到 1914 年，全国公立幼儿园已有 7554 所，几乎所有的大中城市都建立了公立幼儿园制度，从此学前教育成为公共教育制度的一部分。这种公共教育性质的幼儿园把增进幼儿自身的幸福作为教育的目的，同时也保证了学前教育的机会均等。正是这一特点，才使公立幼儿园在美国各州迅速发展起来。公立幼儿园的建立推动了幼儿园教育在美国的普及。到 20 世纪初，美国学前教育形成以公立幼儿园为主体，私立幼儿园和慈善幼儿园多种形式并存的体制。

（五）幼儿园协会

从 19 世纪后期开始，各种有关幼儿园教育的团体在美国纷纷成立。到 1897 年，美国已有 400 多个这样的组织，其中包括 1870 年在密尔沃基建立的第一个“幼儿园协会”，1878 年在旧金山成立的“公立幼儿园协会”，1880 年在芝加哥成立的“福禄培尔协会及义务教育幼儿园协会”，还有 1881 年在费城成立的“初等学校附属幼儿园协会”等，这些组织对幼儿园的普及和发展起了相当大的作用。各地幼儿教育协会的具体工作基本上都包括以下三个方面。第一，为年轻的父母提供解决有关学前教育实际问题的指导和建议；第二，促进幼儿园的成立和幼儿园教育运动的发展；第三，在社会各阶层中，宣传学前教育的重要作用，呼吁人们给予学前教育事业足够的关心。

各地的幼儿教育协会都把对幼儿母亲的教育提到日程上来。这种情况产生的原因有两方面。一方面是受到福禄培尔关于重视母亲在学前教育中的作用的观点的影响；另一方面是随着对儿童进行科学研究的深入，人们开始认识到家庭教育的重要性。

各个幼儿教育协会积极地开展有关母亲教育的研究和讨论，还在各地的幼儿园里开设“母亲教室”，为母亲们提供学习的场所，主要学习有关幼儿保育和教育的各方面知识，以提高家庭教育的质量，使家庭教育能够积极地配合幼儿园教育，使父母与幼儿园教师之间能够相互沟通，并共同解决儿童教育上的问题，使教育达到最佳效果。而家庭教育和幼儿园教育最终的也是共同的目的还是使儿童生活得更幸福。可以说，这时期的幼儿教育协会在促进幼儿园教育发展的同时，也促进了学前儿童家长参与度的提高。

二、进步主义幼儿园运动

19 世纪末至 20 世纪二三十年代，美国开展了进步主义幼儿园运动，该运动从新的哲学、心理学和教育学的观点出发对福禄培尔正统派进行了批判，努力摆脱形式主义，加强教育与社会生活的密切联系。

杜威是美国进步主义教育运动的“精神领袖”，他的哲学思想、心理学思想和教育思想也给进步主义幼儿园运动以指导性的影响。杜威肯定了福禄培尔教育理论中关于儿童的自我活动和游戏的部分以及社会参与等原则，但反对用神学解释其中道理的神秘主义色彩，反对恩物和作业脱离儿童的生活经验的形式主义做法。他从“教育即生长”“教育即经验改造”“教育即生活”“做中学”等基本观点出发，认为教育目的是培养儿童适应社会生活的能力，教育方法应以儿童为中心，让儿童通过活动积累直接经验。杜威的理论，为进步主义幼儿园运动提供了理论依据。

进步主义幼儿园运动的主要领导人是安娜·布莱恩和帕蒂·希尔。布莱恩是进步主义幼儿园运动的先驱。1890年，布莱恩公开批评福禄培尔式幼儿园的种种缺陷，并在自己的幼儿园依据实用主义的原理对幼儿教育进行了大胆改革的尝试。布莱恩的批评和改革在美国幼儿教育领域产生了很大影响，使美国幼儿教育界日益形成两大对立的派别：进步派(或称自由派)和传统派(或称保守派)。两派展开了长期针锋相对的论战，但在现实上促进了美国学前教育理论和实践的发展。

希尔曾就学于杜威的门下，也深受布莱恩的影响。1893年，她接管了路易斯维尔免费幼儿园协会和路易斯维尔师范学校，经过12年的努力，使这里成为进步主义幼儿园运动的中心。1905年，希尔应邀前往哥伦比亚大学师范学院执教。在此后的30年内，她不停地教书、实验、写作、讲演，培养了大批学生，把进步主义幼儿园运动引向深入。希尔还设计发明了一组大型积木玩具，这组积木玩具被称为“希尔积木”(Hill Blocks)。幼儿可利用这些积木建房屋、开商店、办邮局，做各种游戏。希尔积木被各地幼儿园广泛采用。

进步主义幼儿园运动强调研究儿童，注重幼儿教育与实际生活的联系，开展多方面的实验活动，在实践中突破幼儿园闭关自守的局面，使幼儿园教育逐渐发展成为一种同小学教育紧密结合的新型机构教育。进步主义幼儿园运动是具有美国特色的学前教育改革的开始。进步主义幼儿园运动后期，还强调家庭和社会的责任，主张对家长、教师进行培训。不过，随着运动的深入，进步主义日益暴露出一些缺陷，如过分强调活动，某些解决问题式的教学超出了儿童的能力，不利于儿童进一步学习；而且，对广大学前教育工作者来说，他们尚无能力将学术上的研究成果完全理解并运用到教育实践中去，往往陷入缺乏科学性和实证性的经验主义泥潭。因此，进步主义幼儿园运动在20世纪30年代以后受到颇多的质疑和非议。

1910年，蒙台梭利的教育方法和她设计的教具传入美国，并在美国引起了很大轰动。1912年和1915年，蒙台梭利又两次到美国宣传自己的学说。因为蒙台梭利宣扬的自由教育理论同进步主义幼儿园运动的主导思想吻合，所以在美国受到广泛的欢迎，美国报刊大量登载介绍蒙台梭利方法的文章，美国还成立了“美国蒙台梭利协会”，蒙台梭利学校也纷纷建立，一时间形成一场“蒙台梭利运动”。虽然这股热潮很快就过去了，但对美国学前教育的影响却十分深远，引起人们对学前教育的深入思考，促使人们重新认识学前教育的原则、内容和方法等问题。

第六节　日本的学前教育

1868年，日本发动明治维新运动，废除了幕府统治，标志着日本从封建社会进入资本主义社会。也正是从这个时候开始，日本真正意义上的学前教育机构开始产生。在这之前的幕府统治的时代，富有家庭请家庭教师到家里来给子女进行入学前的教育，而普通平民子女的入学前教育是通过名叫“寺子屋”的机构进行的。所以，尽管有学者提出过建立“慈育馆”和“游戏场”之类的学前教育机构的设想和建议，但并没有得以实现。尽管明治维新之后，日本形成了学前教育制度，它受欧美尤其是福禄培尔的教育思想影响很大，但是总体上来说，近代日本学前教育的发展相对缓慢，各类学前教育机构无法满足人们的实际需要。究其原因，一方面和当时日本的经济状况滞后有很大关系，另一方面日本政府对学前教育对人的发展的作用没有客观的认识，所以重视程度不够，结果导致政府对幼儿园的发展采取了不予干涉、任其自由发展的政策。

一、近代日本学前教育机构的创办

1872年，文部省颁布了近代第一个教育法令——《学制令》，其中涉及开设幼稚学校的规定，并指出幼稚学校招收6岁以下的幼儿。虽然这项规定并未真正实施，但这是日本近代有关学前教育机构的最早规定。

1874年，文部省决定成立东京女子师范学校，这一学校的办学目的是专门培养学前教育师资力量。这是日本第一所培养幼儿园教师的机构。1876年，文部省在东京女子师范学校附设幼儿园，这是日本学前教育史上第一所国立幼儿园，即第一所公共学前教育机构。东京女子师范学校附属幼儿园首批招收幼儿75人，以富有家庭子女为主。最初管理人员只有6人，分别担任不同的工作：监事（相当于园长）1人，首席保姆1人，保姆2人，助手2人。1878年，附属幼儿园开始招收保姆实习生，并专门设立保姆训练班，通过实践训练学前教育的专业从业人员。因此，东京女子师范学校附属幼儿园不仅是日本学前教育机构的先驱，在日本学前教育史上占据着重要地位，而且承担了培养学前教育师资力量的重要任务。

拓展阅读

文部省制定了《东京女子师范学校附属幼儿园规则》，对幼儿园的目的、入园年龄、保育时间、保育科目和保育费用等方面进行了规定。比如，规定幼儿园的目的是：发掘学龄前儿童的天赋知觉，启迪其固有的心智，滋补其健全的体魄，使其通晓交际情谊，具备良好的言谈举止。又如，规定入园年龄一般为3～6岁，但也可在特殊情况下接收2岁以上或超过6岁的儿童。这一规定被后来日本各地成立的幼儿园所仿效，其影响深远。

作为国立幼儿园，东京女子师范学校附属幼儿园在某种程度上并未成为真正意义上的公共学前教育机构。这所幼儿园占有大片的园地，拥有精美的园舍，设备完善，但要交纳昂贵的入园费，普通平民子女难以享受这样的教育资源，入园的幼儿大多是富豪显贵人家的子女，也就是说，它并不是为广大民众的子女所设的幼儿园。这种只为少数特权阶级子女服务的学前教育机构，使得“普及学前教育”这一政策在当时经济不发达的日本成为一纸空谈。1882年，全日本仅有类似东京女子师范学校附属幼儿园的学前教育机构7所，相当于平均每年增设1所，可见发展速度是相当缓慢的。

为了积极推进学前教育的发展，增加幼儿园的数量，也为了使一般贫民子女能接受学前教育，文部省于1882年采取创办简易幼儿园的措施。该措施明确规定，文部省所属的幼儿园规模不宜过大，办园的方式可以任意选择，办园的费用完全由政府承担，要保证大量收容贫民子女，或者父母没有时间、精力照顾和养育的子女。文部省还规定，简易幼儿园在设施、编制上要从简，只要能达到使看护儿童的保姆能够带领儿童进行安全的游戏，为儿童提供一个比起他们聚集在街头、做危险而恶劣的游戏要好得多的场所即可，以便减轻其父母的负担，使之得以安心劳动。可见，简易幼儿园主要是为贫民子女所办的幼儿园，不分年龄集体看护，这种幼儿园收费低廉，入园者可免费入园或只交少量入园费。该措施的落实加速了幼儿园的普及，促进了日本学前教育的发展。仅1882年一年之内就增加了6所这类幼儿园，到1885年全国已有简易幼儿园30所，入园儿童总数达1893人。这种简易幼儿园的特点是：设备、园舍等设施简陋，能节省开支；收费低廉；对儿童的保育实行不分年龄阶段的集体保育；适宜于乡村和边远地区幼儿园的普及。

19世纪末，简易幼儿园为一般贫民子女接受学前教育发挥了一定的作用。但是随着资本主义的发展，越来越多的妇女走向工作岗位，原有的简易幼儿园已经不能满足幼儿的入园要求了。一种新的学前教育机构——托儿所便应运而生。

1890年，民间人士赤泽钟美夫妇于新潟市创立了日本学前教育史上的第一所托儿所。与幼儿园不同的是，托儿所完全是由私人出资开办的私立机构，政府不予负担，是专门为贫民子女开设的，主要起着看管孩子的作用。这所托儿所的特点是，实行常设寄托制，并且收费较低，深受年轻父母的欢迎。它主要是保育那些被带到学校里的年幼孩子，以使得他们的哥哥姐姐能安心学习。它的诞生引起了当时社会广泛的注意，人们赞扬这对宽厚仁慈的夫妇，他们为解决孩子家长的难题担起了这一人道主义的责任。受其影响，1894 年大日本纺织公司也分别在东京和深川的工厂内附设了托儿所，以解决参加工作的母亲的托儿问题。接着，1896 年福冈县还成立了利用民宅建起的邻里托儿所。日本内务省也对发展这类托儿所表示关注，曾拨出少量经费来资助它的发展。正是从赤泽钟美夫妇创办第一所托儿所开始，日本学前教育事业的发展走上了一个新的轨道，从此，日本就存在幼儿园和托儿所两类学前教育机构，到 20 世纪，日本逐渐形成了以幼儿园与托儿所为主的独具特色的二元学前教育机构。

二、学前教育政策的制定与实施

为了更好地规范各类学前教育机构的职责和功能，推进日本学前教育水平的整体发展，日本政府又制定了一系列的幼儿园规章制度和法令法规。

(一)《幼儿园保育及设备规程》

1899 年，文部省颁布了《幼儿园保育及设备规程》，这是日本首次由政府颁布的规范幼儿园各项工作的正式法令。其中，对幼儿园的设备标准、保育对象的年龄、保育目的、保育内容及保育时间等方面都做出了明确的规定，从而奠定了日本学前教育体制的基础。

拓展阅读

幼儿园保育及设备规程

第一条：幼儿园是为年满 3 岁至学龄前的儿童开设的保育场所。

第二条：保育时间(包括吃饭时间)每日在 5 小时以内。

第三条：一名保姆可保育 40 名以内的儿童。

第四条：一所幼儿园可招收 100 名儿童，个别情况可招收 150 名儿童。

第五条：保育要领。

①对幼儿进行教育，是为了使其身心得到健全的发展，养成良好习惯以及辅助家庭教育。

②保育方法应以坚持适应幼儿的身心发展，教授其难易程度相应的事物为本职业的根本。

③要时常注意纠正幼儿的德行仪表。

④因幼儿模仿能力极强，所以平素应使他们多接触嘉言懿行。

第六条：幼儿的保育项目包括游戏、唱歌、谈话及手工作业。

①游戏：包括自由游戏和集体游戏，以此来使幼儿心情愉快，促进身体健康。自由游戏是让幼儿自己随意活动；集体游戏是开展集体唱歌等活动。

②唱歌：通过教授幼儿一些简单的歌曲，促进其听觉器官和呼吸器官的发育，并达到使其心情舒畅、陶冶情操之目的。

③谈话：通过对儿童讲授既有益且有趣的故事、寓言，谈论日常的天然景物和人物等，以培养其道德修养和观察注意的能力。兼之做语言发音矫正练习。

④手工作业：利用幼儿园恩物，做训练幼儿手、眼的练习，以促进智力的发展。

第七条：幼儿园所需的设备。

①每所幼儿园应在平房建筑的园舍中设有保育室、游戏室、保育员室及其他必需的房间。保育室的大小，须以平均4名幼儿占1坪(约3.3平方米)为标准。

②游戏场地，须以平均1名幼儿占1坪为标准。

③幼儿园的教学设备应包括恩物，绘画、游戏等用具，以及乐器、黑板、课桌、椅子、时钟、温度计、采暖和其他所需设备。

④操场、饮用水、门窗的采光标准，均以小学的有关规定为准。

《幼儿园保育及设备规程》不仅成为19世纪末20世纪初日本幼儿园设置和编制课程的标准，而且还成为以后日本幼儿园制定新章程的基本依据。此后多次修改和制定新幼儿园法规的过程中，基本上都保存了这一规程的主要内容和本来面貌，就连第二次世界大战后制定的《学校教育法》中有关幼儿园保育及设备方面的规定，也沿用了这一规程中的有关条文。但是，这个规程并没有把幼儿园列入正规的学校体系之中。

(二)《幼儿园令》和《幼儿园令施行规则》

20世纪前期，随着幼儿园数量的增加，要求制定有关幼儿园新法令的呼声日益高涨。1926年4月，文部省颁布《幼儿园令》和《幼儿园令施行规则》。《幼儿园令》是日本教育史上第一个单独的学前教育法令。该法令首次明确了幼儿园在日本教育制度中的位置，规定幼儿园教育为学校教育体系中的一部分。这部法令主要对幼儿园园长和保姆的资格、工资待遇进行了规定，并放宽了入园年龄，即由原来的3岁入园改为不满3岁也可入园。同时，废止了关于每日5小时保育时间的规定，还对保育内容进行了补充，规定了五项内容：游戏、唱歌、谈话、手技和观察。《幼儿园令》的颁布标志着日本学前教育制度化的开始，促进了日本幼儿园的普及和迅速发展，日本平均每年新增幼儿园约100所，学前教育进入了一个新的发展阶段。到1941年，日本全国幼儿园数已达到2084所。这个时期学前教育的主要特点是学前教育机构的数量有较大的增加，保育内容不断充实。

思考与练习

1. 欧文幼儿学校产生的原因、意义以及教育内容和方法。
2. 福禄培尔幼儿园对英国学前教育的影响。
3. 分析英国近代学前教育机构的产生和发展。
4. 简述柯夏创办的“托儿所”的教育内容和方法。
5. 分析法国近代学前教育机构的产生和发展过程。
6. 简述苏联的社会主义教育实践。
7. 简述美国进步主义幼儿园运动。
8. 分析日本明治维新后，近代学前教育制度的确立过程。

第十一章　近现代学前教育思想(上)

学习目标

1. 了解夸美纽斯的学前教育思想。
2. 了解卢梭的学前教育思想。

13 世纪末意大利各城市兴起了一场新的文化运动，即文艺复兴运动，这是一场资产阶级在思想文化领域领导的反封建文化运动，反映了新兴资产阶级的需求，即培养其所需要的“新人”。这场运动的核心是人文主义精神，提倡人性、人权、人道，肯定了人的价值和尊严，使正处在传统封建神学束缚中的人慢慢解放出来。这场运动在 17 世纪达到鼎盛，其促使许多著名的教育家开始反思当下的教育现状，批判和揭露了封建教育和经院主义教育的弊端，提出了要尊重儿童的个人价值和自然天性，将儿童从封建教育的束缚中解放出来，获得自由的生活的主张。这其中比较著名的教育家包括夸美纽斯和卢梭。

第一节　夸美纽斯的学前教育思想

夸美纽斯(1592—1670)是 17 世纪捷克杰出的幼儿教育实践家和理论家，其理论的特色之一就是提出了教育适应自然的主导性原则，并且其著作《大教学论》《母育学校》等对后世有很大的影响。(图 11-1)

图 11-1　夸美纽斯

一、生平与教育著作

1592 年 3 月 28 日，夸美纽斯出生于摩拉维亚一个属于“捷克兄弟会”的磨坊主的家庭里，他早年就失去了父母，成为孤儿，16 岁起由兄弟会承担其学费，接受了中等教育和高等教育，其间受到新教教派思想和爱国主义思想的熏陶。1616 年他大学毕业后，被选为兄弟会的牧师，并主持兄弟会的学校且被推为普利洛夫学校的校长。1618 年，欧洲爆发了三十年战争，当时夸美纽斯积极参加了反对德国贵族和天主教会残酷镇压捷克人民、迫害新教徒的斗争。战争爆发后，他和兄弟会的其他会员同时遭受了反动势力的迫害，有几个月被迫躲居于崇山森林之中。战火中，夸美纽斯失去了他多年的心血——全部书稿和珍贵藏书，瘟疫又夺去了他妻儿的生命。在祖国与家庭连遭不幸的日子里，他怀着悲愤的心情写下了社会政治性学术著作《世界的迷宫与心的天堂》，揭露了贵族的贪婪、教会的黑暗、侵略的罪恶和人世间的不公。

拓展阅读

在《大教学论》中，夸美纽斯高度评价了教育对社会的作用，认为教会与国家的改良在于青年得到合适的教导。他希望通过教育改变社会道德普遍堕落的现象，从而“减少黑暗与倾轧”，得到“光明与和平”。同时，他也高度肯定了教育对人发展的作用，认为“假如要形成一个人，就必须由教育去形成”“只有受过一种合适的教育之后，人才能成为一个人”。他把人的心灵比作园地中的泥土，可以栽种各色花木，结出累累果实。

1627 年，德国皇帝下达了迫害新教徒的法令。为坚持新教信仰，兄弟会 3 万户居民于 1628 年离开祖国，赴波兰的黎撒城。在黎撒城，夸美纽斯又主持已改为古典中学的兄弟会学校长达 13 年之久。在此期间，夸美纽斯因所写的几本有关教育的著作的出版而享有世界声誉。这些著作是《语言和科学入门》《母育学校》《大教学论》《物理学概论》《泛智先声》等。其中，《大教学论》全面地论述了改革中世纪的旧教育、建立资本主义新教育的主张，提出了一套完整的教育理论体系，第一次把教育学从哲学中独立出来，完成了教育理论上有史以来的重大变革，它开创了近代教育理论的先河，成为划时代的巨著。因此，夸美纽斯被称为近代的“教育巨匠”和“教育理论的始祖”，也有人称他是教育史上的“哥白尼”。夸美纽斯尖锐地批评了旧学校的种种弊端，“学校变成了儿童的恐怖场所，变成了他们才智的屠宰场”，提出了教育要适应自然的原则，教育要依据人的自然本性，即依据儿童的天性和年龄特征。“我们的格言应当是：凡事都要追随自然的领导，要去观察能力发展的次第，要使我们的方法依据这种顺序的原则。”①于是，他提出了划分儿童年龄阶段的主张，把0～24 岁划成 4 个阶段，即婴儿期、儿童期、少年期和青春期，每期 6 年。另外，夸美纽斯还提出了普及教育的民主主张，认为所有男女青年，不论富贵和贫贱，都应该进学校。

---

① ［捷］夸美纽斯：《大教学论》，傅任敢译，222 页，北京，人民教育出版社，1984。

为了实现这一主张，他创制了学校体系，发明了班级授课制，这种主张和体系至今为我们所沿用。在《大教学论》中，夸美纽斯对教学内容、教学方法及教学艺术进行了详细的分析和说明，提出了一套教学原则，如直观性原则、循序渐进性原则、巩固性原则等，奠定了教学论的理论基础。《大教学论》这一巨著，以它不朽的思想，经过300多年的考验，成为现代教育、教学理论的精华和核心。

《母育学校》是世界教育史上第一本幼儿教育专著，在人类史上首次制定了面向6岁以下儿童的详细的教育大纲，这是夸美纽斯的伟大功绩之一。实际上，他也是最先研究家庭教育的教育家和思想家之一。夸美纽斯认为，家庭是儿童的第一所学校，家庭教育是学校教育的初步阶段，父母是儿童的首任老师，特别是母亲，对儿童的教育负有特殊的责任和义务。儿童应当比金银珠宝还要珍贵些、可亲些，儿童是使我们不忘谦逊、和蔼、仁慈、协调等美德的镜子。他对儿童的道德培养极为重视，内容有12项之多，由饮食起居一直到宗教礼仪，要求合理得当。《母育学校》一经发表，就以其独有的风格广为传播，成为家长们的实用手册和母亲们进行家庭教育的指南，也成了开启儿童智慧大门的“金钥匙”。

拓展阅读

在《母育学校》一书里，夸美纽斯遵循儿童的自然性原则，认为教育内容应由简到繁，从感觉(看、听、尝、触)训练到宗教信仰的培养，形成梯度，循序渐进；教育方法应简单灵活，易于操作。

1642年，夸美纽斯因希望当时的瑞典政府帮助捷克人民取得独立，便应邀到了瑞典，他在瑞典几年的工作期间，受该国政府的委托，编辑教科书和语言教学法。1648年再度回到黎撒城，夸美纽斯接受了匈牙利一位大公的邀请，担任匈牙利常年学校顾问，并撰写了《论天赋才能的培养》《泛智学校》《组织良好的学校准则》《世界图解》。其中，《世界图解》是西方教育史上第一本附有插图的儿童百科全书，该书构思新颖、内容广泛、图文并茂，堪称教材一绝。夸美纽斯在序言中，就说明了该书的特点：这部书篇幅不大，但它是整个世界和整个语言的鸟瞰，里面充满了插图、事物的名称和描述。所以，他把《世界图解》称为“世界一览”。《世界图解》的内容包罗万象，不仅涉及动物界、植物界，而且涉及人类的起源，人类有机体的组成部分，人的活动，道德的特征，人在家庭、城市社会、国家里的关系等内容。附插图近200幅，均出自作者之手，图画逼真生动、形象鲜明。它们和文字对应相配，引人入胜，激发读者的兴趣，使所学内容印象深刻。这就使儿童在自然、快乐的情境中逐步、自由地获取了知识；更重要的是，儿童在掌握知识的同时，得到了美的陶冶，形象思维的能力得以发展，培养了思维习惯，开启了智慧之门。从《世界图解》中，人们可以看到夸美纽斯渊博的知识、精湛的绘画素养和惊人的构思，也可以窥视到他的教育思想和教学原则。夸美纽斯把知识、绘画和美感融为一体，代表了他那个时代教育的进步潮流。难怪有人说，《世界图解》是夸美纽斯思想的结晶和象征。《世界图解》于 1658 年出版发行，在欧洲引起了轰动，曾流行近 200 年之久，夸美纽斯因此获得了世界声誉。德国哲学家、科学家莱布尼兹主张应以《世界图解》为初级语言教学的教材；德国思想家、文学家歌德和俄国教育家乌申斯基也对这本书给予了高度的评价。1656 年，瑞典和波兰发生战争，黎撒城被火烧毁，夸美纽斯又一次失去了自己几乎全部的手稿。当时，文化教育较发达的荷兰拨款救援捷克流亡者，并欢迎夸美纽斯去荷兰工作和定居，夸美纽斯于是辗转避难于荷兰的阿姆斯特丹。来到荷兰的第二年即 1657 年，阿姆斯特丹的元老院决定出版他的教育论著全集、《走出经院哲学的迷宫》等。在荷兰，他仍坚持不懈地致力于教育工作，于 1670 年 11 月 15 日去世，终年 78 岁。

拓展阅读

《世界图解》对儿童教育起到了深远的影响，同时也是在语言教学中应用视听技术和词汇法的先驱。比如，教孩子学字母的绘本五花八门，有的用单词首字母来表现，有的结合动物的形态、声音等。联想记忆，现在看来不足为奇，但这都是因为有先驱在摆脱传统机械的学习方式上做出了努力和改变。夸美纽斯别出心裁，编排出“象征字母表”，使死的字母变成了会发音的“活字母”。(图 11-2)

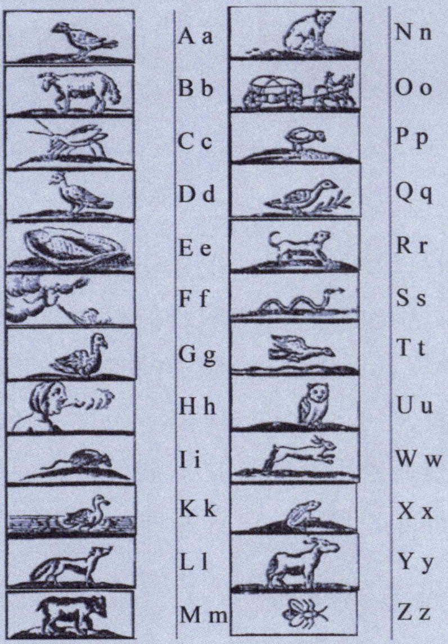

图 11-2　象征字母表

该书的内容和《母育学校》的教学大纲相对应，可以配套使用。(图 11-3 至图 11-6)

图 11-3　家族树

图 11-4　打网球

图 11-5　舞台剧

图 11-6　海战

夸美纽斯置身于欧洲封建主义和资本主义交替的历史时期，他吸收欧洲文艺复兴以来人文主义教育成果，反映新兴资产阶级的教育要求，总结自己长期的教育理论与实践，撰写了《母育学校》《大教学论》《语言和科学的入门》《世界图解》等教育著作，全面系统地论述了教育问题，揭露与抨击了中世纪经院主义教育理论及实践的危害，提出了一系列有助于促进生产和科技发展的教育见解，奠定了欧洲近代教育理论的基础。因此，他在世界教育史上占有特别重要的地位。

二、论教育的作用及主导原则

夸美纽斯从宗教教义和现实生活出发，提出教育目的是使人学会现实生活所必需的知识、道德和思想信仰，为来世永生做好准备。他重视“活在当下”，重视培养身体、智慧、德行和信仰几方面和谐发展的人。这样的人正是新兴资产阶级反对封建桎梏和天主教会的蒙昧主义，发展资本主义经济和科学文化需要的人。

(一)教育的作用

夸美纽斯高度评价教育的作用。首先，他认为教育对人的发展具有重要的作用。夸美纽斯接受文艺复兴时期人文主义思想的影响，认为人生来就有一定的天赋，但是这些天赋如何发挥，关键在于教育。他认为每一个人都有接受知识的智力，智力低到不能接受教育的地步，这种人是极少的，他还形象地说："我们差不多找不出一块模糊的镜子模糊到了完全反映不出任何形象的地步，我们也差不多找不出一块粗糙的板子粗糙到了完全不能刻上什么东西的地步。……假如教员肯充分卖力气，人是可以被琢磨好的……"①可见，夸美纽斯认为，每一个儿童不论家庭背景是贫、富、贵、贱，不论自身是聪颖还是不聪颖，都应该有受教育的权利。只要接受教育，就有发展的可能性，就有摆脱贫穷命运的可能性。另外，他还认为没有教不好的学生，只有不卖力教的教师。虽然每一个学生在智力上、学习能力上具有差异性，有的笨点，有的聪明点，但是教师必须做到一视同仁。相信只要接受适当的教育，笨的学生也是可以教好的。

其次，他认为教育对社会的发展具有促进作用，把教育看成改造社会、建设国家的手段。多方面对比有教养的民族和没教养的民族之间的差异，结果证明了有教养的民族能更合理地利用宝藏，能使社会减少黑暗、苦恼和倾轧等。《大教学论》开头就讲到教会与国家的改良在于青年得到合适的教导。他在谈到办"泛智学校"时说，如果每一个民族都有这样的学校，就可以消除怠惰和因循保守，消除混乱和贫乏。他坚信，受到良好教育的民族会善于利用自然的力量和地下的宝藏，不会让一寸土地荒芜，不会让一点点物质白白浪费，会把土地耕种得像在"天堂"里那样好；有教养的民族，人们身体健康，生活富足、幸福，纯于德行，习于虔敬，社会得到了光明、和平和宁静。因为一方面，通过教育，我们可以培养出各种各样的人才，从事国家的建设，促进国家的经济发展；另一方面，通过教育，还可以提高人民的文化素质和教养水平，使得他们为了追求共同的幸福生活而努力，团结起来共同维护国家的利益，在生活中不假公济私、不自私自利、不冷漠无情，能够相互团结、相互包容、相互关心，共同为未来美好的生活而奋斗。

最后，他重视儿童的差异和后天教育。夸美纽斯在高度评价教育作用的同时，对于儿童天然素质或品质的差异也很重视。他认为对于这些不同素质和性格的儿童，教师应该通过合适的训练，使他们变为有德行的人，这是教师力所能及的。夸美纽斯还认为"一切人类生来都是渴于求知的"，即一切人都是渴望学习的，但实际上却有人缺乏爱好学习的倾向，这是由于父母的溺爱、社会环境的引诱以及教师没有尽到责任导致的。他郑重提出，一个做教师的人在传授学生知识以前，必须使学生渴望学习，能够接受教导，从而准备接受多方面的教育。

---

① [捷]夸美纽斯：《大教学论》，傅任敢译，68～69页，北京，人民教育出版社，1984。

(二)教育适应自然的主导原则

教育适应自然的原则贯穿于夸美纽斯的整个教育体系中，这条原则恰似黑暗教育中的一盏明灯，指出了近代教育、教育科学化前进的道路。夸美纽斯之所以提出这条原则，是因为他认为在此以前没有一所完善的学校。即便有学校，它们也仅仅只是为上层社会服务的，招生条件十分苛刻，学费十分昂贵，广大的劳动人民既没有权利也没有能力接受教育。那么，这些给上层社会准备的教育又是如何的呢？夸美纽斯写道，教导年轻人的方法变得如此严峻，以致学校被孩子们看成恐怖的场所和才智的屠宰场，大部分学生由于养成了对学习和书本的厌恶，都迅速辍学，进了工匠的工厂，或从事其他职业。夸美纽斯认为在那时的学校教育里，虔信和德行并没有受到关注，学校的教育是死板荒谬的，是盲目灌输的，教师对学生是十分严厉、凶狠的，学生完全丧失了学习的兴趣。那时的学校“没有产生出任何东西”，所以，是必须要改革的。关于改革学校的可能性，夸美纽斯向我们呈现了一种新的教育体制，即一切年轻人都受教育，用能使人变得明智、有德行、虔信的一切学科进行教育。这种新的教育体制是针对旧教育的一种革命。夸美纽斯认为这种新的教育体制在教育原则上提倡自然教育，在教育内容上主张泛智研究，在教育方法上主张自主探究学习，让教师在传授知识的同时也传授学习方法。同时，我们还能发现班级授课制和普及教育的思想。看来学校是必须要改革的，那么改革的基础是什么呢？夸美纽斯认为是“万物的确切规则”，而这种确切的规则，必须从自然界中才可以获得。

从夸美纽斯的这些论述中，我们可以看出自然教育的重要性。一方面，夸美纽斯认为，宇宙万物和人的活动中存在着一种“秩序”即普遍的规律，保证宇宙万物和谐发展，对动物界、植物界和人都是起作用的，是万物共同拥有的规律。人是自然的一部分，我们在教育人的时候必须遵循自然的这种普遍的规律。夸美纽斯号召人们重视自然的作用并模仿自然，他相信在自然的指导下，迷失是不可能的。他在《大教学论》的许多地方详细阐明了教育制度和教学方法都应仿效自然的道理。他要求教学遵守自然法则，尽量把(教学)艺术的步骤调整为和自然的步骤一致。就像园丁在栽培植物的时候顺应大自然的规律，春天播种，秋天收获一样，教育青年也该遵循自然的规律。他认为“人类教育应从人生的青春开始”，这就是说，要从儿童时期开始。(因为儿童时期等于春天，青年时期等于夏天，成年时期等于秋天，老年时期等于冬天。)由于自然分为春、夏、秋、冬四季，学校组织也应分为四个阶段：母育学校相当于春，国语学校相当于夏，拉丁学校相当于秋，大学相当于冬。他大量引用人类运用机械原理的实例，如钟和船的运行、大炮的发明以及印刷术等，说明一切事物只要按照一定的“秩序”进行和谐的组合，就可以产生巨大的力量。另一方面，他认为中世纪的学校都违背了自然原则，只以无用的、死的文字材料填塞学生的头脑，而不重视认识实际的事物，只靠死记硬背让学生记住许多没有价值的结论，而不是通过观察与思考让学生学习有益的知识，再加上教学方法不当、纪律严酷，以致学校变成了恐怖的场所，变成了他们才智的屠宰场。因此，夸美纽斯根据教育适应自然的原则提出教学要循序渐进。他要求教学的各个步骤必须关联，要一环扣一环。因此，他要求在学校工作中也要把时间、科目和方法巧妙地加以安排，如此一来，教育工作同样可以进行得迅速、省力而又有效。

夸美纽斯教育适应自然的另一个内容就是教育要顺应人的自然天性和儿童的年龄特征。人与动物和植物有很大的区别，人与人之间也存在很大的差异，因此在顺应普遍规律的同时，也要顺应人自身具有的独特特点。“我们的格言应当是：凡事都要追随自然的领导，要去观察能力发展的次第，要使我们的方法依据这种顺序的原则。”①他要求所有的教学科目都应适合学生的年龄特征，要求一切教学安排都应符合学生的能力，要求一切教学都应考虑到学生的要求。关于教学应符合学生的天性倾向和兴趣爱好，夸美纽斯有一段十分精彩的议论。他说：“知识如果不合于这个或那个学生的心灵，它就是不合适的。因为人心的不同和植物、树木或动物之各不相同一样大；这个必须这样去对付，那个又必须那样去对付，同样的方法是不能够用在所有的人身上的。”②为了使每个人的智力得到充分的发展，教师要根据学生的天性进行教育。教师按照学生的兴趣、爱好、倾向选择学科，就能使学生在较短的时间内，收到比较大的效果；反之，不管学生尽了多大的努力，其收效也是微乎其微的。在这里可以看出，夸美纽斯的主要观点是说，教学内容选择、编制、实施的整个过程中都要考虑到儿童个人的思维发展水平、学习能力以及他的兴趣、爱好，不可以将成人的愿望强加给儿童，更不可以把一些对于儿童来说根本无法理解的抽象知识灌输给儿童，导致其心理承受很大的压力。另外，在进行教学的过程中一定要因材施教，考虑到儿童之间的个体差异，因为世界上没有两片相同的叶子，儿童之间或多或少存在兴趣、能力、需要以及其他方面的不同，因此，教师不要把孩子放在同一个模子里进行一味“复制”，而是要根据每个儿童的发展情况给予相应的帮助。

教材作为儿童学习人类经验的主要媒介，其选择也必须遵循自然的原则。首先，一切应学的科目都应加以排列，使其适合学生的年龄。凡是超过了他们理解能力的东西就不要让他们去学习，人的发展的自由和自然性要求教育者不能用强力来强制儿童。在他看来，教材应该这样安排。自然先预备好教材，然后再给学生形状，即先使学生知道最靠近他们眼前的事物，然后知道不太靠近的，随后知道相隔较远的。接着，自然小心地避免障碍和一切可能产生伤害的事物。总之，要选择有智慧、德行和虔信的合适的书本，防止学生受到不良书籍的影响。重要的是自然界所有有用的知识都要编入教材，要让学生全面地学习科学、道德和虔信。假如这些因素中省略了任何一个，那便是留下了一个大大的间隙，会造成教育的缺憾。其次，要想激起求知的愿望，方法就必须来得自然，所以，合理教学方法的运用是体现自然适应

---

① [捷]夸美纽斯：《大教学论》，傅任敢译，222页，北京，人民教育出版社，1984。

② [捷]夸美纽斯：《大教学论》，傅任敢译，153页，北京，人民教育出版社，1984。

性原则的关键。夸美纽斯主张教师在教学中采用渐进的方法，一步一步地前进，脚踏实地。在他看来，无论是建筑师还是园艺师等，都应该从最基础的事情做起，教学同样如此。语文、科学或艺术的教授必须先教最简单的原理，使学生得到一种概念；接下来，可以把规则和例子放在学生的眼前，使其进一步去发展知识；然后，学生就可以系统地学习这门学科了。这种原则是符合自然的秩序的。反之，如果违反这种原则，那么教学没有任何效果。夸美纽斯举例说："我记得很清楚，当我们开始学习辩证法、修辞学和玄学的时候，我们一开始便被冗长的规则，被评注和评注的小注，被作家比较和纠缠的问题累坏了。教我们拉丁文文法的时候连一切例外的与不规则的地方全教了……我们这些可怜的人们被弄得昏头昏脑，差不多弄不清它是讲的什么了。"①同时，他指出教学应该采取同一种方法，即对孩子的教育应该由一个人承担。若一个孩子是由几个教师同时教导的，效果一定不好，因为他们很难采用同样的方法。如果他们不采用同样的方法，孩子的心灵便一会儿被引到这个方向，一会儿又被引到另一个方向去了，他的发展就会受到这样或那样的阻碍。

总之，对儿童的教育既要注重整体的发展，又要注重个体的发展，将两者较好地融合在一起。夸美纽斯提出教育适应自然的原则，一方面反映了文艺复兴时期人们崇拜自然的态度，引证自然来反对违反自然的禁欲主义教育和摧残儿童的经院主义教育；另一方面把人看作自然的一部分，同受自然普遍规律的支配，这种观点是对中世纪神权思想的一种有力的反抗，把人从教会神权下解放出来了。他这种以"自然"反对"神道"的精神无疑是进步的。但由于历史条件和科学水平的限制，他不懂得教育是一种社会现象，是按社会生活的一些特殊规律发展起来的。他错误地认为自然界关于动植物生长的规律同样适用于人类，要求教育顺应自然、模仿自然。而作为教育对象的人，是有社会关系的人，是具有自觉的能动作用的人，是有计划、有步骤地改造自然和社会的人，即对人的教育并非完全屈从于自然，而是要调动人的主观能动性，使其能够通过所学的知识来改造社会、改造自然。这也是人与动植物的本质区别所在。马克思曾指出，最拙劣的建筑师和最巧妙的蜜蜂相比，显得优越的就是这个事实：建筑师在以蜂蜡构成蜂房以前，已经在他的头脑中把它构成。怎么可以随便把动植物和人相比呢？怎么可以把人当作生物学上的人看待呢？怎么可以要求教育顺应自然、模仿自然呢？夸美纽斯提出教育适应自然的原则的局限性，今天看来在于没有把作为教育对象的人看作社会的人，而看作离开人类社会生活的抽象的人、生物学上的人，但不可否认的是，夸美纽斯主张教育适应自然，教学内容和方法的选择要尊重儿童的身心发展特点、个性特征无疑是进步的。

(三)教学原则

夸美纽斯在尖锐地批判经院主义学校教学工作的弊病与危害的基础上，提出了

① [捷]夸美纽斯：《大教学论》，傅任敢译，100页，北京，人民教育出版社，1984。

自己关于教学原则的主张。他在《大教学论》中用教育适应自然的思想分述了各种教学原则。

1. 直观性原则

夸美纽斯在外国教育史上第一次用感觉论论证了直观教学。他认为，一切知识都是从感官的感知开始的，这是所有的教师进行教学工作时都必须遵奉的一条“金科玉律”。对儿童的教育应该从感官教育开始，给其提供丰富的工具和材料，充分调动起儿童多种感官的活动，即让儿童多观察、多操作、多听、多想等，在获得丰富感官经验的基础上促进抽象知识的学习。

夸美纽斯提出按照直观性原则进行教学，即应从观察实际事物开始进行教学。如果不能直接观察实物，应利用图片或模型来代替实物。对于自然科学知识的教学，要注重参观、实验和儿童的亲手操作。在这里，夸美纽斯还特别提到观察中的心理活动的问题。他说，教学艺术的光亮是注意，没有光亮，事物呈现到眼睛跟前也是没有用处的。因此，教师在传授知识时，首先要引起学生的注意，只有这样，才能使他们如饥似渴地吸收知识。对于学前儿童而言，直观思维在其认识活动中占优势地位，儿童仍然是通过看、听、摸等活动，借助颜色、声音、形状来认识世界的。而依靠教师的语言传递，儿童只能理解一些直观、具体、形象的东西，不易理解一些抽象、复杂的东西。在教育史上，夸美纽斯详细地说明了运用直观性原则进行教学的许多具体方法。这些对于实施科学知识教育有重要意义，对提高教学工作的质量和效果也有直接的指导作用。

2. 系统性与渐进性原则

夸美纽斯认为自然界的发展和人类许多活动的进行都是井然有序的，自然并不是跃进的，它只是一步一步地前进的。然而，旧经院主义性质学校的教学工作却十分混乱，这种教学的混乱只会造成头脑的混乱。因此，他要求传授给学生的知识应该是系统的，教学的进行应该循序渐进。至于如何系统地、循序渐进地进行教学，夸美纽斯主张，在教学内容上，要妥当地安排教学科目的顺序，各个班级的一切功课都应该仔细分成阶段，务使先学的能为后学的扫清道路；在教材的安排上，要求做到由近及远、由易到难、由简到繁、由已知到未知、由具体到抽象等；在教学时间的安排上，也要仔细划分好，务使每年、每月、每日、每时都有它的指定工作；在学生学习知识的过程中，按其认识活动的特点，首先从感官的活动开始进行观察，其次在理解的基础上再去记忆，最后才进行实际运用的练习。总之，学校要自始至终，按学生的年龄及已有的知识循序渐进地进行教导。

夸美纽斯在有计划、按顺序进行教学的主张中很重视打好学习基础。他说，一切先学的功课都应该成为一切后学的功课的基础，这种基础必需彻底地打好。而教师在教授一门课程各部分的细节之前，也要先打好基础，即对于该课程的目的、范围和内容结构进行概括说明。同时，他还反对不考虑儿童接受能力的强制性教学，要求教学一定要适合儿童的年龄特征，特别是为初学的儿童选择学习材料一定要适当。儿童学习字母和阅读，一定要从本民族语言学起，使用的读本必须用祖国的文字编写。

3. 巩固性原则

夸美纽斯要求使学生获得巩固的知识。他认为学习知识而没有巩固下来，这好比不断地把水泼到一个筛子上去，是不会使人增长智慧的。他把知识的巩固看作教学彻底性的一个标志，认为新知识的巩固，一是要求大量记住所学的知识，二是要求随时能够启用这些知识。教师授课时要讲清事物产生的原因和理由，在理解原因的基础上，知识才能掌握得牢固。在巩固性原则的贯彻和运用方面，除了在理解的基础上获得知识与巩固记忆外，夸美纽斯还特别强调练习与实践。他认为这不仅可以磨炼记忆力，巩固所学的知识，而且有益于掌握书写、唱歌、谈话和推理的技能。他要求练习应从基本做起，应从自幼练习记忆，因为练习可以使记忆发展。凡是应当做的都应从实践中学习、从运用中巩固，实践对于技巧的掌握和巩固是非常重要的。

4. 量力性原则

夸美纽斯是教育史上第一个明确提出量力性原则的教育家。在这个方面，夸美纽斯有两个基本思想：强调引导学生自觉自愿地进行学习，反对强制；强调使学生理解知识，反对逼迫他们死记硬背。他认为，求知的欲望是人的一种天然倾向，是人的自然本性的表现，要尊重人的这种自然倾向。教学必须按学生的能力逐步进行，不可以在学习时实行强制，因为凡是自然的事情都无须强迫；一切事情的安排应全都符合学生的能力，这种能力自然是会随着学习与年龄的增加而同时提高的。夸美纽斯主张教学必须要考虑儿童的认识特点、思维发展状态、接受能力等，要量力而行、因材施教，不可负担过重，这种思想是可取的。

上述夸美纽斯关于教学原则的主张是紧密联系、互相渗透的，就其内容的广泛性、实用性及深刻程度来看已成为一个体系，而且是教育史上最早的教学原则体系，它的提出是夸美纽斯的重大历史功绩。其中不乏合理因素，被后人所接受，并不断得到充实与发展，成为教育学上重要的组成部分之一。

除此之外，在教育适应自然思想的指导下，夸美纽斯给予了班级授课制系统的理论证明。他主张按年龄来划分班级，每年开学的时间应该统一，教学时间应做详细的划分，要有严格的教学计划，而且教学一定要按计划进行。夸美纽斯还根据儿童的智力发展阶段制定了学年制，把儿童受教育的过程分为四个阶段。婴幼儿期(0～6岁)是儿童感觉器官发展的最佳时期，应在家庭中接受教育；儿童期(6～12岁)是记忆力和想象力的发展时期，应在乡村设立的学校中接受教育；少年期(12～18岁)是培养思维和判断能力的时期，应掌握百科全书式的知识，在较大城市设立的学校中接受教育；青年期(18～24岁)是培养学生独立能力和意志的时期，应在国家首都或省会城市设立的学校中接受教育。班级授课制和学年制的提出对学校教育做出了重大的贡献。

总之，夸美纽斯的教育适应自然原则强调教育要顺应儿童的发展，关注儿童的兴趣和主体性，真正体现教育以人为本的本质。该原则反映了文艺复兴时期对待自然的态度——崇拜“自然”，以自然去反对神道，无疑是有进步性的。他力图摆脱天主教会的精神枷锁，从人的自身和现实世界中寻求教育工作的客观依据。虽受当时社会和科学发展水平的制约，夸美纽斯还不可能科学地阐明儿童能力发展和教育工作的规律，但他的这条原则仍被以后的教育家继续发展。

三、论学前教育

夸美纽斯从人的天然素质出发，把新生一代的生活按年龄分为四个阶段。每个年龄阶段的儿童都有他们身心发展的特征，国家应为他们设立相应的学校。第一个年龄阶段即婴幼儿期(0～6岁)，婴幼儿期的特征是身体的迅速成长和感觉器官的发展。夸美纽斯把这个时期为儿童设立的教育机构命名为母育学校。母育学校实施的教育就是夸美纽斯理解的在家庭由母亲担负的学前教育。他首先论证了早期学前教育的意义。从儿童发展来看，早期教育易见成效，是培养人才的基础，学习应从婴儿开始；从家庭方面来看，只有对子女实施早期教育，父母才算圆满地履行了他们应尽的义务；从国家方面来看，儿童教育搞好了，可以提高民族素质，使国家富强，使社会得到改造。在《母育学校》这本著作中，夸美纽斯对学前教育的课程内容、教学方法等进行了阐述。

(一)学前教育课程

夸美纽斯几个世纪前就在《母育学校》中，针对学前教育课程的性质提出了自己的观点。他认为，儿童生活的前六年，是为以后学习打基础的时期。这一时期，儿童接受的课程是简易的实物课程。成人应教儿童认识石头、植物和动物、儿童自身肢体的名称和用途，辨识光亮和黑暗以及各种颜色，认识周围环境，如房间、农场等。

夸美纽斯把学前教育课程定性为实物课程，是基于他对儿童、儿童的活动以及学前教育性质的认识的。他认为，任何人在幼年时代播下什么样的种子，那他老年就要收获什么样的果实，诚如谚语所说：“幼年的追求就是老年的爱好。”儿童爱好活动，他的所有知识都通过感官获得。因此，为学前儿童提供的课程就应是实物课程。实物课程的具体内容包括自然事物、光和光学方面、地理学方面、时间和年代、家务和家庭、国家及有关知识。除此之外，课程还包括智育、体育、德行和性格训练。

夸美纽斯十分重视儿童的体育。他认为，只有在儿童身体健康的时候，才有可能对他们进行教育。为了保证儿童的身体健康，母亲要从儿童出生之前做起。孕妇自怀孕之日，为了保障婴儿的健康，饮食上要健康，情绪上要稳定，行动上要小心，生活上要有规律等。除此之外，夸美纽斯提出，婴儿出生后合理的照顾也是非常重要的。婴儿出生后，要进行母乳喂养，母亲要多抱抱孩子、多亲吻孩子。他严厉地批判了有些母亲为了保持自己的身材、外貌而不愿意照看孩子的行为。婴儿断奶之后，考虑到孩子的骨骼、血管、躯体还很脆弱，饮食上还需要成人细心的照顾，成人应注意不要让孩子吃太辣、太冷、太硬的食物，而是吃一些天然的、易于消化的食物。

夸美纽斯在重视儿童体育的同时，还强调发展儿童的智力。他认为应该让儿童学习百科全书式的知识，其内容包括自然科学知识和社会科学知识，这与他的泛智论是一致的。在自然科学知识方面，要掌握物理学、光学、天文学、地理学的初步概念，如使儿童认识水、火、雨、雪，认识住房、庭院、乡村、城市、森林、山川等；在社会科学方面，要掌握家庭成员的称呼，知道厨房炊具、餐具的用途，理解昨天、今天等。另外，他认为还要发展儿童的智力和语言，培养学习和交往的能力。

在德育方面，夸美纽斯特别强调培养儿童文明礼貌的行为和良好的生活习惯，为此，他提出两方面的要求：一是要自幼培养儿童勤劳俭朴、爱整洁的习惯，举止文雅，学会控制自己的情感等；二是在待人接物方面，要求儿童对人要亲切、温和、大方、有礼貌等。为了使儿童道德教育收到良好的效果，夸美纽斯坚决反对父母和其他成人溺爱、放纵孩子，容忍他们在毫无约束的条件下为所欲为。他明确地指出，如果父母在儿童的心灵播下任性的种子，那么要想取得好的效果，是不可能的，儿童缺乏理智往往是由于成人有愚昧的行为。因此，要想培养儿童的纪律观念，成人既不应溺爱和放纵，也不要过于严厉，而是要以温和的态度向儿童提出合理的要求，重视榜样示范、训练、表扬、教导等方法的作用。

(二)学前教育的教学方法

夸美纽斯在《大教学论》中阐述了两个教学的基本思想。一是一切教学必须依循自然的秩序；二是对儿童传授知识，必须依靠感官进行。通过感官进行教育是学前阶段实施教学的关键。另外，夸美纽斯还详细地论述了学前教育每年具体应该采取的教学方法。第一年，必须在摇篮里认识周围的世界，让儿童听大人唱歌和细语，带儿童到大自然中，尽量给予其温暖和安全。第二年，应经常与儿童做游戏，或让他们自己玩耍、跑动和追逐，并利用音乐及适合的图片，使儿童身心愉快。按夸美纽斯的意见，在初步的智力教育上，最有效的方法就是让儿童通过自己的感官去认识外部世界，他还建议运用故事和寓言来发展儿童的智力。因为妙趣横生的故事、深入浅出的寓言，儿童听起来不但觉得生动有趣，而且易于理解和记忆。① 另外，儿童学习的一个关键途径是游戏，夸美纽斯主张通过游戏来对儿童进行教育。他指出，爱好活动、喜欢模仿是儿童的天性，儿童在游戏的时候，智慧一直在紧张地运

---

① 唐淑、何晓夏：《学前教育史》，351页，大连，辽宁师范大学出版社，2001。

动着，游戏可以使儿童在快乐嬉戏中锻炼身体、发展智力，儿童可以从游戏中学到许多日后需要的知识。游戏贯穿于健康教育、智育和德育当中。因此，不管儿童想玩什么游戏，只要不伤害到他或者其他人的身体，不损害东西，父母都应该给予支持，而不应该阻止；反之，让儿童无所事事反而有损于儿童的发展。

(三)入学前的准备

夸美纽斯还认为，母育学校还要为儿童进入小学做准备。比如，家长要愉快地告诉儿童上小学会带来的快乐，避免儿童的恐惧感。在《母育学校》中，夸美纽斯在探讨儿童入学前准备工作的问题时，提出了许多建议。他认为，儿童不仅仅需要教师的关怀，而且需要母亲的呵护，因此提出最好在母育学校里，即在母亲的保护下，在游戏中进行学习。但是，儿童到了 6 岁以后，随着骨骼和头脑的发育日趋完善，儿童很容易地学会了家庭里应该学会的东西，这时候就要把儿童送到真正的学校中进行学习，避免一些粗野习惯的养成，因为这类习惯一经养成，会很难消除。当然，夸美纽斯也指出，6 岁入学并不是死规定，这要根据儿童发展的情况决定，入学时间可以推迟或提早半年至一年。但是，父母在儿童入学前应该注意以下几个方面。一是儿童是否已经了解了应在母育学校学习的东西；二是儿童是否已经具备一定的注意力、思考力和判断力；三是儿童是否具有继续学习的愿望。夸美纽斯要求父母在儿童入小学前应该告诉他上学是一件很愉快的事情，就像赶集或收获葡萄一样，可以与其他孩子玩耍等。

夸美纽斯认为，0～6 岁的学前教育应该在家庭中进行，十分强调家庭教育对儿童早期发展的决定性作用，这与目前我们开展的幼儿园教育不同。夸美纽斯认为，对 6 岁以前的儿童来说，最重要的不是获得什么知识，而是要获得足够的呵护和关心，健康、快乐地成长。此外，为了防止家庭教育误入歧途，夸美纽斯具体论述了教育内容和教育方法两个方面，为家长实施教育提供了参考。夸美纽斯有关儿童养护方面的论述非常全面，尤其是在课程方面。一个很重要的特点就是，夸美纽斯考虑到 6 岁以前儿童思维发展的直观性特点，强调进行实物教学，即不管给儿童讲什么事物，都要将具体的实物或者图片呈现给儿童，便于儿童理解。另外就是注重游戏在儿童教育当中的重要作用以及入学前的准备。夸美纽斯在论述幼儿教育时不仅吸收了以往和当时教育发展的成果，而且力图在当时科学发展的水平以及他个人对儿童生理和心理的认识水平上，把幼儿教育建立在一定的基础上，这是十分可贵的，为近代西方学前教育理论的发展奠定了基础，标志着西方学前教育研究从神化到人本化方向的转变，即越来越重视个人的价值和尊严，强调个人的主动性和创造性，解放个人。

夸美纽斯是一位非常伟大的教育家和实践家，虽然他的教育思想受到时代的限制，存在一定的矛盾性，但是这仍然难以遮蔽其教育思想的光辉。为反对封建主义和经院主义教育，夸美纽斯提出了教育适应自然的原则，强调在符合儿童的年龄特征、保持儿童自然天性的基础上进行教育，尊重儿童的兴趣爱好，把儿童放在教学的中心，反映出浓厚的人本主义色彩，对现在的幼儿教育仍然具有很强的指导意义。另外，夸美纽斯还是一位伟大的教育改革家，其所有的教育著作几乎不同程度地包含了教育改革的思想，在教育的基本观念、教育目的、教育内容和方法以及教育管理方面，他都力图推陈出新，涌现了许多宝贵的创新思想，并力求在自己的教育活动中进行实践。此外，夸美纽斯撰写的几本教育著作对后世具有广泛而深刻的影响。《大教学论》是西方第一本独立形态的教育学著作。书中详细阐述了教育的目的和作用，教育和教学的内容、方法、原则，教学的组织形式，学年计划，开学、放假，班级授课，学校制度等，组织成了一个比较完整的理论体系，使教育学的理论水平有了一定的提高。

拓展阅读

夸美纽斯对学前教育的研究也是开创性的，其代表著作《母育学校》可以说是西方教育史上的第一本学前教育专著。

夸美纽斯逝世后，其教育改革思想逐渐在世界各国得以实现，为近代教育学理论体系的形成奠定了基础。他的教育理论由于具有超越时代的前瞻性和科学性而为今人所瞩目，他被称为“现代教育之父”是当之无愧的。夸美纽斯一生致力于每一个人的幸福，他的“泛智思想”即把一切知识教给一切人，扩大了受教育对象的范围，使每个人都有机会接受教育，为建立一个和平、和谐的世界做出了贡献。

第二节　卢梭的学前教育思想

卢梭(1712—1778)，18 世纪法国杰出的启蒙思想家、哲学家、教育家。(图 11-2)在西方教育思想史上，卢梭第一次明确提出教育应从人的自然本性出发，使人得到充分自由发展的思想。他重视自然教育，培养“自然人”是其学前教育思想的灵魂所在。

图 11-7　卢梭

一、生平与教育著作

卢梭于 1712 年出生在瑞士日内瓦的一个钟表匠家庭，生而丧母，他的父亲爱好读书，这种爱好无疑也影响了他。在父亲的鼓励下，卢梭读了许多名人传记，7 岁时就将家里的书籍遍览无余。受书中所写的历史人物典范的影响，卢梭深深体会到了自由思想和民主精神的可贵。他继承了父亲的爱国血统，又以这些伟人为榜样，甚至言行之间常把自己比作那些历史中的人物。有一天，他在桌旁叙说斯契瓦拉的事迹，在座的人全都很惊讶地看到卢梭把手放在熊熊燃烧的炉火之上，表演斯契瓦拉的英雄壮举。这种早熟、早慧的表现，正是卢梭特有天资的最初显露。在他10岁那年，父亲因与军官斗殴而逃亡，年幼的他被亲戚收养，受了三年优良的教育。长大后，他学习雕刻，因不满师傅的虐待，开始四处流浪，曾经当过学徒、店员、仆役、家庭教师等，在这期间，深刻感受到下层人民的疾苦和社会的不平等，从而奠定了他民主主义的思想基础。1742年，他结束漂泊生活，定居巴黎，结识了伏尔泰、休谟、狄德罗等，受到他们进步思想的影响。经一位朋友介绍，他还结识了华伦夫人，正是这位夫人影响了他日后的生活。卢梭在华伦夫人家居住的那段时期里，感到非常满足和快活。华伦夫人的嗓子轻柔动人，她还会弹琴，常教卢梭唱歌，激发了卢梭对音乐的兴趣。后来卢梭去神学院学习，华伦夫人送给他音乐方面的书。华伦夫人认为卢梭对音乐感兴趣且有天赋，有意让他朝音乐方面发展，后来他写了一部名为《新世界的发现》的歌剧，充分展现了他的创作才华。卢梭没有受过正规学校的教育，完全是通过自己的不懈努力学习几何、代数、历史、地理、天文、物理、生理解剖等新进科学，刻苦自修成为知识渊博的学者的。他曾应友人狄德罗之约，为《百科全书》撰写音乐方面的文稿。

1749年10月，在狄德罗的鼓励下，应第戎学院的征文，卢梭以论文《科学与艺术的进步对于道德的影响》中选，蜚声法国。在这篇论文中，他指出科学和艺术的进步无助于社会前进，反而使人堕落。1755年，第戎学院再次征文，卢梭以《论人类不平等的起源和基础》应征，文中把原始社会当作黄金时代加以描绘，歌颂人类的自然状态，指出人类的不平等起源于私有观念的产生和私有财产的出现。他对封建专制和暴政进行了批判，尝试把政府的出现解释为统治者与被统治者的一种契约。人们愿意放弃个人自由并被他人统治的唯一原因，是他们看到个人的权利、快乐和财产在一个有正规政府的社会能够比在一个无政府的、人人只顾自己的社会得到更好的保护。不过，卢梭又指出原始的契约有着明显的缺陷。社会中最富有和最有权力的人“欺骗”了大众，使不平等成为人类社会一个永恒的特点。事实上，说法国大革命和美国革命是卢梭在社会契约上的抽象理论导致的直接结果毫不过分。卢梭是最早攻击私人财产制度的现代作家之一。同时，他质疑多数人的意愿一定正确的观点，他指出，政府应该排除多数人意愿的影响，捍卫自由、平等和公正。卢梭的政治哲学中，最重要的原则是政治不应与道德分离。当一个国家不能以德服人，它就不能正常地发挥本身的功能，也不能建立对个人的权威。第二个重要的原则是自由，捍卫自由是国家建立的目的之一。这也是法国大革命由政治革命转为社会革命，再由社会革命转为道德革命，规模和程度远超英美的一个渊源。这篇论文最后没有中选，但却确立了卢梭的声誉。

1756年，44岁的卢梭接受了朋友的馈赠——一座环境优美的乡村小房子，开始了他的隐居生活。卢梭适合在乡下居住，他在巴黎住了15年，早已厌倦了城市生活。隐居之后，他便决定不再回巴黎。这时的卢梭已有点名气，不用为生活费用发愁，他继续抄乐谱，虽然不能赚大钱，但自给有余。他的歌剧《乡村卜者》和其他作品带来的收入还剩下两千法郎，另外还有一些著作也正在整理之中，这样，生活就不至于受穷了。他的文笔和天赋已使他成为知名的文人，只要他愿意把作家的手腕和出好书的努力结合起来，他的作品就可以使他生活得很富裕。但是，卢梭觉得为面包而写作，不久就会毁灭他的才华。他的才华不在笔上，而在心里，完全是因一种超逸而豪迈的思维方式而产生的。他始终认为作家的地位只有在它不是一个行业的时候才能保持；当一个人只为维持生计而思维的时候，他的思想就难以高尚；为了能够和敢于说出伟大的真理，他就绝不能屈从于对成功的追求。卢梭隐居的6年之中，写了许多著名的作品，有政治学名著《民约论》，这是世界政治学史上著名的经典著作之一。他的政治观点，对后来的法国革命产生了很大影响。教育学论著《爱弥儿》，简述了他那独特而自由的教育思想，是一部儿童教育的经典著作。《爱弥儿》这部书是卢梭最满意、最系统的一部著作。在这本书里，卢梭对虚构的对象“爱弥儿”进行自然教育，反对封建教育制度，反对压制儿童的天性。

按照法国当时的习俗，一本书出版之前必须经过某些知名人士的传阅。《爱弥儿》经过外界传阅后，顿时成为大家争论的中心。令人奇怪的是，卢梭这本天真无邪、充满灵感和独具创见的教育学著作，反而被外界视为异端邪说，还被法国法庭列为禁书。起初，卢梭对外界的传闻并不在意，他想这本教育学著作是为了人类的幸福而写的，怎么会遭受知识分子、教会和国家的反对呢？怎么会将他看成邪恶之徒呢？在外界的压力下，出版社也劝卢梭不要用真实姓名发表这本书，但卢梭坚持要面对那些无谓的攻击。他想他一直服从国家的法律制度，努力做一个忠顺的公民，像其他法国人一样遵守国家法律，总不至于因热爱人类、追求人类幸福而遭受迫害吧！但是噩运偏偏降临到了他的头上，舆论界把卢梭看成了罪犯。一天晚上，卢梭正在床上阅读《圣经》。有人送信来，说法院第二天就要派人逮捕他，最高法院判决将《爱弥儿》焚毁，并立即发出逮捕令，要将卢梭打入监牢。在不得已的情况下，卢梭只好告别朋友，离开法国去了瑞士。不久，这个国家也命令他在一天之内离开瑞士领土，尔后卢梭又搬到普鲁士国管辖的地区。与此同时，欧洲读者不断来信，请求卢梭给予指导，这使他在精神上受到很大鼓舞。以后，卢梭又应英国哲学家休谟的邀请去了英国，终因与休谟之间的分歧越来越大而离开英国。他不得已改名回到法国，重新过着隐居的生活。流亡生涯、不安宁的岁月并未影响到卢梭的著述。他先后著有《忏悔录》《一个孤独的散步者的遐想》《山中书信》《公民的情感》等著作，直至1778年病逝，终年66岁。

拓展阅读

卢梭在《社会契约论》中提出，统治者与被统治者的契约应该被重新思考。政府不应该保护少数人的财富和权利，而应该着眼于每一个人的权利和平等。不管任何形式的政府，如果它没有对每一个人的权利、自由和平等负责，那它就破坏了作为政治职权根本的社会契约。这种思想是法国大革命和美国革命爆发的根本。

卢梭在西方教育思想史上，第一次明确提出教育应从人的自然本性出发，使人得到充分自由发展的思想；主张教育目的在于培养自然人，反对封建教育戕害、轻视儿童，要求提高儿童在教育中的地位；主张改革教育内容和方法，顺应儿童的本性，让他们的身心自由发展。在哲学上，卢梭主张感觉是认识的来源，坚持“自然神论”的观点，强调人性本善，信仰高于理性。在社会观上，卢梭坚持社会契约论，主张建立资产阶级的“理性王国”，主张自由平等，反对大私有制及其压迫；提出“天赋人权说”，反对专制、暴政，反映了资产阶级和广大劳动人民从封建专制主义下解放出来的要求。主要著作有《论人类不平等的起源和基础》《社会契约论》《爱弥儿》《忏悔录》等。另外，卢梭受洛克哲学思想的影响，把唯物主义经验论作为自己哲学思想的出发点，认为物质世界是客观存在的，是变化的，上帝是宇宙的第一推动者，肯定了上帝的存在。在宗教方面，卢梭是一个自然神论者，虽然肯定上帝存在，但又认为上帝不能随意干涉宇宙间的事物，上帝在创造世界之后，便任由自然规律支配世界。

卢梭以他的《爱弥儿》在教育上掀起的是一场哥白尼式的革命。教育从来是以成人的能力和需要为标准的，卢梭却大声疾呼，要打破这个传统。“出自造物主之手的东西，都是好的，而一到了人的手里，就全变坏了……”①这是《爱弥儿》里开宗明义的一段话，表达了卢梭自然主义教育理论的基本观点。那就是人之生性善良，教育应“归于自然”。卢梭的“性善论”虽然并不科学，但它在历史上是有积极的进步意义的。因为若把人像基督教认为的那样视为先天罪犯，则必然诉之严酷惩戒，迫使人们盲目顺从而摧毁人权；不如强调人们向善发展的可能性，更有助于提高人的政治地位和保障人的社会权力。变抑制天性的教育为尊重天性的教育，是教育上的巨大变革，在这个历史转折点上，卢梭是关键性的人物。卢梭去世11年后，法国大革命爆发了，他的思想成为法国大革命的旗帜。是巨变的时代以及他坎坷的奋斗经历造就了他的思想，启发了他对教育不同凡响的见解。

---

① [法]卢梭：《爱弥儿 论教育》上卷，李平沤译，6页，北京，商务印书馆，2009。

二、论自然教育

（一）自然主义教育思想

18世纪中叶，法国兴起了一场影响深远的思想启蒙教育运动，奏响了法国资产阶级革命的前奏曲。在这一运动中，以孟德斯鸠、伏尔泰、卢梭、狄德罗和爱尔维修等为代表的启蒙思想家，从不同的角度揭露并抨击了封建制度和教会统治的黑暗，提倡以理性的思想取代迷信盲从，以编纂的百科全书为武器，宣扬新知识、新思想，探索建立资本主义社会的思想、方法和途径，这种思想启蒙运动为自然教育思想的发展提供了理论依据。

卢梭《爱弥儿》的问世，标志着自然教育思想的最终形成。《爱弥儿》在教育上掀起的是一场哥白尼式的革命，《爱弥儿》从性善论出发，把自然与社会对立的思想作为教育学的基本原理，自然主义思想贯穿全书的始终。卢梭认为，人的教育来自三个方面，即自然的教育、人的教育和事物的教育。自然的教育是遵守受教育者的身心发展规律进行的教育，是不受人控制、操纵的；人的教育是教育者有意识、有计划地对受教育者进行的教育，是人完全可以控制的；事物的教育是周围环境对人的教育，在某种程度上也是可以控制的，如有意识地不让受教育者接触不好的环境，为其布置好的环境。卢梭指出，只有这三种教育协调统一地发生作用才能达到教育的目的。要想做到真正的统一，人的教育和事物的教育必须服从自然的教育，即不管是什么教育，都必须要顺应受教育者的天性、身心发展规律，只有这样，教育才能发挥真正的作用。在书中，卢梭反对宗教教育运用各种手段使儿童远离社会的习俗、权威、偏见的不良影响，反对压抑儿童天性的做法，并强烈谴责了封建教育不顾儿童的天性发展，抹杀了儿童与成人的区别，硬把对成年人适用的教育强加于儿童。这种教育，在他看来，无异于使儿童成为教育的牺牲品。相反，他主张率性成长，教育“回归自然”，要求儿童在自身的教育和成长中取得主动地位，教育应遵从儿童善良的天性。

（二）自然教育的内容

1. 尊重儿童，以顺应自然为教育的指导思想

卢梭的自然教育观是建立在他的天性哲学基础上的，他的天性哲学的一个根本原则是：人的本质是自由的，即每个人生来就是自由的，自由是人具有的可贵天性。并且他认为，人的天性是善良的，人生来是善良的，“在人的心灵中根本没有什么生来就有的邪恶”①。那么，之所以社会上会有害人利己的人、心术不正的人、好赌成性的人，都是由于后天的环境造成的，是因为在成长的过程中，这些人的善良天性被世俗所蒙蔽和扭曲。

① ［法］卢梭：《爱弥儿　论教育》上卷，李平沤译，105页，北京，商务印书馆，2009。

他的哲学观反映在教育上，就是人的本性是善良的，教育要顺应人的自然本性发展，给予相应的指导，使教育与人的身心发展阶段相适应，身心发展到什么程度，就实行什么程度的教育，而不应该揠苗助长。比如，在幼儿不会走的时候让他跑，在幼儿需要养护、保护的时候让他从事超乎其能力的体力活动等都是不对的。可见，卢梭自然教育的核心是教育必须遵循自然，顺应人的自然本性。儿童天性是善良的，如果你想永远按照正确的方向前进，你就要始终遵循大自然的指引，卢梭声称，真正自由的人，只想他能够得到的东西，只做他喜欢做的事情。因此，他要求尊重儿童的自由，让儿童拥有充分自由活动的可能和条件，并在教学过程中采取自然的、自由的教学方法以适应儿童的身心发育水平和个别差异。因此，在教学内容上，卢梭坚决反对书本诵习和空洞的文字说教，要求追求真正有用的知识。他认为，陷入咬文嚼字中的书本教育是摧残心智的。儿童需获得的是对于事物的真正理解，而书籍只教我们谈论我们不懂的事情。他坚决主张取消在学校课程中占统治地位的神学课，把自然科学当作教学的基础，强调应重视自然学科和实用学科的教学，使学生通过生活和实践学习他们需要的知识。总之，他认为学校教学内容应以趣味性和有用性为标准，以学生的兴趣为基本出发点，让学生学习有用的知识、幸福的知识。在教学方法上，他主张追求自然的方法。针对传统古典主义教育残害人性和违反自然的弊端，卢梭提出了“顺应自然”的思想，就是“按照孩子的成长和身心的自然的发展而进行教育”，就是要在教育方法上符合儿童成长的自然性，在教育儿童时应该服从自然的永恒法则，遵循自然赋予他们的本性，考虑他们的年龄特征，听任他们身心的自由发展。显然这里的自然并非仅指自然界，也指人的自然本性。

2. 培养“自然人”的教育目的

卢梭“归于自然”的理论体现在教育目标上，就是要求培养“自然人”；而身心调和、发达的自然人，既不同于贵族豪绅和王孙公子，也不同于空疏无用的书生士子。这与以往的和当时的教育理想相比跨越了一大步。而卢梭为其教育思想塑造的主人翁“爱弥儿”，既有哲学家的头脑，又有劳动者的身手，也有改革家的品德。无疑，卢梭憧憬的自然人的形象，是资产阶级新人的形象。这正是他的教育思想中比封建主义教育思想进步的地方，也是他横遭迫害的主要原因。

拓展阅读

卢梭自然教育思想为儿童发展的理论增添了新的内容，它顺应人的自然天性，崇尚自由、平等，尊重儿童发展的规律，主张根据儿童的不同发展阶段实施教育，在西方教育史上产生了巨大而深远的影响，被看作新旧教育的分水岭。

卢梭要培养的“自然人”当然不是指脱离社会、住在大自然、过着动物般生活的人。卢梭所指的“自然人”是天性得到自由发展的人，是具有独立自主性的人，是能够通过劳动自食其力的人。这种人无论什么时候都能够把自己的感情和真实的想法放在第一位，绝不压抑自己的自然本性。卢梭认为最能训练劳动力的地方是农村，因此他主张在孩子小的时候把他送到农村去，依靠自己的劳动过独立的生活。卢梭批判封建教育只能把孩子培养成为坐享其成的小霸王或者顺从、懦弱的小奴隶，使孩子完全失去了自我的尊严和独立生活的能力。虽然自然人是独立的，但并不是孤单的，他是被教育成为社会成员的，而且会尽到社会职责和承担社会责任的人。卢梭将自然人描述成：身心协和发达的人；具有农夫或运动员的身手；又有哲学家的头脑；身体健康，感情灵敏，理性发达，良心畅旺；不曾受到社会传统的摧残，未被旧有的模型铸成固定的形式；有着发展成为各种人才的条件，能适应时势的要求而承担应当承担的任务。

三、论教育年龄的分期

从“归于自然”的理论出发，卢梭主张教育要根据受教育者的年龄特征而实施。他说，处理儿童应因其年龄之不同而不同。在万物中，人类有人类的地位，在人生中，儿童期有儿童期的地位；所以必须把人当人看待，把儿童当儿童看待。他批评了不顾儿童的天性发展，抹杀了儿童与成人的区别，不根据儿童的特点施教，硬把对成人适用的教育强加于儿童的封建教育。这种教育，在他看来，就是把儿童当作了成人意愿的牺牲品。因此，他竭力主张根据受教育者不同阶段的身心特征来规定教育任务。

卢梭认为，由于人的天性使然，儿童的身心处在不断发展和变化中，而且这些发展和变化是有特点的。例如，卢梭认为，儿童的身心发展是呈阶段性的，一个阶段向另一个阶段过渡就是儿童的逐渐成熟，而且，不同的发展阶段的发展速度也是不均匀的，有的阶段发展速度快，有的阶段发展速度慢，这就需要教育者了解儿童的身心发展规律，从而有针对性地进行教育。卢梭认为，人生的每一个阶段，都有它适当的完善程度，都有它特有的成熟期，这是自然的安排。如果我们打乱了这个秩序，就会造成一些果实早熟，它们既不丰满也不甜美，而且很快就会腐烂。每个人生命的每一个阶段，都有属于它这个阶段独特的特点、有限的能力，教育决不能忽视这一点，决不能急功近利、揠苗助长，这样会对儿童的发展造成很大的伤害。卢梭根据儿童年龄发展的自然进程，把儿童教育划分为四个阶段。

(一)婴儿期的教育(0～2 岁)

卢梭认为，婴儿刚出生，身体十分虚弱，四肢不灵活，缺乏自理能力。因此，他认为这一阶段的教育主要以婴儿身体的养护和锻炼为主，主要表现在以下几个方面。

首先在饮食方面，卢梭主张要养成婴儿适应各种食物的能力，包括冷的、辣的食物，另外，要多吃些水果蔬菜，少吃油腻的食物，而且食物种类应该简单，避免儿童养成贪吃、挑食的坏习惯。并且，他还特别提到要让儿童养成自然的饮食习惯，即儿童能吃多少，就让他吃多少，没有过饥饿，也就不会一见到食物就吃到撑，吃得胃疼。他说："我们因为要对食欲加上各种规律，如同抑制、限制、控制、增减等，而不听其自然，食欲就过分强烈。"①

其次在着装方面，卢梭强调为了婴儿身体的自然发展，一定要给婴儿穿宽松的衣服，给四肢自由的活动空间。他强烈谴责了把婴儿裹在襁褓里的做法，他认为这样不仅会阻碍血液和体液的流通，损害婴儿的身体，而且会扭曲婴儿的性格，因为婴儿一出生就感觉到被束缚的痛苦，于是他们愤怒地哭，养成了坏脾气。卢梭还指出，婴儿不宜穿太多，应该让他们尽早适应寒冷的天气，婴儿的服装不宜过于华丽，朴素干净就好。

最后在睡眠时间方面，卢梭主张给予婴儿自由的睡眠时间，让婴儿想睡的时候睡，该醒的时候醒。不过，他也指出必须要对婴儿实施一种锻炼，即如果有特殊情况导致睡晚早起，或者睡觉期间被人叫醒，要想婴儿不生病的话，就需要进行这方面的锻炼，婴儿多经历几次就会习惯。另外，卢梭主张给婴儿提供的床铺不宜温暖和舒适，应该让婴儿睡在硬板床上，这样对身体骨骼的生长有好处。

总之，卢梭主张让婴儿尽早感觉到冷暖、软硬等，尽早适应多变的生活环境，只要他不接触伤害自己的东西，就要给他充分的自由。除此之外，卢梭认为城市浮躁、功利，对婴儿的发展不利，因此，他主张把婴儿送到乡村，去接触大自然般的生活，他甚至主张孕妇直接去乡村分娩。

(二)儿童期的教育(2～12岁)

卢梭认为儿童期的主要特征是开始开口说话，语言逐渐有所发展，但是理智没有开发，各种感官趋于成熟。因此，他认为这一时期应主要进行感官教育。

卢梭认为理性的发展是以丰富的感觉经验为基础的，要培养人的理性，必须要充实人的感觉经验，充分利用人的各种感官，进行触觉、视觉、听觉、味觉和嗅觉这几种感觉的训练。其中，卢梭特别重视触觉和视觉，他说："这两种感觉的用途是最经常和最重要的，它们的训练方法可作他种感觉训练的实例。"②在触觉和视觉中，卢梭更重视触觉，因为触觉发展较早，可靠性比其他感觉高。他主张通过以下方式进行触觉训练。比如，在黑暗的环境中，以触觉代替视觉，进行前进；在弹钢琴时，以触觉代替听觉，通过感受琴木的震动来判断音高。除了触觉训练外，卢梭还主张进行一定的视觉和听觉训练。对于味觉和嗅觉，卢梭认为没有必要进行训练，顺其自然就好。

在这一阶段除了主要进行感觉教育之外，卢梭还主张继续加强儿童身体的锻炼。

---

① 滕大春：《卢梭教育思想述评》，80页，北京，人民教育出版社，1984。

② 滕大春：《卢梭教育思想述评》，98页，北京，人民教育出版社，1984。

健康的身体是感官教育正常开展的生理基础，通过身体锻炼，儿童能够抵御各种疾病和各种各样的疾苦。因此，卢梭极力提倡通过跳跃、舞蹈、爬树、登山、游泳等活动来锻炼儿童的身体，这些活动不仅能够使儿童体格健壮，而且可以培养儿童的勇气和胆量。卢梭反对对儿童娇生惯养，反对溺爱儿童，他说："有的儿童被各种装备维护着，以致年龄较大时时受痛苦所威胁，既无勇气，又无经验，一被针刺便以为是被杀了，见一滴血便晕眩了，这种装备有什么益处呢?"①因此，卢梭认为当儿童跌倒或者出血的时候，家长不要表现得过于紧张，相反，要显得若无其事，让儿童感觉到这点小伤没什么大碍。在卢梭看来，忍受痛苦是儿童学会勇敢的第一课。

在这一阶段，卢梭反对向儿童灌输知识、强迫儿童学习。他认为这是本末倒置的，不仅阻碍体力的发展，而且促使他们为了反抗外界强加的义务而养成逃避、虚伪、骗人、撒谎的恶习。儿童不需要在这一时期学习文化知识，他生活的周围环境就是他的老师，他能够从观察、感受周围的环境中潜移默化地获得知识。

另外两个阶段的教育包括青年期的教育(12～15岁)和青春期的教育(15～20岁)。青年期的教育主要是进行智育和劳动教育。儿童已经受到了良好的体育和感觉教育，因而已经具备了进行智育和劳动教育的条件。卢梭认为，智育的任务不在于传授系统的科学知识，而在于发展儿童获得知识的能力，激发他们对所学知识的兴趣和热情。儿童不能学习一切东西，只需要学习应该学习的东西。他说："真正有益于我们幸福的知识，为数是很少的，但是只有这样的知识才值得一个聪明的人去寻求，从而也才值得一个孩子去寻求，因为我们的目的就是要把他培养成那样的聪明人。总之，问题不在于他学到的是什么样的知识，而在于他所学的知识要有用处。"②在智育的方法上，卢梭主张让儿童通过实地观察，在大自然中获得知识；强烈反对让儿童靠死记硬背掌握书本知识，甚至提出以世界为唯一的书本、以事实为唯一的教材的观点。他还指出，成人对儿童的指导要少，不要给儿童正确的答案，而应该让儿童自己去获得，引导儿童独立解决问题。卢梭对劳动和劳动教育也非常重视。他指出，劳动是每个自由人的社会义务，只有靠劳动生活的人，才是真正自由的人；劳动教育的任务是使儿童通过劳动学会适应各种工具以及相关技术，锻炼身体，发展人的心灵。卢梭最推崇手工劳动，认为它是最自由、最近于自然状态、最独立、不受他人束缚的。总之，卢梭希望儿童能够像农民那样劳动，像哲学家那样思考。

青春期的教育主要是进行道德教育。青年人处于充满激情和热情的阶段，需要用道德准绳的力量加以调节和控制，指导他们处理好人与社会、人与人之间的关系。道德教育的主要内容是培养善良的情感、正确的判断力和坚强的意志。卢梭指出，应该通过各种善行练习，即通过道德的实践来培养儿童坚定的意志。同时，他指出，应把道德教育放在城市中进行。青春期的生理和心理都发生了很大的变化，因此在

① 滕大春：《卢梭教育思想述评》，86页，北京，人民教育出版社，1984。

② [法]卢梭：《爱弥儿　论教育》上卷，李平沤译，236～237页，北京，商务印书馆，2009。

这一时期，卢梭提出让爱弥儿由农村返回城市，接受道德教育及宗教教育，学会做一个城市中的自然人。

卢梭不仅对儿童的身心发展进行了阶段划分，而且强调教育要适应受教育者的年龄特征，适时施教，甚至提出教育要适应受教育者的个别差异和两性差异，做到因材施教、因性施教。可以说，卢梭对儿童成长各阶段中的身心表现和特征做了细微的描述，这是其“把儿童看作儿童”观点的进一步具体化，也是他对自己的儿童观进行深入思考的重要表现。

四、论幼儿教育的原则与方法

卢梭对儿童进行教育的原则和方法是建立在其自然主义教育基础上的，遵循着自然的原则。

(一)反对过早地对儿童进行理性教育

卢梭认为过早地对儿童进行理性教育是不自然的和虚假的，青年期以前的儿童理智还没有发展成熟，不适宜进行文化知识的学习。在这一阶段，成人唯一要做的就是在保证儿童健康身体的前提下给予其充分的自由空间，让他们做自己喜欢做的事情。如果强行给儿童灌输文化知识，约束儿童的自由行为，那么会对儿童的身体和心理造成不可弥补的伤害。在儿童完全没有能力进行理性思考的时候，进行理性教育的结果只能是“竹篮打水一场空”。

(二)自然教育可以通过身体教育和感官教育进行

在上述年龄分期阶段中，婴儿期教育和儿童期教育主要强调了通过身体教育和感官教育增强儿童的体质，丰富儿童的感官经验，为理性的发展奠定基础。儿童天生好动，对周围的事物充满了好奇。根据这些身心特点，成人应该为儿童提供各种各样感兴趣的主题活动，为儿童提供充分的自由空间和接触大自然的机会，使儿童在学习中成为主人，通过观察有趣的动植物，激发好奇心，产生疑问，主动地寻求问题的答案，而不是被迫地接受现成的答案。

拓展阅读

随着社会的发展，有的家长认为不能让孩子输在起跑线上。儿童从小就被迫学习各种各样的知识，上各种各样的兴趣班，失去了个人的自由空间。这种急功近利的行为对儿童的身心发展是不利的。

(三)提倡消极教育——自然后果法

由于儿童正处于“理性的睡眠期”，在没有达到理智的年龄前，儿童不理解何为善、何为恶，因此，这一时期道德教育的目的是防止他的心沾染罪恶，防止思想产生谬见。如果儿童有冒失行为，成人不宜对他进行道德训诫。相反，在对儿童进行教育的时候，卢梭主张进行消极教育。当然，这里的消极教育不是指对儿童不实施教育或者实施完全放纵的教育。所谓消极教育，就是反对通过成人的道德说教、命令来让儿童知道该做什么、不该做什么，什么对、什么错，这样做为什么错等，而是主张通过“自然后果法”来惩罚儿童，使儿童从自己的行为后果中获得教育，即不是在儿童做某事之前，为了防止他犯错误给他制定各种准则，而是在他犯了错误之后，通过他行为造成的结果进行教育。卢梭分析说，当儿童弄坏了某件东西以后，成人不要忙着给他换新的，而是要让他感觉到缺少这件东西后的不方便。只有这样，他才会爱惜东西，不再随便破坏。比如，如果儿童打破了窗户上的玻璃，那么不要急着找人来修，而是让他承受风吹，甚至着凉受寒，这样他就会深刻地记住这个教训。

卢梭反对封建教育的方法，尤其是体罚儿童。他的“自然后果法”有积极合理的方面，但也有其不足之处。首先，卢梭将其视为对待犯过错的儿童的唯一方法，是不够科学的。儿童的身心发展水平不一样，认知水平发展不一样，教育者在使用的过程中应该根据个性差异尽量做到因人施“法”。其次，单纯的“自然后果法”只能让儿童知道某件事不能做，而不明白不能做的真正理由是什么。更为重要的一点是，儿童对行为的体验只是从自身的角度出发的，看到的只是该错误行为对自身的不良影响，而没有看到自己的行为结果对别人产生的影响，从而培养的是一种以自我为中心的个人主义，这是一种忽视了集体主义精神教育的方法。因此，在对儿童的教育中，成人应采取多种方法，如对儿童进行正面的引导、启发等，将其与“自然后果法”相结合，取长补短，从而达到最优的教育效果。比如，使用孤立和表扬的方法来转变幼儿爱打闹的行为也是很有效的。比如，当幼儿有违纪行为时，让他独自坐在角落里，孤立他，并排除别的幼儿对他的注意。等他安静下来并承认错误时，教师就对他承认错误的正确行为给予表扬，并立刻让他加入集体中。在以后的活动中，教师密切地观察他的行为，一有好的表现就给予及时的表扬，加以强化和引导，就可逐步消除他的不良行为。“自然后果法”只是众多教育方法中的一个，对其他教育方法的认识和使用，同样要正确地对待。

总之，卢梭从自己的儿童观出发，对教育发表了重要的见解。他认为，教育必须适应儿童天性的发展，以尊重儿童为基本前提。在他看来，人天生的本质是主动的、自由的，且人性本善，那么，教育的原则、方法就必须遵循这种善良的自然规律，顺应儿童的自然本性。对儿童进行太多的人为干预和训练，无异于将儿童看作野兽。而传统的封建教育就是这样，不顾儿童的天性发展，抹杀了儿童与成人的区别，把儿童当成人看，把对成人适用的教育影响强加于儿童，不根据儿童固有的特点来施教，使儿童成为教育的牺牲品。卢梭在批判封建教育的基础上，为纠正这种摧残儿童天性的教育，曾热情呼吁教育一定要针对儿童的现实，要适应儿童的发展，不能将不适应儿童的老一套拿来强迫儿童接受。卢梭倡导的教育方法的基本原则就是，应当发挥儿童的个性，尊重儿童的优良天赋，摒弃任何偏见以及任何没有理性基础的传统观念。好的教育应当把儿童培养成能够自主进行判断、进行选择的自然人。

五、地位与影响

卢梭作为资产阶级的启蒙教育家，勇敢地对欧洲封建没落思想进行了揭露和批判。他提出的自然教育思想，第一次把儿童看作教育的主体，把儿童置于教育的中心地位，主张教育者要热爱儿童、尊重儿童，研究儿童及其心理特点，否则教育就不会成功。这种儿童观的革命性变革为教育理论的发展开创了新的局面。正因为这样，它奠定了卢梭在教育发展史上的崇高地位。世界上许多国家的教育家都从不同程度上继承和发展了卢梭的思想，或者说都受到了他思想的影响。比如，他既影响到与他同时代的德国教育家巴泽多、德国哲学家康德，也影响到稍后一点的瑞士教育家裴斯泰洛齐，更影响到 20 世纪初意大利儿童教育家蒙台梭利和美国实用主义教育家杜威。同时，卢梭也为发展心理学做出了贡献，他关于人心理的分析及根据人的不同年龄阶段产生的特殊心理，实施不同教育内容的教育思想，在教育发展史上具有十分重要的意义，极大地丰富了儿童心理发展的理论。这在后来的许多发展心理学家的理论中都得到了进一步的阐述和发展。从现实意义上看，卢梭的教育思想不仅对当时有尖锐的批判作用，呼唤了一个教育的新时代，对后世的教育也有深远的影响。这种教育思想无处不体现着以儿童的生理、心理发展为基础的思想精髓，在科学的心理产生以前，这实在是难能可贵的。

然而，卢梭的自然教育思想最大的局限性在于缺乏教育实践基础和科学理论依据，自然教育思想中难免出现主观臆断或过于极端的观点。例如，卢梭对于儿童天性的看法过于理想化，过分夸大了天性在教育中的作用，因此，我们应当历史地、客观地评价自然教育的思想，切忌生搬硬套。另外，他在作品中描述的不过是一种虚构的教育。对于这种虚构，我们同样也不能简单地肯定或否定。不容否认，卢梭倡导的这种教育确实只是一种理想化的教育，在这种教育中，人们自由自在，不受任何约束，只遵从自己的需要做事，不必整天与枯燥的书本打交道，不必整天为升学考试担心，不必忍耐空洞乏味的说教。这样的教育，即使是在卢梭那样的时代也是不可能的，更不要说现在了。在日益现代化的社会中，人及人的生活越来越远离自然。在此背景下，像爱弥儿这样一直长到十多岁、二十岁还未接受过什么系统教育的人是否真能在社会上立足？总之，全面地认识和理解卢梭的教育思想对我们当今的教育仍有很多启发。他崇尚自由，反对向儿童施加种种约束，倡导一切遵从儿童天性进行教育的思想对当今教育具有启发意义。

思考与练习

1. 试析夸美纽斯的教育适应自然的主导原则。
2. 简述夸美纽斯的教学原则。

3. 简述夸美纽斯有关学前教育的思想。
4. 简述夸美纽斯的地位与影响。
5. 简析卢梭的自然主义教育思想。
6. 试述卢梭的儿童观。
7. 简述卢梭有关教育年龄的分期。
8. 简述卢梭的“自然后果法”。
9. 简述卢梭的地位与影响。

第十二章　近现代学前教育思想(下)

学习目标

1. 了解福禄培尔的学前教育思想。
2. 了解蒙台梭利的学前教育思想。

本章主要介绍福禄培尔和蒙台梭利的学前教育思想。

福禄培尔是19世纪德国著名的幼儿教育家。他建立了较完整的幼儿园教育体系，创制了“恩物”，强调游戏和作业在幼儿园教育中的地位和作用。

蒙台梭利是20世纪享誉全球的幼儿教育家。她的教育法的特点是十分重视儿童的早期教育，其教学方法从智力训练、感觉训练到运动训练，内容十分全面。

第一节　福禄培尔的学前教育思想

福禄培尔(1782—1852)是19世纪著名的幼儿教育家，被后人称为“幼儿教育之父”。(图12-1)

一、生平与教育活动

图12-1　福禄培尔

福禄培尔于1782年出生于德国图林根的奥伯韦斯巴赫，自幼受到宗教的影响。11～15岁时，和舅父住在一起的他被送入一所男校。由于他的迟缓、无力和缺乏敏捷性，曾有一段时间，他不能得到应有的参加游戏的机会。当时，他对学校与实际生活没有联系感到不满，这些都影响了他以后的教育实践，他后来一直致力于将实际活动作为儿童教育的重要组成部分。由于他的父亲和继母认为他不适合读大学，他15岁时便跟随一个护林员学习测量，两年的学徒经历使他对植物学和数学产生了兴趣，因此，他自学了植物学方面的知识。他在那里开始了与大自然的一种终身“虔敬”的关系，他在自然中发现了他认为人与人之间没有的和谐。

1800年，他在林业主的资助下入耶拿大学学习。那时，德国古典唯心主义哲学家费希特和谢林正在该校任教，他们对福禄培尔的思想产生了重大影响。1805年，利用从叔父处得到的一小宗遗产，23岁的福禄培尔去法兰克福学习建筑，但却开始从事教师的职业。安东·格吕纳说服他在自己的示范学校中任教并访问裴斯泰洛齐在伊佛东的学院。在格吕纳的学校里，他教一个有30～40名9～11岁学生的班级达两年之久。1807年，他离开学校，担任了三兄弟的家庭教师。1808—1810年，他再次访问伊佛东，并在那里工作、任教，因而深受裴斯泰洛齐思想的影响。他接受裴斯泰洛齐关于母亲和家庭在儿童教育中具有重大作用的主张，以及数、形、词为初步学习的基本要素的思想，并开始研究游戏对于儿童身体发展和知识掌握的意义的问题。福禄培尔深深崇敬裴斯泰洛齐，但同时他也指出裴斯泰洛齐的教学方法是不完善的。他决定发展一种完善的教学方法。

1811年，福禄培尔进入哥廷根大学学习语言和自然科学。1812年，他移居柏林，跟魏斯教授学习自然史和采矿学。魏斯使福禄培尔相信，一切生命中都潜藏着一条法则，它是一切发展的基础。福禄培尔在以后将这一观点转译成他的“神圣统一律”。

1816年，34岁的福禄培尔在一家农舍里开办了“全德教育院”，招收5名学生。1817年，学校迁移到凯尔豪。他力图实施裴斯泰洛齐关于儿童天性自然发展的教育原则。其教育目的是使学生的各种能力得到协调均衡的发展，采用学生自我活动的学习方法，大部分教学活动采用游戏的方式，主要的教学原理即儿童的自我表现、自由发展并与社会生活相结合，反对呆读死记。他为这所学校提出的工作口号是：儿童的自我活动和自由发展。在这所学校工作的基础上，福禄培尔于1826年写了泛论儿童教育工作的著作《人的教育》，阐述了他的基本教育观点，以及这种观点在儿童各年龄阶段教育工作中的应用。由于当时正值法国封建王朝复辟，德国参加反动的“神圣同盟”，在国内极力镇压资产阶级自由运动的时期，福禄培尔的学校被怀疑鼓吹革命，引起政府的不满，被迫于1829年停办。福禄培尔本人也出逃到瑞士。

1834—1835年，福禄培尔在瑞士布格多夫担任一所孤儿院的院长。他一边任教，教育4～6岁的孤儿，一边组织训练教师的工作。这里的工作实践使他深感忽视入学前儿童的教育，是教育上的极大不当。正是在这期间，他接触到夸美纽斯关于“母育学校”的思想，认为对母亲进行训练，使她们善于对幼小儿童进行教育，是十分必要的。同时，他还在这里研究了幼儿游戏、玩具以及幼儿歌曲。

1836年，福禄培尔返回德国，转向从事入学前幼儿的教育工作。1837年，55岁的福禄培尔在家乡附近的勃兰根堡开办了一所学龄前儿童教育机构。他苦于不能为它找到一个恰当的名称。1840年的一天，福禄培尔和巴罗卜、米登多夫在林中散步时，突然大声叫起来：“我想出来了！就把这所学校叫作幼儿园。”于是，他将学校正式命名为幼儿园(Kindergarten)，其目标是通过游戏和作业对幼儿提供心理训练。福禄培尔将幼儿园描述为一所人类自我训导、自我教育、自我培养的学校，同时也是一所多方面的学校，通过游戏、创造性的自我活动和自动的自我训导进行个人培养。

他在幼稚园的工作中，使用了以前的有关研究成果，并予以补充，形成了包括游戏与唱歌、玩具“恩物”以及作业的幼儿教育体系。与此同时，他还在幼儿园中组织了训练幼儿教师的工作。1843年，福禄培尔在总结自己幼稚园工作经验的基础上，出版了他的幼儿教育专著《慈母曲及唱歌游戏集》；次年，由于负债，不得不关闭这所幼儿园，但他继续通过发表演说或撰写文章，进行幼儿教育重要性和提倡开办幼稚园的宣传活动。在1848年3月的德国革命中，福禄培尔积极参加进步教师的集会，呼吁政府拨款促进幼儿园的发展。

1848年革命失败后，普鲁士政府残酷镇压资产阶级自由运动。政府把幼儿园看作与自由运动有关的场所，认为它是反政府的，因而在1851年发布命令，禁止举办幼儿园，禁止福禄培尔在普鲁士邦从事教育活动。福禄培尔对此非常愤慨，直接上书普鲁士国王，请求解除禁令，但是毫无结果。此后不久，福禄培尔便去世了。1861年，他的有关幼儿教育的著作，经友人编辑出版，名为《幼儿园教育学》。

福禄培尔的重要著作有《人的教育》《幼儿园教育学》《教育发展》《母亲与游戏、儿歌》等。

二、论教育的目的和原则

(一)教育的目的

福禄培尔教育思想的哲学基础是德国的唯心主义哲学。“统一法则或内在联系”是福禄培尔教育体系遵循的哲学基本原则。福禄培尔从唯心主义观点出发，认为整个宇宙是一个球体，其中心是神，它是永恒的，无所不在和主宰一切的，自然界的万物和人，无不包含着所谓“神的本源”。

由此出发，他认为：“一切教育、学习和教学的唯一最终的目的，是培养人的原有的神性，使他能在自己的生活中，从有限中体现出无限，从暂时中体现出永恒，从人间体现出天上，从人性中体现出神性。”①也就是说，天赋力量的自然发展转化为蕴藏着的所谓“神的本源”的发展。他进一步认为“神的本源”是全部生活和全部教育的出发点，教育的目的就是唤起和发展埋藏在人体内部的“神的本源”，把人身上潜藏着的神性的精神表现出来。教育的作用就在于激发和推动这一过程的实现。

---

① 曹孚：《外国教育史》，189页，北京，人民教育出版社，1979。

拓展阅读

基于对教育目的的认识，福禄培尔指出，教育的任务在于促进儿童的自我活动和内在本质力量的发展，挖掘儿童内在生命的潜力。要完成这些任务，促进儿童内在力量的和谐发展，教育必须依据儿童发展的阶段特点进行。福禄培尔认为，人类的精神本质的发展是一个循序渐进的过程，由前后相关联的阶段构成，前一阶段是后一阶段的基础，前一阶段任务的实现有利于后一阶段任务的实现。儿童身上，蕴含着三种特性：一是自然性，二是人类性，三是神性。三种特性呈阶段性。因此，教育工作应遵循这种阶段性特点，逐渐发展，使儿童由“自然儿童”发展为“人类儿童”，再发展为“神性儿童”，将儿童身上所有的内在力量发掘出来。

福禄培尔从宗教神秘主义出发论述人的发展和教育问题，用先天决定本能的观点说明儿童多方面发展的问题，而且认为宗教信仰也是与生俱来的本能，这些观点无疑都是唯心主义的、反科学的。但是，他反对压制儿童的发展，重视儿童的积极活动和培养其创造性，要求研究儿童的特点等在当时对于推动学前教育方面的发展具有十分积极的作用。

(二)教育的原则

1. 统一的原则

“统一法则或内在联系”是福禄培尔教育体系遵循的哲学基本原则，根据宇宙万物的本源是神的观点，他认为自然界和人是统一的，即统一于神。在他看来，人本身也是一个小统一体，充满了神的分子，这些分子在人的生命旅途中是要表现出来的，教育的目的就是唤起和发展埋藏在人体里面的神的本源。他认为，统一的法则是全部生活和教育的出发点。

2. 发展的原则

“发展”是福禄培尔十分强调的一条重要的教育原则。福禄培尔认为发展是存在的基本规律。宇宙万物都是在无限发展着的，人是自然的一部分，与大自然一样，在其生命的整个过程中是不断趋于完善、不断发展着的。福禄培尔还从整体联系的观点出发，特别强调人的各个发展阶段之间的连续性，他反对把各个发展阶段孤立起来看待，而主张应看到各个阶段之间的联系，他认为人的发展过程就是“从一个阶段向另一个阶段上升”的过程。人类的教育活动就应当按照儿童的本性，连续、协调地促使他们在各方面得到发展。他接受卢梭、裴斯泰洛齐的观点，认为人的本性是善良的，教育必须遵循儿童的“内在”生长法则，使之获得自然的、自由的发展。可见，他认为整个教育制度应该建立在儿童不断成长、发展的观点上。教育的目的在于帮助儿童实现他自己的发展。教育工作者应该创造条件，使儿童能在这种条件下把自己内部蕴藏着的神的本源很好地表现出来、发展起来。因此，进行教育应该按照儿童的本性，使他们在身体和精神两个方面都同样得到发展；应该重视体育、游戏和劳动，重视体育和儿童智力与道德发展的联系。

福禄培尔认为教育的使命在于发展儿童的力量与能力，这一观点是正确的，但问题在于他了解的发展是唯心的、神秘主义的。他认为发展是宇宙精神的发展，是神的本源的自我揭露。所以，他的发展儿童的力量与能力的观点的内容是正确的，但其理论根据却是错误的。

3. 教育适应自然的原则

福禄培尔关于教育适应自然原则的出发点仍然是他的哲学观，他把这一原则理解为教育适应潜藏在人体中的力量和才能的自我发展，而这种力量和才能的发展是“神的本源”的表现。他还把教育适应自然原则理解为“追随本源”，即追随儿童的天性。福禄培尔认为，人的天性是善的，它表现为四种本能，即活动的本能、认识的本能、艺术的本能和宗教的本能。他对每一种本能都进行了宗教神秘主义的解释，把它们都归结为所谓“神的本源”的体现和活动要求。在这四种本能中，他特别重视儿童的“活动的本能”，它是最重要的，亦是最能表现“神的本源”的，而且认为随着年龄的增长，它会发展为“创造的本能”。他认为，教育要追随活动的本能，要唤起和发展儿童的积极性、创造性和自动性(所谓“自动”，就是自我活动或自发活动)。对儿童进行教育，就是要循序渐进地使他们的善良天性发展起来。

由于儿童的天性是善的，它的发展不应受到压制、束缚与干涉；促使儿童发展的各种活动不应来自外部刺激，如它不应是儿童对于教师命令的消极反应，而应该是自动的，是自我活动。福禄培尔在解释何谓“自动”时指出，这是一种来自儿童个人兴趣，由儿童个人动机(愿望)决定，并以儿童个人力量为基础的活动。只有这样的活动，才是自由的活动，才有利于创造性的发展。在《人的教育》中，福禄培尔多次批判“一切专断的、命令的、绝对的和干涉的教育、教学和训练”①，因为它们会阻挠、破坏以至毁灭儿童善良天性的发展。他既反对成人对儿童压制、干涉过多，束缚儿童的发展；也反对成人给予儿童过分的帮助与照顾，从而损害其发展。他强调应以观察与研究儿童天性的特点，作为正确施教的基础。他说：“只有对人和人的本性的彻底的、充足的、透彻的认识，根据这种认识，加以勤恳的探索，自然地得出有关养护和教育人所必需的其他一切知识以后，……才能使真正的教育开花结实。”②

教育适应自然的原则包括两方面的要求：一是为了对儿童进行合理的教育，必须观察和遵循自然万物发展的正确道路；二是教育要追随儿童的天性。他以修剪葡

---

① ［德］福禄培尔：《人的教育》，见张焕庭：《西方资产阶级教育论著选》，313 页，北京，人民教育出版社，1979。

② ［德］福禄培尔：《人的教育》，见张焕庭：《西方资产阶级教育论著选》，315 页，北京，人民教育出版社，1979。

萄为例，提出，如果园丁的工作违背植物的本性及发展的正确道路，即使出于好心，也会损害葡萄的生长，降低它的产量。他认为，对人进行教育，也应遵循同样的道路，即必须顺应儿童天性的特点行事才好。

三、论学前教育的地位和作用

福禄培尔非常重视学前教育在人的发展中的作用，重视童年生活对人一生的影响。他认为，幼儿时期是人的发展中一个最重要的阶段，这个时期儿童的生活方式和所受的教育将影响他整个一生。一个人对自然的认识，与父母及社会的关系，主要取决于这个时期的生活。如果儿童未来生命之树的胚芽在幼儿时期受到损害，那么，他需要以极大的努力去克服这种损害造成的不良影响，才能成长为强健的人。他还认为，如果我们看不到人类发展的这一神圣和自然的起点，我们将看不到人类发展的方向，以致只能建造空中楼阁。所以，他要求把学前教育作为人的教育过程中的一个重要部分，把学前教育看作人的真正教育的开始，是儿童以后各个阶段的教育和发展的基础。他认为，正是从幼儿阶段起，“真正的人的教育就开始了”①。福禄培尔呼吁父母和其他教育工作者重视这个时期的教育，以便使儿童的本性、各种天赋潜能得以顺利发展和表现出来。如果说父母和教育者对婴儿的主要职责在于养护，那么，对于幼儿则应该较多地注意其“心智”的发展；在幼儿期，“训练”应该代替养护居于首要地位。

拓展阅读

福禄培尔指出，幼儿园的任务是通过直观的方法来培养学前儿童，使他们参加各种必要的活动，发展他们的体格，锻炼他们的外部感官；使他们正确地认识人和自然以及增长知识；使他们在游戏、娱乐和天真活泼的活动中，做好升入小学的准备。

福禄培尔的幼儿教育方法主要有以下几种：让儿童在自由、自主的活动中发展；让儿童在游戏中得到发展；充分利用恩物，让儿童在操作恩物中获得发展。

福禄培尔还特别强调家庭教育在学前儿童教育中的作用。他在《人的教育》一书中论述幼儿阶段的教育时曾说，“在这一时期，孩子和教育是完全付托给母亲、父亲和家庭的”②，儿童与家庭成员一起，构成一个就本质上说完整的、不可分割的统一体。家庭生活对于儿童的生长和发展，甚至对于人的整个一生，都是无比重要的。人的幼儿时期的教育主要是依靠父母亲和家庭来进行的，这就需要做父母的具备一定的

① [德]福禄培尔：《人的教育》，见张焕庭：《西方资产阶级教育论著选》，320页，北京，人民教育出版社，1979。

② [德]福禄培尔：《人的教育》，见张焕庭：《西方资产阶级教育论著选》，320～321页，北京，人民教育出版社，1979。

教育知识。但是，他又看到，大多数父母或其他成人缺乏足够的教育知识和训练，对于幼儿教育的内容和方法缺少正确的认识，是不能够承担教育幼儿的重任的。因此，他相信幼儿教育的改革必须从家庭教育开始，主张为缺乏教育知识的父母提供内容和方法上的指导。他要求建立专门教育入学前幼儿的机构——幼儿园，目的就是帮助家庭对幼儿进行合理的教育。通过幼儿园对幼儿实施社会的公共教育，由训练有素的幼儿教师承担教育职责，儿童在其中自由地生长，就像植物生长一样。他把幼儿园比作一座大花园，把幼儿比作花草树木，把教师比作园丁，“园丁”须关怀、爱护幼儿，具有母爱精神。福禄培尔还规定了幼儿园教育的任务，主要有三个方面，即保护儿童身体和精神的健康成长，培养训练有素的幼儿教师，推广幼儿教育经验。

正是因为他把幼儿期看作人的发展的一个极其重要的阶段，所以他把学前教育直观地列入整个人的教育的过程中，把它看作人的真正教育的开始。他的这一主张是他教育理论中重要的和合理的因素。但是，福禄培尔在强调学前教育的重要意义的同时，过高估计了教育在当时社会条件下改造人类、改造社会的作用，这是不切实际的。

四、学前教育的内容

(一)“恩物”

福禄培尔考虑到幼小儿童的生活范围狭窄，思维能力有限，不适于接受理论的概念和抽象的叙述，又意识到儿童的自我活动在教育中的重要性，为了使儿童得到知识和发展各种能力，福禄培尔晚年的大部分时间致力于设计一系列的儿童玩具和幼儿园教具及教学法，利用一些不用书本而能加速教育进程的游戏材料和设备进行幼儿的教学，并称之为“恩物”，即“恩赐之物”的意思，表示是由父母赠予心爱的孩子玩弄的、实现自我活动的工具。

拓展阅读

为了实现上述教育目的，福禄培尔为儿童设计了一套完整的课程。这其中包含宗教教育、体育卫生、游戏活动、恩物、语言、手工、绘画和颜色辨别、唱歌和诵诗、自然科学常识。由上可见，福禄培尔幼儿的课程结构和内容已经比较完备，在一个世纪之前能做到这一点是难能可贵的。显然，在幼儿教育方面，福禄培尔已经远远超出了他以前的所有教育家。他提出的课程思想，即使今天看来，也仍然具有价值。

福禄培尔立足于象征的学说，认为宇宙的自然万物为一整体。自然万象，若从外表上看属于具体的感觉现象，但从实质上看则是宇宙本体(即神的意志)的外部表现。这全能的法则的基础就是永久存在的“统一”，也就是神。福禄培尔要利用他的“恩物”来体现他的“变化中的统一”的思想，使儿童理解宇宙的统一性和多样性，具有象征的含义。他说，自然界实际是认识神性的大学校，而自然界又是包罗万象的，很难从中把握真理，更不符合儿童的思想水平，因此，必须为他们进行整理，制成各种“恩物”，以帮助他们认识世界、了解真理。

第 1 种恩物是用 6 条不同颜色(红色、绿色、蓝色、黄色、紫色、橙色)的线织成的网套套着的 6 个软球。(图 12-2)每个球各系一线，线色与球色一致。

图 12-2　软球

福禄培尔认为球是“统一中的统一”，是运动的象征，是无限的象征。球可以显示出“统一”的中心和一切事物的一般表情。它包含静与动、一般与特殊，既有各个方面，又是单一的表面，既是能看到的，又是看不到的(它有看不到的轴心)。婴儿在学会谈话之前就能用手把握一个球，熟悉球的外形和颜色。母亲可以指引着儿童观察、抓弄这些柔软的小圆球，让他初步熟悉它们的形状、颜色和动静状态，发展儿童的辨色能力。随着儿童知觉和思维语言的发展，母亲一边把球向各方甩动，一边说前后、上下、左右，以发展儿童的空间观念。还可把球放于掌心，表示“有”，然后吸起来，空出掌心，表示“无”，借以发展儿童肯定和否定的观念。儿童稍大一些时就能滚动它或跟着它跑，用眼睛观察它，并和其他颜色相比较，还可以将已学会的儿歌和玩球的游戏联系起来，或将球作为和其他儿童交往、建立相互关系的联结物，这又是练习自制能力的开始。如果用一根绳子把球悬吊起来，它还可以上下、左右甩动，旋转或挂在背后，让儿童猜是什么颜色的，做出各种各样的动作。将 6 个不同颜色的球堆在一起，又可联合成多种形体。球可以使儿童表现出许多内心的思想、看法和愿望，并用以模仿周围见到的无数事物。球既是儿童将内心的精神世界表露于外的工具，也是模仿外部世界的工具，因此儿童非常喜爱。福禄培尔从观察和实验中运用 6 个小球设想出 50 种玩法，系统地训练了儿童的各种能力。

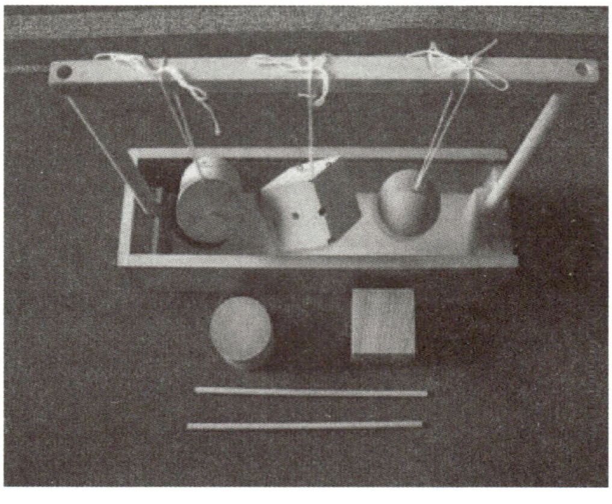

图 12-3　木制小球体、立方体和圆柱

第 2 种恩物是木制的小球体、立方体和圆柱(球的直径、立方体的一边和圆柱的高都是相等的，高度和直径都是 5 厘米，后二者有穿孔，并附有木棒和细绳)。(图 12-3)

福禄培尔认为球体是圆的，表面是单一的；立方体有角有边，和球体相反，它是静止的象征，也是“多样中的统一”的象征。立方体是统一的，但它的形式因观察的角度(如从顶上、侧边或棱边)不同又成为多样的。立方体的平面形式和稳定性是球体的否定，圆柱则是球体和立方体的性质的混合，它在竖立时是稳定的，而在卧倒时又是可动的。儿童利用这三种形体可以认识物体的各种形状、性质和彼此的关系，并且可以用它们拼成小桌子、小凳子、炉灶及其他物体，还可以做很多活动，如旋转、摇晃、滚动，并用不同的方式表现它们所有的特征。大一些的儿童通过观察、比较和进行描述，可以理解一些初步的力学定律。这种恩物，可以使儿童通过种种玩法和组合方法发展创造力、想象力。

图 12-4 立方体

第 3 种恩物是一个立方体，可以分成 8 个小立方体，合起来成为一个大的正立方体。(图 12-4)

福禄培尔认为，儿童可以借助这种恩物获得关于整体和部分的概念。这种恩物是放在一个立方形木盒子里面的。在玩弄之前，首先将盒子倒放在桌上，慢慢将底部的盒盖抽出，然后将盒子轻轻向上提起，不要碰坏了大立方体的形象，使儿童能看到一个完整的大立方体。经过分开，8 个小立方体出现了。幼小的孩子们对此是会感兴趣的。儿童可以在摆弄这种恩物时，发展自己的创造力，利用 8 个小立方体搭造各种东西，如立柱、城堡、拱形构造、城门、桥梁、塔……福禄培尔认为了解立方体的形象对于艺术、科学的学习以及实际的生活都是头等重要的。这种恩物可以使儿童认识物体的各种形状、性质以及理解部分与整体的关系。通过各种形状的堆砌，儿童还能锻炼创造性地组合、造型及象征性联想的能力等。

第 4 种恩物是和第 3 种恩物同样大小的立方体，可以分为 8 个长方形板(立方体平分后又各分为 4 块长方形板)，长方形板的长等于立方体的高，厚等于高的 1/4。(图 12-5)

福禄培尔认为这种恩物可以帮助儿童识别长度、宽度、厚度或高度，清楚地了解物体形状的变化，对于数学的要求也更明确。将加、减、乘、除以及分数的原则用在实物上，对于日后学习数字的计算也有好处，并可为学习几何打下基础。

第 5 种恩物仍是一个立方体，分成 27 个相等的小立方体，其中 3 个再分成 2 等份，3 个再分成 4 等份。这种恩物可使儿童学习几何形体和计数，并配合不同的形体搭建各种东西。(图 12-6)

第6种恩物还是一个立方体，由18块长方木、12块扁的正方木、6块方柱，共36块积木组成，使儿童有更多的配合和思考的机会。(图12-7)

图12-5 可分为8个长方形板的立方体

第1、第2种恩物供3岁以下儿童游戏之用，其他各种恩物供3～7岁儿童使用。当儿童将6种恩物都已用尽时，成人还可以提供第7种恩物，即一个盒子里装有以上所有的形体。这时，儿童已接近入小学的年龄，他们的创造力和艺术才能已经过训练，并能领悟很多事物，对各种作业也产生了一定的兴趣。

图12-6 可分成27个相等的小立方体

福禄培尔认为，这一套可以分割与组合的恩物，是儿童镶拼各种图形和搭造各种建筑模型的良好材料，这种活动对发展儿童的认识、想象力和创造力是有益的。

除以上的几种恩物之外，福禄培尔还主张使用各种纸片、小木棒和小珠(或环)，认为这些材料也可为儿童提供从事多种活动的可能性。这3种材料有时就被称为第7、第8、第9种恩物。福禄培尔还为儿童提供了一些可以摆成字母的木块，以及一些可以摆成直线、模型和图形的小棍。细小的小棍插上泡软了的黄豆，还可以联结成各种形体和建筑物。

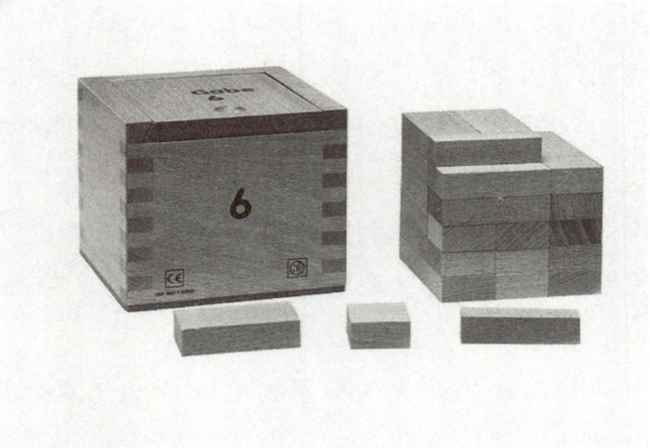

图12-7 更复杂的立方体

福禄培尔不主张让儿童用同样的方式重复使用这些材料，他认为，幼儿园最好的游戏是由儿童自己来领导的。

福禄培尔设计和创制这一套恩物，是有其思想基础的。他从青年时期开始，就十分喜爱数学，对几何和测量有极大的兴趣。早在家乡所办的学校教数学课时，他就产生了让儿童运用几何图形进行活动、学习数学的想法。他曾使用各种形状的木块教学生练习计算和构筑立体模型。这种做法无疑会使数学教学直观形象、生动有趣。同时，福禄培尔又接受了裴斯泰洛齐关于数、形、词为初步教学三要素的主张，认为必须在儿童入学之前就开始培养他们对数量与形体的初步认识，为入学以后的观察活动和认识大自然打下良好的基础。福禄培尔正是为了对儿童进行初步的数学教学，为便于儿童游戏以及进行多种模仿或创造性活动，而献给孩子们这一套恩物的。"恩物"是福禄培尔对幼儿教育的一个重要贡献。

福禄培尔从他的唯心主义世界观出发，赋予恩物以宗教神秘主义的象征意义。例如，他把第 1 种恩物——球看作万物统一的象征。球体可以滚动，其表层又没有哪一点是开端与终点，所以它又是运动和无限的象征。照他的看法，儿童玩球，就可以认识到万物都统一于神以及都包含神的本源。又如，立方体和圆柱体是多样性的统一的象征、静止的象征等。福禄培尔给儿童使用的材料外加这种牵强附会的象征意义，目的在于通过它来进行宗教教育。这当然是唯心主义的，也是儿童不能理解的。对于儿童来说，恩物就是玩具。事实上，恩物也正是作为儿童玩具而广泛流传的。

(二)游戏与作业

游戏与作业是福禄培尔学前教育体系中的重要内容，它们为儿童提供了进行自我活动的条件，也是主要的教育手段。

1. 游戏

福禄培尔在《幼儿园教育学》中指出，游戏是儿童创造的本能和活动的本能得以发展的手段。福禄培尔从热爱儿童并希望儿童生活得快乐幸福出发，十分重视儿童的游戏。他认为，游戏是一种能形成非常强大的力量的心灵沐浴。他曾由衷地赞叹全神贯注地进行游戏、沉醉于游戏之中的儿童，认为儿童游戏的景象是生活之中的一种十分美好的景象。因此，他主张让儿童的生活中充满愉快的游戏。但是，他又把游戏解释为儿童内部本能的表现，认为儿童正是通过游戏表现其内在的"神的本源"的。这一点完全是唯心主义的。福禄培尔重视游戏对于儿童发展的重要作用。游戏对于幼小的孩子，具有增强体力的作用；随着儿童年龄的增长，游戏越来越显示其促进智力与品德发展的作用。他还强调共同游戏的重要性，认为它对于儿童形成节制、友爱、勇敢等良好品质十分有益。

福禄培尔把游戏当作发展儿童自动性和创造性的最好的活动形式，因而强调成人要允许儿童自由地、尽情地游戏，不应该干涉或禁止；同时，他也要求成人关心和指导儿童的游戏，恳切地呼吁："母亲啊，培养儿童游戏的能力吧！父亲啊，保卫和指导儿童的游戏吧！"[①]这一见解是十分正确、可贵的。

---

① ［德］福禄培尔：《人的教育》，见张焕庭：《西方资产阶级教育论著选》，323 页，北京，人民教育出版社，1979。

在福禄培尔看来，儿童的游戏包括两种基本形式，即精神性游戏和运动性游戏。精神性游戏的开展帮助儿童认识世界的基本特征，如重量、形态、弹性等，并且形成对外部世界的思考与判断，发展儿童的智力。精神性游戏主要通过恩物来进行。运动性游戏的开展则锻炼儿童的体力，训练感观，并培养他们的合作意识，以及对同伴和教育者的爱心。运动性游戏的具体内容主要有行走游戏、跑步游戏等。精神性游戏和运动性游戏最大程度地发展了儿童的创造的本能与自我活动，是他们理解自然与人类活动的桥梁。在游戏的设置与实施上，福禄培尔高度重视游戏对儿童生活的教育意义，制定出了一个完整的游戏体系，尤其是精神性游戏与运动性游戏的分类，为今天幼儿园的教育实践提供了很好的行为模式。但他设计的游戏方法过于复杂与条规化，这有可能会限制儿童的创造性。

福禄培尔不仅观察和研究了儿童的游戏，而且在当时还曾要求每一个市镇都应为儿童设立公共的游戏场，使儿童在与同伴的共同游戏中得到发展。

2. 作业

作业是福禄培尔为幼儿园确定的一种教育活动形式，通过作业对儿童进行初步的教学。“作业”是“恩物”的发展，是儿童设计的各种制作活动。“恩物”是由特定的材料组成的，其本身形状不变；而各种作业则以游戏的方式进行，教师及时加以指导和帮助，培养儿童集中注意和认真做事的习惯。他提出，作业活动是儿童的体力、智力和道德和谐发展的一个主要方面。通过作业活动，教师可以对儿童进行初步的教育。他制定了一套详细的幼儿园作业大纲，要求儿童的作业活动严格遵循从简单到复杂的原则。他指出，在作业活动中，教师应当及时地对儿童进行指导和帮助，培养儿童集中注意力和认真制作的习惯，促使表现能力和创造能力的发展。

作业的种类很多，有绘画，纸工(编纸、折纸、剪纸)，用小木棒或小环拼图，串联小珠，刺绣，用某些材料如针、剪刀、石笔、黏土以及各种颜色的纸片、纸条、竹签、碗等制作某种物体。他主张在幼儿园里进行剪纸、贴纸、折纸、画画、黏土细工等作业。这些可以扩大儿童的眼界，发展儿童的认识能力，培养儿童的艺术兴趣。还有利用恩物按照成人绘制的图形镶嵌起来的作业。每一种作业中，又包括一系列的作业活动。福禄培尔认为，作业活动不仅可以提高儿童对于多种图形的认识，而且可以帮助儿童认识点、线和平面，并练习利用它们组成整体。镶嵌活动还可以培养对于美的事物的认识，从而对儿童进行美感的教育。

在作业的方法上，福禄培尔要求从简到繁，循序渐进，这是合理的。但是他为作业规定的顺序过于死板，又要求儿童重复成人的演示，使作业往往变成对于固定动作的机械模仿，是不利于儿童的发展的。

无论是游戏还是作业的过程中，都可以结合所使用的各种材料发展儿童的语言，这是福禄培尔学前教育思想中的一个十分重要的问题。他要求成年人通过指导儿童的观察，引导儿童语言的发展；要求成年人经常与儿童谈话，并不断增加新的谈话内容，认为这是最有益于儿童学会说话，并扩大其认识的范围，促进其智力的发展的方法。

福禄培尔为幼儿园规定的作业中，还包括一些劳动活动，如初步的自我服务、照料植物等。他主张为儿童开辟小块劳动园地，组织儿童共同或单独进行栽种；正确地指出，让儿童在自然环境中进行观察和活动，对他们的发展是有益的。但他又认为，自然界生物的发展会向儿童显示万物包含的“神的本源”，这种通过观察自然进行宗教教育的企图是错误的、不可取的。

五、地位与影响

福禄培尔是 19 世纪上半叶德国著名的教育家、近代学前教育的奠基人，他以其学前教育的理论和方法，特别是倡导的幼儿教育运动，获得了世界的声誉，至今人们仍把幼儿园与福禄培尔的名字联系在一起。他详细研究了学前教育理论和幼儿园的教学方法，并在教育实践和教育理论研究的基础上创立了完整的学前教育理论体系。他明确指出了幼儿园的任务，建立了游戏的理论体系，制造了一系列的玩具，提出了一套作业体系和教育方法，他的“恩物”，作为幼儿活动玩具，具有广泛的影响，现代的儿童玩具中仍包含有它的某些基本形式。他还热情地宣传了幼儿教育思想，培养了不少幼儿园教师，做出了巨大的贡献。

福禄培尔的贡献还不只于学前教育方面，他在学校教育方面也提出了不少有价值的理论和建议。他在卡伊尔霍学校多年实践和进行理论研究的基础上写的教育著作《人的教育》，是泛记全部儿童时期的教育的颇有价值和影响深远的教育理论著作。

福禄培尔的整个教育理论体系是建立在唯心论哲学基础上的，带有宗教神秘主义的色彩，具有一定的局限性。尽管如此，他的理论体系中的许多合理因素是不容低估的。例如，他反对强制性教育，重视儿童的积极活动，重视发展儿童的创造性等，这些都是正确的。他重视儿童游戏以及手工制作活动和劳动的教育作用，对 19 世纪后期资本主义国家初等教育有一定的影响。他对儿童发展的看法和自我活动等的一些教育原则，对 20 世纪初的“新教育理论”有直接的影响。尤其是幼儿园这种新型的学前教育机构客观上顺应了自 19 世纪以来，在工业革命不断发展的历史条件下，要求发展幼儿社会教育的历史趋势。自福禄培尔创建之后，幼儿园在世界上许多国家开发和建立起来。他的幼儿教育理论体系在欧美各国广为流传，影响非常之大。他创立的比较完整的幼儿教育理论，成为后人设计学前教育课程的重要根据，以至于人们把通过这样建立的学前教育课程称为福禄培尔模式。

拓展阅读

"儿童中心主义"这一术语来源于福禄培尔，最早出现在《人的教育》中。"儿童中心"成为早期学校教育的中心议题。福禄培尔的儿童中心观出自他认为的早期儿童的特点是智力有限的观点，因为儿童智力的限制防止了他们抽象地获得关于世界的知识，我们必须将儿童置于事物的中心，因为"万物只有与他、与他的生命联系起来，才能被理解"。儿童不是像后来的儿童中心论所述的那样被置于学校教育的中心的，而是被置于他们的世界的中心的，在那里直接作用于他们的世界。

福禄培尔的幼儿教育的实际活动以及幼儿教育的思想主张，出现在19世纪资产阶级革命和资本主义工业革命不断发展的历史条件下，并不是偶然的。他的活动以及历史性贡献满足了社会发展对于教育工作提出的新的要求——发展幼儿社会教育的要求，是符合教育历史发展的必然趋势的。显然，他本人是不理解这一点的。福禄培尔对当时德国的社会现实是不满的，认为时代的气氛死气沉沉，人们得不到积极的发展。作为小资产阶级的教育家，他不可能认识到造成这种社会状况的原因，也不可能找出前进的道路，而只是寄希望于儿童，希望儿童能够获得较为自由的生活。因此，他号召成年人珍视儿童的童年时代，爱护儿童的活力，希望自己没有得到的发展在儿童身上能够得到实现。福禄培尔正是在这样的思想基础上，为幼儿教育事业而努力奋斗的。这种认识的局限性是十分明显的。然而，福禄培尔热爱儿童，为幼儿教育事业奋斗不息的精神，是十分可贵的。

第二节　蒙台梭利的学前教育思想

玛丽亚·蒙台梭利(1870—1952)，意大利幼儿教育学家，蒙台梭利教育法的创始人。(图12-8)

图12-8　蒙台梭利

一、生平与教育活动

1870年，玛丽亚·蒙台梭利出生在意大利安科纳地区的基亚拉瓦莱。父亲是贵族后裔，她自小受到了良好的家庭教育。

13岁时，她进入工科学校工科组就读并对数学产生了极大的兴趣，这也是日后她的"发展数学心智是培养抽象思考能力的最好途径"的思想来源。

自达文奇工科大学毕业后，她拒绝了父母亲要她当教师的建议，决心研读她热爱的科目——生物学，并执意进入医学院就读。然而，当时的社会非常保守，还不曾有女子就读医学院的前例，而蒙台梭利几经奋斗，才在22岁时进入了医学院。她因为更加忤逆父亲，被父亲切断了对她的经济支持。她只得靠奖学金及家教所得维生，度过了那段学医的艰辛路程，却奠定了她生物学的深厚素养。

26岁时，蒙台梭利以最优异的成绩，成为意大利历史上第一位女医学博士。但她却无法改变当时社会对女性的成见，只能在罗马大学精神病诊所担任助理医师。也由于这个机会，她接触到了智障儿童，由同情并帮助他们解决生活困难，转而开始研究智障儿童的治疗及教育问题。她开始阅读当时塞根关于特殊教育的著作与伊塔对这方面的研究报告。在此期间，她曾去巴黎和伦敦参观和访问有关智障儿童的教育机构。

在精神病诊所工作的两年中，她发现，儿童除了进食食物之外，还会在屋子里面到处乱抓乱摸，找寻可让两手操作的东西，以练习他们的抓握能力。这种认识奠定了她教育理论中“发展智力需要通过双手操作”的基本理论。由于这两年的体验，她得出了对智障儿童教育的看法：要克服智能的不足，主要还得靠教育的手段，不能只用医药去治疗。她一改传统仅以药物治疗智障儿童的偏执做法。

1898年，蒙台梭利在意大利都灵的教育会议上讲演，提出了自己独特的见解：儿童心理缺陷的精神病的治疗主要是教育问题，而不是医学问题，教育训练比医疗更为有效。此观点引起了医学界和教育界的强烈反响。教育部部长不久任命她为国立特殊儿童学校的校长。

任职期间，蒙台梭利以极大的热情投身于智障儿童的教育工作中。后来她说，在特殊儿童学校工作而得到的实践经验，等于使她得到了第一个真正的教育学的学位。在任期间，蒙台梭利把自己根据塞根的书籍和伊塔的实验研究出的方法，实际地应用到了这些可怜的孩子身上；同时，也为学校的同事和罗马的教师们预备了一套应对智障儿童的“特殊观察法”来了解各个孩子的需要，帮助孩子智能的进步。

不仅如此，她更针对这些孩子们的问题，用心研制了各式各样的教育工具，帮助他们“手脑并用”、增进智能。每天从上午8点到下午7点，她都亲自和儿童相处，观察他们，了解他们，并做笔记分析和比较，不断研究出更好的办法。结果，两年以后，孩子们学会了许多她认为不可能的事，他们不仅会读、会写，而且通过了当时罗马地区为正常儿童举行的公共考试。

蒙台梭利并未陶醉于自己取得的成就。此时她开始考虑，假如智障儿童经过合适的教育可以达到正常儿童的标准，为什么正常儿童不能达到更高的水平？她觉得既然教育上的努力对人类智慧具有改变的可能(当时的学者都认为智力决定于遗传)，而且，由正常儿童在公共考试中表现的成绩，并不比智障儿童表现的成绩优异的结果来看，绝大多数正常儿童的智力发展，不是被抑制或被不正当的教育法所贻误，便是开始得太晚，或者两者兼而有之。这是不能忽略的大事，她认为这是人们应该去寻找答案，要努力解决才能安心的大问题。因为她觉得，人类未来的幸福和世界和平的希望，是寄托在大多数的正常儿童身上的，于是，她毅然接受了新的挑战。为了证明这种方法应用于正常儿童的可能性，她决心重新研究“正常教育学”。

1901年，她从驰誉全欧洲的校长高位上离开，回到罗马大学注册，重做学生，研究生物科学、实验心理学、正常教育学、教育人类学等有关学科，以便彻底探索人类成长的自然法则，找出科学的教育理论和方法。经过7年的潜心研究，她逐渐地找出了人类生命发展的规律，逐步地形成了她的初步思想和理论。这时，她缺乏的就是验证的机会了。

1906年，在罗马优良建筑公会的支持下，她有了研究和验证提高世界正常儿童智力水平的方法的机会。1907年1月6日，第一所“儿童之家”在罗马的贫民窟圣罗伦斯区正式成立，3个月后第二所“儿童之家”成立。“儿童之家”指的是能供给孩子发展机会的“环境”，它是“公寓中的学校”，不仅具有家的内涵，如成员的彼此关爱、辅助，环境中的一切设备也都符合儿童的需要和尺寸，更是儿童受教育的场所。“家”里的大人们必须经常致力于“学校”环境的改造，使它们适合于儿童的各项发展。在儿童之家，蒙台梭利研制了能够促进心智发展的种种教具来提升人类的智慧，发掘无穷的潜能；也在这里的观察中体会出教师应该扮演的角色，举世闻名的蒙台梭利教学法由此产生。在“儿童之家”里，蒙台梭利应用在60位3～5岁小孩身上的方法，展现出了惊人的效果。加上欧洲各报纸、杂志、书籍对儿童之家生动的报道与描绘，来自各国的参观者络绎不绝、乐口称道，誉之为奇迹。于是，英国、瑞士、荷兰等欧洲国家纷纷仿效设立“儿童之家”，并邀请蒙台梭利前往开设师资训练课程。(图12-9)

图12-9　蒙台梭利在教室里与孩子们在一起时的情景

蒙台梭利于1912年和1915年两次访问美国，备受各界的欢迎。她的教育法在旧金山博览会中的展示得到了大会唯一的两面金牌奖。1913年，美国蒙台梭利教育协会宣布成立。此后，以蒙台梭利的名字命名或采用了蒙台梭利方法的学校一度达200多所。1919年，蒙台梭利开办国际教师训练班，亲自传播她的教育方法，进一步扩大了蒙台梭利运动在世界范围内的影响。

1934年，墨索里尼下令关闭意大利所有的蒙台梭利学校，查禁她的著作。她本人也被迫离开祖国，逃往西班牙，又因西班牙内战爆发前往英国，随后，在世界各地游学演讲，在荷兰、印度等地留下了她的踪迹。直到第二次世界大战结束后的1947年，意大利政府才请她回国重建蒙台梭利学校。

第二次世界大战后，蒙台梭利虽已步入耄耋之年，但仍不辞辛劳，到各国巡回演讲，指导教育工作，呼吁通过教育改造世界，促进世界和平。蒙台梭利在1952年5月6日逝世于荷兰的努特维克，享年82岁。她不仅是著名的科学家，更是伟大的教育家，一生为了儿童，为了人类精神的复兴及人性的发展，奉献了她所有的智慧甚至生命。

玛丽亚·蒙台梭利是20世纪享誉全球的幼儿教育家。她创立的独特的幼儿教育法风靡了整个西方世界，深刻地影响着世界各国，特别是促进了欧美先进国家教育水平的提高和社会的发展。蒙台梭利教育法的特点在于十分重视儿童的早期教育，她为此从事了半个多世纪的教育实验与研究；她的教学方法从智力训练、感觉训练到运动训练，从尊重自由到建立意志，从平民教育到贵族教育，为西方工业化社会的持续发展，提供了几代优秀的人才基础。《西方教育史》称她是20世纪赢得欧洲和世界承认的最伟大的科学与进步的教育家。为表彰蒙台梭利对于幼儿教育和世界和平的特殊贡献，1950年她被提名为“诺贝尔和平奖”候选人，联合国教科文组织总干事贾米·托里斯·博佳曾经热烈地宣布：玛丽亚·蒙台梭利已经成为期望教育和世界和平的伟大象征。1909年，她总结了“儿童之家”的经验，出版了《运用于“儿童之家”的幼儿教育的科学教育方法》一书(英文译为《蒙台梭利方法》)。该书很快被译成各种文字，在世界各地广泛流传。除此之外，蒙台梭利的主要著作还有《教育人类学》(1908年)、《蒙台梭利手册》(1914年)、《高级蒙台梭利方法》(1912年)、《童年的秘密》(1936年)、《新世界的教育》(1946年)、《儿童的发现》(1948年)等。

二、儿童观

从发展的观点出发，蒙台梭利认为，儿童是一个发育着的机体和发展着的心灵，儿童发展的时期是人的一生中最重要的时期。儿童处在不断生长和发展变化的过程之中，而且其发展主要是内部的自然发展。在这个连续的自然发展过程中，儿童的发展包括生理和心理两方面的发展。

在蒙台梭利看来，儿童身体内含有生气勃勃的冲动力。正是这种本能的自发冲动，赋予他积极的生命力，促使他不断发展。一是主导本能，这种本能为处在生命初创时期的婴儿提供指导和保护，甚至决定物种的生存。二是工作本能，这是人的基本特征。儿童通过工作进行创造，使他自己得到充分的满足，并形成自己的人格。它既能使人类更新，又能完善人类的环境。在心理方面，儿童的心理发展既有一定的进程，又有隐藏的特点。蒙台梭利认为，儿童是一个"精神(心理)的胚胎"。因为每一个婴儿都有一种创造本能，一种积极的潜力，能依靠他的环境，构筑一个精神世界，所以，儿童不仅作为一种肉体的存在，更作为一种精神的存在。每个儿童的精神也各不相同，都有自己的创造性的精神。

(一)儿童具有"吸收的心智"

蒙台梭利认为6岁之前的儿童本身具有一种吸收知识的自然能力，即所谓"吸收的心智"。借助这种能力，儿童能通过与周围环境的密切接触和情感联系于下意识、不自觉中获得各种印象和文化，从而塑造自己，形成个性和一定的行为模式。因此，没有人是被别人所教导的，每个人都是自我教育而成的。

(二)儿童发展具有敏感期

在蒙台梭利看来，儿童的心理发展过程中会出现各种"敏感期"。她说："正是这种敏感性，使儿童以一种特有的强烈程度去接触外部世界。在这个时期，他们对一切充满了活力与激情，很容易地学会每样事情，而且每一个成就的到来都使他们的能力更为增强。"①而人的智力发展正是建立在儿童敏感期打下的基础上的。这种敏感期与生长现象密切相关，并和一定的年龄相适应。根据长期的观察和研究，蒙台梭利指出了一些心理现象的敏感期。

1. 语言敏感期

婴儿开始注视大人说话的嘴型，并发出牙牙学语的声音，这就开始了他的语言敏感期。学习语言对成人来说，是一项困难的大工程，但幼儿却能很容易地学会母语，正是因为儿童具有自然赋予的语言敏感力。在蒙台梭利看来，语言能力的获得和运用，是儿童智力发展的外部表现之一。语言能力影响儿童的表达能力，良好的语言能力可为日后的人际关系奠定良好的基础。

2. 秩序敏感期

儿童需要一个有秩序的环境来帮助他认识事物、熟悉环境。一旦他熟悉的环境消失，他就会无所适从。蒙台梭利在观察中发现，儿童会因为无法适应环境而害怕、哭泣，甚至大发脾气，因此确定"对秩序的要求"是儿童极为明显的一种敏感力。儿童的秩序敏感力常表现在对顺序性、生活习惯、所有物的要求上，蒙台梭利认为，如果成人未能提供一个有序的环境，儿童便没有基础以建立起对各种关系的知觉。当儿童从环境里逐步建立起内在秩序时，智能也开始逐步建构。

---

① [意]玛利亚·蒙台梭利：《童年的秘密》，江雪编译，49页，天津，天津人民出版社，2003。

3. 感官敏感期

儿童从出生起，就会借着眼、耳、鼻、舌、身等感官来熟悉环境，了解事物。3岁前，儿童能通过潜意识的“吸收性心智”吸收周围事物，3～6岁则更能具体地通过感官判断环境里的事物。因此，蒙台梭利设计了许多感官教具，如听觉筒、触觉板等以敏锐儿童的感官，引导儿童自己产生智慧。

4. 细节敏感期

儿童在2～3岁时会表现出对细节的敏感，他的注意力往往集中在最小的细节上。忙碌的大人常会忽略周边环境中的细小事物，但是儿童却常能捕捉到个中奥秘。这表明儿童的精神生活的存在，以及儿童和成人具有两种不同的智力视野。因此，儿童对泥土里的小昆虫或衣服上的细小图案产生兴趣时，正是培养孩子巨细靡遗、综理密微习性的好时机。

5. 动作敏感期

两岁的儿童已经会走路，这最是活泼好动的时期，父母应充分让儿童运动，使其肢体动作正确且熟练，并帮助左右脑均衡发展。除了大肌肉的训练外，蒙台梭利更强调小肌肉的练习，即手眼协调的细微动作教育，这不仅能帮助儿童养成良好的动作习惯，也能促进其智力的发展。

6. 社会规范敏感期

两岁半的儿童逐渐脱离以自我为中心，而对结交朋友、群体活动有了明确倾向。这时，父母应与儿童建立明确的生活规范，注重日常礼节，使其日后能遵守社会规范，拥有自律的生活。

7. 阅读敏感期

儿童的书写与阅读能力虽然发展较迟，但如果儿童在语言、感官等敏感期内得到了充足的学习，其书写、阅读能力便会自然产生。此时，父母可多选择读物，布置一个书香的居家环境，使儿童养成爱书写的好习惯，成为一个学识渊博的人。

8. 文化敏感期

蒙台梭利指出，儿童对文化学习的兴趣萌芽于3岁，但是到了6～9岁则出现探索事物的强烈要求，因此，这一时期儿童的心智就像一块肥沃的田地，准备接受大量的文化播种。成人可在此时提供丰富的文化资讯，以本土文化为基础，延伸至关怀世界的大胸怀。

蒙台梭利要求在儿童心理发展的敏感期对儿童进行教育、引导和帮助，从而促进儿童心理的正常发展，并避免延误时机带来的儿童心理发展障碍。

(三)儿童心理发展具有阶段性

蒙台梭利认为儿童的心理发展是处在连续的和不断前进的发展变化中的，也就是说，儿童心理发展是连续性和阶段性的统一。蒙台梭利重视儿童心理发展的连续性，也特别重视儿童心理发展的阶段性，要求根据儿童心理发展的不同阶段为儿童提供不同的“有准备的环境”。

在蒙台梭利看来，儿童心理发展呈现出阶段性，而每一阶段都表现出与另一阶段明显不同的特征，前一阶段是后一阶段的准备，后一阶段是前一阶段的提高。蒙台梭利曾特别以蝴蝶生长变化的阶段性来说明儿童心理发展的阶段性。在她看来，儿童的心理发展与仅仅呈现出形体茁壮成长的松树、杉树不同，它不仅表现为形体长高、变粗的直线性变化，而且表现为类似蝴蝶的生长变化，即卵、幼虫、蛹、成虫(蝴蝶)的阶段性变化，每一阶段和前一阶段相比都有着明显的不同，如蝴蝶在幼虫时期和蛹时期，无论是体态、体色、活动方式还是进食方式都完全不同。蒙台梭利为了使人们更有效地把握儿童心理发展的本质，把与松树、杉树类似的儿童的变化说成成长，是生物形态的扩大，是重量和体积的增加；把与蝴蝶类似的儿童的变化说成发展，是有机体精神的蜕变，是有机体旧的心理面貌的结束和新的面貌的开始。

基于对儿童心理发展阶段的上述看法，蒙台梭利要求不应该把为儿童提供环境的原则简单化为随儿童年龄的增长而不断丰富化、不断复杂化，而是应该确实看到处于心理发展不同阶段的儿童就像处于不同生长阶段的蝴蝶一样，其对环境的要求和与环境相互作用的方式有着本质的不同。因此，教育工作者应该为处于不同心理发展阶段的儿童提供各不相同的、适合一定心理发展特点的“有准备的环境”。

(四)儿童发展是在工作中实现的

蒙台梭利对活动在儿童心理发展中的作用给予了高度评价。在她看来，促进儿童的发展主要有两种形式。第一是深受福禄培尔及其追随者推崇的儿童的游戏，第二是她所谓的儿童的“工作”。无论是游戏还是工作，都具有愉悦身心、促进儿童发展的双重作用；但游戏和工作的最大区别在于，游戏的主要作用是愉悦儿童身心，同时兼有促进儿童发展的作用，而工作的主要作用是促进儿童发展，同时兼有愉悦儿童身心的作用，两种活动的着重点是大不相同的。如果说一个可以促进儿童发展的活动从开始到结束的流程可以表示为“兴趣—开始操作—出现专注—获得发现”四个阶段的话，那么，只要具有这个流程的前两个阶段的特征，即对某一活动产生兴趣并开始进行活动，该活动就可以被称为游戏，而只有具有这个流程的全部四个阶段的特征，即在对某一活动产生兴趣并开始进行活动的基础上，对该活动表现出专注并最终有所发展，这样的活动才可以被称为工作。可见，在蒙台梭利那里，虽然游戏和工作是两种相对独立的活动形式，但工作又是包含了游戏的。正是在这个意义上，蒙台梭利对儿童的游戏和工作进行了具体的区分，她把儿童日常的玩耍和使用普通玩具的活动称为游戏，而把儿童在“有准备的环境”中自发地选择和操作活动材料并经由专注于活动而有所发现和发展的活动称为工作，从而导引出她关于儿童心理发展通过工作而不是通过游戏实现的论点。由此，蒙台梭利要求成人一定要为儿童提供有准备的工作环境和工作材料，以引导和促进儿童心理的正常发展。

从以上的论述中可知，蒙台梭利相信儿童具有天赋的发展潜力，以及依次出现的内在需求。当这些需求得到环境的配合，儿童的天赋的潜力便得以发挥，进而自我修正及发展。那么，教师能做的是向儿童学习，从儿童身上找到可以配合他们内在要求的互动环境，然后为儿童准备之。蒙台梭利教育方案正是遵循这样的思想来设计和组织的。

三、教师观

蒙台梭利教育法以儿童为中心，迥异于传统幼儿教育的以教师为中心。在蒙台梭利学校，主要的教育原则和教育方式是自由活动、自我教育。她认为，新教育改变了传统的教育模式，由原来的儿童被动和教师主动，变为儿童主动和教师更多地被动，或者说把教师中心变为了儿童中心。所以，蒙台梭利教师与传统教师最大的差别在于，蒙台梭利教师扮演的角色不是教授者，而是教具、儿童及学习意愿的协调者，不再是一个站在黑板前面大声呼叫、发号的权威角色了。她必须依儿童的需要而准备环境，并且观察儿童的需要和意愿，进而提供适当的教具让儿童“工作”。她不会以“灌输”知识给儿童为教育目的，而是居于“帮助儿童生命成长”，设计、指导儿童自己学习的客观立场，以启发和诱导为手段，让儿童乐于自由、自动地去动脑筋，使智力和体能不断地发展。所以，蒙台梭利教师在“儿童之家”被称为“导师”。

蒙台梭利认为，好的导师应该具有优秀的综合特质。她要很有耐心地观察儿童，关心他们的需要，是一个细心的“观察者”；她能根据观察所得，设计出适合儿童成长的环境，是一个教材、教具和良好气氛的负责的“准备人”；儿童无论如何和环境接触，她都能居中协调与引导；她更是一个儿童学习“灵感”的“启发者”与转变“头脑”的“诱导人”；她要能保证这个环境，维持环境的完整，让儿童的每一次接触都是完整的学习。好的导师还要虚心认真地观察面前这个儿童内心的需要和限制(尤其是心智和体能的)，同时也能真正地懂得什么是“以儿童为中心”。例如，不用强迫式的语气命令他这样、那样地去做；会蹲下来与儿童说话，不采取高姿态；示范时能轻声细语，动作轻慢而利落等。这些细微的地方，导师也都必须注意，才能让儿童明明白白地领受、高高兴兴地“工作”(学习)。

蒙台梭利是一个实践家，同时又是教育家、科学家，她实践理想和方法的“教具”是根据儿童设计的，因此对导师的要求也很高。假如导师不明白这个道理，便会一成不变地、机械式地指导儿童，忽略儿童内在的需要、成长的法则和个别的差异，从而造成不合理、无效果的干预行为，甚至对儿童造成伤害。懂得原理和方法的导师，在指导儿童的“工作”时，会深知其中的目的、程序与启导之间的变化；她会懂得儿童内心的意识、学习的能力和自然的限制，以及什么年龄、什么心态的儿童，我们应该给他们什么东西，进而予以正确的指导，从而有效地帮助他们的身心得到正常发展，并挖掘其智能潜力。

(一)具备观察的素质，了解儿童的特点

蒙台梭利认为，观察是一种科学的方法，是了解儿童之路。教师只有努力使自

已成为一位观察者，才能耐心地等待，不干涉儿童，尊重儿童的各种活动，使儿童自动地显示其需求。只有如此，教师才能真正地了解儿童的精神，并揭示其生命的法则和内在的秘密，进而给予适时与适量的帮助。因此她认为，善于观察应是教师必须具备的素质，“观察时等待”是教育者的座右铭。有时她甚至说，观察是幼儿教育工作者必须学习和研究的唯一的一本书。“如果教师能在儿童的灵魂中发现真理，那会如何呢？那他将是多么无可比拟的伟大。”①

教师应随时观察儿童的行为，“以不带成人偏见的眼光来看孩子”。观察的目的就在于了解儿童的发展和需要，然后以此来提供适宜的环境。

在蒙台梭利学校，儿童的自我教育是主要的教育方式，那么教师起什么作用呢？蒙台梭利认为，旧式学校的教师是按照某种形而上学的哲学原则培训的，教师仅仅“动口”，照抄照搬某些权威人士的思想。而科学的教育学要求教师自己“动手”，进行科学实验，努力揭示儿童的秘密。揭示秘密的最好方法是科学地观察。观察是科学实验的基础，也是教师必须具备的素质。她说：“这种能力非常重要，所以实证科学也叫做‘观察的科学’。这个术语在那些与观察相结合的实验中变成‘实验科学’。十分明显，为了使一个人能够观察，仅有感觉和知识是不够的。因为观察是一种必须通过实践培养起来的习惯。”②

(二)善于指导或引导儿童

观察虽然重要，但观察并不是最终的目的。蒙台梭利认为教育科学不同于一般科学，它的对象是活生生的人。科学教育的目的在于唤起人，教育必须有助于生命力的展现。因此，教师的工作除了消极地观察，还应该积极地引导。但这种引导并不是传统的直接传授给儿童方法和观念，而是给儿童提供活动的环境和工作的教具，使儿童通过自己的工作，达到自我发现和发展。蒙台梭利认为，儿童发展的最佳条件是工作和儿童成熟程度相符合。因此，指导的关键在于根据上述对儿童成熟程度的观察，采取不同的教育措施。指导的另一个含义是维持良好纪律，阻止不良行为。蒙台梭利认为，不良行为不同于由于肌肉控制力弱而产生的不协调行为，它将危及自己和他人的发展，不利于良好纪律的形成，因此，必须阻止。在指导和引导方面，教师主要有四项职责。

第一，不直接传授给儿童方法和观念，也不能采用奖罚等手段，因为外部的评价会剥夺儿童独立的能力。教师的职责是给儿童提供活动的环境及进行作业的教具。教师应成为环境的“保护者”与“管理者”，使这个家舒适、和平、清洁、有秩序。

第二，教师应是儿童的示范者。教师应注意自己的一言一行，在仪容上要整洁，在风度上要自然、大方、文雅、端庄。因为儿童是吸收者与模仿者，教师的任何言行举止都可能无意识地影响儿童人格的发展。

---

① [意]玛利亚·蒙台梭利：《教育中的自发活动》，江雪编译，110页，天津，天津人民出版社，2003。

② [意]玛利亚·蒙台梭利：《教育中的自发活动》，江雪编译，108页，天津，天津人民出版社，2003。

第三，根据儿童的成熟程度，引导儿童选择相应的作业，然后促使他们通过作业，达到自我发现和发展。为了使儿童选择适当的教具，教师先要对教具有充分的了解，对每套教具的难度和使用中产生的内在兴趣都要有亲身体验，由此可推断出儿童在每项教具上会花费多少精力和持续多少时间。在蒙台梭利教育法中，儿童借着教具获得智力与体能上的开发，而对教具的介绍必须靠导师适当的提示，所以导师是一个非常重要的媒介人物。她不但要能简易、简洁、客观地示范给儿童教具的使用方法，还要能随时了解儿童对此项教具的反应，以决定启发他继续操作还是引导他暂时停止。

第四，指导的另一个含义是维持良好纪律和阻止不良行为。前面已提到，蒙台梭利主张通过工作来维持纪律，但是教师必须在两个问题上约束学生。一是不允许冒犯和打扰他人，二是必须正确使用教具。

(三)具有谦虚、爱心和耐心的品质

导师本人须时常保有谦虚的心态。蒙台梭利强调："在任何场合下，科学家都是谦逊的……这样，不仅能使学生们学到理论，而且能使他们受到真正的鼓励，去进行自己独立的活动。"①有许多大人常存着些老气横秋的态度，甚至刚愎自用、自以为是。这在蒙台梭利教室里，是一个相当大的"障碍物"，因为它遮蔽了导师对儿童的认识，容易导向武断与强行方法上的错误。所以在蒙台梭利教育法里，"大人"也是受教的一环——所谓活到老学到老。导师必须具有谦卑、仁爱之心，要能改变个人传统的唯我独尊或视儿童无知无识的不良旧观念，重新认识儿童是潜力无穷、前途远大的未来才俊，并且要以儿童为师，如此，才能当一个成功的新幼教导师。

拓展阅读

在蒙台梭利学校中，教师很少直接传授知识，于是教师的形象就显得格外重要。雷蒙特在《幼儿教育史》中用富有诗意的笔触写道：普通的教师必须多学点知识以便传授，而蒙台梭利的教师则要花更大精力于自己的完善，以便可以对成长中的儿童辐射更多的光。蒙台梭利晚上跟儿童同住一幢楼房，她敏锐地感觉到他们的需要、兴趣，把他们置于她生活的中心。这是蒙台梭利个人成功的关键，也是蒙台梭利渴望新教师必须要具备的最主要的品格。

好的导师应该具备爱心和耐心。蒙台梭利说："如果我们要使自身与外部世界联系在一起，并欣赏到它的价值，我们就必须把握和控制自己的意志。没有这样的准备，我们将无法对那些从中得出科学结论的微小事物给予适当的重视。"②虽然儿童在本能上与生俱来的"内在的动机"会驱使他们自动地去接触环境，喜爱环境以及各

① ［意］玛利亚·蒙台梭利：《教育中的自发活动》，江雪编译，110页，天津，天津人民出版社，2003。
② ［意］玛利亚·蒙台梭利：《教育中的自发活动》，江雪编译，109页，天津，天津人民出版社，2003。

形各色的教具，但如果没有教师用她们的“爱”去关注和启发儿童，儿童的学习兴趣便难以持久，从而使得蒙台梭利的促进儿童成长的“工作”，变成一般成人眼中所谓的游戏，意义和效果就完全变质了。所以，有爱心、耐心、高度教育修养的导师，才能使儿童的智力与体能得到有秩序、有层次的发展。

(四)成为学校与家庭、社区的联络者与沟通者

蒙台梭利认为，教师必须时常与儿童的父母及生活的社区联系沟通。这是因为家庭与社区都是儿童的社会环境，并占据了儿童生活的大半。这种联系，有助于澄清家长与社区的旧教育观念，使学校与家庭、社区共同努力，从而有利于儿童的健康成长。此外，“儿童之家”的特点及重要性即在于使学校与家庭合一，并作为一个过渡机构，使学校具备社会化的功能。

蒙台梭利认为儿童发展是通过吸收环境而自我达到的，但同时也强调教师是儿童发展的支持者和最佳资源，离开了教师的帮助，儿童的发展则难以实现。在儿童需要时，教师要随时出现在儿童的身边，成为儿童情感的支持者和学习活动的最佳资源。

四、论幼儿教育的环境

(一)遗传与环境二者之间的关系

蒙台梭利既认为遗传是第一位的，又认为环境具有头等重要性。长期的教育经验使她坚信，环境对人的智力发展的作用是举足轻重的。那么，遗传与环境二者之间的矛盾，蒙台梭利是如何解决的呢?

蒙台梭利是从儿童心理发展的敏感期的观点出发来解决这一矛盾的。她说：“一个新的生命在诞生时，它自身所包含的神秘的主导本能，将是它的活动、特性和适应环境的源泉。”①她认为，从个体心理发展的过程来看，生命力不仅通过自发活动呈现和发展，更表现出一种节律，即个体成熟的不同阶段，会表现出不同感官的敏感期。例如，对良好行为的规范的敏感期在2～6岁，对颜色、声音、触摸等感觉的敏感期在2～4岁。某种感觉能力在相应时期内出现、消失。当它们出现时，儿童能最有效地学习。许多低能者之所以低能，就是因为忽视了敏感期的训练，这是一种很难甚至无法弥补的损失。在这里，环境和教育就成了解决问题的关键。至此，“遗传的第一位”和“环境的头等重要”就统一起来了。蒙台梭利还认为，不同的个体有不同的发展节律，教育必须跟敏感期相吻合。这就意味着要用不同的教育来适应不同的成熟节律，为此，教师必须进行个别教学，儿童各自按自己的需要进行活动，儿童的自由成为教育的关键。

蒙台梭利还指出，人们面临的一个重要问题，就是他们没有意识到生命有自己的发展规律，没有意识到儿童具有一个积极的精神生命，因而“有意无意地压制”儿童，在教育上采取了一系列错误措施。由于大力推崇内发论的缘故，蒙台梭利在谈

---

① [意]玛利亚·蒙台梭利：《童年的秘密》，江雪编译，30～31页，天津，天津人民出版社，2003。

到环境的作用时声称：环境无疑在生命的现象中是第二位的因素，它能改变，包括助长和抑制，但它从来不能创造。但这只是一个方面。另一方面，长期的教育经验又使她坚信，环境对人的智力、心理发展的影响是举足轻重的，决不可忽视。因此她有时又说：把头等重要性归因于环境问题，这形成了我们教育方法的特点。蒙台梭利曾将环境比拟于人的头部，强调环境对儿童的重要性，因为人类的一切成长都与头部有关，它是发号施令者，控制着生理与心理上的发展成熟度。在教育上，后天良好环境的影响能够弥补个人先天的不足，诱发内在的潜能，使可凶、可善的人性导向正常化的发展。

(二)为幼儿提供“有准备的环境”

蒙台梭利科学的幼儿教育，推翻了以往以大人为中心点的教育观念，真正地实践了以儿童生命力为活动中心的教育目标，所以它是一种新的教育。蒙台梭利以她科学的客观观察，发现了儿童的独特的生长秘密(法则)，也发现了“成长”实际上是一种综合性的工作，环境、教师(大人)与儿童之间必定要有一个紧密性的联结，利用这三者间的不断相互作用，帮助儿童正常发展。

为了达到帮助儿童形成健全人格，并通过培养具有健全人格的儿童建设理想的和平社会的教育目的，蒙台梭利提出了以“有准备的环境”为核心的教育方法。

在蒙台梭利看来，以往儿童出生后接触到的环境实际上是成人为了自己生活上的便利而创造出的“成人的文明环境”，而这种环境是没有考虑到儿童的身心特点的，当然也是不适合儿童发展需求的。这种环境对于儿童的发展来说是不适合的“没有准备好的环境”。“儿童人格的发展或被称作‘自由’的东西，除非他能够日益摆脱成年人的支配，否则是不能够产生的。这种生长受到环境的影响，只有在这种适宜的环境中儿童才可以找到发展他自己真正功能所必不可少的工具。”[①]确实，成人世界和儿童世界距离太大，远离儿童的“最近发展区”，身处其中的儿童必然会感到慌张、困惑、不知所措，其发展也会受阻。为了让儿童得到正常的和不断的发展，成人必须在了解儿童身心发展特点如阶段性、敏感期等的基础上，为儿童提供适合儿童发展的“有准备的环境”。

蒙台梭利认为“有准备的环境”必须具备这样的条件。第一，必须是能够适合儿童发展节奏和步调的环境。第二，必须是儿童能够自由操作各种活动材料的环境。第三，必须是对活动材料有所限制的环境(太多的材料会使儿童难以选择并导致儿童注意力不集中)。第四，必须是有秩序的环境(没有秩序的环境将会使儿童产生心理混乱，难以打下对事物进行逻辑化和抽象化思考的基础)。第五，必须是与成人环境有关联的环境。第六，必须是能够保护儿童并让儿童有安全感的环境。第七，必须是对儿童有吸引力的美的环境。

---

① [意]玛利亚·蒙台梭利：《童年的秘密》，江雪编译，184页，天津，天津人民出版社，2003。

需要指出的是，在由传统的分科教育向通过环境进行的活动教育转变的过程中，有的幼儿教育工作者对蒙台梭利教育中的环境产生了一些错误的认识，认为蒙台梭利教育中应该有固定的区域，每一个区域中应该有固定的设施和材料等，造成了环境设计和布置的形式化和机械化。也就是说，幼儿教育工作者在自己的内心中产生了蒙台梭利教育中的环境应该如何的错觉，以为蒙台梭利教室里的环境必须有标准、有规格，然后就按照一定的标准和规格去安排教室，然后让儿童在这样的教室里面活动。我们认为，尽管蒙台梭利把“有准备的环境”放在了她教育方法的首位，为“有准备的环境”提出了必须具备的条件，还亲自为“儿童之家”的“有准备的环境”进行了区域的设计和活动材料的设计，但是“有准备的环境”的根本是适合儿童的环境，“有准备的环境”的出发点是引导和促进儿童的发展。如果我们的幼儿教育工作者不能从根本上把握“有准备的环境”的本质，只专注于将某种特定的环境模式迁移到幼儿教育的现场，那我们就会犯形式主义的错误。

五、论感官教育

(一)感官教育的重要意义

感官教育是蒙台梭利教育内容中最重要而且最有特色的部分，蒙台梭利认为感官教育对儿童的发展具有极其重要的意义。它的重要性表现为：从心理学意义上讲，符合儿童该时期心理发展需要；从教育学意义上讲，算术、书写、语言、实际生活的能力、良好程序的规范都由感官教育引出。既然感官教育是根据儿童心理特点而设计的，上述的生命力活动的特点在感官教育中就反映出来了。

1. 促进儿童感觉机能的发展

蒙台梭利认为，感官教育最基本的意义就是使各种感觉器官如视觉器官、听觉器官、味觉器官、嗅觉器官和触摸觉器官发达，加强其机能的敏感性，以通过自己的感觉从环境中吸收对自己成长和发展有意义的东西。

2. 帮助儿童获取各个方面的正确知识

蒙台梭利认为，儿童的知识主要不是从他人的说教中获得的，而是脚踏实地地通过自己的感觉获得的。因此，她主张感官教育不仅要发展儿童感觉器官的功能，而且应该帮助儿童认识环境和理解环境，如从认识感觉对象的属性(色彩、形状、数目等)出发，进而逐渐根据对有关环境的认识形成概念，并用语言表达出来传达给他人，由概念产生逻辑的思考，最后形成真正的知识。

3. 养成儿童集中注意的习惯

感官教育重在培养敏锐的感官，有了敏锐的感官，儿童在使用教具进行工作或实地观察时，就可以把注意力全部集中在对象物上，从而养成自发集中注意的习惯。

4. 奠定形成健全人格的基础

感官教育可以帮助儿童形成正确的概念、正确的价值判断以及正确的行为，而这一切都是人格形成的基础。从这个意义上说，感官教育有助于为儿童形成健全的人格打下基础。

(二)感官教育的内容

蒙台梭利感官教育主要有视觉的工作、听觉的工作、触觉的工作、嗅觉的工作和味觉的工作5个方面的内容，它们分别借由相应的教具来完成。蒙台梭利主张在其感官教育中，通过配对、排序、分类，即P(Pairing)、G(Grading)、S(Sorting)三种操作方法帮助儿童运用教具实现感觉的发展，并为以后各种活动的发展奠定基础。P是从教具中找出相同的加以"配对"，G是把教具按照一定的序列(从大到小或从小到大)进行"排序"，S是对教具进行"分类"。配对、排序和分类依据的是感官教具本身的属性，任何一种教具必须至少具有这三种属性中的一种，而且这三种属性也是蒙台梭利感官教育内容的三个重点。(图12-10)

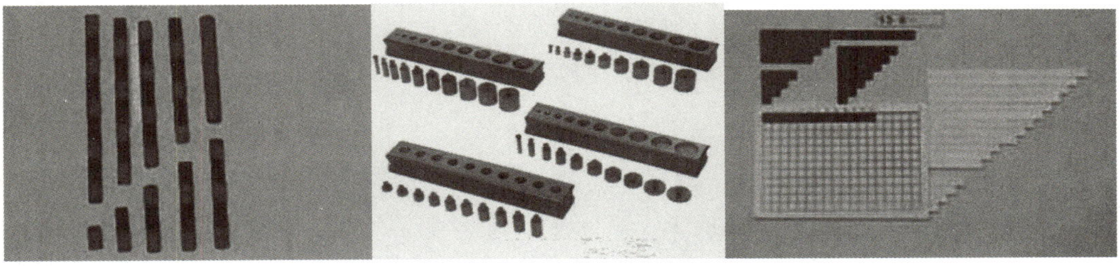

图12-10 蒙台梭利教具

(三)感官教育应注意的问题

蒙台梭利还指出，在进行感官教育时，教师还应该注意以下几个问题。

1. 重视视觉、听觉，特别是触觉的训练

由于儿童对不同的感官刺激有不同的敏感期，为此，感官训练必须细分为视觉训练、听觉训练和触觉训练等，并相应地设计各种教材。蒙台梭利的感官教育在重视所有感觉器官训练的基础上特别重视视、听、触觉的训练，而且把对触觉的训练放在最为重要的位置上。在蒙台梭利看来，对儿童触摸能力的训练不仅能为他们小肌肉动作的发展打下良好的基础，更为重要的是，由于生命力只有通过活动才能得到满足和发展，因此，感官训练必须由儿童自己操作。

拓展阅读

让儿童亲自动手，可以促使他们的思维在活动中得到最初的发展。例如，蒙台梭利有一套教具是训练儿童的视感知能力的，即一块木板上有10个大小不等的孔，孔对应1个圆柱体，相临圆柱体的直径只差1毫米，要求儿童正确地把混杂在一起的圆柱体放进相应的孔中。蒙台梭利认为，在操作教具的过程中，儿童通过对细微差异的注意、比较、判断，其感觉就敏锐了。

2. 注意感官教育的适宜时期

蒙台梭利认为，由于生命力的活动服从一定的节律，它在不同时期“保持在某个限度之内，被某种不可战胜的规律约束着”。视觉、听觉、触觉、味觉、嗅觉等感觉能力的发展在儿童3～7岁时处于最迅速的时期，如果在这一时期忽视了感官教育，成人之后感觉的发展进入相对停滞期，我们无法进行任何形式的补救。

3. 使感官教育的刺激孤立化

蒙台梭利认为儿童在平时的感知中混杂着各种感觉，如视觉、听觉和触觉等，仅仅视觉就包含有大小、形状、颜色等多种因素混杂。由于儿童的自由是使教具跟儿童敏感期相配合的关键，因此，感官教育要给儿童以活动的自由，外人尽量不干预。蒙台梭利的感官教育主张“刺激孤立化”，并集中在“某种感觉”的“某种属性”上进行感觉训练，她设计的所有感觉教具都针对特定的刺激(长短、大小、颜色、声音等)予以孤立化，从而使每一件教具的目的是集中训练儿童的某一感觉的某一机能，使儿童的精神完全集中在教育和训练的某一点上。

拓展阅读

感官教育的刺激孤立化有两个方面。首先，实施个别教学，每个人可自由选择符合自己内在需要的活动；其次，教具能控制错误，便于儿童进行自我教育。例如，如果儿童把一个圆柱体放进一个比它小的孔，则放不进去；如果把它放进一个比它大的孔，则到最后，终将至少有一个圆柱体放不进孔中。所以，整个过程只要有一个错误，就必须重新选择。因此，这套教具控制了每一个错误，要求儿童能进行自我纠正。

4. 感觉训练有具体的步骤和程序

每种感官的训练都由一套逐渐加大难度的练习组成。例如，跟文字学习有关的感官教育分5步。①手、眼联合感知圆柱体的差异。②单纯用眼感知棱锥、立方体等的差异。③单纯用手触摸、感知沙纸上略高的字迹。④用笔临摹字迹，进行肌肉感觉的训练。⑤用水彩笔、铅笔或粉笔等自发地写字。

实际技能的训练、算术的学习等都有类似的渐进的顺序。蒙台梭利用此法训练，使4岁的儿童用一个半月、5岁的儿童用一个月学会了写字。而按传统方法，5岁的儿童至少要用两个月才能学会写字。

根据以上的论述，我们可以看到，蒙台梭利注重感官教育确有先见。从教育史角度讲，感官的自我教育方面，卢梭从儿童自由出发，主张遵循自然的教育，少受人为的限制，提出“自然后果”的原则，作为道德自我教育的途径。蒙台梭利则从德育扩大到智育，主张儿童在自我操作和摸索中，通过“教具的控制错误”，达到智慧的自我教育，这对以后个体化教学是一个启示。文字书写的学习方面，裴斯泰洛齐主张通过绘画对形的掌握过渡到文字的书写，蒙台梭利则使幼儿自进“儿童之家”的第一天起，就有计划地进行感官训练，寓兴趣于其中，使儿童在不知不觉之中，“爆发式”地学会书写，效果比常规的方法要好得多。不过，我们在看到她方法中的长处时，也必须正视它的缺陷和不足。例如，感官的单独刺激，对特定材料的有关刺激果然敏锐了，但强调单一的器官的孤立训练，必然使个体与丰富的社会生活和现实世界相脱离。对这点，苏联教育家和美国的克伯屈都进行了批评。感官教具的自我控制，顺序机械划一，长此以往，必然不利于儿童的丰富联想和自由创造，从这方面讲，它就没有福禄培尔的“恩物”富有强大的创造自由。总之，感官教具是幼儿园中丰富多彩的活动材料，虽富有价值，但视之为唯一或推崇过高，以致排斥其他，则只会适得其反。

六、论幼儿的日常生活技能训练

蒙台梭利从人们的日常生活中选出了符合教育目的的且适合儿童身心发展的活动作为日常生活练习的主要内容。其中包括基本动作练习，如坐、走、站及抓握等；照顾自己的动作练习，如盥洗、穿脱衣服等；管理家务的工作，如卷小地毯、擦地板、摆餐桌等。她声称：“在我们的方法中，必须采取的第一步是唤起他们。时而唤起他们的注意力，时而唤起他们内在的生命，时而唤起他们和别人一起生活的能力。”①蒙台梭利把这些身心协调、手脑结合的活动(或称“工作”)作为教育工作的关键和指南。蒙台梭利教学法的全部要点也在于联合手与脑的动作。

第一，日常生活技能训练对促进儿童健全人格的形成具有重要作用。蒙台梭利认为儿童如果在每个发展时期都能够从事适合其自然需要的，既动手又动脑的特殊工作，就可以造就和谐的个性。日常生活训练更重要的目的，是在人格形成上，培养出儿童的独立、专心、协调、秩序等习性，奠定良好发展的基础。这些练习也可以培养社交能力。如礼貌、问候等生活常规也包括在这项练习中，它提供了儿童相互交流、彼此配合的机会，促使他们从中了解社会行为。

第二，日常生活技能训练可以培养儿童自我料理的能力，从而有助于儿童独立性的形成。日常生活技能训练，可以说是蒙台梭利教育的入手处。假如这个部分没有做好，蒙台梭利现象(秩序—专心—反复练习—协调)就无法出现，而往后的感官、数学教具部分也就不能做得很好，无法达到最大的开发效果了。她还认为这种练习是一种要求神经系统与肌肉高度协调的综合性运动，对儿童的发展也不无裨益。在“儿童之家”里，蒙台梭利设计了不少诸如走路、正确呼吸、说话乃至开抽屉、开门锁、系鞋带、看书等一系列的练习和专门的教具。她要求儿童在练习时应掌握要领，力求将动作完成得准确、迅速。还可将较为复杂的动作如穿衣进行合理的分解，指

① [意]玛利亚·蒙台梭利：《蒙台梭利方法》，江雪编译，88页，天津，天津人民出版社，2003。

导儿童有分有合地进行练习。她要求儿童进行每一种动作，不仅要达到该动作的目的，而且要注意达到目的的方式。

拓展阅读

蒙台梭利受卢梭的影响，主张儿童应多到大自然中从事自由活动。例如，她认为儿童从事在自然环境中进行的园艺活动有很多益处。

第一，可使儿童脱离人为生活的束缚。

第二，符合儿童的兴趣，有益于儿童的健康。

第三，能练习动作的协调。

第四，可发展儿童的智力。

第五，可以发展预见性。

在具体的日常生活技能训练中，蒙台梭利有着极为丰富的创造。例如，为了指导手工，蒙台梭利选择了捏陶土，自行制作小瓷砖、花瓶以及砖块。这些工作，譬如铸模可以借助简单的工具。儿童将成品上釉，然后放入熔炉内烧烤。儿童自己学着将这些闪闪发光、绘有各色图案的白瓷砖或彩色瓷砖沿墙排列，或者用灰泥及铲子将小砖块铺满地板。儿童也可以挖地基，然后用砖块建造墙或是给小鸡盖个房子。

蒙台梭利主张儿童在学习写字前，先要学习绘画，以作为基础，故她将绘画称为写字的"间接法"。具体做法如下。首先，准备各种立体的图形作为教具，让儿童用手触摸图形的轮廓；其次，将形体放在纸上，要儿童将轮廓勾画出来；最后，用色笔涂满所绘轮廓。

蒙台梭利认为，3～6 岁的幼儿正处于锻炼肌肉的重要时期。为帮助儿童的肌体得到正常发展，成人应为他们设计各种体操练习。她认为此时最主要的体操练习应是走步。练习走步首先要学习保持身体平衡，为此，她根据儿童的生理特点设计了一种"走线"，包括直线、椭圆形线与 8 字形线的平衡练习。这种"走线"的练习是在一块空旷的地板上进行的。用粉笔或油漆画一条线。也可不画一道直线，而画两个同心的椭圆形。教师教导儿童，像个走绳索的特技演员般走在线上，将一只脚放在另一只脚的前方。为了平衡，他们会像真正的走绳索的特技演员一样使出全身力气，只不过他们不需担心有任何危险，因为线是画在地上的。教师要先示范，让儿童清楚怎样移动脚步，不用教师说一句话，儿童便能依样画葫芦了。一开始通常只有某些儿童跟着教师做，等到示范做完了，教师便退到一旁让事情自行发展。

蒙台梭利利用节奏练习来促进儿童动作的协调，发展节奏感。练习的第一步是要儿童在音乐中走路、跑步和跳跃，第二步是使儿童按乐调做出不同的节奏动作，最后发展到由儿童自由表演各种优雅的动作。开始练习时儿童只是乱跑乱跳，经过多次练习后逐渐具有了强烈的节奏感，并可随着各种音乐翩翩起舞。

继福禄培尔之后，蒙台梭利进一步发展了学前教育的理论和经验，其教育思想和教育活动具有世界性的影响。她的教育思想还反映了新教育的要求，对20世纪初兴起的新教育运动起了推进作用。但是，她的唯心主义观点的局限，以及其教育方法上带有机械和形式主义的性质，致使她未能形成科学的学前教育理论体系。其教育思想方面也有较大的缺陷。比如，过分强调感官训练而轻视儿童思维能力的发展，过分强调儿童所谓的自由活动而在理论上贬低了教师的作用，特别是在幼儿教育中过分强调自由活动。这是不切实际的，因为她忽略了幼儿自我控制能力差，需要成人适当的管束、引导这一实际情况。

思考与练习

1. 福禄培尔认为教育的目的和原则是什么？
2. 福禄培尔认为学前教育的地位和作用是什么？
3. 福禄培尔在学前教育中是怎样利用游戏与作业的？
4. 简要述评福禄培尔在学前教育史上的地位与影响。
5. 谈谈蒙台梭利的儿童观。
6. 蒙台梭利认为幼儿教师应当具备的素质有哪些？
7. 蒙台梭利认为的“有准备的环境”是什么样的？
8. 简述感官教育的重要意义。
9. 感官教育应注意的问题有哪些？
10. 谈谈日常生活技能训练的作用。

第十三章　当代学前教育实践、理论和模式

学习目标

1. 熟悉当代世界主要国家学前教育制度、机构类型、内容和师资培养。
2. 掌握皮亚杰的儿童认知发展理论和儿童教育的基本观点。
3. 熟悉加德纳的多元智力理论。

第二次世界大战结束后，各国从国家利益的角度出发，将发展教育提到了至关重要的地位。学前教育作为基础环节，也得到了迅速的发展。一方面，学前教育的普及范围进一步扩大；另一方面，学前教育的科学性增强，教育质量也普遍提高。在这一阶段，世界主要发达国家的学前教育制度、机构类型、教育内容和师资培养等多个方面的实践都超过了以往任何时期。同时，学前教育思想的发展也进入了空前活跃的状态。皮亚杰、加德纳等人的学前教育理论，从实践和理论的角度揭示了学前教育快速发展的科学经验。

第一节　当代学前教育实践

由于政治、经济、文化等背景的变迁，各国对学前教育的重视度日益提高。具体表现在以下几方面。不断完善学前教育制度，这是促进学前教育事业发展的首要任务；设立多种类型的学前教育机构，满足家长的需要；更新学前教育内容，不断探寻适合儿童发展的学前教育方法；探索能够满足学前教育发展需要的师资培养体制，提高学前教育从业者的素质等。这些措施都为各国学前教育事业的快速发展创造了条件。

一、学前教育制度

教育制度是指一个国家根据一定的原则建立的相互联系的各种教育机构的总体，一般包括学前教育制度、学校教育制度和成人文化教育制度等。① 教育制度规定着各级各类学校的性质、任务、入学条件、修业年限、学校教育的分段及其相互的关系等②，对一个国家的教育方针、政策的贯彻及培养目标的实现，起着极其重要的作用。

(一)英国的学前教育制度

第二次世界大战之前，英国的学前教育以民间慈善事业为主。第二次世界大战以后，英国政府逐渐认识到学前教育的重要性，开始提供必要的经费资助，并颁布了一系列教育法令，以扩大 5 岁以下的儿童教育。1944 年，丘吉尔联合政府通过了一个重要的教育改革法令——《巴特勒法案》。该法案规定，初等教育由三种学校实施。①为 2～5 岁儿童设立保育学校(不包含在义务教育之内)；②为 5～7 岁儿童设立幼儿学校；③若有的地方设立了适合 5～11 岁儿童的初等学校，则可以在校内附设保育班，招收 3～5 岁的儿童。《巴特勒法案》把设置保育学校或保育班规定为地方教育行政当局不可推卸的责任，但未能将把保育学校和幼儿学校连贯起来的思想形成制度，幼儿学校仍作为义务教育的最初阶段而包括在初等教育之中，幼儿教育以 5 岁为界被割裂开来。《巴特勒法案》是推动英国学前教育发展的第一个教育法令。然而，这一法案颁布后，学前教育的发展并不顺利，因此，对英国学前教育的实际影响也颇为有限。

直到 1967 年，英国学前教育才进入了新的历史发展阶段。当时的教育咨询委员会委员长普洛登女士发表了一篇《普洛登报告书》。该报告书第九章“为义务教育的幼儿提供教育设施”中，呼吁大力发展英国的学前教育，尤其是在教育不发达的地区。该报告书提议如下。①幼儿教育应以 20 人为一组划成 1 个“保育集体”，1～3 个保育集体组成 1 个“保育中心”，它们可以与保育所或者儿童中心的诊疗所结合起来。保育集体每 60 人应配备 1 名有资格的教师，每 10 人至少配有 1 名修完 2 年培训课程的保育助理来承担每天的保育工作。每周保育 5 天，分上午部和下午部。②在公立保育机构得到扩充之前，地方教育当局有权利对非营利私立保育团体进行援助，以资鼓励。③最理想的是将保育集体在内的一切幼儿保护服务机构统一在各个收容儿童的设施及小学的领导之下，应增加幼儿教育活动中的教育成分。同时，在制定新的地区计划和对老区重新规划时，也应充分考虑到幼儿教育。她提倡把幼儿教育的发展纳入地区市政规划，这一思想是非常有价值的。《普洛登报告书》推动了英国

---

① 张燕镜：《教育学新编》，86 页，北京，首都师范大学出版社，1996。

② 中国大百科全书出版社编辑部：《中国大百科全书 教育》，188 页，北京，中国大百科全书出版社，1985。

学前教育制度的进一步完善。

1972年2月，教育大臣撒切尔夫人发表《教育白皮书》，提出将“扩大幼儿教育”定为内阁将要实行的四项教育政策之一。白皮书肯定了《普洛登报告书》中有实践意义的建议，并制订了实施计划，打算10年内实现幼儿教育全部免费，并扩大5岁以下儿童的教育。为此，她提出了以下要求。第一，要调动各方面的积极性。除政府外，还要依靠地方教育行政当局的周密规划，以及自由团体、教师和家长的大力协助。第二，确保有相当数量的教师队伍。必须在进一步改革大学幼儿教师培训课程的同时，对非正式教师进行特别训练。第三，政府为实现上述计划提供必要的经费援助。1974年，教育与科学部提交的报告显示，英国政府用于发展学前教育的经费1971—1972年为4200万英镑，1981—1982年增加到1.2亿英镑。此后，英国的学前教育有了一定的发展。

1997年，工党上台执政后，开始调整沿袭多年的学前教育政策，对学前教育进行了大幅度的改革，将普及学前教育以及提高学前教育质量等工作提上了议事日程，并提出对3岁以上的幼儿提供免费的教育，加大对学前教育投资的力度。于是，一场被许多人称为“静悄悄的革命”开始在学前教育领域展开。① 1998年以前，英国的幼儿教育和保育分别是由教育部门和社会保障部门负责的。为了应对这个问题，“新工党”政府颁布了1998年《国家儿童保育战略》，指出儿童早期优质教育与保育之间并没有明显的区别，强调了教育和保育的关系。为了实现所有儿童能有一个平等的开端，1998年，政府颁布了“确保开端”计划。该计划的主要内容包括为所有儿童提供早期教育，为儿童提供越多越好的儿童养护，开展有影响的地方计划，继续在条件不利地区向儿童提供基于社区的服务等。

2000年，《英国基础阶段教育(3～5岁)课程指南》出台，以解决各地区和保教机构之间儿童早期教育的水平和质量差距过大的问题，为义务教育阶段儿童的标准课程的学习做好准备，并帮助家长、儿童和教师处理好幼小衔接的问题。此外，2001年6月，布莱尔政府为适应终身学习的需要，将教育与就业部更名为教育与技能部。2003年，布莱尔政府绿皮书《每个儿童都重要》则指出，要重构儿童服务和家庭服务的方式，为儿童和青少年创造一个涵盖教育、健康和社会服务在内的一体化服务框架，以缩小儿童间的发展差距并提高所有儿童的发展成就。2004年，政府进一步制订了新的《儿童法案》，将“每个孩子都重要”这一理念写进了法律。在促进幼儿保育与教育融合的问题上，“新工党”政府通过加强地方对幼儿教育和保育决策与管理的自主权推进了保教一体化的进程。

2007年7月，英国新组建的儿童、学校与家庭部推出了《每个儿童的未来都重要》规划，此规划的推出建立在《每个孩子都重要》规划的基础上，首先保证了儿童的

① 周小虎：《英国“新工党”学前教育政策及其价值取向》，载《外国中小学教育》，2011(2)。

健康发展，其次再谈及儿童未来的发展。同年12月，儿童、学校与家庭部公布了一份针对0～18岁儿童事业基础教育发展的十年规划——《儿童计划：创造更美好的未来》，主要涉及儿童教育与成长、健康与幸福、家庭教育与社区环境、社会安全与政策保障等多个领域，旨在为英国儿童营造世界一流的教育与成长环境。此计划也旨在使英国成为世界上最好的儿童成长乐园，并为儿童提供世界一流的教育机会。

2008年，由英国教育部与技能部出台的《基础阶段法定框架》正式实施，设立了连续的0～5岁儿童学习、发展和保育的标准。这一新型的政府框架通过对以往儿童早期教育和保育的有关框架和标准，如《基础阶段课程指南》《0～3岁很重要》《8岁以下保育和儿童看护的全国标准》进行整合，消除了英国儿童早期教育和保育的法定界限，从制度上促进了保教一体化进程，并对保教综合服务进行了全面的监测和督导。同年4月，《儿童保育法》规定，政府开始提供全面的家庭信息服务，为家长及看护者提供关于儿童保育和教育以及其他服务的优质、准确、及时的信息和建议。

2009年3月，《英国儿童保护：进展报告》公布。该报告总结了以往儿童保护方面的进展及存在的问题，并针对领导力和责任、给予儿童支持、部门合作、儿童工作者、儿童保护工作的进展和挑战、机构和财政、立法等方面提出了相应的建议。同年5月，儿童、学校与家庭部颁布的《英国儿童保护：行动计划》指出，政府要保证所有地区能够进行最好的实践，加强中央和地方政府的领导力和责任。

(二)法国的学前教育制度

第二次世界大战后，法国政府和社会继承了以往重视学前教育的传统。1957年10月1日，法国把入小学的年龄由原来的6岁提前到5岁9个月，以使学前教育和初等教育更有效地衔接。1970年，为开发儿童智力、加速人才培养，法国教育部指令，经母育学校推荐，早慧儿童可提前半年入学。1986年，法国有1.83万名5岁早慧儿童进入小学就读。一些母育学校还开始了缩短由学前教育向小学教育过渡时间的探索。这一时期，法国的学前教育有了较大的发展，幼儿入园率居世界首位。

进入20世纪80年代，法国政府继续把发展学前教育看作实现教育机会均等、开发人力资源、加强科技竞争、增强国力的重要因素之一，予以高度重视。为了确保学前教育的发展，法国采取了中央、省和市镇三级政府分摊经费的办法，保证了学前教育经费稳定、来源可靠。其中，仅1986年中央支付的学前教育经费(用于支付教师工资及教师培训)就占了全国教育经费预算的5.1%。与此同时，一些民间性的托幼组织根据不同家长的实际需要因地制宜，它们具有期限短、收费少、方便灵活的特点，是政府学前教育机构的有效补充。法国学前教育机构朝着小型、多样、灵活、家庭化的方向进行改革尝试。

由于政府重视、社会支持、措施得力，法国学前教育水平在发达国家中始终居于前列。据1985年的统计，法国2岁儿童入园率为31%，3岁为92.6%，4岁和5岁为100%。儿童入园率平均为81.6%，居世界第二位，仅次于比利时。到了

1989年，2岁儿童的入园率达到了33.7%，3岁达到了97%。政府始终把学前教育与满足家长需求、实现教育平等联系在一起，这极大地提高了学前教育在社会政治、经济生活中的地位。也正是基于法国对学前教育的价值和对基础教育发展的重要奠基作用的深刻理解与统一认识，学前教育成为学校教育的基础阶段。招收全部2～3岁儿童进入幼儿学校，成为法国教育政策的一项重要目标。

法国通过一系列法律法规实现学前教育公益性。1989年，《教育指导法》对包括学前教育在内的教育的性质与基本使命做出了明确规定，指出教育是国家最优先发展的公共事业；公共教育事业应有助于机会平等的实现，而不论其社会地位、文化或地理背景如何。2000年颁布的《教育法典》第L211条明确指出，教育是国家公共事业，其组织和执行由国家予以保证。2004年颁布的《地方自由和责任法案》进一步从国家提供公共服务的角度对包括学前教育在内的教育事业做出了明确规定，强调教育具有国家公共服务的性质。

(三)德国的学前教育制度

1949年9月，德意志联邦共和国正式成立，简称联邦德国。联邦德国实行地方分权制，各州自己制订学前教育发展计划并加以实施，指导思想的不完全一致导致了各州幼儿园的日程安排也无统一的规定。此外，学前教育并未纳入国家规定的义务教育范围，国家不要求每个幼儿入小学前一定要进幼儿园，公立幼儿园的数量仅占了所有幼儿园数量的三分之一，于是，由私人、教会、社会团体举办的民办幼儿园形成传统，在一定程度上也阻碍了公立幼儿园的发展。

直到20世纪60年代，联邦德国政府才开始日益重视学前教育。1970年，联邦德国教育委员会在《教育结构计划》中要求，大力发展学前教育，并将其列入了学校教育系统。3～6岁的幼儿教育被纳入教育体系的基础部分，属于初等教育范畴。其中，5～6岁的幼儿教育被列入义务教育。此后，不仅5岁以上幼儿普遍入学，3～5岁幼儿入园率也不断提高。据统计，1960年，3～6岁幼儿入园率约为1/3；1977年，3～5岁幼儿入园率已达3/4。

1990年10月3日，德意志民主共和国正式并入德意志联邦共和国，两德统一。德国实行联邦制，各联邦州享有独立的教育主权，在遵守《基本法》(宪法)和《社会法典》等联邦法律的基础上，制定了各自的儿童教育促进法。以柏林州为例。柏林州《儿童教育促进法》的总体目标如下。一是保证学前教育的社会公平和质量均衡，不因儿童家庭经济条件的不同而造成学前教育的质量差异和社会阶层的分化；二是州政府对实施学前教育的主体机构，不论公立、私立，均在法律规定的框架内指导和规范其发展，在财政支持政策上公开、透明，同等对待。《儿童教育促进法》共由八部分组成。一是学前教育的任务和目标；二是政府资助和促进学前教育的前提、范围和目标；三是幼儿园的硬件、师资及质量保障；四是父母参与和入园合同；五是儿童日托私人看护的相关规定；六是区(县)政府层面对学前教育的总体责任、规划和组织结构；七是财政资助和费用分担；八是管理规定、管理程序和过渡规定。

1990 年，德国 3～6 岁学前儿童的入园率为 73.7％。1993 年，德国联邦议会规定，从 1996 年起，3～6 岁儿童入园将获得法律保障。2002 年，3～6 岁学前儿童的入园率提高到 93％，之后又有小幅度提高。2005 年，德国 3 岁儿童入园率为 82％，4～5 岁儿童为 93％ ，6 岁儿童为 96％。2011 年，德国 3 岁儿童入园率为 89％ ，4 岁和 5 岁儿童分别达到 96％和 97％ ，6 岁儿童为 98％。但地区间发展很不平衡，3～6 岁儿童的入园率有很大的差异。

(四)苏联和俄罗斯的学前教育制度

第二次世界大战以后，苏联将托儿所和幼儿园合并，进入“托儿所—幼儿园”阶段。20 世纪 60 年代以前，苏联的托儿所和幼儿园分别隶属于卫生部和教育部，给管理上带来很多不便。为消除由此产生的各种矛盾，1959 年 5 月 21 日，苏共中央和苏联部长会议公布了《关于学前教育制度改革的决定》。改革的核心是创立托儿所和幼儿园合并的统一的学前教育设施，并由教育部统一管理。卫生部主要负责儿童保健方面的领导工作。此后，苏联的学前教育机构基本上都是这类招收出生至 6 岁儿童的“托儿所—幼儿园”。

1966 年，苏联常设学前教育机构已达 9.2 万所，接收儿童 820 万人；1976 年，接收儿童 1150 万人；1982 年，接收儿童超过 1500 万人。除常设学前教育机构外，苏联在全国各地还因地制宜，设学前儿童之家、露天幼儿园、季节性幼儿园，以及招收接近入小学年龄的儿童的普通学校附属预备班等。20 世纪 80 年代后期，早期教育的必要性日益深入人心，苏联政府要求加速学前教育发展的步伐，尽快全面普及学前教育。到 1988 年年末，苏联常设学前教育机构达 14.7 万个，接收儿童 1735 万人，占同龄儿童的 58％，但是仍然供不应求。此后的一段时期内，苏联学前教育的主要任务都为发展学前教育机构、扩大学前教育师资队伍。

1991 年 1 月，《苏联学前教育机构临时条例》颁布，对当时的学前教育进行了调整。该条例与以往的条例有着明显的不同，确定了学前教育教学过程中参与人员的权利和义务，根据儿童权利的国际条例规定了儿童的基本权利，让父母们自主地参与子女的教育教学过程，并通过“父母协议”确立了父母与学前教育机构的关系。这一条例突破性地从市场经济的条件下规定了儿童社会保障的条件。在学前教育机构标准拨款方面，把国家的财政拨款责任转交给地方政府，同时学前教育机构的管理权力也下放给地方政府，并允许地方政府根据当地居民的需求在农村地区的幼儿园设立小规模的班级。此外，条例中一改以往学前教育机构按照统一的教学大纲进行教学的情况，允许学前教育机构根据自身的物质条件、现实的变化和需要来制定适合自己的教学大纲，确保了教学工作机制的差异性，符合学前教育机构多样化的发展需要。以往的条例都明确规定了教师在教学过程中对儿童灌输意识形态和政治方面的知识，而这一条例则对此进行了调整，教学方法应定位于服从人类的共同价值和儿童的特性。

1991年12月25日，苏联解体。1992年7月10日，俄联邦政府颁布了《俄罗斯联邦教育法》。该法将学前教育列入正规教育系列，使之成为俄罗斯教育体系的基础和有机组成部分。该法第十八条对学前教育进行了较具体的规定。内容如下。①父母是孩子的第一任教师。他们应为子女的身体发展在婴幼儿时期打下基础。②国家保证从财政和物质上支持幼儿教育。③学前教育机构网络的存在旨在帮助家庭对学龄前儿童进行教育，保护并增强他们的身心健康，开发其智力并纠正他们在发展中出现的缺陷。④学前教育机构和家长之间的关系根据双方的协议来确定，但相对于法律而言，该协议不得对双方的权利加以限制。⑤地方行政当局为在家庭中实施学前教育的家庭给予教育方法、咨询检查等方面的帮助并加以协调。《俄联邦教育法》从法律上对学前教育进行了明确的规定，确立了学前教育在教育体系中的地位，并为《学前教育机构基础条例》的制定提供了法律依据和理论基础。

1995年6月，俄罗斯政府颁布了《学前教育机构基础条例》，该条例规定了国立和市立所有类型的学前教育机构的活动须依照该条例的规范，对非国有的学前教育机构来说，条例则起示范作用。

2001年出台的《2010年前俄罗斯教育现代化构想》确定了俄罗斯教育发展的几项原则。教育应根据社会的需要和时代的特点而发展；在教育变革中积极引入社会力量，直接参与教育的管理；教育技术转向现代化；确保所有的俄罗斯公民都有权接受高质量的教育。而其中强调的普及的、高质量的教育的实现前提是每个儿童在学前教育阶段便得到了最佳的发展，为他们在普通教育阶段的发展打下了坚实的基础。因此，学前教育是实现俄罗斯教育现代化的重要环节。

2014年，俄罗斯制定了《儿童补充教育发展构想》。文件指出，发展补充教育不仅有利于儿童全面发展，发现和发挥个人天赋，而且有利于社会的稳定和进步。《儿童补充教育发展构想》表明，俄罗斯把发展儿童补充教育视为对国家有着长远战略意义的事业。2015年，俄罗斯又制定了《落实儿童补充教育发展构想(2015—2020)的行动计划》，表明俄罗斯已经在全面和有计划地发展补充教育。

(五)美国的学前教育制度

第二次世界大战结束后，许多美国妇女要求继续工作，儿童入托的问题一时间就成了亟待解决的大问题。政府为了适应这种需要，1950年在白宫的一次会议上提出，要把专业化水平较高的幼儿园作为公共教育体系的一个组成部分。此后，国家又多次颁布相关法案，支持学前教育的发展。1957年，随着苏联第一颗人造地球卫星发射上天，美国开始思考教育的问题。作为教育体系的基础，美国的学前教育受到了政府和国家的高度重视，其社会地位发生了根本性的变化。这一时期，美国学前教育制度的发展主要与以下三个方面的因素有关。

1. 开端计划的实施

开端计划是美国政府为实现学前教育机会均等的目标而实行的一项重要计划，它以生活在贫困线以下的家庭的子女为对象，对其进行“补偿教育”。具体做法是：由联邦政府拨款，将贫困家庭中4～5岁的儿童免费收容到公立小学特设的学前班，进行为期数月到一年的保育。为消除他们与其他儿童在入学前各方面的差异，为入小学做准备，一般对4岁儿童进行一年的长期课程教育，对5岁儿童进行为期8周的短期课程教育。1968年，美国有关部门又提出了“追随到底计划”，作为“开端计划”的延伸，目的是帮助贫苦家庭的儿童在进入小学后能继续得到良好的发展。1972年后，开端计划要求收纳10%的残疾儿童，并着手进行包括幼儿、家庭和社区在内的综合改革实验及与学前教育机构或小学相衔接的实验。

开端计划是第二次世界大战后美国规模最大、历史长、效果显著的学前教育机会均等的运动。一些儿童研究专家的纵向跟踪研究结果表明，开端计划对促进儿童的智力、语言、社会情感等方面的发展效果明显。总体来看，开端计划促进了美国面向贫困人口的学前教育的发展，其积极意义是很显著的。

2. 幼儿智力开发运动

20世纪60年代，著名的结构主义心理学家布鲁纳认为，儿童具有极大的智力发展潜力，任何学科都可用某种方式有效地教给处在任何发展阶段的任何儿童。在其影响下，美国学前教育界日益重视幼儿智力的开发，强调对幼儿进行科学教育。于是，幼儿智力开发的热潮在全国兴起，引发了幼儿智力开发运动。幼儿智力开发运动模式丰富多彩，蒙台梭利运动的再度兴起和皮亚杰的幼儿教育实验可以说是其中的典型案例。幼儿智力开发运动进一步促使美国政府和民众重视学前教育，推动了学前教育的不断发展。

3. 政府和企业的支持

追求教育公平，促进幼儿身心全面和谐发展，使每位幼儿享有高质量的学前教育，成为美国学前教育的主要价值追求。1989年，白宫与国会先后通过了重要的日托法案，这促使越来越多的州政府认识到学前教育的重要性，提供和增加了教育经费。在著名的卡内基基金会和美国经济发展委员会的大力呼吁和倡导下，20世纪90年代初，约有5000家企业采用不同的方式赞助、支持学前教育事业的发展。一系列法案的出台，促进了学前教育质量的提高，如1994年颁布了《2000年目标：美国教育法》，2001年颁布了《不让一个儿童落后法》。政府通过资金和立法对学前教育进行干预，推动了学前教育事业的持续发展。

从2003年开始，美国国家早期教育研究所用10项确立的基准来衡量和评价各州学前教育发展的基本状况。许多研究表明直接指向教学的基准能够更为有效地丰富儿童的经验，因此，学前教育的进步需要更严格的基准。

2014年，联邦政府教育部提出设置联邦政府学前教育发展补助金，主要用于提高各州提供高质量学前教育服务的能力。在联邦政府开始资助州学前教育项目的同时，地方政府也通过各种方式与州政府学前教育项目一起推动地方的公共学前教育发展。以2015—2016学年为例，这一学年总共有43个州和华盛顿特区设有或者资助学前教育项目。其中，14个州的项目经费中，地方政府是需要分担一部分经费的。

(六)日本的学前教育制度

学前教育的改革是日本教育改革的组成部分。1947年3月，日本国会通过了《教育基本法》和《学校教育法》。《教育基本法》鼓励发展学前教育、家庭教育和社会教育。《学校教育法》规定，幼儿园是受文部省管辖的正规“学校”的一种，以3岁至入小学前的幼儿为对象。《学校教育法》还规定了学前教育的目标以及幼儿园教师应具备的条件等。这一法令为幼儿园的发展奠定了基础。此外，政府还制定了一些其他的法令来保证发展学前教育需要的经费，如《公立学校设施灾害恢复费国库负担法》《私立学校振兴令》等，采取了奖励、补助等办法，在经济上支持学前教育的发展。同时，政府还制定了《儿童福利设施最低基准》等文件，对保育所的设施、设备、职员、保育时间、保育内容等做出了规定。这些措施推动了日本战后学前教育的复兴。

20世纪60年代，日本对学前教育意义的认识进一步提高，学前教育不仅是儿童应当享受的福利，而且关系到人口的质量、国家的兴衰。1961年6月，参议院文教委员会通过了振兴幼儿园教育的决议。该决议的主要内容是：第一，要采取根本措施，处理好幼儿园教育与保育的关系；第二，重新研究幼儿园设置基准，以便进一步促进幼儿园的发展；第三，充分调查公立幼儿园教职员的实际待遇情况，从速采取改善措施；第四，为便于宗教法人运营的幼儿园转为学校法人运营的幼儿园，要采取特别法律措施；第五，采取财政上的措施，以帮助私立幼儿园的经营。1971年，5岁儿童的入园率已达到63.5%。70年代，政府继续采取措施，如大幅度增加了对新开设的公立和私立幼儿园的设施、设备补助费，对幼儿园实行奖励制度，并提高了对私立幼儿园的国库补助。这些措施对普及学前教育，促进学前教育的快速发展起了积极作用。据1980年的统计，小学一年级的学生中受过正规幼儿园和保育所教育的儿童数比例超过90%，学前教育普及率在世界发达国家中仅次于法国，居世界第二位。

1991年3月，为了进一步普及学前教育，日本政府又提出了第三个幼儿园教育振兴计划，要求到2001年，让所有希望入园的3～5岁幼儿都能入园。为确保这一计划的落实，国家应尽力对学前教育提供有效的帮助，主要包括扩大幼儿园入园奖励补助费的适用范围、增加幼儿园入园奖励补助费的数额、划拨专款确保公立幼儿园园舍设施建设补助费的落实。日本政府不断通过立法和财政援助，支持学前教育的发展，这在其他国家还不多见。这些措施保障了日本学前教育的快速发展。

2001年3月，文部科学省颁布了《幼儿教育振兴计划》。该计划的主要内容如下。第一，充实幼儿园的教育活动和教育环境，包括促进教师对《幼儿园教育要领》的理解，提供3岁幼儿入园的条件，提倡教师的协同保育，提高教师的素质，推进幼儿园设施建设及入幼儿园奖励事业等措施。第二，支援儿童养育，包括提高幼儿园运营的灵活性，推进延长保育，促进不同年龄儿童之间的交流等举措。第三，促进幼小衔接，包括促进教师之间、幼儿和小学生之间、家长之间的交流，增加幼儿园和小学教师资格证共用的机会等措施。第四，促进幼儿园和保育所之间的沟通和联系。

2005年1月，中央教育审议会完成了《关于适合环境变化的今后的幼儿教育的应有状态——为了幼儿的最佳利益》的咨询报告，指明了今后幼儿教育改革与发展的方向。2006年10月，文部科学省制定的《幼儿教育振兴行动计划》提出了发展幼儿教育的七个政策支柱，并制定了具体的政策目标和行动措施。2006年12月修订的《教育基本法》前所未有地对“幼儿期的教育”做出了明确的规定，确立了“努力振兴幼儿期教育”的方针。2007年6月，日本政府颁布了新的《学校教育法》，大大提前了“幼儿园”一章的位置。文部科学省于2008年7月制定并实行的《教育振兴基本计划》规定了“推进幼儿期教育”的主要措施。在近些年日本幼儿教育的改革与发展中，改变幼儿园和保育所的分立状况，推进“幼保一元化”是一项重要的工作，建立和实施“认定儿童园”制度是一项重大的制度变革。①

2009年12月，日本内阁出台了《为了明天的安心和成长的紧急经济对策》，将“扩充保育服务，支持女性参与劳动”作为紧急经济对策之一，并为此提出了消除“待机儿童”、推进幼保一体化的具体措施。在此基础上，2010年1月，少子化社会对策会议决定成立“儿童育儿新系统研究会”，探讨包括幼保一体化在内的促进家庭育儿的一元化系统。2012年3月，对策会议颁布了《关于儿童育儿新体系的基本制度》(以下简称《基本制度》)。《基本制度》明确了国家、都道府县和市镇村在建立儿童育儿新体系中应承担的制度、财源和供给等方面的责任，从幼保一体化、儿童育儿支援事业、社会养护及残疾儿童的支援、儿童育儿组织、费用负担、主管部门和组织实施、制度实施后的重新评价等方面对儿童育儿新体系进行了规定。在幼保一体化方面，《基本制度》阐述了“提供高质量的幼儿教育和保育”“增加保育的数量”“充实对家庭养育的支援”三方面的基本理念，并据此提出了创设供给一体化的“儿童园”和设施一体化的“综合儿童园”的设想。《基本制度》的出台，表明了日本政府建构一体化的幼儿教育服务体系，以缓解少子化危机，促进社会进步和发展的决心。②

从上述国家学前教育制度发展的过程中可以看出，生产力的发展、科学技术的进步、各国人才竞争的态势、妇女就业率的提高，决定了第二次世界大战后学前教

① 张德伟：《日本幼保一元化改革与“认定儿童园”制度的确立和实施》，载《外国教育研究》，2012(2)。
② 曹能秀：《近十年来日本幼儿教育改革政策：演进及特色》，载《外国教育研究》，2013(6)。

育发展速度的加快和规模的不断扩大。目前，学前教育在这些国家都得到了普及，学前教育的起始年龄进一步下延。同时，发展学前教育也是一些国家解决贫困问题、实现教育机会均等的有力措施，这更提高了政府及民众对学前教育重要性的认识。政府制定的相关法律和政策，以及学前教育的经费投入，都保证了学前教育的快速发展。

二、学前教育机构的类型

(一)英国的学前教育机构类型

作为初等教育的重要组成部分，英国的学前教育机构类型多样，主要有以下几种。

第一，保育学校和保育班。保育学校招收2～5岁儿童，是英国主要的学前教育机构，接受地方教育行政当局领导，办学经费来自国家或地方税收。学校不开设正式课程，以儿童自由游戏为主。其中，2岁儿童每班15人，配备教师、助理、副助理各1人；3～5岁儿童每班不超过30人，配备教师和助理各1人。保育班招收3～5岁儿童，附设在小学，每班最多招收30人。这两种机构多为半日制。

第二，幼儿学校。属于义务教育体系，为小学的一部分，学制2年，招收5～7岁幼儿。第一年与保育学校区别不大，但幼儿的作业趋向于有组织、有系统地安排。第二年较为正规，有正式的教学大纲，为小学教育做准备的目标明确。

第三，日托中心。招收社会救济部门选送的5岁以下儿童，或劳动妇女家无人照看的儿童。全日制，由保姆负责保育，重在生活照顾及卫生保健。招收的儿童人数约占英国儿童的1/10，一般由地方政府部门、企业或私人团体开办，由卫生部门领导。

第四，学前游戏班。由本部设在伦敦的自由团体——儿童救济基金会于20世纪60年代初发起，属民间性质。它以为儿童提供游戏场所为明确目标，以大城市为中心开始设立，收容2～5岁儿童。大多数游戏班没有自己独立的设施，而是免费借用成人俱乐部、教堂等地的一部分作为活动场所，在早晚开展2～3小时的活动。每班15～20人，每周2～3次。游戏班的管理人员主要是中产阶级家庭妇女，教师和保育员多半由孩子的母亲自愿轮流担任。在英国正规学前教育机构不足的情况下，学前游戏班起到了很好的补充作用。

(二)法国的学前教育机构类型

第一，托儿所。这是法国学前教育中最古老的一种形式，招收2～5岁儿童，任务是在对儿童进行保育的同时，对其进行文明礼貌方面的教育，使之逐渐适应未来的初等教育。

第二，母育学校。母育学校与其他国家的幼儿园类似，是法国学前教育的主要形式，有公立和私立之分。公立母育学校由国家和地方自治团体开办并支付经费，实行免费制，但不属于义务教育。私立母育学校所占比例极小，多由慈善团体、联合产业、商会及私人开办，也实行免费制。母育学校分为小、中、大班，分别招收2～4岁、4～5岁、5～6岁儿童。儿童每天在校6小时，甚至更长。母育学校非常重视与家长的联系、对儿童身体健康状况的检查和对其心理发展水平的测定。

第三，幼儿班和幼儿园。幼儿班多附设于小学，主要招收3～5岁儿童，为儿童进入小学做好身心准备。幼儿园每周开放4天半，每天开放6小时。其中，乡镇每班10～15人，城市每班25～30人。幼儿按年龄分班，并定期接受医生对其身体健康状况的检查和心理专家对其心理发展水平的测定。

(三)德国的学前教育机构类型

第一，幼儿园。这是德国最普及的学前教育机构，大多由地方政府、教会、企业、社会团体或私人开办。实行收费制，儿童自愿入园。幼儿园分全日制和半日制两种，招收3～5岁儿童。

第二，学校幼儿园。这种机构1939年创办于汉堡，是为那些已经到了入学年龄，但体格与智力发展滞后，未达到入学标准的儿童设立的，他们在此处接受一年的特别训练，为进入小学做准备。有些地方还为残疾儿童开设了学校幼儿园。学校幼儿园绝大多数是公立性质的，由国家教育行政机构管辖，儿童免费入园。

第三，托儿所。接受0～3岁儿童，主要是对双职工的年幼子女实行保育。20世纪80年代初，联邦德国有公立托儿所近900个，床位约2.5万个。

第四，特殊幼儿园。对身体有残疾、智力发育不正常等的儿童开设的教育机构。这类机构承担着治疗和教育的双重职能，有专家照顾儿童，实施融合教育。

第五，“白天的母亲”。由联邦青年、家庭、健康部于1974年核准设立。主要做法如下。由政府提供少量经费，让一些年轻的妇女在照看自己的孩子之余，再帮助邻近的职业妇女在白天照管一两个孩子，以解决其实际困难。这些“白天的母亲”需要参加短期培训，以获得科学育儿的知识。

第六，林间幼儿园。2000年，郝本·黛拉将慕尼黑的一个自然公园开辟成了“林间幼儿园”。园内有成片白桦林和灌木丛、草坪及清澈的溪流。入托的孩子每天上午9点到这里集合，然后分成几个小组，进行自由活动。他们可以在林子里跑来跑去，有的堆沙子、做游戏，有的爬树、赛跑……既能提高运动能力，又能激发创造力。午饭时，大家席地而坐，就像在郊外野餐一样享用自己亲手做的午餐。这种回归自然的林间幼儿园，以大自然为教育资源库，“所有的地方都是书房”，幼儿园真正成为孩子的乐园。但收费较高，个别家长还抱怨孩子们在玩耍中有时会受一些轻伤，而且每天回家时都一身泥土。

(四)苏联和俄罗斯的学前教育机构类型

1. 苏联的学前教育机构类型

第一，托儿所—幼儿园。是苏联主要学前教育机构，招收2个月至6岁儿童，按年龄分为6个班级。儿童的在园时间较长，可达12小时。3岁以前的儿童以集体活动为主，3岁开始有固定的作业时间，4岁以上需承担值日工作，5岁以上有自我服务性劳动和园地劳动。

第二，单独的托儿所和幼儿园。少量存在，分别招收2个月至3岁、3岁到6岁的儿童。

第三，集体农庄或国营农场幼儿园。这是农村学前教育机构的一种主要形式。

第四，疗养幼儿园。一般都设在市郊的树林里，附近有风光优美的花园和广场，可供儿童休息和游戏。幼儿园设有特别的保健医生，专门负责儿童的健康成长。疗养幼儿园每期为3～4个月，主要承担医疗、身体锻炼和对儿童的教育工作。

第五，幼儿之家和学前儿童之家。这是一种专为2个月至7岁的孤儿或由于各种原因导致家庭困难的儿童设置的托幼机构。儿童完全由国家负责托养，教师要对儿童全面负责，保证每个儿童获得全面发展。

第六，特殊儿童幼儿园。这是一种为聋、哑、盲、智力落后等儿童办的教育机构。根据儿童的各种情况制定了特殊教育大纲，以改进或补偿这些儿童的教育，为他们入特殊学校学习做准备。

2. 俄罗斯的学前教育机构类型

第一，幼儿园。

第二，普通发展型幼儿园。以优先实现儿童在智力、艺术、体力等某一方面或者多方面的发展为目的。

第三，补偿型幼儿园。优先对儿童在生理和心理上发生的偏差进行矫正。

第四，照料和保健型幼儿园。采取卫生预防、保健措施和治疗手段，保障儿童的健康。

第五，联合型幼儿园。联合型幼儿园为总体发展型、补偿型和预防型这三种类型的班级的不同组合。

第六，儿童中心。实现儿童生理和心理的发展，对儿童的偏差进行纠正以及对儿童疾病进行预防的幼儿园。

(五)美国的学前教育机构类型

第一，幼儿家庭教育组织。为了搞好优生优育，美国特别设立了训练家长的学校和指导中心。待婴儿出生后，一些志愿者组织和政府机构就会到家庭协助父母对新生儿进行保养和教育。

第二，保育学校。以半日制为主，招收3～4岁儿童。校内活动内容丰富，配备了完善的教学辅助设备，还会为儿童提供一些工具，让儿童通过模仿成人的活动进行学习。由受过专业训练的教师负责，教师主要承担看护、引导、指导的作用。

第三，幼儿园。以半日制为主，招收4～6岁儿童。幼儿园的基本任务是保障儿童的健康，培养他们独立活动的能力、良好的行为品质，以及对学习的兴趣，主张儿童"从做中学"。一些幼儿园也进行读、写、算的基础训练。

第四，日托中心。全日制，招收0～6岁儿童。设在私人家庭、大学校园或各类社区机构中，每日开放可长达10～12个小时。重点在于照顾儿童，教育方面的内容较少。大部分教师未受过系统的专业训练，师资水平较低。

(六)日本的学前教育机构类型

第一，幼儿园。根据文部省颁布的《学校教育法》设立，招收3～6岁儿童。主要任务是教育，国家对幼儿园有专门的教学大纲。幼儿园教育不属于义务教育范畴，幼儿园学费由家庭支付，但政府对低收入家庭有一定的补助。

第二，保育所。根据厚生省颁布的《儿童福利法》设立，招收0～6岁婴幼儿。主要任务是保育，教育水平较低。保育所受公费补贴较多，收费低廉，根据儿童家庭的收入情况而定，贫困家庭子女可免费入所。

第三，认定幼儿园。作为集幼儿园和保育所功能于一体的学前教育机构，其功能和作用在于：向缺乏保育和不缺乏保育的儿童一体化地提供教育和保育，同时向社区的幼儿活动提供支援(如提供育儿咨询和亲子集会的场所)。

总之，各国学前教育机构名称不一，儿童受教育的年龄和受教育的年限不同，类型有很大的差异，体现出多样化的特点。这不仅有助于满足家长对学前教育的不同需求，而且满足了不同年龄儿童的发展需要。

三、学前教育的内容

从根本上说，学前教育的内容受学前教育的目的及儿童的身心发展规律所制约。但由于各国教育体制的不同、对儿童发展认识上的差异，以及各自坚持的指导思想的不同，各国的学前教育内容也体现出不同的特点。

(一)英国的学前教育内容

保育学校和保育班的教学活动多以儿童为中心，以自由游戏为主，目标是满足儿童多方面的发展需求，包括生理的、社会的、道德的、审美的、智力的需要，促使儿童顺利地由家庭转入学校。教学活动一般分为认知、操作、数学、生理、音乐、自然、社会和游戏8个范畴。日托中心也非常重视以游戏的方式促进儿童的发展，其教学活动均围绕促进儿童智力的发展、社会—情绪的发展、审美的发展、生理的发展和创造性的发展5个方面来展开。

2000年执行的《英国基础阶段教育(3～5岁)课程指南》中指出，"所有接受3～5岁幼儿教育基金的机构和学校都要设计能够帮助幼儿发展和学习的活动及经验。幼儿或许已具有各种不同的经验，并在他们三岁、四岁或五岁参加某个机构或学校时，已具有不同的技能和兴趣。幼儿需要一个精心设计的、丰富的课程和一个充满关爱的、受到重视的环境促进自己的学习并获得成功”①。基础阶段的课程必须支持、培养、促进、发展儿童的以下方面：个性、社会性和情感的健康；对学习的积极的态度和倾向；社会性技能；注意力和坚持性；语言和交流；阅读和书写；数学；认识和理解周围世界；身体发展；创造性发展。英国有强调精心设计学前教育内容的倾向。

2008年，英国儿童、学校与家庭部颁布的《早期基础阶段法定框架》将面向0～5岁儿童的学前课程内容划分为个人、社会和情感的发展，交流、语言和读写，问题解决、推理和运算，认识和理解周围世界，身体发展和创造性发展6个领域。2012年，英国教育部对这一框架进行了改订，明确了0～5岁学前课程的7个领域，即交流与语言，身体发展，个人、社会和情感的发展3个核心领域以及读写、数学、理解世界、艺术表现与设计4个特定领域。

(二)法国的学前教育内容

1969年，母育学校在课程和教育方法方面进行了与小学类似的改革，以实现体、智、德方面的稳定发展。课程分为三大类。①智育，每周15学时，都在上午进行。②启蒙科目，每周6学时，午后进行，包括游戏、手工、唱歌等。③体育科目，每周6学时，午后进行。这次改革打破了僵化的、分割的传统教学法，实现了学科间的有机整合，但过于强调智育，强调4岁以上的儿童教育的重点是读、写、算。1975年，法国颁布了《哈比教育法》，更合理地调整了课程设置，规定学前教育的目标是：启发儿童个性；消除儿童由于出身和家庭条件差异而造成的成功机会的不均等；早期发现和诊治儿童智力上的缺陷及身体器官上的残疾；帮助儿童顺利完成学前教育向小学的过渡。法国的学前教育发挥着教育、社会化、诊断治疗、与小学衔接的作用。

20世纪90年代，法国学前教育课程有了新的发展，课程的目标主要有以下三个方面。①发展和谐的人格，促进幼儿情感的成熟和社会化，幼儿教育要使幼儿参与到同伴及成人的活动中去，在活动中认识自己、认识环境，了解自己与他人的关系，学会克制自己的情绪。排除攻击性，知道与人合作。建立良好的人际关系，养成集体生活的习惯，塑造健全的人格。②促进身体的发展。充分发展幼儿感觉、动作能力，学会照顾自己，养成独立、有规律的生活习惯，使其尽早适应新的生活。③发展幼儿的表达能力，启发思维想象力和好奇心，并拓宽其视野，逐步培养分辨和鉴赏能力。上述目标主要是通过幼儿教育活动的组织与实施来完成的，这些活动包括身体的活动、口语和文字表达及沟通活动、艺术及美育活动、科学与技术活动。以上四个方面的内容构成了法国幼儿园课程的总体框架。

① 《英国基础阶段教育(3～5岁)课程指南》，3页，海口，南海出版公司，2003。

2002年，法国对《母育学校全国课程》进行了修订，其中非常重要的变化是“启动幼儿母语学习能力的发展”。2008年9月，法国对母育学校5岁幼儿的课程进行了改革，涉及引导儿童接触书面语言、成为一名小学生、身体的运动和表达、对世界的探究、感知想象和创造等课程内容领域。

(三)德国的学前教育内容

德国学前教育的目标不仅包括为儿童入小学做好准备，而且包括培养儿童的创造能力，并以后者为主。因此，在德国，人们不提倡对儿童进行读、写、算等知识教学，学前教育的主要任务是创设一种不间断的，能够从幼儿园自然地过渡到小学阶段的条件。为了完成学前教育的任务，德国的学前教育机构非常重视为儿童提供真实的生活和学习环境，强调在游戏和运动中促进儿童自我发展。

儿童的教育活动主要有以下几种类型。①游戏活动。德国是世界上第一所幼儿园诞生之地，幼儿教育之父福禄培尔的教育思想对许多教师的影响很大，他们与福禄培尔一样，认为游戏是最适合儿童发展需要的，幼儿园应以游戏为基本活动，还特别注意为儿童提供各种游戏材料。②主题活动。德国反对采用严格的分科教育，认为分科教育会限制儿童知识的获得和思维的发展，他们通常为儿童设计一些主题教育活动，实行单元教育。③区域活动。教师不仅要为儿童创设良好的环境，而且还要为他们安排合理的活动区，使他们能够根据自己的喜好选择活动区进行活动。常见的室内活动区有娃娃角、建筑角、手工角、图书角等，户外活动区有体育角、玩水角等。④社会活动。社会活动是激发儿童学习的兴趣、丰富儿童的社会知识、发展儿童的社会交往能力，使儿童将来能更好地适应社会的重要途径。社会活动要充分利用大自然、大社会对儿童进行教育，因此，许多学前教育机构不仅经常组织儿童去饱览大自然的美景，而且还倡导父母、邻居、社会人士都来参与学前教育，为儿童提供与各种人打交道的机会。⑤训练活动。训练活动的主要目的是为儿童进入小学做准备，所占比例不大。此外，蒙台梭利的幼儿教育思想对德国学前教育的内容也有一定的影响。

20世纪90年代以来，德国相关教育计划指出，在学前教育阶段应当着重引导儿童获得一些基本能力，即在与其他儿童、成人交往的过程中，儿童应具备的基本技能。基本能力主要包括四个方面：个人能力、社会行为能力、学习方法方面的能力以及应对变化和压力的能力。其中，个人能力具体包括自我感知能力、自勉能力、认知能力和身体素质方面；社会行为能力具体包括社会能力、价值观、个人定位能力、承担责任的能力和相应的准备。

(四)苏联和俄罗斯的学前教育内容

苏联学前教育的内容在一些重要的学前教育文件中有非常详细的规定。1962年制定的《托儿所—幼儿园统一教学大纲》，堪称世界上第一部综合性的婴幼儿教育大纲。该大纲在历史上经过多次修订。1984年，《幼儿园教育和教学标准大纲》(《托儿所一幼儿园统一教学大纲》第10次修订本)颁布。该大纲要求给幼儿的知识内容应能反映出事物的本质联系，并要求通过更为系统的教育教学活动，促使幼儿个性全面发展，在体、智、德、美、劳各项教育任务以及为入小学做准备的问题上也增加了深度。1989年，苏联又批准了《学前教育构想》。这一文件根据当时苏联心理学和教育科学的最新成就制定了改革学前教育体系的理论方针，并指出了新的、个性定向式教育策略的基本特征，其根本目的是促进儿童个性的健康发展。但由于1991年苏联解体，这一构想未能付诸实施。

2006年，俄罗斯批准出台新修订的《幼儿园教育与教学大纲》。在智育方面，大纲侧重儿童注意、理解、记忆、思维、想象、语言等各种心理活动发展的过程，主张让儿童学会简单的比较、分析、总结，确定最简单的因果关系，激发儿童的求知欲。智育又分为感觉、语言和数学三个领域。在体育方面，大纲认为，体育教学的目标是保护儿童的生命，促进儿童健康发展；保证他们精神饱满、情绪愉快，防止出现消极情绪；预防儿童在焦躁的情况下失去自控力；改善肌体的各项功能，培养儿童对各种力所能及的运动性活动项目的兴趣，奠定儿童身体发育和发展的基础，培养儿童坚强的意志。在德育方面，大纲认为，道德教育是学前儿童整体发展中最重要的内容之一，从小班开始就应把道德教育渗透在各种类型的主题活动中。在道德教育的过程中，要注重发展儿童爱的情感、道德认知能力、行为辨别能力和社会公德品质；懂得尊敬成年人，并能够负责任地完成任务，和睦地游戏和劳动，公正地评价自己与同伴的行为。在劳动教育方面，劳动教育是发展儿童基本能力和创造力的必要部分，是形成个体之间相互关系和品德修养的最重要的手段。让儿童了解成人的劳动，或者直接参加幼儿园、家庭中力所能及的劳动活动，可以渐进地发展儿童对成人劳动的兴趣和参加劳动的愿望，培养其基本劳动技能，形成自我服务能力，并获得自我实现的成就感。在文学方面，文学教育的目标是帮助儿童理解童话故事、诗歌作品的基本类型和特点，增加其文学方面的知识，培养其对艺术词汇的敏感性，让儿童感受到诗歌的节奏和旋律。在艺术一审美教育方面，通过让儿童了解大自然，参与各种审美、艺术活动进行艺术一审美教育，目的在于培养儿童对美的喜爱之情，丰富其精神世界，发展其审美态度，进而促进儿童个性的形成与发展。在游戏方面，大纲把游戏视为儿童社会化最重要和最有效的活动形式，并按照儿童发展的年龄特点确定了游戏的形式和内容。

(五)美国的学前教育内容

美国的学前教育也没有全国统一的课程标准。各州自行制定教学大纲，自行规划执行。但是，在目标和原则方面，各地基本上是趋于一致的。当前，美国学前教育的总目标是为儿童提供最好的发展环境，使儿童在成长期内得到恰当的活动机会，同时也学到新的知识，并与周围的人建立良好的关系。具体要求是：保障儿童的身心健康，陶冶其健全品格；发展儿童的群性，启发其生活智能；促进智力、情感及社会性的发展，使其顺利地完成向小学的过渡。[①]

长期以来，美国作为一个多元文化的国家，其教育思想是极其多元化的，各州对学前教育内容的选择也深受不同的教育学派的影响。其中，对学前教育内容产生较大影响的理论，主要有以下三种。

第一，浪漫主义教育思想。这种思想源于卢梭，强调教育必须遵循自然，顺应人的自然本性，儿童发展过程各阶段的转化依赖于自然的成熟，学习只对成熟起促进作用，教育应尊重这一规律，使儿童的身心得到自由、自然的发展。据此，美国创造出学前教育的一种课程模式——发展成熟论模式。这一模式强调游戏的作用，认为游戏是学前儿童学习的主要途径，一切活动听任儿童凭兴趣进行，以促进儿童的独特性、新颖性和个性的自由发展。

第二，文化传递教育思想。这种思想源于西方教育的古典学术传统。传统教育家认为，教育的主要工作在于向年轻一代传授前人积累下来的知识经验，直接传授是教育的主要方式。这一思想的代表人物是贝雷特和恩格尔曼。他们反对自由教育，强调只有通过直接教育才能使儿童得到发展。他们要求教师预先制定教学大纲，严格控制整个教育过程；强调对语言的教学，以直接传授的方式，对处境不利的儿童进行语言和阅读能力方面的训练。

20世纪60年代，美国出现了社会学习理论。社会学习理论认为，儿童可以通过观察、模仿来学习，强调环境、社会文化关系等对儿童的影响，要求成人应充分利用这些条件和方法，奖励儿童的适当行为。美国第一套学前儿童电视节目“芝麻街”就是根据这一理论制作的。主要内容有认识字母、数、形状，分类，排序，推理，解决问题以及了解一些社会和生活常识，儿童通过模仿进行学习。

第三，进步主义教育思想。这种思想源于杜威，反对教师中心、书本中心、课堂中心。儿童的发展既不是生理成熟的结果，也不是教师直接教学的结果，而是通过内因和外因的相互作用而不断发生结构上的质变的过程。与此相应是以皮亚杰的认知发展相互作用论为基础的认知相互作用论模式，注重儿童思维能力的发展，强调通过发现、自主活动进行学习。这一思想与后来影响美国的维果茨基的理论有许多共同点，如都重视认知的发展、提倡儿童的主动学习，但维果茨基的理论弥补了皮亚杰理论的某些不足，如更加强调成人在儿童主动建构知识的过程中的重要作用。目前，皮亚杰和维果茨基的理论依然是影响美国学前教育内容选择的主要理论。

美国大多数学前教育机构的课程都倾向于以儿童为中心，侧重于儿童自我概念、智能及解决问题的能力等方面的培养，使儿童不单在认知方面、人际交往的能力方面有所进步，而且在情绪和社会性方面也有健全的发展；在课程的选择和安排上力求具有弹性，强调探索式学习，认为学习的方法比学习的内容更重要，鼓励儿童根

① 中央教育科学研究所比较教育研究室：《世界学前教育研究》，67页，贵阳，贵州人民出版社，1989。

据自己的能力、速度及学习方式进行学习，实现在原有基础上的进步。

1996年颁布的《适宜于0—8岁儿童发展的教育方案》中明确指出："一个高质量的早期教育机构应该能够提供一种促进儿童身体、社会、情感以及认知发展的、安全的保育环境。"[①] 2005年4月，全美幼教协会在《幼儿教育方案标准和认定指标》中指出，课程标准旨在发展儿童在审美、认知、情感、语言、体能和社会交往等方面的能力。这体现了促进儿童全面发展的基本特点。

(六)日本的学前教育内容

1964年颁布的修订后的《幼儿园教育大纲》规定，幼儿园教育的基本方针有11项。①力求幼儿身心得到协调的发展，为培养他们坚实健全的身心打下基础。②帮助幼儿养成基本的生活习惯，形成正确的社会态度，培养他们具有良好的情操和初步的道德品质。③使幼儿关心自然及社会现象，并产生兴趣，培养他们初步的思考能力。④教育幼儿养成听人说话的正确习惯，使幼儿拥有使用清楚的语言进行交流的愿望，掌握语言的正确用法。⑤通过轻松愉快的表达活动，提高幼儿的创造能力。⑥对幼儿进行必要的保育和帮助的同时，促使他们进行自主、自发的活动，以培养他们的自立性。⑦深入了解幼儿身心发展的实际情况，因人制宜地进行指导。⑧结合幼儿的生活经验，结合他们的兴趣要求，进行全面的教育。⑨根据地区的实际情况，建立和完善幼儿园生活环境，对幼儿进行适当的教育。⑩要注意幼儿园教育和小学教育的区别，根据幼儿园的特点进行适当的教育。⑪与幼儿的家庭取得密切联系，配合家庭教育，提高教育效果。幼儿教育的内容可分为六大领域，即健康、社会、自然、言语、音乐韵律、绘画制作。

1989年颁布的再次修订的《幼儿园教育大纲》指出，幼儿园教育的目的有以下几点。①培养健康、安全、幸福的生活所需要的基本生活习惯和态度，打好幼儿身心健康成长的基础。②培养对人的爱与信赖感，养成自立与同他人合作的态度，奠定良好的道德品质。③培养对自然界与周围事物的兴趣，使其对自然等有丰厚的感情，并培养思考问题的能力。④培养日常生活中对语言的兴趣，使幼儿拥有积极听、说、问的态度，以及对语言的感受力。⑤通过多种多样的体验，增加丰富的感性知识和培养创造性能力。这一大纲将原来的六个领域压缩为五个领域，即健康、人际关系、环境、言语、表现，要求从身心健康发展，智力开发，自主性、创造性、社会性的培养，情绪的育成等方面提高幼儿园教育的质量，使幼儿在天真、活泼、幸福的气氛中得到良好的发展。

文部科学省于2008年修订、2009年实施的《幼儿园教育要领》主要有以下几方面内容。①强调学前教育的奠基作用，指出学前教育是为人格终身发展奠定基础的重要因素。②注重教育课程规定时间之外的教育活动，明确指出，幼儿园应根据地

---

① 冯晓霞：《幼儿教育》，179页，长春，吉林教育出版社，2000。

区的实际情况或家长的要求，在教育课程规定时间外，以申请者为对象进行教育活动。③着力于健康领域和人际关系领域的改革。

四、学前教育师资的培养

(一)英国的学前教育师资培养

英国的学前教育工作者有两种，一种是学前教育教师，另一种是托儿所保姆。二者虽接受的教育不同，但其角色互补。成为学前教育教师共有三种途径。一是年满 18 岁的青年，至少有两门功课(主要是数学和英语)达到 A 级，经过任何学科三年的学位学习，再加 1～2 年的本科学位教师专业教育资格证书学习，就可以成为一名合格的教师。这种途径最为普遍。二是经过大学四年的教育学本科学习。三是经过三年的教师证书学习班学习。在接受了正规训练以后，所有的人都必须从事一年的教学实习，才能取得教师资格。多数要成为托儿所保姆的人都必须参加国家托儿所保姆考试局举行的考试以获得资格。托儿所保姆训练强调实践，其课时占 40%。此外，托儿所保姆训练的另一条途径是学习工商硕士课程。

英国学前教育工作者都必须持证上岗，其主要的证书类型有以下几种。①0～8 岁儿童健康和教育两年课程毕业证书；②2～5 岁儿童发展和教育一年课程证书；③初等教育三年课程证书；④0～8 岁儿童保育和教育一年课程证书；⑤0～8 岁儿童保育和教育两年学院课程毕业证书等。

英国重视在职教师的培养与提高，鼓励教师到大学短期幼教培训班学习或参加各种幼教会议，也会聘请专家到学校给家长和教师开办讲座。有的学前教育机构要求全日制教师制订个人职业发展计划，有的还规定了培训日。培训日当天机构关闭，以保证员工有足够的时间和精力参加培训。

(二)法国的学前教育师资培养

法国不仅对教师的素质特别关注，而且对学前教育师资的要求也不断提高。早在 1886 年，法国即规定，母育学校教师与小学教师是同级教学人员，均由中等省级师范学校通过相同的方式培养。1946 年，法国师范学校的招生对象从初中毕业生改为择优录取高中毕业会考合格的学生，学制 1 年，主要任务是进行专业教育。1979 年，法国为进一步提高学前教育及小学教师师资素质，将师范学校学制延长为 3 年，毕业时颁发第一阶段(相当于我国大专)文凭。1986 年 5 月，法国教育部规定了师范学校的教学内容。①教育理论和实践，占总课时的 46%。②学科基础知识，包括法语、数学、科学与技术、历史、地理、公民教育、体育、艺术教育。③初等教育教师的行政和社会作用，包括理论培训和校外实习。④选修课，包括外国文化和语言、地区文化和语言等。

法国对在职教师的培养也很重视，并形成了一套完整的制度。有关法律规定，每个任教 5 年以上的学前教师可在其今后任教生涯中享受 36 周的在职教育，以补充知识，提高教育教学能力。这一规定自1972年起实施。

随着自理能力差的2～4岁儿童入校人数日益增加，社会对学前教师的业务及学校的管理工作提出了更高要求。为此，法国政府积极采取措施，轮训学前教育教师，改进教师教育方法，大力开展对学前心理学、医学及学前教育学的研究，并增加教育投资，改善办学条件，以使学前教育能更好地适应社会发展的需要。

(三)德国的学前教育师资培养

德国设有培养幼儿园教师的特别培训学校，修业年限两年，招收初中毕业生或具有同等学力的人。幼儿园教师无论在工资收入还是在社会地位方面，都不及小学教师。这一状况与其他发达国家相比明显落后。20世纪80年代以来，培养学前儿童教师的机构主要有以下三种。第一种是技术学院。这是德国培养学前教师的主要机构，学生主要学习卫生保健、心理学、教育学、教学理论与方法、美术、手工、音乐等，并参加一年的学前教育实践。第二种是大学。学生在校的前三年主要学习学前教育的基本理论，最后一年需参加学前教育实践。学生大学毕业后，在规模较大的学前教育机构中执教，担任行政领导等要职。大学毕业的学前教师所占比例很小。第三种是培训学院，主要培养学前教师助手，培训期1～3年。

(四)苏联和俄罗斯的学前教育师资培养

苏联幼儿园的教师由幼儿师范学校来培养。学校的招收对象主要有两类。8年制学校毕业生，修业4年，学生主要学习基础知识和学前教育专业课程；10年制学校毕业生，修业2年，学生主要学习学前教育专业知识。幼儿师范学校注重理论联系实际，设有实践训练课程，并组织学生见习、实习。幼儿师范学校的教师、学前教育机构的干部和教学顾问则由师范学院培养，学习的内容包括一些较深的专业知识，如学前教育学、儿童心理学、幼儿卫生学方面的知识以及幼儿园各种教法等。幼儿园的领导人必须经过高等学校的培训，并且具有3年以上的学前教育实践经验。

1992年3月，俄罗斯通过了《关于俄罗斯联邦建立多层次的高等教育的决议》。此后，俄罗斯许多师范院校进行了改革，建立起多层次的师范教育体系。2013年6月，《教师专业标准》颁布，俄罗斯对幼儿园教师提出了统一的教育水平要求，即幼儿园教师必须具有高等教育资质。目前，针对学前教育教师的培训在俄罗斯已经形成了体系，其中包括更新教育活动内容和方法、提高教学技能。提高教学技能包括五个方面：专业职业知识，科学认知能力，交际才能、能力和技巧，组织和管理活动的能力，个性人文素质。在教师培训中经常使用的方法和形式主要有讲座、“小群体”实践课型、研讨会、讲习班、创造性的采访或新闻发布会等。根据联邦教育法律的规定，教师必须每三年接受一次旨在提高能力的培训。

(五)美国的学前教育师资培养

美国对各类型学前教育机构的师资都有任职资格的要求。第一，幼儿园教师的任职资格。各州虽有差异，但以获得学士学位的教师为主，有的州对获得硕士学历以上的教师优先录用。同时，越来越多的州还要求，除获得学位和修完有关学分之外，教师还要通过能力测验。第二，保育学校教师的任职资格。根据各州的规定，可归为以下四类。①高中毕业；②在职业技术机构或社区学院进修1～2年，获得早期儿童教育证书；③在社区学院就读2年，获得早期儿童教育副学士学位；④在4年制大学就读，主修幼儿发展、家政、早期儿童教育和初等教育，获得学士学位。第三，日托中心教师的任职资格。通常由各州健康、福利、社会服务等部门决定，与保育学校相似。日托中心教师若未接受职前专业训练，则必须接受州日托中心管理部门安排的与照顾儿童有关的专业课程。

(六)日本的学前教育师资培养

日本一贯重视学前师资的培养和专业水平的提高，认为幼儿园和保育所的教师如同医学上的临床医生一样，必须具有极强的专业性，因此，对学前教育师资的要求相当严格。1947年，《学校教育法》将幼儿园的保姆改称为“教谕”“助教谕”，与小学教师是同级人员。1949年5月，日本公布了《教员许可法》及《教员许可实施令》等法令，规定了有关教员资格的基本事项。1953年7月，修订后的《教员许可法》规定，要获得教员资格证书，必须在经文部大臣认定的大学、短期大学及其他培养机构修完规定的学分数。1988年，日本《教育公务员特例法》设立了新任教师研修制度，而2003年修订的《教育公务员特例法》规定，工作年满10年的教师需进行在职研修。2009年改订的《教育职员许可法》则将永久性教师许可证制度废除。

在日本，幼儿园任职的教师都必须持有相应的资格证。幼儿教师获得资格证的途径有两个。第一个途径是直接通过大学教育修完所有规定的学分。一级资格证要求在四年制大学修完68学分以上，其中，专门教育科目最低必须修得18学分，教育专业科目最低必须修得28学分，并要求有学士称号；二级资格证书要求在短期大学等学校修完62学分以上，其中，专门教育科目最低必须修得8学分，教育专业科目最低必须修得18学分。第二个途径是通过在职教育获得。日本非常重视幼儿教师的在职进修，有脱产或不脱产到大学深造、听公开讲座、参加有课程认定的大学函授的教育、参加文部大臣委托大学进行的学分认定测验等多种途径。

保育所的教师也需要持有保育员资格证书。合格的保育所教师必须具备以下三项条件之一：普通大学、短期大学或保姆养成所毕业生；高中毕业后，经都、道、府、县举行的保姆考试合格者；从事儿童福利事业5年以上，经厚生省大臣特批者。培训内容与幼儿教师的培训内容基本相同，但也有一些更适合保育所的专门教育科目。

20世纪80年代以来，日本有提高教员资质和能力的倾向。《改善师资培养与教师资格检定制度的报告》中提出，可授予到幼儿园任教的硕士毕业生，以及经过一定年限的工作并通过在职进修达到了硕士水平的本科毕业的教师以更高一级的资格证书。这一措施，既可以将学历水平高、能力强的研究生吸收到幼儿园教育中，又可以大大促进在职幼儿教师的进修热情。这样一套比较完整的幼儿园教师培训体制，为日本幼儿教育的发展提供了保障。

第二节　当代学前教育理论

一、皮亚杰的儿童认知发展理论

(一)皮亚杰的生平与主要成果

皮亚杰(1896—1980)，瑞士心理学家，发生认识论创始人。(图13-1)

图13-1　皮亚杰

1896年9月16日，皮亚杰出生在瑞士小城纳沙特尔。他年少聪慧，幼年时就阅读了柏格森的《创造进化论》等哲学著作，柏格森的观点给了皮亚杰极大的启示。于是，皮亚杰对认识论的问题产生了兴趣。

中学时代，皮亚杰开始关注遗传、环境及其相互作用的问题。皮亚杰关于生物学与认识论相结合的思想萌芽，就产生于他在生物学和哲学两个方面积累的知识的基础上。

在纳沙特尔大学期间，皮亚杰主修生物学，但一直保持着对哲学认识论问题的浓厚兴趣，并阅读了亚里士多德的著作，逐步放弃了柏格森的生命力和自然力的二元论立场，开始接受亚里士多德把逻辑和理性看作生物和非生物自然界的统一力量的观点。

1918年获得博士学位后，他一直在探索把生物学与认识论结合起来的新的研究领域，并在这个过程中逐步将自己的研究转向心理学研究。1919年，他去巴黎大学学习病理心理学、数理逻辑和哲学课程，其后又到巴黎的比纳实验室，师从西蒙研究儿童心理。他的早期儿童思维研究受到当时瑞士心理学界权威克拉帕雷德的赏识。1921年，他开始了系统地研究儿童心理学的工作，特别是儿童的认识活动和思维发展的研究。把儿童的思维与认知发展的认识论问题紧密结合起来，成为他灌注毕生心血的事业。

皮亚杰于1955年在日内瓦建立了“国际发生认识论研究中心”，对儿童各类概念以及知识形成的过程和发展进行了多学科的剖析研究，取得了丰硕的成果。为了表彰皮亚杰对教育心理学的贡献，1968年美国心理学会授予他心理学卓越贡献奖。皮亚杰创立了一套完整的认识发生论体系，他把自己的孩子作为观察和研究的对象，详细研究了儿童出生后几年内的心理发展，提出了有关儿童智力起源、象征行为等一系列重要理论，著有《儿童智力的起源》《儿童现实的建构》《儿童符号的形成》等书。

(二)皮亚杰关于儿童认知发展的基本观点

皮亚杰的认知发展理论以儿童的思维、智力为主要研究对象(在他的著作中，儿童的认知、思维、智力和心理是同义语)，概括起来说，这一理论主要包括以下四个方面的内容。

1. 儿童的心理发展观

皮亚杰认为儿童的心理是在内外因的相互作用下不断取得质和量的发展的，其本质是主体对客体的适应。儿童心理不断获得发展的根本原因是主体通过活动对客体产生了适应。

2. 儿童的认知结构与智力发展

皮亚杰的认知发展理论以结构主义的基本原理为依据，以儿童智力与思维的整体发展为着眼点，主要研究儿童认知发展的过程和结构。该理论涉及“图式”(认知结构)、“同化”、“顺应”以及“平衡”这四个基本概念。

拓展阅读

著名的皮亚杰研究学者沃德沃思曾举过一个实例。一个幼儿与其父散步时，见到一头母牛，对其父说：“那里有一只狗。”何以至此？因为对其已有的图式(如马、猫、狗、人的图式)进行检索，幼儿发现了一个可以包括该物在内的适当名词“狗”。对他来说，该物(母牛)具备狗的特征，适合狗的图式，所以他称之为狗。于是，该刺激(母牛)被同化于狗的图式中。

(1)图式

图式是皮亚杰心理发展理论中的一个核心概念。他认为，图式是动作的结构或组织，这种结构或组织具有概括性的特点，可以从一种情景迁移到另一种相同或类似的情景中去。皮亚杰认为人的智慧和人的身体一样都有一定的结构，人的智慧结构就叫作图式，也叫作认知结构，是人的头脑对外界环境做出较为恒定的反应的一种方式。人的图式具有特殊的功能，如可以认识问题、解决问题等，这些功能具体表现为人的智慧活动。每个人具有的图式就构成了他理解现实世界和获得新经验的基础。人对事物的认识都通过头脑中的图式而形成，某一时期对事物的认识是那一时期图式具有的功能。人的图式是逐步形成和发展的，图式发展了，人的智慧也就增长了。皮亚杰还认为，儿童最早的图式表现为遗传性的本能动作，是一种“先天图式”，一经与环境的相互作用，就在适应环境的过程中不断发展变化，逐渐丰富起来。在儿童适应环境的过程中，图式不断得到改善和发展，其种类逐渐增加，内容也逐渐丰富多彩，开始从简单的图式到复杂的图式，从外部的行为图式到内部的思维图式，从无逻辑的图式到逻辑的图式。

(2)同化

同化本是生物学的一个术语，指的是有机体在摄取食物之后，经过消化和吸收，把食物变成自身的一部分的过程。皮亚杰将这一概念运用于心理学中，将同化解释为认知的过程，是把外界现实纳入已有的认知结构中的过程，是主体活动对环境能动适应的一种形式。当儿童看到新事物或用新的方法去看旧事物、听旧事情时，他们对新事物、新方法的同化就是试图使这些新的事件或刺激与当时他已有的认知结构相符合。个体的同化过程是受他已有的图式限制的。个人拥有的图式越多，他能同化的事物范围也就越广泛；个人拥有的图式越少，他能同化的事物范围也就越狭窄。同化是个体认识成长的机制之一，能帮助主体扩大原有的认识，影响认知结构的生长，并使认知结构发生量变，但同化不会导致认知结构发生质变。当主体不能把客观事物纳入主体已有的认知结构中去时，主体活动对环境能动适应的另一种形式——“顺应”就产生了。

(3)顺应

顺应又叫作调节、调整，是改变已有的认知结构来适应外界环境的过程。用皮亚杰的话来说，改变内部图式以适应现实，叫作顺应，是指有机体对外界环境的行动与环境对有机体的行动二者之间，有机体为求其平衡而采取的一种调适历程。它包括两个方面。一是把原有的图式加以改造，使其可以接纳新的事物；二是创造一个新的图式，以接受新的事物于图式中。当外界刺激不能被已有的认知结构同化时，儿童借助与新知识或新观念的接触，促成已有的认知结构发生改变，或修正原有的认知结构，或建立新的认知结构。在顺应过程中，主体形成了一种与原先不同的新的认识，从而使主体的认知结构发生了质变。

(4)平衡

在主体对环境能动适应的过程中，同化与顺应这两种技能活动之间存在着一定的稳定状态，这种稳定状态就叫作平衡。平衡首先是同化和顺应两种活动的平衡，人的认识的发展需要在这两种活动中间维持一种和谐一致的关系。只同化，人的智慧发展只会停留在非常幼稚的阶段，缺乏判断力，其知识也不会因经验和时间的推进而得到相应的发展；只顺应，人就不能获得普遍的概括的知识，从而失去探索和比较事物之间异同特点的能力。皮亚杰认为，平衡也是认知发展的动力因素，同化成功，个体的认识就处于平衡状态，反之，就处于不平衡状态。不平衡可以推动个体应用调节机制，以达到新的平衡。人的认识活动是这样的一个过程：每当遇到新事物时，儿童在认识它们的过程中便试图用原有的认知结构去同化新事物，如获得成功，便得到暂时的认识上的平衡；反之便做出顺应，调整原有认知结构或建立新的认知结构，然后再去同化新事物，直到达到认识上的平衡。正是通过这样一种平衡—不平衡—再平衡的过程，个体的认知活动不断向前发展。

3. 制约儿童心理发展的因素

皮亚杰认为儿童心理发展是内因和外因相互作用的结果。影响儿童心理发展的因素主要有成熟、物体经验、社会经验和平衡化。

(1)成熟

所谓成熟是指机体的成长，特别是神经系统和内分泌系统的成熟。[①] 儿童某些行为模式的出现有赖于一定的身体结构或神经系统的最早发生机能，但皮亚杰也认为成熟仅仅是影响儿童发展的各种因素之一，且随着儿童年龄的增长，其重要性将逐渐降低，自然及社会环境影响的重要性将逐渐提高。

(2)物体经验

物体经验主要指儿童通过主动与物体进行实际的接触，并对接触的物体加以操作而获得的经验，即"个体对物体作出动作中的练习和习得经验"[②]，主要包括物理经验和逻辑数学经验。前者指作用于物体，通过简单抽象抽取物体本身的特征，从而得到的有关所观察的物体的知识与经验；后者则指通过思考或反省自己的活动动作而获得的经验，它不来自物体本身，而是主体作用于客体，从而协调自己的动作所得到的知识。例如，幼儿把石头逐个排列，时而距离相等，时而距离放大或缩小，时而改变计数方向，最终发现总数始终不变。

(3)社会经验

社会经验指从个体与社会的相互作用，即人与人之间的思想观念的交流和人与人之间的相互作用中获得的经验，是儿童无法从和物体直接的相互作用的过程中得到的经验与概念。皮亚杰认为环境、教育在儿童心理发展过程中发挥着重要的作用，能促进或延缓儿童心理的发展，社会经验同样是儿童心理发展的必要和重要的条件。

(4)平衡化

皮亚杰认为，心理发展中最重要的，即决定因素，是平衡化或自我调节。平衡化是儿童不断成熟的内部组织和外部环境之间的相互作用，即儿童自我调节的过程，是一种动态的平衡，即"把给定的东西整合到一个早先就存在的结构之中"[③]。平衡化促进个体智慧发展，通过这种动态的平衡实现儿童心理结构的不断变化和发展。在个体与人、事、物交互作用的过程中，当儿童遇到困难时，就产生认识上的不平衡，同时也产生了进一步认识的动力；在儿童对新事物有了新的认识后，即认识经历了从不平衡到平衡的发展后，儿童的智慧也就得到了发展。因此，平衡化或自我调节是儿童心理发展中最重要的因素，也是决定因素。

---

① [瑞士]J. 皮亚杰、B. 英海尔德：《儿童心理学》，吴福元译，115页，北京，商务印书馆，1980。

② [瑞士]J. 皮亚杰、B. 英海尔德：《儿童心理学》，吴福元译，116页，北京，商务印书馆，1980。

③ [瑞士]皮亚杰：《发生认识论原理》，王宪钿等译，25页，北京，商务印书馆，1985。

4. 儿童智力(思维)发展阶段理论

皮亚杰在对儿童思维机制和结构进行大量实验研究的基础上，根据个体思考问题的方式与能力的不同，把儿童智力的发展分为四个阶段：感知运动阶段、前运算阶段、具体运算阶段和形式运算阶段。

(1)感知运动阶段(0～2岁)

这个阶段相当于婴儿期。此时儿童还未掌握语言，他们主要是通过感知运动来和外界接触并相互作用的，通过一系列摸、拉、推、掘、看、听等动作，进行同化与顺应，并达到平衡，形成了动作图式的认知结构。儿童在这个阶段蕴含的逻辑是动作逻辑，他们只有动作智慧而没有表象和运算的智慧。

(2)前运算阶段(2～7岁)

这个阶段相当于学前期。此时儿童的各种感知运动开始内化为表象，语言能力也得到了很大的发展，概念也在迅速发展着。此外，儿童的非言语表征和言语表征能力也得到了迅速的发展，其思维开始从表象思维向运算思维过渡，并依赖直觉活动的帮助，表现出思维的直觉性。在这个阶段，儿童的思维具有以下特征：思维的自我中心主义——儿童深信自己所想的也就是别人所想的，自认为自己的思想永远是对的；思维的中心片面化——儿童在观察事物的时候，往往将注意力集中在该事物最突出的(他最感兴趣的)一面，忽视其全貌；思维转换性的无能——儿童忽视，而且也不能把握事物自始至终的整体的变化；思维的非可逆性——儿童不能沿原来思想的相反思路回到原来思考的出发点。这个时期的儿童只具备了一些日常生活中的“概念”，还没有形成真正的逻辑概念。到了该阶段的后期，最初的运算图式才出现。

拓展阅读

前运算阶段的特点是儿童的语言得到了飞速的发展，但思维表现出片面性和我向思维两个特点，即集中于事物的某一方面而忽视其他方面的倾向。皮亚杰的“守恒实验”就揭示了这一阶段儿童的思维特点。

这个实验的过程如下：实验者当着儿童的面把两杯同样多的液体中的一杯倒进一个细而长的杯子中，要求儿童说出这时哪一个杯子中的液体多一些。儿童不能意识到液体是守恒的，因此多倾向于回答高杯子中的液体多一些。儿童只注意到高杯子中的液体比较高，却没注意到高杯子比较细，皮亚杰把这一思维称为“我向思维”或“自我中心”。儿童认为别人的思考和运作方式应该与自己的思考和运作方式完全一致，这时儿童还没有意识到别人可以有与儿童自身完全不同的思考方式。

(3)具体运算阶段(7～12 岁)

这个阶段相当于小学阶段。此时儿童已克服了前一阶段的局限，出现了具体运算的图式，并能运用逻辑思维解决他们遇到的具体问题。在这一阶段，儿童的思维开始具有可逆性，获得了各种守恒概念(如重量、长度、面积和体积等)，分类概念，序列概念，关系概念等。但此时的儿童还不能在假设的基础上进行思考，并且也无法解决具有多重逻辑关系的问题。

(4)形式运算阶段(12～15 岁)

这个阶段相当于初中阶段。此时儿童的认知结构已达到其最高的发展水平。此阶段的儿童不再受具体内容的束缚，而是通过假设推理来解答问题，或从前提出发，得出结论。儿童已经能够运用逻辑思维来解决各种复杂的问题，而且也能通过假设来解决各种问题。

总的来说，儿童思维(智力)的萌芽出现在感知运动阶段，前运算阶段主要是表象思维和直觉思维，初步的逻辑思维在具体运算阶段出现，比较复杂的逻辑思维直到形式运算阶段才出现——这就是儿童智力、心理发展的过程。前一阶段是后一阶段发展的前提条件，而后一阶段又是前一阶段发展的结果。由于环境、教育、文化及主体动机等各种因素的差异，各阶段的出现可以推迟或提前，但每个个体的智力发展都要依次经过这四个不同的阶段。

(三)论儿童教育的原则

1. 根据儿童的发展阶段对儿童进行教育

按照皮亚杰的理论，儿童认知的发展具有一定的阶段性，由某一阶段向另一阶段发展的顺序固定不变；在某一发展阶段，儿童的认知结构都有其独特的特点，即“有一个心理发展过程的存在；一切理智的原料并不是所有年龄阶段的儿童都能够吸收的”①。因此，教育必须根据儿童年龄阶段的特点以及认知发展顺序来进行，一切教学均应根据儿童身心发展过程中的不同阶段去设计，并照顾学生的个别差异，发掘他们的学习潜能，使他们得到全面发展。

皮亚杰还规定了各个时期教育的重点。两岁以前儿童只有感觉运动智力，教育者应多为他们提供各种有趣的物体，如玩具、模型等，供他们观察、摆弄。学前早期为促进儿童表象思维的发展，应注意选择具体形象的教材，如童话故事、图画等，为他们安排游戏活动。学前晚期，采取观察、测量、计算等活动，帮助儿童掌握质量、容量、速度、时间、数量等初步科学概念。学龄阶段，儿童具有守恒能力后，教师可通过各学科的教学活动，使儿童的思维从具体运算思维逐步发展为形式运算思维。

---

① ［瑞士］让·皮亚杰：《教育科学与儿童心理学》，傅统先译，176 页，北京，文化教育出版社，1982。

2. 教育要以儿童为中心，大力发展儿童的主动性

儿童的认知水平与成人是不同的，儿童有自己的认识周围世界的方式，因此，教育应充分尊重并遵循儿童的经验与思维方式的独特性，采取以儿童为中心的观点。此外，儿童的认知能力的发展只能依赖于儿童作用于外界环境的主体活动，皮亚杰强调智慧活动是在儿童内部形成的，因此，儿童的学习必须是一个主动的过程，只有儿童自己具体地和自发地参与各种活动，才能获得真实的知识，才能形成他们自己的假设，并给予证实或否定。教育一定要以儿童为中心，必须致力于发展儿童的主动性与积极性。

3. 激发儿童的兴趣，满足儿童的需要

要发挥儿童在学习中的主动性与积极性，教师就必须注意在教学中要激发和保持儿童的兴趣，满足儿童的需要，因为儿童的兴趣与需要是儿童学习的动力。教师要以儿童的兴趣与需要为出发点，为儿童创设主动活动的环境，让他们在这个环境中积极主动地探究周围事物。在教育过程中，教师还要考虑到不同年龄阶段儿童的特殊需要与兴趣，以满足每一个儿童发展的需要。皮亚杰强调儿童的智慧训练不仅在于储存知识，更重要的是创新。儿童总是在主动地探索知识，因此，学校的一切有效的教育活动，必须以儿童的兴趣和需要为先决条件。儿童只有对活动有兴趣和需要，才会在活动中表现出主动性与积极性，活动也才会真正成为儿童主动获得知识的积极活动。

4. 在活动中对儿童进行教育

皮亚杰强调活动的意义尤为重要，因为“在儿童时期实践智力先于反省智力，而反省智力在很大的程度上是有意识地去掌握实践智力所取得的结果。……如果反省智力的构造不是坚实地建筑在实践智力所奠定的基础上的，它就不能成功地在它本身的符号和概念的范围之内创造出任何新颖的东西”①。要使儿童主动学习，就必须使儿童通过活动和具体事物进行学习。儿童智力(思维)的发展是通过儿童主体的认知结构与物理环境和社会环境之间的同化与顺应的相互作用——活动——而实现的。在儿童的活动中，他们通过不断地同化、顺应周围事物而使自己的认知结构发生量变与质变，因此，活动在儿童智力发展的过程中起着举足轻重的作用。活动是连接主客体的桥梁和中介，一切知识必定是主客体相互作用的产物。可以说，儿童主体的活动是儿童学习的最根本途径，也是儿童认知发展的最直接源泉。因此，教师要支持儿童主动探究的活动，让他们在自己的主动活动中，发现问题并尝试解决问题，从而获得发展。

---

① [瑞士]让·皮亚杰:《教育科学与儿童心理学》，傅统先译，165页，北京，文化教育出版社，1982。

二、加德纳的多元智力理论

(一)加德纳的生平与主要成果

图 13-2 加德纳

加德纳(1943—)是美国著名的心理学家兼教育家,多元智力理论的创始人。(图 13-2)1943 年,加德纳出生于美国宾夕法尼亚州的一个小镇上,儿时热衷于钢琴演奏,刚一接触,就表现出了不同凡响的天分。青年时代的加德纳逐渐对心理学产生兴趣。1971 年,加德纳获得哈佛大学心理学博士学位。在哈佛大学学习时,加德纳师从发展心理学家布鲁纳、埃里克森和哲学家古德曼。

加德纳将研究的重点放在了人类智力的本质和人类艺术能力发展的本质上面,研究对象主要是一般儿童、不同领域内拥有天赋的儿童和大脑受伤的病人。他发现智力单一的观点实在过于简单,于是在一系列的研究之后,提出了多元智力,又称多元智力理论,并在 1983 年出版的《智力的结构:多元智力理论》一书中系统地阐述了这一理论。在神经心理学研究的基础上,加德纳提出人类具有 7 种不同类型的智力。不同类型的智力由大脑的不同区域负责。

自 1986 年起,加德纳在哈佛大学任教,担任该校教育学和心理学教授,同时他还担任波士顿大学医学院的神经学教授。此外,加德纳还是哈佛大学"零点项目"的负责人之一。"零点项目"是一个研究人类认知,特别是与艺术活动相关的人类认知的项目,也是美国乃至世界教育界持续时间最长、规模最大的一项课题研究。加德纳也对人类的其他能力,如领导力和创造力进行过研究,并将研究成果写进了《大师的创造力》《领导智慧》等书中。

(二)智力的定义

1983 年,加德纳首次提出多元智力理论时,就说明了自己的智力定义:智力是在一种或多种文化背景下,个体解决问题的能力或创造出该文化所珍视的产品的能力。1999 年,加德纳在他的《智力的重构:21 世纪的多元智力》一书中重新定义了智力。他指出,智力是个体处理信息的生理和心理潜能,这种潜能可以在某种文化背景中被激活,以解决问题和创造该文化所珍视的产品。加德纳对智力定义的修改说明,他相信智力并不是可以看到或者可以计量的东西,而是一种可以被激发的神经系统的潜能。这种潜能能否被激活取决于特定文化的价值观、文化中可以获得的机会以及个体通过自己、家长、教师等人做出的不同选择。①

---

① [美]加德纳:《智力的重构:21 世纪的多元智力》,霍力岩等译,41～42 页,北京,中国轻工业出版社,2004。

加德纳对智力的这两次定义具有两个明显的共同点。①两个定义都表明，智力的本质既是解决实际问题的能力，又是生产被社会认可的产品的能力。他始终相信，智力的表现可以是有形的，也可以是无形的。②两个定义都承认智力评价的社会性，他认为，智力评价与一定社会文化背景下的人们的价值标准相关。不同社会和文化背景下的人对智力的理解不尽相同，因此对智力表现评价的标准也不尽相同。

(三)多元智力的种类

在《智力的结构：多元智力理论》里，加德纳诠释了个体身上相对独立存在的、与特定的认知领域或知识范畴相联系的 7 种智力。1995 年，他又提出了第 8 种智力。

1. 语言智力

语言智力是指对语言的听、说、读、写的能力。具体表现为学习语言的能力，运用语言完成任务、解决实际问题的能力，以及对口头和书面语言的含义、语法、声音、节奏、音调和音韵不同用法等的敏感性。诗人、记者、编辑、作家、节目主持人、播音员、演说家等人物的语言智力相对于多数人较为突出。

2. 数理逻辑智力

数理逻辑智力是指推理、运算和科学调查的能力。具体表现为对事物间各种关系，如类比、对比、因果和逻辑等关系的敏感性，以及运用数学计算和逻辑推理进行思维的能力。这种智力在科学家、数学家、物理科学家、侦探、律师、工程师等群体身上的体现明显优于普通人。

3. 音乐智力

音乐智力是指敏锐地感知、辨别、表达音乐的能力。具体表现为个体对音乐包括节奏、音调或旋律、音色等的天生的敏感性，以及通过作曲、演奏和歌唱等手段表达情感的能力。这类杰出人才包括小提琴家、作曲家、乐队指挥家、歌唱家、演奏家、乐器制造者和乐器调音师等。

4. 运动智力

运动智力是指运用整个身体或者身体的某些部位来解决具体问题和表达思想以及情感的能力。具体表现为能够灵活、巧妙地控制自己的肢体，面对事件能够做出适当的身体反应，以及善于利用身体语言。芭蕾舞演员、运动员、外科医生、赛车手和发明家等人的运动智力就特别强大。

5. 空间智力

空间智力是指对空间精确认识和把握的能力。具体表现为感受、辨别、记忆、改变物体的空间关系，并通过平面图形和立体造型表达思维和情感。空间智力取决于对线条、形状、结构、色彩和空间关系的敏感度。航海家、雕刻家、画家、建筑师、博物学家和军事战略家等人的空间智力发展较好。

6. 人际智力

人际智力是指与人相处和交往的能力。具体表现为觉察和理解他人动机、情绪、情感和意图，并据此做出合适的反应。教师、律师、推销员、公关人员、谈话节目主持人、管理者和政治家等人物的人际智力水平就比一般人高出许多。

7. 内省智力

内省智力是指洞察和反省自身的能力。具体表现为能够正确地认识和评价自我，对自己的恐惧、焦虑、欲望、情感、个性和能力有全面而真实的认识，并且能够充分把握，从而形成自尊、自律和自制。这种智力扮演着“智力中枢”的角色，可以影响个体其他智力的发挥。内省智力较高的人，都有一个积极的、可行的、高效的行为模式，适合当小说家、哲学家、思想家、心理学家、律师等。

8. 自然探索智力

自然探索智力是指个体辨别环境(不仅指自然环境，而且包括人造环境)的特征，并加以分类和利用的能力。具体表现为能够敏锐地觉察大量类似物体之间的细微差异，或者能够熟练地给岩石和昆虫等分类。自然智力强的人，如地理学家、探险家、生物学家、猎人等认识世界和适应世界的能力非常人能及。

加德纳相信，以上 8 种智力各自代表一种不同于其他智力的独特思维模式，但每个人身上的 8 种智力并不是绝对孤立、毫不相干的，而是以不同方式、不同程度有机地组合在一起。例如，一位优秀的律师必须具备良好的语言智力，从而准确地理解法律条文，清晰、有效地运用文字和口头语言，与法官及当事人沟通；必须具备良好的数理逻辑智力，以便迅速而又正确地分析案情；有时还需要具备良好的人际智力，以便通过心理战术打动法官，为当事人做有力辩护。

(四)多元智力的评价观

1905 年，比奈与西蒙受法国政府之委托而编制出的比西量表，是世界上的第一个智力测验量表，其目的为预测可能会有学习困难的学生。随后，智力测验被世界各国广泛地使用，智商也逐渐成为家喻户晓的测量儿童智力高低的重要标准。然而，传统的智力测验将智力量化，单纯地依靠使用纸笔的标准化考试来评判儿童智力的高低，考查的方面也主要集中在了语言表达和数理推断方面，并不能全面反映学生的能力。这样做实际上否定了其他同样为社会所需要的智力，忽略了学生的个体差异，结果让许多具有语言表达和数理推断以外天赋的学生受到了贬抑与忽视。

20 世纪 80 年代，多元智力理论的提出在各国的心理学界和教育界引起轩然大波。原本被世界各国普遍接受的智力测验受到了空前的挑战。在加德纳看来，传统智力被解释为一种以语言智力和数理逻辑智力为核心，以整合方式存在的能力，但这样的智力观过于狭窄，个体仅具有这两种智力是不足以应付未来生活与工作面临的挑战的。加德纳认为，每个人身上都存在着 8 种智力，虽然受不同环境和教育条件的影响，每个人智力发展的方向和程度有着明显的区别，但这 8 种智力都具有同等的重要性，无优劣之分。这 8 种智力在个体身上的不同组合会使得每个人的智力都有独特的表现方式和特点。加德纳多元智力理论的提出，为我们的智力评价提供了全新的视角：在智力发展的方向和程度上，个体和个体之间存在着很大的差异；对智力成果的评判，不同的社会和文化环境也有不同的价值取向。因此，我们不可能找到一个适用于任何个体、任何环境的统一的评价标准来衡量一个人智力的高低。另外，智力是多方面的，因此，我们判断一个人聪明与否、成功与否的标准也应该是多样的。

多元智力理论是目前对教育领域影响最大的理论之一，它给教育领域的智力观带来了革命性的变革，它让教育工作者用多元标准评价学生，并为学生创造适合其智力发展的学习环境。同时，加德纳也反对在发现了儿童的优势智力后，过早地对儿童进行定向培养。他认为，每个人都有多种智力，每一种智力都应得到相应的发展。总之，多元智力理论给我们的启示是丰富而深刻的。

第三节　当代学前教育模式

一、瑞吉欧幼儿教育模式

瑞吉欧·艾米利亚是坐落在意大利东北部的一个美丽且富饶的小城。这里多数家庭经济状况良好，人们拥有良好的互助合作传统，崇尚自由、民主，非常热爱和关心儿童的教育。瑞吉欧幼儿教育在这里萌芽、形成、发展并向世界各地传播。这是以洛利斯·马拉古奇(图 13-3)为核心的一大批教师和家长的集体智慧结晶。

图 13-3　洛利斯·马拉古奇

(一)生成课程

瑞吉欧幼儿教育追求的是幼儿健康、愉快、幸福地成长，把主动性和创造性作为幼儿健康快乐成长的前提和核心。具体教育目的可以表述为，让幼儿更健康、更聪明、更具潜力、更愿意学习、更好奇、更敏感、更具随机应变的适应能力、对象征语言更感兴趣、更能反省自己、更渴望友谊。瑞吉欧幼儿教育受杜威的教育思想和皮亚杰认知主义理论的影响，认为幼儿是通过自己主动的活动，与外界相互作用，不断获得经验并重组，从而实现自我建构和发展的，所以，它注重给予每个幼儿自主探索的空间和自由；此外，还受维果茨基的文化历史发展理论、社会建构主义的影响，注重把幼儿置于广阔的社会历史文化背景中，使其在与同伴、与成人、与自己的历史以及与周围的社会文化环境的互动中获得知识，以进一步发展。

瑞吉欧幼儿教育没有明确规定的课程内容，更没有固定的教材或预先设计好了的教育活动方案。日常生活是取之不尽的课程内容的来源，课程内容可来自周围的环境，来自幼儿和教师感兴趣的事物、现象和问题，也可来自各种活动。这些内容不仅体现了科学性、开放性，而且有助于培养幼儿对真、善、美的浓厚兴趣。生成课程虽然没有预定的培养幼儿具体能力的目标规定，但它却有助于幼儿多方面能力的培养，而且这些能力是在幼儿积极、快乐的状态下培养起来的。

(二)"一百种语言"

"一百种语言"最初是瑞吉欧·艾米利亚幼儿教育经验和成果展览的名字，这里指幼儿有自己特殊的、各种各样的表达自我与他人、环境建立关系的方式。这些语言包括表达语言、沟通语言、符号语言、认知语言、道德语言、象征语言、逻辑语言、想象语言和关系语言。通过这些方式，幼儿"说出"自己的感受、想法、观点、计划、预见，与他人进行讨论、争论、协商、对话等。它暗含的是成人对幼儿的特点、权利、自由、精神世界的承认，是幼儿对自身、环境、他人的认识和理解。

在《孩子的一百种语言：意大利瑞吉欧方案教学报告书》中，我们可以看到这样的方案主题：狮子的肖像、影子、鸟的乐园、手中的颜色等。马拉古奇的《其实有一百》的诗就是从肯定幼儿发展的潜能出发进行生动描述的，他认为幼儿生来就具有巨大的发展潜能，让他们自由地发挥潜能，就可以有"一百种语言"出现。这些在瑞吉欧幼儿教育中表现为幼儿通过积极探究，用自己的多种语言进行积极表达，在整个方案探究过程中潜力得以充分发掘。幼儿具有丰富的想象力和创造力。方案进行的过程中涉及了提问、谈话、假设、观察、操作、阅读、实验、建构、绘画、制作、测量及角色游戏等调查类、建构类和戏剧类三大类活动。幼儿运用自己喜欢的多种语言表达他们的想法，如口头语言、图画语言、黏土泥塑、手工制作、角色表演等，多角度地展现他们对主题的认识和理解。

(三)方案教学

方案教学强调要以合乎人性的方式，积极鼓励幼儿与环境中的人、事、物产生有意义的互动；从学的观点来看，方案教学强调幼儿主动参与他们的研究方案，以获取第一手资料。而方案的内容或主题，通常取自幼儿熟悉的生活世界。

方案教学作为瑞吉欧幼儿教育法中的核心部分，受到专家学者的广泛关注。美国著名幼儿教育家甘蒂尼认为，在瑞吉欧幼儿学校中，方案教学是学习的基础。方案教学主要的特点如下。①教师既是指导者也是合作者；②主题的选择建立在学生的兴趣和经验的基础上；③学生、教师和家长一起合作；④方案内容在学生的螺旋式理解中产生；⑤在活动中，学生通过相同的或不同的媒介形成多种认知经验；⑥为了达到不同的目的，同样的活动可以重复；⑦方案的时间根据需要安排，可以延长；⑧方案活动主要是以小组为单位进行的，而不是全班的活动；⑨方案包括广泛的内容，如数学、科学、艺术、写作、社会学研究、音乐等；⑩方案记录是必须的。

整个方案探究中，幼儿从爱心和好奇心出发，积极开展探究，他们既充分发挥自己的主动性又互相配合，身心得以全面和谐发展，在不断的讨论和展示过程中提高自己的作品水平，也提高自己的认知、理解和想象等各方面的能力。

(四)合作教育

1. 成员之间的合作

教师间的合作。瑞吉欧幼儿学校中的教师之间是平等的关系，两个教师在工作中密切合作、共同探讨和研究，每周开一次会议，共同讨论和分享，以了解幼儿的经验，帮助建立属于幼儿的文化。教师在课程设计中强调团体中心、关系中心，构建幼儿与教师一起游戏、工作、谈话、思考、发明的课程模式。

教师与幼儿的合作。教师的角色不同于传统教育中的角色，表现出多元化的特点。在瑞吉欧幼儿学校，幼儿被认为是积极的、·有能力的学习者，教师因此充当着合作者和共同学习者。在幼儿进行讨论时，教师会作为一名合作者参与其中，做好讨论记录。当幼儿争论得很激烈或者遇到难题需要教师帮忙时，教师会作为资源把知识借贷给他们。“接过孩子抛过来的球。”教师要倾听和关注幼儿，以真诚的态度与幼儿说话。教师与幼儿之间是平等的、合作的关系，双方都是主体，彼此没有地位的高低差别。

幼儿间的合作。同龄的幼儿有进行分享、交流的谈话时间，如定时向其他幼儿介绍自己所做的、提出自己的问题等。不同年龄的幼儿也有共同的合作机会，如到户外合作拼字母、作画。小组合作是瑞吉欧方案教学探究的主要组织形式。在进行探究时，一般将幼儿分成小组，每个小组4～5人。他们形成小组集体，进行集中讨论并进行分工。这样的小组被认为是最恰当的，因为在4～5人的小组中，每个幼儿都有充分表现自己的机会，也能够通过了解和协调学会合作。在具体的方案探究中，幼儿根据讨论进行方案的计划和分工合作。这种小组合作的方式符合幼儿的天性，也有利于他们社会性的培养。

2. 家庭和社区参与的合作

在充分尊重家长的价值观的基础上，瑞吉欧幼儿学校积极寻求交流合作的机会，创造各种途径主动与家长沟通。比如，教师每星期将工作过程及照片展示于走廊，让家长分享关于教育幼儿的经验；协助家长委员会建立相互联系网，鼓励家庭间相互拜访；组织家长开展各种探索活动；向家长敞开教室大门，邀请家长参加各种教育活动；与家长共同主持各类大型活动等。在这样的参与过程中，家长重新认识教师工作的价值，家园合作关系逐步走向和谐、互动。家庭参与到学校教育中不是被动的，而是主动的；不是形式上的，而是可以具体化到某一课程方案中的。家长通过各种形式具体参与到学校政策的制定、幼儿的发展、课程的设计和评估的讨论中。家长可以参加会议、进行投票、自发组织会议，家长不是受动者，而是参与者和领导者，掌握着学校以及孩子的未来。

(五)方案记录

对幼儿的经验、记忆、思想和学习探究中的想法进行记录，是瑞吉欧幼儿学校的重要特色。瑞吉欧幼儿学校非常注意并仔细地记录幼儿平时的表现。记录的内容主要包括幼儿在不同阶段的作品，能够体现出工作不断进步的图片，与幼儿一起合作的教师或其他成人写的评论，幼儿对活动的讨论、评价、表达和解释的文稿，家长的评论等。这些记录展现了幼儿如何计划、实施和完成方案的各项工作。

二、高瞻课程模式

高瞻课程是由大卫·韦卡特及其同事在20世纪60年代创建的，由位于美国密歇根州的高瞻教育研究基金会经过多年理论和实践探究总结形成的一套相对完备的课程模式，并在20世纪70年代逐渐成为在美国被运用得最为广泛的课程。由于高瞻课程在课程推广、课程研究上卓有成效，它在国际上也声誉日隆。

(一)高瞻课程的产生

20世纪50年代后期，美国顺应教育民主化潮流，兴起了包括学前教育在内的教育机会均等运动。心理学家布鲁姆所著的《人性的稳定与变化》为这场教育改革运动提供了理论依据。他认为，环境会对儿童的智力发展产生重要影响，因此，必须在儿童早期为其提供良好的文化环境。20世纪60年代初，迈克尔·哈林顿出版了《另一个美国：贫穷的美国》一书，让贫困儿童再次成为社会关注的焦点。

1964年，美国政府提出“向贫困宣战”，其中，向贫困儿童提供与富裕儿童同等的环境、同等的教育机会是重要的措施。1966年，美国全国教育协会和美国学校行政协会联合组织的“教育政策委员会”向政府提交了“对所有5岁儿童和所有家庭贫困且缺乏教育条件的儿童扩大公共教育文化”的提案，要求为所有儿童提供学前教育机会。得益于政府资金的大量投入，各种早期教育课程模式开始大量出现。高瞻课程就是最早出现的实验性早期教育方案之一。

(二)高瞻课程的基本情况

1. 高瞻课程的核心教育理念

高瞻课程的核心教育理念是主动学习。在高瞻教育方案中，主动学习被定义为幼儿通过直接操作物体，在与成人、同伴、观点以及事件的互动中，建构新的理解的学习过程。也就是说，幼儿必须通过自己的主动学习获取经验并建构知识，没有人能够代替幼儿。主动学习主要包括五个要素，具体内容如下。

第一，材料。课程提供充足的、多样化的、适宜的操作材料。材料应能够吸引幼儿多感官参与，具有开放性，也就是说，幼儿能够用多种方式操作材料。这有助于扩展幼儿的经验，激发幼儿思考。

第二，操作。幼儿摆弄、探究、组合和转化材料并形成自己的观点。他们通过直接用手操作或者与这些资源互动，发现知识。

第三，选择。幼儿选择材料、玩伴，形成或改变自己的想法，并根据兴趣和需要计划活动。

第四，儿童语言和思维。幼儿描述他们所做的和所理解的。当他们思考其活动并修正想法，打算进行新的学习时，他们用语言或非语言的形式进行交流。

第五，成人的支持。这里成人的支持可以理解为“鹰架”。“鹰架”意味着成人给予幼儿支持，帮助幼儿挑战当前的思维能力，并进入新的发展阶段。通过这种方式，幼儿可以获取知识，发展创造性地解决问题的技能。

主动学习具有四个方面的特征。首先，主动学习是幼儿以自己的方式与材料互动的身体活动；其次，是幼儿对身体活动进行反思的思考过程；再次，能够为幼儿提供解决问题的机会；最后，以幼儿的内部学习动机为基础。

2. 高瞻课程的内容

高瞻课程分别列出了不同年龄段儿童(0～2.5 岁和 2.5～6 岁)应该获得的关键经验。比如，2.5～6 岁幼儿应该获得的关键经验共 58 条，包括创造性表征、语言和文字、主动性和社会性、运动、音乐、分类、序列、数概念、空间和时间几个领域。教师依据关键经验预设活动，创设教室环境，设计幼儿发展的支持策略。

3. 高瞻课程的框架

以主动学习为核心，高瞻课程通过一个课程框架在实践当中完成由教师主导性的学习到幼儿主动学习的转换。该框架由四部分组成。

(1)一日生活环节

一日生活环节分为 10 个部分。①问候时间(15～20 分钟)。让幼儿适应从家到幼儿园的转换，给幼儿和成人一些时间分享各自的重要信息。②计划时间(10 分钟)。幼儿在这一时间里做计划，选择他们在接下来的工作时间里要做的事情，成人帮助幼儿延伸他们的计划。③工作时间(45 分钟)。幼儿执行他们的计划，他们可以在任何一个区域里面，使用任何一种材料“工作”。成人观察儿童，寻找机会参与幼儿的活动，以鼓励他们思考，延伸他们的游戏，在他们有需要的情况下帮助他们解决问题。④清洁、整理时间(10 分钟)。幼儿和成人一起将材料和其他物品归位。如果有需要，可以一起寻找地方展示作品。⑤回顾时间(10 分钟)。幼儿思考、谈论、展示他们在工作时间里所做的事情或作品。⑥点心或进餐时间(20 分钟)。幼儿和成人一起以一种家庭式的、轻松的方式边聊天边进餐。⑦大组活动时间(10～20 分钟)。幼儿和成人一起玩游戏、讲故事、唱歌、做手指游戏、玩乐器，回顾特别的活动等。这个时间是幼儿参加团体活动，分享和相互学习的好机会。⑧小组活动时间(15～20 分钟)。一个成人带领相对固定的一组幼儿(6～10 人)，由成人计划或引领进行材料互动。尽管材料由成人提供，但是幼儿与材料的互动方式是由自己控制的。⑨户外活动时间(30 分钟)。幼儿参与各种各样的户外游戏活动，成人参与并给予支持。⑩成人的日常团队计划时间(20～30 分钟)。成人讨论他们一天里观察和了解到的每一个幼儿的情况，分享并修订观察记录，然后一起以当天的观察记录为依据制订第二天的教学计划。

(2)学习环境的创设

高瞻课程非常重视直接经验，认为幼儿是通过寻找和使用材料来探究、学习、创造世界的。在教室里，高瞻课程为幼儿提供各种兴趣区域，有目的、有组织地提供各种材料，并特别提供与当地社区和文化相关联的材料。各个兴趣区域既相对独立又相互敞开，各种材料都有标示。这种做法有利于幼儿在操作材料时将各区的材料联系起来使用，为幼儿的创造力发展提供空间，也方便幼儿用完后及时清洁、整理、将材料归位。值得一提的是，高瞻课程提供的材料大多源自幼儿的生活环境，如旧手机、真实的锅碗瓢盆、成人的鞋子、酒瓶塞等。

(3)成人与幼儿的互动

如果一个班级决定采用高瞻课程，那么该班级首先改变的是一日生活环节和教室的环境，但是真正起决定作用的是师幼互动。如何与处于不同发展水平的幼儿互动？如何介入幼儿的游戏？如何鼓励幼儿？如何为幼儿营造以解决问题为导向的教室氛围？高瞻课程为教师提供了一系列的实用互动策略，对师幼互动行为加以引导、规范。以鼓励幼儿为例，高瞻课程提倡通过参与幼儿的游戏，鼓励幼儿描述他们的想法，教师通过具体的评价来肯定幼儿的工作而不提倡表扬。

(4)评估

高瞻课程的评估系统包括婴幼儿发展评估(0～2.5 岁和 2.5～6 岁)、学前教育机构教育质量评估(分为教室评估和机构评估两部分)。具体又分为主动性、社会关系、创造力表现、运动和音乐、语言和读写、数学和科学六个领域。每一个领域下面详细列出了具体的发展指标。婴幼儿发展评估系统将关键经验下的每一个具体发展指标分为若干个水平。教师在日常教学工作中通过观察，客观地记录幼儿的行为或事件来评定每一个幼儿的发展水平。然后，教师依据幼儿的现有水平决定下一步的教学策略。高瞻课程的评估系统为教师提供这些策略，并指导他们如何使用这些策略支持幼儿发展。

4. 高瞻课程的评价

高瞻课程提倡真实评价，反对用传统的测试和考试方法考查儿童的发展和教师的教学。传统的测验只能提供有限的信息，只能反映儿童在测验情境中的情况，不能反映儿童在真实教育环境和日常生活中的行为。由客观观察、分析儿童作品、教师和父母评估儿童的行为等构成的真实评价则具有更多的自然性。这种全面的情境性评估，目的不是给儿童打分，而是了解、分析他们当前的发展水平，并以此为依据指导下一步的教育工作。(表 13-1)

表 13-1 传统测验方式和真实性评价的区别

传统测验方式	真实性评价
考查儿童的发展和教师的教学	了解需要，制订有针对性的教育计划
测试情境中的表现	在日常情境或模拟的儿童熟悉的情境中，通过客观观察、分析儿童作品、教师和父母评估儿童的行为等方式进行
答案唯一性	分析儿童通常的行为和真实能力(了解儿童的思维过程)

高瞻课程在课程理念上，秉持促进儿童主动学习的理念；在课程设计上，注重课程目标的预设和生成，提出的关键经验避免了课程内容的重复或遗漏；在课程实施上，课程方案可操作性强，既有原则性的指导，又有大量供教师选择的具体的应对建议；在课程评价上，采用全面的真实性评价，并通过轶事记录、档案收集等方式进行。但高瞻课程对教师的素质要求极高。

思考与练习

1. 英国、法国、德国、苏联(俄罗斯)、美国、日本的学前教育在内容上有何共同之处？

2. 英国、法国、德国、苏联(俄罗斯)、美国、日本学前教育师资培养的基本趋势是什么？

3. 简述皮亚杰有关儿童认知发展的基本观点。

4. 简述加德纳的多元智力理论对学前教育的启示。

5. 简述瑞吉欧幼儿教育模式和高瞻课程模式的主要内容。